MARCIAL MACIEL
Los Legionarios de Cristo:
testimonios y documentos inéditos

FERNANDO M. GONZÁLEZ
MARCIAL MACIEL
Los Legionarios de Cristo:
testimonios y documentos inéditos

TIEMPO
DE MEMORIA
TUSQUETS
EDITORES

1ª edición: agosto de 2006
2ª edición: noviembre de 2006
3ª edición: marzo de 2007

Diseño de la colección: Lluís Clotet y Ramón Úbeda
Reservados todos los derechos de esta edición para
©Tusquets Editores México, S.A. de C.V.
Campeche 280 Int. 301-302 – Hipódromo Condesa – 06100, México, D.F.
Tel. 5574-6379 Fax 5584-1335
www.tusquets-editores.com
ISBN: 970-699-150-6
ISBN-13: 978-970-699-150-8
Quinta del Agua Ediciones, S.A. de C.V.
Aniceto Ortega 822, Del Valle – 03100 México, D.F.
Tel. 5575-5846 Fax. 5575-5171
Impresión: Acabados Editoriales Inc. – Arroz 226 – 09820 México, D.F.
Impreso en México/Printed in Mexico

Índice

Introducción

No deplorar ni detestar nada
sino [tratar] de comprender.

Spinoza

El intento de analizar una de las conductas que más celosamente
oculta la Iglesia católica en su interior, aquélla de la sexualidad, depara
sobresaltos y sorpresas. Los escasos senderos que esta institución ofrece
a quienes tratan de vislumbrar lo que ocurre en esta materia más allá de
ciertas puertas –de conventos, sacristías, colegios y diversas agrupaciones confesionales– desembocan a veces en sórdidos callejones sin salida.

Es frecuente que quien se atreve a husmear en esos laberintos con
afán analítico no sepa sino hasta el final de su estudio si fue cautivado
por los contenidos teológicos del discurso y la estructura eclesiástica
que buscaba aprehender y describir, o si, por el contrario, se vio anulado por los pactos de complicidad que la *razón de la Iglesia* teje por
encima de cualesquier consideraciones.

En este trabajo encaro el tema mediante el auxilio y despliegue de
una serie de conceptos y metodologías de tipo histórico, sociológico
y psicoanalítico. Ello, de por sí, exige una atención cuidadosa y delicada. Pero si a esta consideración sumamos el hecho de que aún
vive la mayoría de las personas aquí citadas –y sobre todo que el tejido social descrito en estas páginas se halla vigente y presto a reaccionar–, no queda sino renunciar de antemano a cualquier pretensión de
clausura en la construcción narrativa que ofrezco.

Por mi parte admito que si he decidido publicar mi trabajo a pesar
de algunas advertencias en contrario, lo hago con plena conciencia de
las dificultades que opone, tanto al análisis como a la discusión desa-
pasionados, su objeto de estudio.

Se trata, en este caso, de un trabajo con intenciones fundamentalmente históricas. Busco dilucidar una situación «en su contexto,
en su complejidad y sus ambigüedades»,[1] pero sin eludir, como ya señalé, consideraciones sociológicas y psicoanalíticas.

---

[1] Henry Rousso, *La hantise du passé, entretien avec Philippe Petit*, París, Textuel,
1998, pág. 97.

Sin embargo, decir que abordaré el tema de la sexualidad en la Iglesia católica es no decir mucho si no apunto el sendero por el cual pienso internarme. Tal es el caso de una congregación católica mexicana que con el nombre Legión de Cristo fuera fundada en 1941 por Marcial Maciel Degollado, entonces aún seminarista y quien supuestamente cometió a lo largo de años actos de abuso sexual contra diversos discípulos y seguidores.

Cabe aclarar que me propongo estudiar algo que va mucho más allá del personaje citado y la institución en que realiza su obra. La sexualidad aquí estudiada comprende tanto actos de pederastia como todo un conjunto de efectos libidinales amorosos que se articulan en un *habitus*[2] generado por la institución eclesiástica. Todo esto podría ser condensado en lo que se denomina iconolatría, lo que estrictamente alude a la adoración de las imágenes pero se puede ampliar a la sacralización de las figuras sacerdotales y de los fundadores de congregaciones religiosas, al amor al fundador y a la magnificación de la figura papal, entre otras cosas más.

Si bien la Legión de Cristo no es una congregación con numerosa cantidad de integrantes, sí se trata, en cambio, de una de las agrupaciones de carácter religioso más influyentes en las cúpulas económica, política y religiosa de México,[3] lo que la convierte en un excelente medio para observar y analizar el fenómeno sexual en la vida eclesiástica, sobre todo por el tipo de relaciones que ha tejido con diversas jerarquías sacerdotales –además de políticas y económicas–, lo que permite articular lo local con lo nacional e internacional, haciendo patente la estrategia más generalizada –podríamos decir casi «estructural»– de la institución católica en este tipo de casos.

Todo ello sin olvidar también a quienes se reclaman víctimas de esta situación y con sus testimonios dan idea de su complejidad en instituciones religiosas configuradas de modo sectario, como es el caso de la Legión.[4]

[2] «El objeto propio de las ciencias sociales [...] es la doble relación oscura entre el *habitus*, sistema durable [...] de esquemas de percepción, de apreciación y de acción que resultan de la institución de lo social en los cuerpos [...] y los campos, sistemas de relaciones objetivas que son el producto de la institución social en las cosas o en los mecanismos que tienen la casi realidad de los objetos físicos; y, evidentemente, todo lo que surja de esa relación.» *Pierre Bourdieu avec Loïc J. D. Wacquant. Reponses,* París, Seuil, 1992, pág. 102.

[3] La citada congregación también se ha instalado en otros países, como España, Italia, Irlanda, Estados Unidos y Chile.

[4] En general, una buena parte del discurso oficial que emite la jerarquía cató-

Lo que me ocupará, entonces, es una congregación con un líder carismático –considerado santo–, conformada a partir de un «voto privado» –además de los tres tradicionales: de pobreza, castidad y obediencia– que busca frenar la crítica a los superiores –sobre todo al superior general– y además se sujeta a un régimen jerárquico muy rígido y a una homogeneización notable, por lo menos en la imagen que proyecta al exterior.

Al decidirme por un estudio con estas características me coloco en un puesto de observación que me permitirá desmenuzar, como en un laboratorio: 1) los diferentes pactos de complicidad que se dieron para mantener un tipo de orden institucional intocado y sujeto a silencio, así como los relevos entre los diferentes actores; 2) los efectos cautivantes del ideal; 3) los intentos de suplantar o suprimir la práctica sexual por medio de prédicas que idealizan la pureza y la castidad; 4) las características específicas de la construcción social de la denominada vocación religiosa y el «llamado fundacional» en un periodo determinado; 5) las dificultades para encontrar la especificidad de los testimonios de quienes sufren abuso en edades que median entre la niñez y una etapa adulta temprana en instituciones como la Legión; y 6) finalmente los espasmos denunciantes en la prensa y la televisión, al igual que las reacciones de algunos de los capitanes de la publicidad para acallar tales «osadías».

Parece elemental advertir que buena parte de este material la obtuve entrando en relación con el grupo de ex legionarios que decidieron hacer pública su denuncia. Ellos han pasado por un largo proceso que los situó en diferentes posiciones, según las etapas de éste. En el momento que entré en contacto con ellos, el año 2000, ya se habían presentado en los medios y quemado sus naves, dispuestos a enfrentar las consecuencias de sus denuncias que, a esas alturas, les habían causado al menos cuatro reacciones: a) que en Roma se tomaran cartas en el asunto y se actuara en consecuencia, enjuiciando a Marcial Maciel; b) que Maciel reconociera su papel y pidiera perdón públicamente; c) que, ante el silencio de Roma y como medida de presión, se promoviera una amplia difusión mediática; y d) que los denunciantes enfrentaran con franqueza, en su doble condición de cómplices y víctimas, sus relaciones con Marcial Maciel y la Legión de Cristo.

Durante este periodo han aparecido diverso textos sobre los legionarios. Escritos por periodistas (*La prodigiosa aventura de Los Legionarios*

_____

lica trasluce un contenido sectario y tramontano que en casos como el que me ocupa parecería prudente revertir.

de Cristo, de Alfonso Torres; *Los Legionarios de Cristo*, de José Martínez de Velasco; y *El círculo del poder y la espiral del silencio*, de varios autores) y un ex legionario (*El legionario*, de Alejandro Espinosa), los enfoques utilizados en ellos no corresponden al que desarrollo en esta investigación.

Mi aproximación historiográfica y sociológica –y más restringidamente, psicoanalítica– no persigue respaldar la denuncia contra el citado sacerdote. No me considero auxiliar de la justicia ni abanderado de la buena causa. Al «deber de memoria» que se han impuesto los denunciantes correspondo con la voluntad de afincar en lo posible la verdad histórica, sin evadir el intento de enfrentar y explicar las dificultades y límites de dicha tarea.

La escritura de la historia y el oficio de historiador obligan a no ser complacientes. El historiador, bien lo señala Pierre Laborie, se sitúa «en los dos extremos de la línea, a la vez como turba memorias y [como] salva memorias».[5] Por otra parte, su labor no se reduce sólo a eso, en la medida en que la operación histórica, si bien se apoya inevitablemente en la memoria como un irreductible, procura trascenderla a partir de una investigación que opera también con lo que nadie recuerda.

Empezando con quienes se consideran en este caso víctimas, habría que establecer un enfoque no desde la pasividad total a la que apunta la noción de víctima, sino a partir del *habitus* religioso en el que esas víctimas se enmarcaban, intentando dar cuenta de los puntos activos de intersección con el considerado abusador y sin obviar el margen de libertad –aunque fuera escaso– del que gozaron en el hecho denunciado. Por eso aludo a una noción compuesta, de víctimas-cómplices, la que se ubica en un territorio intermedio, poblado por toda clase de complicaciones y situado entre los polos de la pasividad y la actividad –y los que pueden ser ilustrados por dos frases distintas: «tal cosa le fue hecha» y «se hizo hacer tal cosa». No olvidemos que una parte de los implicados en este caso pasa de un polo a otro en un proceso y un contexto cuyas características demandan una explicación no sólo histórica y sociológica, sino también psicoanalítica.

Acudir al psicoanálisis no significa que pretenda buscar la interpretación de las supuestas intenciones «inconscientes» de los testimoniantes; el dispositivo de entrevista no se presta para ello ni los implicados lo demandaron. Tampoco los documentos permiten *in efigie*

---

[5] Pierre Laborie, *Les françaises des années troubles. De la guerre d'Espagne à la liberation*, París, Desclée de Brouwer, 2003, pág. 51.

jugar al psicoanalista. El psicoanálisis sólo se ejerce en un específico dispositivo de palabra y de escucha, si se quiere tener cierta pertinencia. Sólo trataré de mantenerme al ras de los testimonios para obtener algunas consecuencias que permitan describir mejor las situaciones por ellos referidas.

Por otro lado, es evidente que no basta con hablar de la dicotomía pasividad-actividad ni de un proceso que lleve de una a otra. Es posible insertar entre las frases arriba citadas algunas otras, como las expresadas por un individuo que fue víctima de abuso por un sacerdote cuando tenía cuatro años; y que afirma: «No hay persona que diga *sí*. Yo no he dicho jamás *sí*. Yo no he sabido decir *no*».[6] Estas palabras nos ayudan a repensar experiencias donde se mezclan sentimientos y sensaciones contradictorios.

Pero no hay que perder de vista que en el caso de este estudio no se trata de niños víctimas de abuso, sino de púberes y adolescentes, lo cual introduce cierta especificidad en la manera de articular las fantasías y los recuerdos en sentido psicoanalítico. A diferencia del niño, quien a falta de corroboración por parte del adulto muchas veces termina reprimiendo por un buen tiempo la escena o colocándola en una especie de zona intermedia, entre lo inverosímil, lo fantasioso y lo efectivamente ocurrido, para un púber tal experiencia se vuelve menos motivo de inverosimilitud que de disociación, quedando presente en él pero encapsulada, como una especie de objeto crudo que espera ser elaborado hasta nuevo aviso. Además, ha de considerarse que el púber tiene la posibilidad no sólo de articular palabras inexactas acerca de lo ocurrido, sino de mentir conscientemente. Como fue el caso de los púberes y jóvenes que, atrapados en la institución legionaria, con el paso del tiempo han decidido brindar su testimonio.

En contraste, la posición del abusador en este caso luce más sencilla y se resume en una frase sustancialmente diferente: «no ocurrió nada». Con todo, éste no se detiene ahí y denuncia una conspiración tramada contra él por sus antiguos pupilos.

Los relatos de conspiración siempre están henchidos de certidumbres satisfechas. Por lo tanto, ese aspecto de la relación se abordará de modo indirecto, necesariamente sesgado. Estamos ante uno de esos casos con un alto margen de incertidumbre, por lo que, a falta de tercera instancia,[7] sólo quedan dos versiones opuestas y excluyentes.

---

[6] «Blessés à vie», *Télé Ciné Obs*, 20-26 de marzo de 2004, pág. 51.
[7] Aunque un esbozo de tercera instancia está constituido por la reunión de testimonios de los que se dicen víctimas de abuso y el cruce de sus informaciones.

Pero como no se trata de un proceso judicial, sino de un estudio que pretende señalar las características específicas de una situación, trataré de aclarar en su momento el estatuto de este tipo de enfoque con pretensiones históricas. Por lo pronto, hago mías las palabras del historiador Henry Rousso cuando señala que la escritura de la historia aspira a ser «libre y crítica, restituyendo [en lo posible] todo el espesor y toda la complejidad del pasado, que es un valor en sí, y que merece ser defendido».[8]

El libro estudia la Legión de Cristo, a partir de un objeto de análisis que denomino «la novela fundacional de los legionarios» y abarca el periodo que va de 1935 a 1965, aproximadamente. En ella exploro la representación original a partir de sus textos hagiográficos e insertando otras voces –ya marginales o francamente discordantes con la versión oficial– que permitan conformar una u otras versiones divergentes de la institucional.

Analizo también el estatuto narrativo de las construcciones hagiográficas y su uso por parte de la institución legionaria. Además, presento los testimonios de abuso sexual para mostrar su carácter problemático, pues contravienen y minan el relato oficial legionario.

En este proceso aclararé mi propia posición, lo que amerita un breve abundamiento en torno a lo que llamo «simulacro de la verdad» ¿Pues a cuál verdad me refiero? Esto tiene que ver, primero, con las diferencias entre simulación y disimulación.

Si partimos del supuesto de que disimular es hacer creer que no se tiene eso que sí se posee, o fingir que no se es lo que en realidad sí forma parte sustancial del sujeto; y que simular es dar a entender que se tiene eso de lo que se carece, creo que habremos dado un primer paso fundamental. Porque el material que enfrento me pone en un camino donde se cruzan ambas situaciones, produciendo lo que podríamos denominar dos malestares: uno analítico y otro de escritura; es decir, la permanente sensación de estar en medio de un tipo de problemática que sólo podría describirse como la disimulación simuladora.

Una historia como la que propongo, enfocando una parte de la institución religiosa, implica, como señala acertadamente Albert Piette, que no hay ninguna razón para «separar el hecho religioso de sus interactuantes «invisibles», en tanto que ellos son considerados importantes por sus actores».[9] Esto lleva a Jean-Paul Willaime a afirmar

---

[8] *Op. cit.,* pág. 137.
[9] Albert Piette, *La religion de près. L'activité religieuse en train de se faire,* París, Metailié, 1999, pág. 23, citado por Jean-Paul Willaime en «La religion: un lien social

–contra la tendencia a sostener el ateísmo metodológico de las ciencias sociales, que expurgan los dioses del análisis– que de lo que habría que hablar es de

«un teísmo metodológico para significar que las ciencias sociales de lo religioso toman en cuenta el hecho, que en las acciones y situaciones que estudian, se encuentran puestas en juego de una u otra manera referencias a realidades metaempíricas, [o] a "entidades invisibles". [Y, a su vez,] de un agnosticismo epistemológico para significar que las ciencias sociales en su trabajo de objetivación científica de la realidad suspenden los juicios en cuanto a la cuestión de saber si esas "entidades invisibles" existen y si es legítimo o meritorio de establecer cualquier relación con ellas. [...]
»La religión es entonces una actividad simbólica que tiene su consistencia propia [...]. Es precisamente porque las religiones constituyen culturas, es decir, mundos complejos de signos y de sentido, que se inscriben en la historia y se transmiten de generación en generación, que ellas gozan de una autonomía relativa a todas las determinaciones sociales que las informan. [...] Un universo religioso es también un trabajo permanente de relectura y de reinvención a partir de un material simbólico heredado».[10]

El teísmo metodológico y el agnosticismo epistemológico deben ser acompañados de otra consideración: guardada su singularidad, la institución religiosa debe ser tratada como cualquier otra institución, eliminando cualquier obstáculo o ámbito que con el pretexto de sacralidad o infalibilidad impida recorrerla y analizarla. Mantener esta tensión y articulación entre lo metodológico, lo epistemológico y el supuesto de equivalencia, tal es el reto principal de este trabajo.

François Bédarida, el historiador católico que fundara el Instituto de Historia del Tiempo Presente, en Francia, abordó el caso de Paul Touvier, antiguo jefe del Segundo Servicio de la Milicia en Lyon, acusado de crímenes contra la humanidad. Por mi parte, al aludir a este historiador católico, separando claramente ambas calidades, quiero enfatizar que se trata de alguien que no está dispuesto a hacer una historia católica, lo cual no lo hace renunciar a sus creencias, aunque sí a mantenerlas en una especie de suspensión, sin dejar de inferir las

---

articulé au don», *Recherches,* revista del MAUSS, núm. 22, 2° semestre 2003, La Découverte, págs. 256.
[10] Jean-Paul Willaime, *op. cit.,* págs. 256-257.

consecuencias de una ética emanada de un catolicismo comprometido con la verdad.

«Todo el asunto [Touvier] ha puesto a la luz un debate crucial para la vida espiritual: ¿el imperativo de caridad puede dispensar del imperativo de justicia y del imperativo de verdad? La mayoría de los auxiliares de Touvier han respondido por la afirmativa [a favor de la caridad] sin interrogarse ni darse cuenta de lo que estaba en juego. [...] Paul Touvier ha sabido explotar de maravilla el afecto de una masa de buenos católicos, piadosos, íntegros, desinteresados, generosos, pero cándidos y poco llevados a las cosas del intelecto consideradas como un suplemento inútil, si no es que peligroso.»[11]

Bédarida fue invitado por el obispo de Lyon a formar parte de una comisión plural con el fin de averiguar los apoyos recibidos por el criminal de guerra Touvier de parte de católicos de diferentes jerarquías, bajo la consiga de que la verdad emanada de la encuesta, por más ruda que fuera, sería preferible al daño que causa la opción preferencial por el silencio, el rumor y el temor al escándalo. Lo que se pretende ocultar o suprimir tarde o temprano termina drenando por otras vías. Esta consigna estuvo acompañada de la total apertura de los archivos del arzobispado y aledaños.

En este asunto una parte importante del episcopado francés ha sabido enfrentar con honestidad sus actuaciones colaboracionistas con el nazismo. Ello marca una diferencia sustancial con el clero mexicano que hasta la fecha ha sido incapaz de enfrentar con responsabilidad la actuación de sus hermanos obispos antes, durante y después del conflicto armado denominado la Cristiada –1926-1929–, por no añadir lo que concierne a las conductas sexuales de sus sacerdotes y religiosos, sobre todo las que son definidas como pederastia.

Entonces, ningún auxilio es posible esperar en estudios como éste por parte de la Iglesia –salvo honrosas excepciones–; menos aun de la Legión. En cambio, los católicos pensantes reaccionan dialogando inevitablemente con quien se ocupa de este tipo de asuntos.

Alberto Athié, quien fue sacerdote y renunció al ministerio al enfrentar uno de los efectos casi «estructurales» del caso Maciel y la Legión, lo expresa de manera nítida.

[11] François Bédarida, «L'affaire Touvier et l'Église: spectroscopie d'un historien», en *Historie, critique et responsabilité*, Bruselas, Complexe/IHTP-CNRS, 2003, pág. 285.

«Si ustedes ven la manera como se ha llevado el caso [notarán que] inmediatamente se tiende a diluir la personalidad de Maciel y apuntan hacia lo más santo y lo más sagrado: "¡Están atacando a la Iglesia! ¡Están atacando las obras maravillosas que se hacen! Lo que en realidad están queriendo hacer es detener la extraordinaria obra de evangelización".»[12]

Yo, por mi parte, no tengo que hacer suspensión de fe religiosa alguna. Sólo me atengo al imperativo de la verdad historiográfica para mostrar a cielo abierto el material disponible, sus huecos y carencias, la metodología utilizada y los límites de mi interpretación.

En la fase final de este trabajo una persona muy generosa puso a mi disposición un archivo sustancial de documentos referentes al caso Maciel. Esto me obligó a reformular lo entonces escrito. El archivo se denominará aquí Lumen/Código Maciel.[13] El doctor José Barba Martín consiguió el archivo del padre Luis Ferreira Correa –quien en su momento (1956-1957) fungió como vicario general de la Legión– y también con su habitual generosidad y diligencia lo puso a mi disposición. Un tercer archivo, el de la señora Flora Barragán de Garza, puesto en mis manos por su hija Flora Garza Barragán y su nieta Alejandra Ibarra Garza, gracias a los auspicios del infatigable Rafael García Zuazua Somonte, cierra este conjunto de textos inéditos que permiten hacerse una idea menos simplificada de lo que ocurrió en las tres décadas citadas. Agradezco a todos ellos el haber puesto a mi disposición estos valiosos documentos.

Deseo también expresar mi agradecimiento a quienes me animaron durante la investigación y escritura de este texto. Algunos de ellos me ayudaron con la traducción de documentos clave, escritos en latín e italiano. Entre otros, una mención especial para Alberto Athié, José Barba, Paola Costa, Antonio Roqueñí y Carlos Francisco Vera. Igualmente, un reconocimiento a los periodistas que en su momento impusieron su voluntad de informar con veracidad, aceptando las posibles consecuencias de esa decisión. Ellos son Carmen Aristegui, Ciro Gómez Leyva y Javier Solórzano. Termino con una mención especial para Alicia Martínez Bravo, quien volvió legible el texto.

---

[12] Alberto Athié, presentación el 7 de junio en la Casa Universitaria del Libro, UNAM, de *El círculo del poder y la espiral del silencio*, México, Grijalbo, 2004, 7/VII/04.

[13] En adelante LCM.

La historia fundacional de la Legión de Cristo

> No se sirve a la memoria de un padre avalando
> sus faltas, sino evitando reproducir sus errores.
>
> Ramón Fernández[1]
>
> Los mitos son derrotados por los hombres.
>
> Juan Villoro[2]

El punto de referencia central en este estudio, la llamada Legión de Cristo, sería difícil de entender si no se le contempla dentro de la estructura eclesiástica católica y algunas de sus características fundamentales, a saber: las representaciones inmaculadas; una concepción jerárquica y rígida del poder; su interlocución con una entidad sobrenatural, invisible; y el desdoblamiento que introduce la idea de salvación en la historia humana. Pero elegir esta perspectiva como punto de partida me compromete a dar cuenta de los modos a través de los cuales se concreta esta relación.

Antes de analizar lo que he nombrado la leyenda fundacional, canónica, de la Legión de Cristo, debo aclarar ciertos elementos de un tipo de relatos muy propios de instituciones religiosas similares. Me refiero a lo que se denomina hagiografía,[3] la biografía de alguien a

---

[1] Fue colaborador de los nazis. Carta a su hijo Dominique en *Le Nouvel Observateur*, núm. 2065, 3-9/VI/04, pág. 58.

[2] Juan Villoro, «El apocalipsis merengue», *Proceso*, núm. 1439, 30/V/2004, pág. 81.

[3] Estrictamente hablando, la hagiografía es un subgénero literario que ha variado con el tiempo. Si al principio importaba más la muerte del testigo que su existencia, con el tiempo se empezó a privilegiar el relato de los elementos biográficos que se consideraban edificantes. «La combinación de los hechos, de los lugares y los temas revela una estructura propia que no se refiere esencialmente a lo que "pasó", como ocurre con la historia, sino a lo que es "ejemplar". [...] Mientras que la biografía tiende a representar una evolución, y por consiguiente una serie de diferencias, la hagiografía postula que todo se dio desde el principio con una "vocación", con una "elección" o, como en las vidas de la antigüedad, con un *ethos* inicial.» Michel de Certeau, *La escritura de la historia*, México, 2ª ed., Universidad Iberoamericana, Departamento de Historia, 1993, págs. 258-264. En el caso Maciel, si bien todavía no es un santo, su madre, cuando menos, ya está en vías de beatificación, y nos imaginamos que a la muerte del fundador de los legionarios, rápidamente se pugnará por que el hijo la acompañe en esta función ejemplar, bajo el supuesto del lazo consanguíneo: Hijo de beata en ciernes, posible santo virtual.

quien se tiene como santo, narrada por razones de exaltación piadosa, término que por extensión utilizaré para enfocar a los fundadores de órdenes y congregaciones religiosas, aunque no vaya a restringirlo sólo a este tipo de obras fundacionales.

Se puede decir que la novela fundacional está en el tejido hagiográfico, aunque tenga pretensiones historiográficas. Este relato tiene por esa razón un estatuto híbrido cuando busca darle sentido y coherencia a la trayectoria institucional, aunque no existe una voluntad de buscar un cierto «equilibrio» entre la ejemplaridad que induce la hagiografía y el constreñimiento ético crítico al que está sometida la operación historiográfica. Se trata más bien de un «como si» histórico en la trama de la moralización hagiográfica; por lo que se puede decir que en dicha novela y su operación de transfiguración se hace patente la simulación en una de sus formas.

Cuando existe un conflicto institucional, la citada narración puede intentar desplazarlo, introducir pistas falsas e, incluso, reconfigurarlo dentro de una lógica que refiera las «pruebas» que Dios le manda al fundador y a la institución con el fin de purificarlos. Pero el relato no logra eliminar por completo algunos indicios de aquello que bulle a pesar de todo en los intersticios de las frases, y «más allá» de la textura escrita, en los referentes hacia los que apunta lo expresado. De este modo, su función hagiográfica y su contenido ejemplar se ven desbordados por acontecimientos históricos reales. El desplazamiento y la ocultación, tanto del conflicto como de las críticas que resultan de él, forma parte de la estrategia narrativa propia de los intelectuales orgánicos que arman y difunden este tipo de leyendas ejemplares. Es precisamente con una narración de estas características con la que voy a trabajar.

En este sentido, la Legión de Cristo –congregación religiosa fundada en 1941 por el sacerdote michoacano Marcial Maciel– resulta casi paradigmática: *casi* porque no deja de representar un caso límite; y *paradigmática* porque 1) muestra uno de los manejos habituales de la sexualidad pedofílica en la Iglesia, sujetos a silencio y disimulo, aunque bajo matices que se verán más adelante; 2) permite «observar» tanto la pedofilia del fundador de la institución –fundamentalmente en el interior de ella misma– como los mecanismos de complicidad interinstitucional desplegados para sellar un secreto dicho a voces; 3) deja ver la red de complicidades y perplejidades[4] que se extienden y articu-

_____

[4] Tomando en cuenta el hecho de que existen personas de buena fe a quienes simplemente les parece que con los testimonios publicados se comete una in-

lan con la cúpula vaticana, al igual que con algunos bienhechores –empresarios y políticos– de diferentes países; y 4) finalmente porque al analizar el proceso fundacional de esta institución es posible observar con cierta nitidez el contexto privilegiado en que éste se configura y abarca otro más amplio, de diversas congregaciones religiosas en la Iglesia mexicana, lo que tiene que ver con la alta valoración que se le impone a la vocación sacerdotal en una situación postraumática, como lo fue el conflicto armado denominado Cristiada.

En síntesis, encontramos en este caso un revelador privilegiado de lo que he llamado la «hipocresía institucional casi estructural» que rige a la Iglesia católica en ciertos ámbitos. Y hay que señalar, sin embargo, que el análisis de la institución legionaria permite al propio tiempo ir más allá de esa problemática; por ejemplo a la puesta en juego de un conjunto de mecanismos que conforman el lazo social en este tipo de instituciones.

---

justicia contra MM y la Legión, o que no les parecen verosímiles, ya no digamos verdaderos.

1
El testimonio y su relación con el caso de Marcial Maciel

Aclaro de antemano que mi primera preocupación no es demostrar que algo ocurrió efectivamente. No porque considere que está fuera de mi interés hacerlo, sino porque en materia de la denuncia contra el sacerdote Marcial Maciel, por supuestos actos de pedofilia y adicción a las drogas, hay una realidad irrecuperable cuya aclaración depende de que los denunciantes y el denunciado –con sus respectivos respaldos y simpatizantes cada uno– concuerden en lo realmente ocurrido. Hasta ahora no se da el caso, pues la parte acusada de abusos sexuales y manipulación de subordinados para hacerse de droga, no sólo niega esos hechos sino que va mucho más allá, pregonando un complot orquestado en su contra.

Quien decide analizar esta delicada cuestión enfrenta una disyuntiva: ¿a quién creerle? Aunque los testimonios de quienes se dicen víctimas de abuso no queden sujetos al supuesto del cuarto cerrado, ya que existen los que aseguran que participaron en reuniones de más de dos, basta que una de las partes niegue lo ocurrido, para que algo sustancial de la información no se pueda «probar». Ello no quiere decir que no haya sucedido, simplemente implica que la reactivación de la memoria para una de las partes se ha realizado *in efigie*.

Este escrito que se pretende histórico no puede prescindir de lo que Paul Ricoeur denomina «vehemencia asertiva de la historia». Pero tomando en cuenta el estado de la cuestión respecto al caso Marcial Maciel, en la voluntad de historiar tiende a colarse una lógica judicial que debo tratar de mantener a raya, a pesar de que permanece como una sombra, un resto irreductible. En síntesis: ni juez ni denunciante. En todo caso, esto último corresponde a quienes afirman haber sufrido abuso. Sin embargo, complica aún más el estatuto híbrido del enfoque en el que busco apoyarme, explorando lo que podemos considerar desvanecimiento de indicios.

En la narración que despliego intentaré mostrar parte del proceso de seducción y abuso, así como algunos de los métodos para borrar sus trazas. De esta aseveración podrá colegirse que por mi parte supongo que efectivamente se produjo un abuso; pero donde cargaré las tintas es en la manera como éste ocurrió –y siempre con la conciencia de que algo falta y elude nuestra inquisición.

Pero ya que la materia de la que pretendo dar cuenta es extinguible y fugaz como acto –aunque deja su huella indeleble en la psique y la memoria selectiva–, lo único que resta es un puñado de testimonios entrelazados con la negación obstinada de ellos y el secuestro de la información en diferentes archivos vaticanos. Por ello no puedo sino constatar la lucha de los afectados que, al brindar sus testimonios, se esfuerzan por impedir la disolución y el olvido de lo que efectivamente ocurrió.

Como en el texto freudiano, la laguna no será la ausencia de «una piedra en el edificio construido, sino la traza y el retorno de eso cuyo lugar debe tomar el texto».[1] Y el «retorno» no es solamente eso, ya que el archivo es algo construido y guiado por lo que está por venir; el texto busca hacerse cargo de representar las estrategias del desvanecimiento.

En este caso se trata menos de la elucidación de un secreto vergonzoso que del estudio de un proceso de silenciamiento colectivo al que contribuyeron tanto abusadores como víctimas. Aunque dicho proceso tuvo al menos tres excepciones: dos individuos que fungieron como secretarios de Marcial Maciel y que habiendo participado en algunos episodios de los denunciados –no de carácter sexual–, rindieron testimonio de lo que a ellos constaba; y un tercer sujeto que, siendo superior y habiendo participado él mismo en actos de tipo sexual que violentaron a algunos jóvenes, decidió alrededor de diez años después del inicio de éstos dar la cara ante las autoridades romanas.

Pero lo que le otorga una de sus características distintivas al asunto Maciel es que un fragmento de los vestigios «retornó» con el tiempo sólo desde una de las partes en juego. El proceso de silenciamiento conjunta dos momentos. El primero está compuesto de dos fases: en la primera se hace presente un tipo de silencio no homogéneo, ya que a pesar de todo se producen algunas filtraciones a lo largo de un periodo que abarca al menos unos doce años (1944-1956), con una primera crítica del que entonces se desempeñaba como asistente externo de la congregación, enviado por la Sagrada Congregación de Religiosos hacia la segunda mitad de la década de 1940, y que desemboca en un momento difícil –segunda fase– en el que las autoridades vaticanas in-

[1] Michel de Certeau, *L'écriture de l'histoire,* París, Gallimard, 1975, pág. 334.

vestigan de manera oficial y pormenorizada a Marcial Maciel, entre 1956 y 1958.

El segundo momento comienza una vez repuesto el sacerdote en el puesto de superior general (¿principios de 1959?).[2] Este periodo se va preparando lentamente a lo largo de treinta años, en la medida en que poco a poco los antiguos compañeros que han abandonado la institución comienzan tímidamente a compartir sus experiencias de abuso sexual o de ayuda para conseguirle morfina a Marcial Maciel.[3]

Una minoría de los implicados –dos– aún intentan que MM les pida perdón, se arrepienta y cambie su conducta. Pero finalmente, ante el mutismo del fundador, deciden pasar a la fase de la denuncia pública hacia la segunda mitad de los noventa. Esto implicó tanto el pasaje por los medios de comunicación, a partir de 1997, como el inicio de un juicio ante las autoridades eclesiásticas correspondientes, rematando con algo más o menos sorprendente, a saber: una segunda oportunidad para testimoniar, alrededor de cuarenta y nueve años después, esta vez sin estar sujetos al voto de la Legión, que impide criticar al superior.[4] Ambos momentos, por supuesto, no son equivalentes, ni contextual ni anímicamente.

El silenciamiento precisa sin embargo, para poder ser medianamente entendido, que se le incluya en un contexto mucho más amplio, relacionado con los pactos de complicidad desplegados por diferentes actores, constituidos por distintas lógicas e intereses, pactos que proceden ya por relevos o ya sincrónicamente. Esto quiere decir que algunos de ellos pueden de pronto articularse en un periodo determinado, o simplemente operar en simultaneidad pero sin estar necesariamente articulados, lo que implica que no siempre es necesario afirmar que hubo acuerdo entre los actores sociales involucrados.

Me voy a apoyar en el concepto de *pacto denegativo* del psicoanalista René Kaës, con el fin de dar al lector una idea aproximada de a qué me refiero. Sin pretender que éste dé cuenta de la totalidad de cuanto describo, dicho pacto presupone, según Kaës, un

«acuerdo inconsciente [que] se organiza y mantiene en una complementariedad de intereses.

---

[2] No encontré documentos probatorios al respecto.
[3] En adelante MM.
[4] Esto se llevó a cabo en diferentes ciudades. En el caso de México, en la primera semana de abril de 2005. Ahí comparecieron ante un visitador y un notario enviados por la Congregación de la Fe –que tiempo atrás había decidido bloquear

»Existen dos polaridades del pacto denegativo. Una organizadora del lazo transubjetivo, la otra defensiva. Cada conjunto particular se organiza [...] sobre transferencias mutuas, identificaciones comunes, sobre una comunidad de ideales y creencias, sobre un contrato narcisista, sobre modalidades tolerables de realización de deseos [pero también], cada conjunto se organiza sobre una comunidad de renuncias y sacrificios, borramientos, rechazos y represiones. [Esto] crea en dicho conjunto lo no significable, lo no transformable, zonas de silencio, bolsas de intoxicación, espacios basura, líneas de fuga, y mantiene a los sujetos ajenos a su propia historia [...]. Los pactos denegativos están [sostenidos] por un sellamiento de los inconscientes acordados para producirlos».[5]

El problema de este sugerente planteamiento es que en dicha definición se condensan demasiadas cosas que a mi parecer habría que diferenciar más finamente. Por ejemplo, no basta que algo no esté explicitado para acudir prontamente a la noción de inconsciente ni a un acuerdo entre «inconscientes». ¿Cómo puedo percibir el «inconsciente» del otro a partir de mi propio inconsciente?

Además, habría que procurar distinguir entre lo impensado, las diferentes modalidades de lo no dicho y el secreto como decibles, la «lógica de la práctica» generada por los *habitus* y sus incertidumbres (Pierre Bourdieu) y las «maneras de hacer» y sus «tácticas» (Michel de Certeau), o el «poder normativo de lo fáctico» (Norbert Lechner), como aquello que habría que pensar más allá de la ideología y la violencia.

Lechner habla, recordando en parte a Durkheim, de «una coerción estructural» para pensar ciertos aspectos de las relaciones de poder.

«El gran logro del poder es el orden. El poder no convence racionalmente de que es orden; no hay diálogo [...]. El poder se instala de manera subcutánea [...]. La fuerza normativa de lo fáctico radica en eso: un ordenamiento de la realidad sin interpelación de la conciencia.»[6]

---

el incipiente juicio– que, finalmente, el 2 de diciembre de 2004 desbloqueó el proceso sin ofrecer explicaciones.

[5] René Kaës, «Pacte denegatif et alliances inconscientes. Éléments de métapsychologie intersubjective», *Gruppo*, núm. 8, 1992, pág. 126.

[6] Norbert Lechner, «Poder y orden. La estrategia de la minoría consistente». *Revista Mexicana de Sociología*, Instituto de Investigaciones Sociales, UNAM, núm. 4/78, pág. 1216.

Añade que basta que un orden se consolide y se convierta en durable hasta nuevo aviso, para que se instituya el «poder normativo de lo fáctico» y la inevitable inversión en ese orden, guste o no, con la consiguiente producción de un sentido común y sus impensados casi impensables.

Entonces, esta comunidad de ideales, renuncias y silencios de los que habla Kaës, aunada al «poder normativo de lo fáctico», nos puede resultar heurísticamente útil para pensar algunos aspectos de los pactos a los que me refiero.

El testimonio sobre situaciones que ocurren a puerta cerrada y de las cuales se emiten dos versiones irreductibles, instituye una especie de duelo verbal en el cual una parte niega lo que la otra afirma; esto lleva casi irremediablemente, a quien no asistió al hecho, a tomar partido o a permanecer en una especie de indefinición suspensiva y sin salida.

El problema consiste en que en el caso Maciel los «duelistas» están en una situación francamente asimétrica. En la bolsa de valores de la palabra, el acusado cuenta con casi todas las prerrogativas. Además, en su capital de relaciones tiene de su lado al Papa[7] y a una parte de la curia romana, además de un buen número de obispos, algunos empresarios y hasta ciertos políticos mexicanos.[8]

Por si algo faltara, entre los que constituyen el grupo organizado de los ahora acusadores, al menos siete de ellos mintieron cuando eran jóvenes en el momento justo que el Vaticano aceptó llevar a cabo la primera investigación (1956), lo cual le permitió a Maciel salir exonerado y blandir en su favor el argumento de que no es explicable que cincuenta años después sus acusadores sostengan que lo que ahora dicen sí es la verdad, porque cuando tuvieron su oportunidad la «desaprovecharon».

El filósofo Jean-François Lyotard, al reflexionar sobre los sobrevivientes de los campos nazis de exterminio, aporta algunas luces nada desdeñables al respecto:

«Una frase puede contener múltiples referentes, múltiples sentidos, [así como] muchos destinatarios y remitentes [...]. El silencio no señala cuál sería la instancia negada, sólo señala que una o varias

---

[7] Cuando menos, mientras duró el papado de Juan Pablo II.

[8] Y no sólo mexicanos; aunque esto no quiere decir que todos lo sostengan necesariamente por las mismas razones. Por ejemplo, puede haber obispos o miembros de congregaciones religiosas que en privado abominen la situación, pero mantengan silencio para cuidar la imagen de sus instituciones.

instancias son negadas. Los sobrevivientes se callan y se puede comprender 1. que la situación en cuestión no es asunto del destinatario (porque no tiene la competencia, o no se merece que alguien le hable, etcétera); o 2. que ella no ha tenido lugar; o 3. que no hay nada a ser dicho (porque ello es insensato o inexpresable); o 4. que no es asunto de los sobrevivientes el hablarlo (ellos no se sienten dignos, etcétera). O varias de esas negaciones juntas».[9]

El haber guardado silencio, o mentido claramente en el caso de los ex legionarios que fueron víctimas de abuso por MM, no implica, pues, que su testimonio corregido de los años posteriores se invalide automáticamente. A lo único que remite su silencio mentiroso de entonces es a preguntarse por las razones que los llevaron a actuar de esa manera, por ejemplo el tipo de constreñimientos institucionales en los que estaban inmersos, y también al hecho de que no todos los que testimoniaron en su momento fueron víctimas de abuso o supieron claramente de esa situación.

No deja de ser complicado aprehender el estatuto de estos testimoniantes. Por ejemplo, cuando Lyotard habla de la noción de diferendo[10] puntualiza que:

«a diferencia de un litigio, un *différend* sería un caso de conflicto entre dos partes que no podría ser resuelto equitativamente a falta de una regla de juicio aplicable a las dos argumentaciones. Que una sea legítima no implica que la otra deje de serlo. El título del libro sugiere [...] que una regla universal de juicio entre dos géneros heterogéneos no existe.

»[...] El acusador está despojado de los medios de argumentar [y...] por ese hecho, deviene una víctima.

»[...] Leibniz escribe que "la nada es más simple y más fácil que alguna cosa". Aquel que dice algo es el denunciante, él debe aportar la demostración por medio de frases bien hechas y de procedimientos que establezcan la existencia de su referente. La realidad siempre queda a cargo del quejoso. Al defensor le basta con refutar la argumentación y de recusar la prueba por un contraejemplo. [...] La defensa es nihilista, la acusación recurre al siendo».[11]

[9] Jean-François Lyotard, *Le différend*, París, Minuit, 1983, pág. 31.
[10] Lo que podría ser tomado en el sentido de desacuerdo o incompatibilidad por diferencias de opinión o de intereses, sinónimo hasta cierto punto de discrepancia, discordancia, disentimiento.
[11] *Op. cit.*, págs. 9, 23 y 24.

Más adelante vamos a ver cómo los sujetos que cuestionan a Marcial Maciel, dependiendo de tiempos y circunstancias, pueden desempeñar los papeles de víctimas y denunciantes. Y algunos de ellos, además de víctimas, fueron durante un tiempo colaboradores de su propio abusador ante los candidatos a víctimas, lo cual establece diferencias en las maneras de haber estado implicados, aunque a la hora de los ajustes de cuentas todos parezcan volverse equivalentes.

El hecho de que las víctimas de abuso, hombres ya maduros, hayan aceptado testimoniar acerca de un acto de seducción y sus detalles, significa exponerse y volverse públicamente vulnerables. Pero este hecho en buena medida se puede entender como la imposibilidad de soportar por más tiempo un silencio y una complicidad con un abusador que ha dejado de representar al ser excepcional –no para todos en el mismo grado. Se está dispuesto a encarar un pasado para ajustar cuentas con él y tratar de entender de qué manera se participó en la relación violenta de seducción y sometimiento.

Un psicoanalista no puede conformarse con un mundo en el que se delineen claramente los seducidos y los seductores, los fascinados y los fascinantes, los amados y los amantes. En su incómoda posición, que no es ciertamente la del juez ni la del escucha neutral, sino la de aquel que ha sido requerido por su analizante para ayudarlo a interrogarse sobre lo que en su discurso y sus actos se manifiesta de su inconsciente, a pesar de él, tampoco puede dejar de reconocer la asimetría que se instaura entre estos binomios, así como no puede darse el lujo de desconocer las diferentes lógicas, los contextos y la específica relación de poder que los constituye y que los vuelve no equiparables, pero sí entrelazables.

Esta posición es incómoda porque al psicoanalista no le es permitido rehuir los puntos de intersección en los que se dan las complicidades extorsionadas, inconscientes o deseadas, lo que hace que se desdibuje la contundencia de lo que, a primera vista, conformaba los citados pares en oposición.

Allí donde el fascinado se engancha con el que considera carismático, donde el seducido siente que el seductor se vuelve irresistible, donde el amante se pone a disposición del amado,[12] la escucha psicoanalítica busca entrever de qué manera el que está en situación no dominante contribuye –algunas veces aun sin saberlo ni buscarlo–

---

[12] Y no incluyo el binomio torturador-torturado porque entra en juego otro tipo de consideraciones, que introducen una complejidad suplementaria a lo que estoy tratando. Lo mismo vale para la víctima de los exterminios.

a su propia sumisión o abyección, sin que esto implique, insisto, que el análisis de esto justifique la violencia del que ocupa la posición dominante.

El psicoanálisis sabe al menos que el que se instaura como víctima consistente y de una pieza le rinde un homenaje oblicuo al que denuncia como la causa de sus sufrimientos, y algo más, que por el hecho de colocarse de esa manera se condena a quedar atrapado en la relación, ya que no asume su participación, por mínima que ésta sea, en aquello que lo mantuvo o mantiene ligado al otro.

Desde otro lugar, pero partiendo de una problemática análoga, un sociólogo como Pierre Bourdieu, a propósito de la sumisión femenina, señala que:

«Se puede decir simultáneamente y sin contradicción que ella es espontánea y extorsionada, [y esto no se comprende, a menos] que se tomen en cuenta los efectos durables que el orden social ejerce sobre las mujeres (y los hombres), es decir, las disposiciones espontáneas en acuerdo con este orden que se les impone. La fuerza simbólica es una forma de poder que se ejerce sobre los cuerpos directamente, y como por magia, fuera de todo constreñimiento físico [...] acción transformadora tanto más potente en la medida que se ejerce, en lo esencial, de manera invisible».[13]

Sin embargo, hay que tener mucho cuidado para no utilizar como herramienta paranoica de sospecha –o moralizante, o que vuelva equivalentes a las partes– el uso del inconsciente o del *habitus* cuando uno se enfrenta a este tipo de situaciones.

Los diferentes modos de implicación de quienes no estuvieron un papel dominante varía mucho. Y esto según edades, tipo de acto, quién fue el seductor, en qué contexto, por cuánto tiempo, etcétera, lo cual entraña diversos grados de libertad y una mirada más casuística, a fin de evitar un planteamiento con pretensiones universales. En el caso que me ocupa, ello supone tratar de trascender la denuncia que, como se sabe, más allá de su indiscutible utilidad para los que sufren o sufrieron una violencia, tiende casi siempre a ser estentórea, sin pliegues ni matices, con posiciones irreductibles y maniqueas entre los buenos y los malos. La fuerza de su irrupción a menudo es directamente proporcional a la fuerza que se utilizó en reprimir, suprimir o diseminar lo que finalmente se manifiesta.

---

[13] Pierre Bourdieu, *La domination masculine*, París, Seuil, 1998, pág. 43.

Por otra parte, la denuncia, al pretender volver visible al máximo lo que antes permaneció fuera de la vista y el oído, termina por provocar efectos no exentos de contradicciones, al traspasar determinados umbrales. Veamos dos efectos posibles: 1) produce una especie de incandescencia y saturación que convierte en cenizas lo que por fin logró mostrar (haciendo una analogía que puede sonar paradójica, la denuncia se acerca a veces a la pornografía cuando ésta, al mostrar el cuerpo sin velos y al aderezarlo con una escenografía ginecológica, desemboca en el agotamiento de cualquier deseo); y 2) configura un punto muerto en el cual se estabilizan las posiciones a favor o en contra de lo denunciado.

De lo que aquí se trata no es sólo de describir las vicisitudes de esos espasmos que produce la denuncia. Son otros mis objetivos, a saber: a) dejar constancia del largo camino que han debido recorrer los testigos y denunciantes para por fin atreverse a hablar; b) referir el doloroso y paciente discernimiento que han tenido que cumplir los que, en un principio confundidos y abismados, y luego cómplices con su silencio frente a los visitadores romanos, han terminado al final de exudar críticamente la creencia en la santidad y excepcionalidad depositada en aquel que les hizo añicos el ideal al que primero los indujo; c) considerar los años que tardaron para, primero, comunicarle a algún compañero lo que muchos creyeron que sólo había ocurrido a cada uno de manera singular, así como el tiempo requerido para constituirse como grupo; y d) tratar de mostrar sus titubeos, ambivalencias, encapsulamientos, disociaciones y denegaciones respecto al conjunto de acontecimientos traumáticos que encuentran obstáculos aun después de haberlos expuesto en la prensa, la TV o ante el investigador, sea sociólogo o historiador.

Algunos quieren guardar su nombre; otros que se supriman ciertas declaraciones que podrían «molestar» a Marcial Maciel o que los harían parecer desagradecidos o vengativos; algunos más, presionados por sus familiares para que no caiga sobre ellos el «descrédito», se sienten jaloneados entre hablar y callarse. Y hasta se dio el caso de uno que después de haber firmado una declaración notariada se desdijo y volvió a repetir que fue manipulado. Todo esto frente a un pequeño grupo que ya quemó sus naves y no teme aparecer en los foros donde se les solicite.

A todo esto hay que añadir las dificultades de quien escucha estos testimonios para tratar de comprender la fascinación que ejerció MM, pues irremediablemente éstos son emitidos a través del tamiz de la franca desidealización del personaje aludido. Esto no es fácil, pues cuando por fin logran sacar a la luz el sufrimiento que los atenazaba, ya Maciel es para ellos alguien «inculto», «manipulador», «perverso», «incoherente», «poco espiritual» y «mentiroso» –y para unos pocos. alguien «muy peligroso» que todavía les podría hacer daño. Es decir, existe un abismo entre la figura a la que le prestaron su creencia y el personaje desacralizado sobre el que prestan testimonio.

En tales testimonios se vislumbran algunos elementos del fantasma primordial construido por Freud acerca del *padre primitivo*. Como aquél, Maciel ocupa el lugar del que pudo gozar indiscriminadamente de los elegidos como sus efebos, sin que nada ni nadie pareciera impedírselo. También, como el padre totémico, pudo –y puede– hacer y deshacer normas a su arbitrio, al igual que burlarse de ellas gracias a la discrecionalidad de la que estuvo –y está– investido.

Pero si se mira más de cerca, se descubre que el «omnipotente» en realidad está subordinado a otro que lo es más, o que aspira a serlo más (el Papa y su curia, ciertamente no homogénea) y eventualmente puede llamarlo al orden. La cercanía con la institución papal y sus prestigiosos efectos simbólicos e imaginarios fue una estrategia elegida a ciencia y conciencia por Maciel. Además, a diferencia del padre primordial freudiano, Maciel emite un discurso que pretende ser ejemplar –el que pide prestado a su iglesia– y tiene que ver con la pureza, la castidad, el control sobre sí mismo y el ideal de santidad.

Luego de haber elevado este discurso a un alto grado de insistencia lo transgrede, pero sin destruirlo, gracias a que busca mantener entrelazados en una especie de «dialéctica disociativa» –aunque suene paradójico– tanto lo emitido como su transgresión por el acto.

Entonces, la astucia del casi omnipotente subordinado consiste en su capacidad de manipular a sus superiores sin que éstos se den cuenta; y también en volverlos sus cómplices, aunque no pocas veces sepan de qué se trata.

Este discurso de la pureza, articulado con su transgresión, se hará acompañar de otra práctica en el caso de Maciel: la que remite a su relación «directa» con Dios. Esto es: más allá de su subordinación a las autoridades romanas y las estrategias puestas en juego para negociar con ellas, se hace presente otra relación que logró hacer valer, y que tiene que ver con el supuesto encargo que el señor de los cielos le hizo para llevar a cabo la fundación de la Legión de Cristo. Esto significa que participa de un paradigma religioso que deja de lado un tipo de pensamiento secularizado, ya que cree –o dice creer– que Dios efectivamente se comunica con él. Tal tipo de alteridad nos habla de un universo religioso en circuito cerrado, que parece bastarse.

«En un mundo profundamente religioso es normal pensar que la verdad habla a pesar de uno [...se trata] de un discurso incoercible que desaloja al sujeto de su lugar propio para testimoniar una verdad superior [...] es lo mismo para la posesión que implica una disposición del cuerpo propio en función del invisible. [...] La locura es uno de los grandes descubrimientos de la modernidad [...]. La alucinación no puede ser reconocida en un mundo en donde la aparición es común y en donde cualquier campesino entrando en su casa puede ver a la virgen. [...] La alucinación se diferencia como experiencia específica en una sociedad en la cual la aparición deviene problemática [...]. La aparición llega a ser un milagro de tal manera excepcional, que la alucinación deviene pensable. [...] La sustracción al mundo de lo invisible cambia el estatuto del alma y del cuerpo desde el punto de vista de sí.»[14]

No hay duda de que Maciel explota a su favor los símbolos y la alteridad que se genera en ese universo religioso, donde el ser hablado por Otro en los lugares correctos y con el lenguaje autorizado permite, en ciertas circunstancias, un posicionamiento notable, si se logra que el «encargo» se vuelva creíble.

Es por esa razón que, si bien haré mención del Maciel que recibe una «revelación fundacional», me interesaré especialmente por el Maciel que la transmite a partir de una serie de estrategias que la volvieron creíble a pesar de estar constituida por una falta de especificidad en cuanto al contenido. Esta transfiguración de lo inespecífico en «singular» será uno de los puntos a desplegar en mi análisis. MM como receptor de la «revelación» puede ser perfectamente incluido en modelos estereotipados de recepción del mensaje, no así aquel que lo supo transmitir y materializar en una obra.

Marcial Maciel como límpido vehículo de una «revelación» aparece investido de una excepcionalidad, dado el modelo canónico de los fundadores de congregaciones religiosas en el siglo XX, y no sólo en ese siglo. No cualquiera recibe algo de este tipo, si no es porque se le supone poseedor de algún mérito, aunque hasta ese momento hubiera permanecido oculto. El vehículo a partir de ahí está presto para «emanar santidad»... y otras cosas.

El asunto se complica cuando el vehículo se desdobla en dos vertientes, como pederasta y como toxicómano. Para ese ominoso pliegue que atenta contra la prístina transparencia del vehículo, la revelación

---

[14] Marcel Gauchet, *La condition historique*, París, Stock, 2003, págs. 194-195.

ya no alcanza; hay que buscar otras justificaciones, otros desplazamientos, disociaciones o supresiones para enfrentar el asunto. A la manera freudiana de la lectura del *Moisés y el monoteísmo*, en el principio no era uno sino dos: el sujeto disociado.

En síntesis, la guerra de las memorias y de los testimonios se instaura irremediablemente en esta zona en la que trabajaré. Como bien señala Paul Ricoeur, «las memorias no difieren sólo por su contenido, sino por su modo de transmisión a lo largo de las cadenas de las generaciones».[15]

Pero hay algo más para quienes trabajamos en lo que en Francia se denomina «historia del tiempo presente» y tiene que ver con lo que el propio Ricoeur llama la posición «híbrida» del historiador que se aventura por esos terrenos en los que todavía están presentes los actores. El filósofo se refiere al libro de René Rémond, *Nuestra historia 1918-1988*, donde éste se pregunta si es posible escribir la historia de su tiempo sin llegar a confundir dos papeles que es necesario mantener claramente diferenciados y separados, el de «memorialista y el de historiador». Y dice Ricoeur:

«El inacabamiento del periodo estudiado no permite la puesta en perspectiva requerida para el establecimiento de una jerarquía de importancia autorizando la evaluación de los hombres y los acontecimientos [...]. Yo diría que ella carece del sentido de lo perimido [...]. Sin el corte [entre pasado y presente], no es posible, como lo demanda Michel de Certeau, delimitar el lugar de los muertos a fin de liberar el lugar de los vivos. [...] El duelo inacabado no permite la edificación de esa tumba escritural que sería la de una historia distanciada.

»[...En] la posición híbrida del historiador delante de los acontecimientos en los cuales la potencia traumática no se ha agotado, éste habla a la tercera persona de los protagonistas en tanto que [...] profesional, y a la primera persona en tanto que intelectual crítico. Esta situación permanece insuperable».[16]

Por otra parte, se da una tensión irreductible entre los testigos memoriosos que apuestan por una fidelidad a su recuerdo y el historia-

---

[15] Respuesta de Paul Ricoeur a Krysztof Pomian, «Autour de *La memoire, l'histoire, l'oubli*, de Paul Ricoeur», *Le Débat*, París, Gallimard, núm. 122, noviembre-diciembre de 2002, pág. 57.

[16] *Ibidem*, pág. 59.

dor que busca establecer una verdad mediatizada por un aparato crítico, operación historiográfica que, como bien señala Ricoeur, pasa inevitablemente por varias fases: 1) de pruebas documentales y testimoniales; 2) de comprensión-interpretación; y 3) de la puesta en forma literaria. En cada una de ellas, la «vehemencia asertiva de la historia», su «pulsión referencial»[17] tenderá a primar, dada su necesidad de acreditar una representación del pasado que busca ir más allá de la memoria, pero inevitablemente pasando por ella y por sus pretensiones de fidelidad a lo ocurrido.

Al consagrarme con estos fundamentos al análisis desconstructivo de la novela o leyenda fundacional de Los Legionarios de Cristo, enfrento una dificultad que no se debe ocultar, porque se trata de poner en relación tres tipos de relatos, a saber: 1) la leyenda hagiográfica construida por los legionarios, tanto alrededeor de la vida de Marcial Maciel como de la obra tan ligada a él; 2) esa especie de contraleyenda[18] instituida por los ex legionarios críticos a Maciel y su obra; y 3) el relato construido históricamente que intenta poner los dos anteriores en relación, dando cuenta de sus lógicas y estableciendo acerca de ellos una especie de observación de segundo grado.

Esta operación histórica se construye entonces con relatos escritos y testimonios orales. Entre ambos no siempre hay coincidencias. Más aún, hay grandes divergencias. Lo que se teje en los relatos en función hagiográfica es un conjunto de alusiones y elusiones que los testimonios orales de la contraleyenda intentan cercar y colmar, pero la memoria y su selectividad opera inevitablemente en ambos casos, aunque no cultivando las mismas selecciones y olvidos. Se trata de discursos y textos en pugna irreductible.

El haber tenido acceso a tres archivos –LCM,[19] el del padre Luis Ferreira[20] y el de Flora Barragán de Garza–[21] abre otras perspectivas, ya que ellos introducen elementos a los que los actores de la hagiografía

---

[17] *Ibidem,* pág. 7 (Respuesta a Roger Chartier).

[18] No necesariamente exenta de leyenda.

[19] Que contiene alrededor de 200 documentos y en el cual se despliega el prolongado contencioso que va aproximadamente de 1944 a 2005 entre Marcial Maciel y diversos actores eclesiásticos. Se trata del archivo más completo y sin duda el que permite hacerse una idea sin anestesia de las diferentes estrategias puestas en juego por los actores implicados.

[20] Que se desempeñó, por un periodo de aproximadamente dos años, como vicario general de la Legión de Cristo.

[21] Se trata de una de las bienhechoras más conspicuas de la Legión. A ella le deben los legionarios, entre otras, la que consideran su «primera obra apostólica», el Instituto Cumbres de la ciudad de México.

y la contraleyenda no tuvieron acceso en su momento. Si comparamos, por ejemplo, el primer archivo con el tercero, rápidamente saltan a la vista las diferencias. Si en el LCM se pueden observar los conflictos políticos casi sin eufemismos de por medio, en el tercero se hace presente una retórica eclesiástica ejemplarizante y muy estereotipada, utilizada para el cultivo de la estima de los elegidos para fungir como bienhechores.

El archivo LCM y el del padre Luis Ferreira ayudan en buena medida a reconstruir el contencioso alrededor de la pederastia y la adicción a la morfina de Marcial Maciel. En cambio, el de Flora Barragán parece dejar inocentemente de lado este ríspido y doloroso conflicto.

Pasemos entonces a desplegar la historia y la *leyenda* fundacional de la Legión de Cristo y las visicitudes de su fundador.

2
La hagiografía y su relación con la afiliación

2.1 Los usos de la filiación en la afiliación a los grupos religiosos

El tipo de afiliación dominante en las instituciones religiosas implica, entre otras cosas, la recreación espiritualizada de un modelo familiar en el que el fundador o la fundadora se convierten en padre o madre y, en ciertos casos, el inspirador o la inspiradora de la obra pasan a formar parte de una especie de pareja espiritual del fundador o la fundadora. Esto es un elemento esencial en el tejido narrativo de las hagiografías.

Un ejemplo del primer caso es el del Opus Dei. La ex opusdeísta Rosario Badules López señala al respecto que en 1944 se le indicó que al entrar a saludar al fundador Josemaría de Escrivá se le debía llamar «padre». A su madre, Escrivá impuso llamarla «abuela», y a su hermana «tía Carmen».[1]

En cambio, en la institución legionaria, a la madre de Marcial Maciel se le denomina «mamá Maurita»,[2] lo cual, me imagino, no dejará

---

[1] Emilio J. Corbière, *Opus Dei. El totalitarismo católico*, Buenos Aires, Sudamericana, 2002, pág. 104. Un crítico del Opus Dei, Peter Hertel, cita en su texto titulado *Les secrets de l'Opus Dei* [París, Golias, 1998, pág. 118] a uno de sus biógrafos, Peter Berglar, de esta manera: «En efecto, el Opus Dei no es una asociación, una sociedad, una orden religiosa: es una familia [...]. No se trata de una familia en sentido figurado o derivado. [...] Se trata de una familia en toda su realidad y su esencia; espiritual, es cierto, porque sus lazos de sangre consisten en la espiritualidad común que ofrece la vocación, pero también encarnada, porque aquellos que han recibido el llamado de la vocación son hombres de carne y hueso que, unidos por el Espíritu Santo, observan los unos en relación con los otros, la lealtad y fidelidad naturales que es lo propio de una familia». Peter Berglar, *L'Opus Dei et son fondateur Josemaría Escrivá*, París, Mame, 1992 [Salzburg, 1983].

[2] Tardíamente, como se verá más adelante.

39

de producir un cierto equívoco, ya que los propios legionarios denominan a su fundador «mon père».[3]

Esta alteración de la genealogía, por vía «espiritualizada», ¿no revela otro tipo de transgresiones? La pregunta queda en el aire.

Por otra parte, al parecer el padre de ambos fundadores queda en un discreto segundo plano, como una especie de San José, relegado por la presencia contundente de Dios en el cruce de la genealogía biológica con la espiritual.

Un ejemplo del segundo caso –el de las parejas espirituales fundadoras– lo encontramos en la congregación religiosa mexicana denominada Misioneros del Espíritu Santo, fundada en 1914, en la cual el francés Félix de Jesús Rougier, considerado el creador de ella, comparte créditos con la inspiradora del «carisma», la viuda mexicana Concepción Cabrera.

Se trata, pues, en la mayoría de los casos, de convertir la afiliación institucional en filiación que espiritualiza los lazos de pertenencia gracias al carisma compartido, teniendo como referencia básica el imaginario familiarista inducido por los lazos biológicos desdoblados por una referencia a lo sobrenatural.

En esta supuesta familia de recambio, los neófitos tienen la oportunidad de volver a nacer, resignificando así sus lazos primarios de filiación gracias a una conversión inducida, dentro del marco de lo que Erwing Goffman denomina «institución total»:

«La característica central de las instituciones totales puede describirse como una ruptura de las barreras que separan de ordinario [tres ámbitos fundamentales de la vida cotidiana]. Primero, todos los aspectos de la vida se desarrollan en el mismo lugar y bajo la misma autoridad única. Segundo, cada etapa de la actividad diaria del miembro se lleva a cabo en la compañía inmediata de un gran número de otros, a quienes se da el mismo trato, y de quienes se requiere que hagan juntos las mismas cosas [...]. Tercero, todas las etapas de las actividades diarias están estrictamente programadas [...]. El hecho clave de las instituciones totales consiste en el manejo de muchas necesidades humanas mediante la organización burocrática de conglomerados humanos indivisibles».[4]

---

[3] Esto en realidad parecen haberlo copiado de los Misioneros del Espíritu Santo, que en efecto tienen a un fundador francés y le decían así.
[4] Erwing Goffman, *Internados. Ensayos sobre la situación social de los enfermos mentales*, 2ª ed., Buenos Aires, Amorrortu, 1972, págs. 19-20.

Estas instituciones, por otra parte, pretenden producir un sentido común de realidad totalizador y con una estructura altamente jerarquizada.

La jerarquización está sostenida, en algunos casos –sobre todo hasta antes del Concilio Vaticano II–, en la obediencia ciega y en el relativo control y sofocamiento de las críticas al ejercicio de autoridad por medio de la confesión, la dirección espiritual o la infidencia entre los subalternos.

Dichas instituciones totales, en el caso de la Iglesia, tienen sus modelos privilegiados en la casa de formación y en el convento. La primera implica un tiempo de alejamiento del mundo para inducir la conversión, y posteriormente un retorno paulatino, nunca total, a la sociedad que se dejó. Los conventos representan un corte más radical. Justo es decirlo, en cada uno de estos tipos ideales hay diferentes grados de desapego y permeabilidad en lo referente a la inserción al medio social exterior.

Pero restringirse sólo al modelo de las instituciones totales puede llevar a simplificar las cosas, ya que no todas entrañan la misma lógica en cuanto a maneras de acceder y salir, al tipo de actividades, a las posibilidades de movimiento y a las características del proceso histórico.

En el caso de las comunidades religiosas se trata de lo que Peter Berger y Thomas Luckmann denominan «comunidades de convicción».

«Las comunidades de vida concretas, como comunidades cuasi autónomas de sentido y comunidades más estables y «puras» que incluyen a las comunidades de convicción, contrarrestan la propagación pandémica de las crisis de sentido. Sin embargo, ellas no pueden trascender las precondiciones ancladas estructuralmente en la sociedad moderna que promueven la expansión de la crisis de sentido.»[5]

Lo anterior permite pensar que cualquiera que aspire al sacerdocio o a la vida «consagrada» en la sociedad moderna no puede evitar el pluralismo estructural y sus lógicas discordantes, que rigen en la modernidad.[6] Pero hay aún más: entre la comunidad y el mundo se sitúa la

---

[5] Peter Berger y Thomas Luckmann, *Modernidad, pluralismo y crisis de sentido*, Madrid, Paidós, 1997, pág. 63.

[6] Hipótesis trabajada por Fernando Falcó, *Malestares de afiliación. Proceso de construcción de identidad en la vida religiosa y sacerdotal en México hoy*, México, Flacso, 2004.

mediación del campo religioso en donde la primera está sumergida. Y dicho campo implica otras ofertas, ya las que se generan en la propia denominación o ya las que promueven otras referencias religiosas.

Dependiendo del periodo histórico estudiado, esta triple división-articulación: comunidades, campo religioso –amplio y restringido– y mundo social plural, adquiere diferentes connotaciones y tiene distintos efectos. Si se trata, por ejemplo, de analizar un periodo crítico del campo religioso en el cual se da el desdibujamiento y la reconfiguración de sus fronteras, entonces es necesario reconsiderar las categorías que se utilizan para analizarlo. En un sugerente ensayo, Pierre Bourdieu señala que actualmente asistimos a

«la redefinición de los límites del campo religioso y de la pérdida del monopolio de la cura de almas [...] a una lucha por la definición del límite de competencias. [...] La pulverización de la frontera del campo religioso [...] parece ligada a una redefinición de la división del alma y el cuerpo y de la división correlativa del trabajo de la cura de almas y del cuerpo que no tienen nada de natural [ya] que están históricamente constituidas».[7]

Dicha pulverización representa que no sólo los competidores por los bienes de salvación (Weber) están presentes, sino que se introducen nuevos competidores que no vienen estrictamente del campo, como psicólogos, psicoanalistas, terapeutas corporales, curanderos, etcétera, que entran en la lucha simbólica por la redefinición de las competencias y las categorizaciones del alma y el cuerpo. Por tanto, la definición misma de lo que en un momento se entendía por el monopolio de los bienes de salvación se reconfigura.

En el caso mexicano, un ejemplo que vuelve visible el proceso de redefinición del campo religioso es el que ocurrió en el convento benedictino de Gregorio Lemercier, un monje de origen belga radicado en Cuernavaca, Morelos, en la primera mitad del decenio de los años sesenta. El citado monje llama a un equipo de psicoanalistas a operar terapias de grupo en el corazón de su institución total. Por lo tanto, pone a competir dos maneras de enfocar la «cura de almas» así como diferentes perspectivas para entender la alteridad: una que viene de la referencia religiosa y otra que se desprende de una alteridad secularizada como es la del inconsciente.

[7] Pierre Bourdieu, «La dissolution du religieux», en *Choses dites*, París, Minuit, 1987, pág. 120.

La experiencia terminó con la disolución del convento de Santa María de la Resurrección, el abandono por parte del padre prior de su condición sacerdotal y la constitución del Centro Psicoanalítico de Emaús.[8] La identidad del sacerdocio católico comienza a dar un vuelco en esos años.

Pero estas comunidades familiarizadas, insertas en instituciones totales de convicción y sujetas a la doble tensión, la del campo religioso y la de las lógicas de la modernidad, inducen además a lo que Bourdieu denomina, no sin recurrir a la paradoja, «el interés en el desinterés», es decir, que están conformadas en la lógica que se desprende de la «economía de los bienes simbólicos» o de la ofrenda. Veamos.

«La Iglesia [católica] también es [y no sólo] una empresa económica, pero corre el peligro de hacer olvidar que se trata de una empresa [...] que sólo puede funcionar como lo hace [...] porque se niega como tal.

»[...] La verdad de la empresa religiosa estriba en tener dos verdades: la verdad económica y la verdad religiosa que la niega. Para describir cada práctica, habría que disponer de dos palabras, que se entrelazan, como en un acorde musical: apostolado / marketing, fieles / clientela, servicio sagrado / trabajo asalariado.

»Esta ambigüedad es una propiedad muy general de la economía de la ofrenda, en la que el intercambio se transfigura en oblación del propio ser a una especie de entidad trascendente.»

La constitución de una red de bienhechores y el voluntariado son dos buenos ejemplos de la inducción al *habitus* del interés en el desinterés, lo cual implica, como añade Bourdieu, que ya se han constituido espacios donde el desinterés es recompensado.[9]

Ahora bien, el interés en el desinterés no sólo abarca al dinero, sino a la manera en como los sujetos ofrendan su vida por el «bien de los demás», y aparentemente sin una actitud de cálculo consciente de por medio. Esto remite a la construcción social denominada *vocación* y al tipo de representaciones subjetivas que induce. Frases como «entrega incondicional al servicio de la cruz», o «entrega incondicional a los más pobres y marginados» condensan en parte esta consagración, que va cambiando con los tiempos.

---

[8] Para obtener más datos véase Fernando M. González, «Notas para la historia del psicoanálisis en México», en *Psicoanálisis y realidad*, México, Siglo XXI, 1989.
[9] Pierre Bourdieu, *op. cit.*

2.2 La difícil construcción de la diferencia entre fundador y superior general

El caso de la Legión de Cristo

Un caso paradigmático de la cuestión descrita lo constituye precisamente La Legión de Cristo, en la medida en que se trata de una institución joven cuyo fundador aún vive.[10] Dado el proceso fundacional, instituido en general a partir de la sacralización del fundador –al que se siente que *se le debe todo*, y al que se considera como doblemente elegido: para el sacerdocio o la vida consagrada y para recibir directamente de Dios la comunicación del «carisma fundacional»–, la tendencia es mantener confundidas dos posiciones institucionales: la de fundador y la de superior general. La Legión de Cristo es un perfecto ejemplo para entender la dificultad que implica discriminar entre ambas.

A finales de enero de 2005, en el tercer capítulo general ordinario de la Legión, se eligió, después de sesenta y cuatro años, al tercer superior general de la Legión, aunque en la historia oficial de los legionarios funge como el segundo. En la historia no oficial, que es la que me propongo realizar, hay que tomar en cuenta la suspensión impuesta a Marcial Maciel entre septiembre de 1956 y finales o principios de 1958 –no pude encontrar un documento oficial que corroborara fehacientemente el retorno a su puesto de superior con todas las facultades, pero sí de la suspensión.

En ese periodo fue nombrado superior interino el que fungía como vicario general de dicha institución, el padre Luis Ferreira Correa, aunque nunca fue reconocido como tal por los legionarios de entonces, y terminó abandonando oficialmente la Legión el 23 de noviembre de 1957,[11] poco antes de integrarse a la arquidiócesis de Morelia.

De todas maneras, 61 o 62 años en los cuales el fundador es al mismo tiempo superior general, definen una manera institucional que determina fidelidades, jerarquías y un tipo de autoritarismo cuyas características habría que buscar más bien en las maneras dictatoriales de ejercer el poder. En este caso, habría que añadir el *habitus* de la servidumbre voluntaria con sello religioso.

---

[10] Termino este escrito en junio de 2006.
[11] Archivo Luis Ferreira Correa (en adelante ALFC), carta del arzobispo de Morelia a Luis Ferreira del 4/XII/57.

Quien mejor muestra cuán acríticamente se conciben estos pasajes institucionales en los cuales el fundador deja de ser por fin el superior general, es Álvaro Corcuera, el sustituto de Marcial Maciel. Basta citarlo para que se manifiesten, de manera condensada, los principales estereotipos al respecto. Veamos entonces.

«En una congregación religiosa [...] el fundador ocupa un lugar único e irreemplazable [...]. El hecho de que ahora él siga estando presente en su calidad de Fundador con un nuevo director general al frente de la Legión es una nueva gracia de dios.

»[...] Como usted sabe, quien resultó elegido en un primer momento fue el padre Maciel, porque todos vemos en él a un verdadero padre espiritual que nos ha transmitido con su ejemplo y con sus palabras el deseo de amar ardientemente a Cristo. [...] Difícilmente podríamos imaginarnos otro director general estando él en vida.

»[...] Solamente cuando él nos comunicó su decisión de declinar su reelección por motivo de su edad y de su deseo de acompañar en vida a su sucesor, fui elegido para sorpresa mía.

»[...] Por supuesto que contemplar la responsabilidad de un cargo de tanta trascendencia para bien de la Congregación me abrumó. Pero el padre Maciel me recordó ese principio sobrenatural según el cual cuando Dios pide algo a una persona le da primero la gracia para ello.

»[...] Piense que [el padre Maciel] tiene ya 84 años[12] y que tendría 96 al término de un nuevo mandato. Me parece que hay una inmensa humildad, prudencia y sabiduría en esta decisión del padre Maciel.»[13]

Todo lo que uno quería saber acerca de cómo se transfiguran y espiritualizan las fundaciones religiosas de este tipo y sus consiguientes relaciones de poder las tenemos resumidas en esa entrevista.

Si se parte del supuesto del fundador como irreemplazable, no hay margen para pensar en otro director general estando vivo el fundador. Los dos lugares están inextricablemente mezclados. Sólo si el considerado como irreemplazable declina –pero antes se le hace sentir que está elegido de por vida–, entonces la diferenciación puede eventualmente comenzar a operar.

[12] La entrevista fue realizada el 28 de enero de 2005. El padre Maciel nació el 10 de marzo de 1920.
[13] Entrevista en *Zenit*, 28/I/2005.

Pero en el caso que me ocupa podemos apostar que la sombra del caudillo no dejará fácilmente que se consolide el incipiente lugar de director general[14] que comienza a adquirir la condición de lugar vacío, y que por lo tanto, no sería propiedad específicamente de nadie, porque el de fundador queda irremediablemente confundido con la persona: «yo soy el lugar». En éste no hay relativización posible. Así se cultivan las agrupaciones tipo secta.

Ahora bien, considerar como producto de una «inmensa humildad y prudencia» la declinación del puesto ocupado por más de sesenta años tiende a dejar sin palabras a cualquiera que busque comentar el hecho. No es mi caso.

Este nuevo acto transfigurativo es complementario de la abrumada humildad que debe mostrar aquel que es llamado para ocupar el lugar de DG. ¿Quién puede ser digno de colocarse siquiera las sandalias del tenido como irreemplazable? Y más aún cuando pertenece a una institución en la cual existe un «voto de no ambicionar puestos» impuesto por el único que los puede ambicionar todos, pero que al mismo tiempo –eufemización mediante– puede mantenerse inmensamente humilde. Sólo a golpes de citas bíblicas ya preparadas para el caso se puede racionalizar[15] este pasaje al que tarde o temprano se enfrentan las instituciones; aunque sólo en el caso de las religiosas se manifiesta su especificidad, como se habrá apreciado.[16]

Pero esta lectura admite otra, más contextual y coyuntural. Me refiero a que el 2 de diciembre de 2004 los ex legionarios denunciantes de la pederastia y la toxicomanía de Marcial Maciel recibieron un telegrama de su abogada en Roma, Martha Wegan, en el que les preguntaba si estaban dispuestos a continuar con el caso, bloqueado desde 1999 por el entonces cardenal Ratzinger, quien decidió que no era conveniente tocar a «una persona tan cercana al Papa» y que además «había dado tantos bienes a la Iglesia», como se lo había señalado al obispo Carlos Talavera.

[14] En adelante DG.
[15] En sentido psicoanalítico; es decir, no se trata de usar la razón sino de justificar tratando de pensar lo menos posible en lo que efectivamente ocurre.
[16] Un planteamiento que sigue parecidos parámetros de la exaltación del fundador nos lo ofrece un pariente del padre Corcuera, Francisco Ugarte Corcuera, quien funge como vicario del Opus Dei para México. En un artículo en el que cita al nuevo Papa hablando del fundador del Opus Dei, Josemaría Escrivá de Balaguer, Ugarte utiliza con pertinencia el manual de la buena percepción del fundador. Dice: «Tuve la fortuna de convivir con él y esa cercanía dejó en mí una impresión precisa: la de un hombre muy humano y muy sobrenatural». Cfr. «Benedicto XVI: Escrivá fue un Don Quijote de Dios», *Reforma*, 4/VII/2005.

La pregunta venía a cuento porque de pronto este cardenal –ahora Papa–, titular de la Sagrada Congregación de la Fe (ex Santo Oficio), había dado la orden –o al menos su anuencia– para continuarlo. Pocos días antes, el 26 de noviembre, Juan Pablo II, el secretario de Estado del Vaticano y diversas personalidades eclesiásticas habían celebrado con todo boato el sexagésimo aniversario de la ordenación sacerdotal de Marcial Maciel. A este festejo, por cierto, no asistió el cardenal Ratzinger, no se sabe bien por qué razones.

Lo que se puede desprender de esto es que probablemente previendo el próximo fin terrenal del papa Juan Pablo II, y viéndose monseñor Ratzinger a sí mismo como posible papable, decidió no marcar el final del pontificado con esa carga moral, y a su vez limpiarse en lo posible la ruta para entrar al cónclave sin ese fardo.

El hecho es que el 3 de abril de 2005 llegó a México el padre visitador Charles J. Scicluna, para darles una segunda oportunidad a los que cuarenta y nueve años antes habían mentido en su testimonio atrapados entre su fidelidad al fundador de la Legión y las autoridades romanas; y no sólo a ellos, sino a otros que no habían declarado. Esto se llevó a cabo a partir del 4 de abril de 2005. Este nuevo intento por parte de las autoridades romanas se puede considerar como el tercero en el cual Maciel está en el banquillo de los acusados. El segundo se dio casi como amago en la primavera de 1962.

Vistas las cosas desde este ángulo, es muy probable que a la *inmensa humildad* del fundador se le haya interpuesto la inconveniencia de seguir como DG cuando estaba a punto de iniciarse el proceso en su contra. Desde esta perspectiva, la lectura sobrenatural resulta más bien prescindible.

2.3 Fundar a partir de un encargo hecho por Dios

En estos relatos fundacionales hagiográficos, la pretensión de saturar de un sentido teleológico todos los actos del fundador cierra el camino a cualquier duda que pudiera cuestionar la «necesaria» misión de la que se lo considera investido. Se trata de imponer, a toda contingencia que sobreviene, una ley, es decir, una concatenación –lo cual acerca este tipo de relatos a las narraciones delirantes que construyen los paranoicos– haciendo del llamado de Dios una necesidad imperativa.

De esa manera, se instituye una concepción fundacional y de autoridad cercana –pero no idéntica– a aquella que Marx describe en su concepto del fetichismo de la mercancía; pero en lugar de que aparezca la mercancía como autoengendrándose, en el caso que nos ocupa todo parece emanar y jugarse entre Dios y el fundador que recibe su misión como carisma, entendido éste como el conjunto de elementos y de tareas de orden espiritual y práctico que van a servir para caracterizar y diferenciar a la futura institución de todas las otras que se dedican a la promoción de los «bienes de salvación».

Todo esto tenderá a promover la sacralización de aquel que funda a partir de un deseo comunicado por el Otro, en el marco de una relación asimétrica; la asimetría se desdobla, en el proceso que lleva a la fundación efectiva, entre el investido por la misión a ser objetivada y los otros que van a cofundar con él.

Si bien toda fundación es inevitablemente cofundación, en las instituciones religiosas que busco describir, la totalidad del acto y del proceso fundacional tiende a depositarse en manos del que posee lo que podríamos denominar el capital-carisma,[17] compuesto por 1) la elección de Dios, 2) el encargo fundacional, y 3) el carisma que deriva del encargo.

El carisma no se transmite por fuerza de un solo golpe, sino que se va constituyendo a partir de un proceso temporal que varía según los casos, mientras el instrumento de la providencia en el que se constituye el fundador termina de recibir la información completa del encargo divino.

Esta monopolización del acto fundacional por el elegido tiende a «familiarizar» a los cofundadores, convirtiéndolos en hijos y colocándolos, junto con las siguientes generaciones, en un papel subordinado y secundario, o como glosadores acríticos e incondicionales de las inspiraciones divinas, de los dones y las predilecciones del sacralizadamente investido; en el mejor de los casos cuando el fundador haya muerto, buscando cada cierto tiempo «retornar a los orígenes» para reencontrar, purificar y poner al día el «verdadero mensaje».[18]

---

[17] Ciertamente, no sólo en este tipo de instituciones se entrega el acto fundacional en manos de una de las partes. Véase al respecto Fernando M. González, «La cuestión del padre y la del fundador: entre lo inconsciente y lo impensado en las instituciones», *Revista Mexicana de Sociología*, Instituto de Investigaciones Sociales, UNAM, vol. 64, núm. 2, abril-junio, 2002, págs. 47-67.

[18] Michel de Certeau, en *La faiblesse de croire* (París, Esprit/Seuil, 1987), analiza con gran perspicacia e inteligencia la cuestión del retorno a los orígenes cuando se aboca a su institución jesuítica, pero, sobre todo, ofrece un modelo para pensar más allá de ésta.

Se pierde de vista que, en la mayoría de los casos, el carisma no es unívoco; y que además existen carismas itinerantes, con una vocación colonizadora –por lo tanto intercongregacionales–, como fue el caso de la «opción preferencial por los pobres».

El lugar del fundador como monumento viviente –y a su muerte como espectro– sirve de esta manera para fincar una legitimidad y una identidad impermeables a la erosión, pues el futuro está en buena medida ya habitado y previsto.

Se puede afirmar, con cierta pertinencia, que estas instituciones nunca terminan de concluir con el duelo del fundador como si se tratara de un «ídolo que fijaría la vista» (De Certeau) y que por tanto, intentan solidificar el sentido de su mensaje de una vez para siempre.

Parafraseando, a la mayoría de estas congregaciones se les puede aplicar la irónica frase que se dirigía a sí mismo el actor Vittorio Gassman: «Tenemos un gran porvenir detrás de nosotros».

Y sin embargo, como bien lo señala Michel de Certeau cuando alude a los intentos de retornar a los «orígenes» de la Compañía de Jesús, cada intento de recuperación en realidad tiende a reconfigurar lo que aparentemente estaría esperando inmóvil y polvoriento desde el fondo de los archivos y las memorias.

«Escrutando de más cerca los orígenes [de la Compañía de Jesús] el análisis no parece alcanzar sino un vacío ahí en donde nosotros esperábamos a la verdad. Pero este [análisis] nos abre en contraparte una vía cuando nos obliga a adivinar todo un sistema de relaciones humanas en lugar del objeto sacralizado que nosotros buscábamos [...]. Nuestros padres son hombres; ellos no son sino hombres: los orígenes no son de otra naturaleza que la nuestra. Ellos se evaporan ante nuestra aproximación si nosotros los identificamos con un secreto que estaría contenido en el pasado [...]. Tales "fuentes" no cesan de fugársenos, pues ellas no son sino un espejo.»[19]

Tal perspectiva marca la radical diferencia entre la leyenda-hagiografía y la historiografía. En ésta no hay objeto ni sujeto sacralizado, sino hombres constituidos en un haz de relaciones sociales desde las cuales se busca dar cuenta de cómo se construye, entre otras cosas, la sacralización de algunos. En ese sentido, se trata de una institución como las otras.

[19] *Op. cit.*, pág. 59.

La escena originaria de la fundación se organiza en general en torno a la manifestación de una voz interior «escuchada» por aquellos que han sido «elegidos» por Dios como futuros fundadores: voz de Cristo, o de la Virgen como su mediadora.

Dicha manifestación, para que tenga efectos de credibilidad, debe darse en los lugares y momentos «adecuados»; por ejemplo en la capilla o en la celda, mientras se hace oración. Digamos que los aprendices de fundadores y aspirantes a santos que todavía no se sienten suficientemente legitimados se cuidarán de no recurrir a manifestaciones directas de la presencia de Dios, pero sí de sus «iluminaciones».

Tal es el caso de Josemaría de Escrivá, de quien dice Vittorio Messori, apoyándose en lo relatado por el postulador de la causa de su beatificación, que el 2 de octubre de 1928, mientras hacía ejercicios espirituales en la residencia de los misioneros de san Vicente de Paúl, en Madrid, «se encontraba recogido en su habitación, Dios se dignó iluminarlo y vio al Opus Dei, tal como el Señor lo quería y como sería a lo largo de los siglos».[20]

De un solo golpe «visual» –como Saulo de Tarso– recibió el mensaje casi completo, con teleología incluida, para los próximos siglos. Y digo casi porque, al parecer, el fax divino no pasó completo en ese primer encuentro. Por ejemplo, Escrivá afirmaba todavía a principios de febrero de 1930 en carta a un amigo, que «esta obra a la que se me ha pedido dar vida será sólo para hombres: nunca habrá mujeres, ni de broma, en el Opus Dei».[21]

Pero no más allá del 14 de febrero, la supuesta broma dejó de serlo, ya que «mientras celebraba misa en el pequeño oratorio privado de la anciana marquesa de Onterio, «vio de nuevo» el Opus Dei del mismo modo misterioso que aquel 2 de octubre, pero a su vez compuesto por hombres y mujeres».[22]

El «vio» nos remite no a una alucinación, aunque fuese «misteriosa» sino a una escena imaginada. Su biógrafo, Peter Berglar, afirma que Escrivá siempre dijo claramente que «el fundador era Dios mismo y que la transmisión [...] de aquel encargo había sido un hecho sobrenatural, una gracia divina».[23]

Todo fundador que se respete tenderá a dejar constancia de su humildad, ya que se concibe como un puro instrumento vicariante del

[20] Vittorio Messori, *Opus Dei, una investigación*, Buenos Aires, Sudamericana, 2002, pág. 97.
[21] *Ibidem*, pág. 98.
[22] *Idem.*
[23] *Ibidem*, pág. 97.

locutor divino que lo ha elegido inmerecidamente.[24] Este acto de humildad del fundador sufrirá una reconversión en lo contrario cuando, pasando el tiempo, sea recompensado por todos aquellos que crean y participen de la transmisión del carisma. «Es anulándose completamente en provecho de Dios o del Pueblo que el sacerdocio se [constituye como tal].»[25]

No obstante, no es la única manera de justificar una fundación. Así, tenemos el caso de la ya mencionada congregación de los Misioneros del Espíritu Santo, en la que la inspiradora, que pretende tener tratos directos con Dios, «convence» a Félix de Jesús de la necesidad de crear la mencionada institución religiosa. Si bien no se trata de una santa en vida, goza de la estima crédula de alguien que cree que efectivamente ella tiene una comunicación privilegiada con Dios y, por lo tanto, se facilita volverse receptivo al mensaje que ésta le hace llegar de un tercero; aunque se trate de una laica y viuda, y de un sacerdote.[26]

El encargo fundacional se enmarca, entonces, dentro de un modelo narrativo más o menos estereotipado, pero permite algunas variantes.

2.4 La vocación

Ser «elegido» para fundar una congregación religiosa supone, en la mayoría de los casos, un «llamado» previo, aquél de la denominada vocación religiosa a la vida consagrada. Esto induce, en el sujeto en cuestión, una doble excepcionalidad y diferenciación en relación con lo que en el mundo profano se conoce como la profesión y el oficio, ya que estos últimos no presuponen, para ser ejercidos, una dimensión sobrenatural que se haría presente.

Tal excepcionalidad, obviamente, sólo tiene sentido para quienes están configurados por este tipo de *habitus*, ya que para poderse ejercer hay que estar literalmente habitado por la creencia en un Dios que se hace presente en la historia humana y que sostiene a la institución

---

[24] Josemaría de Escrivá, en un acto de suprema humildad, convierte a Dios en el superfundador.

[25] Pierre Bourdieu, *Choses dites*, op. cit., pág. 193. Bourdieu está analizando la constitución del fetichismo político, y en este caso habla del sacerdocio, tanto del religioso como del político, en su paradójico aniquilamiento en el otro.

[26] Este trastocamiento de las jerarquías es digno de una investigación.

eclesiástica, que necesita reproducirse para llevar a buen término la misión que su fundador le ha encomendado.

Pero no es evidente que este llamado –analizando relatos vocacionales– en todas las circunstancias venga tan nítidamente de Dios, como sí acontece en la mayoría de los encargos fundacionales. Por ejemplo, si retomamos de nuevo el caso de monseñor Escrivá, más parece que en su llamado vocacional se trata de una «autoelección».[27]

Lo interesante es que, comparándolo con el relato de Marcial Maciel, el esquema formal se repite, como se verá más adelante; y no serán éstas las únicas semejanzas, lo cual indica que estamos ante una variante del modelo vocacional en el que se manifiesta una disposición previa y presta para entrar, en determinadas circunstancias, en funcionamiento, pero que al sujeto implicado le va a parecer algo inesperado y espontáneo –o así le interesa hacerlo creer. Por otra parte, cada congregación utilizará ciertas pequeñas variantes de esta primera «elección» como prueba de la predilección divina por su fundador.

En lo que no hay duda es que la denominada vocación es percibida como un don especialísimo. El papa Pío XI, en su encíclica *Ad catholici sacerdotii* del 20 de diciembre de 1935 se expresa al respecto así:

«El sacerdote está constituido [como] dispensador de los misterios divinos a favor de los miembros del Cuerpo Místico de Jesucristo

---

[27] En el caso del fundador del Opus Dei corren diversas historias que van desde cómo se convenció de su vocación al sacerdocio hasta el llamado fundacional. Por ejemplo, Luis Matías López y Santiago Pérez Díaz citan que en el crudo invierno de 1918, hacia enero, Josemaría, que tenía dieciséis años, iba caminando por una calle nevada de «Logroño cuando observó en el suelo las huellas de unos pies claramente marcados que pertenecían a un carmelita descalzo: le produjo tal impresión, que se preguntó, según su hagiógrafo John Coverdale: «Si otros hacen tantos sacrificios por amor de Dios, ¿yo no voy a ser capaz de ofrecerle nada?» Y así ingresó en el seminario local («El Opus Dei sube definitivamente a los altares», *El País*, domingo 6/X/02, pág. 8). Se trata, al parecer, de una vocación nacida como emulación y competencia para ganar el amor de un tercero. Vittorio Messori abunda en esto citando a Peter Berglar, quien señala que dichas pisadas «no significaban nada que se pueda comprender con la razón o bajo un punto de vista utilitario» (*op. cit.*, pág. 95). Y evidentemente, sólo se puede comprender esa especie de arrebato, por cierto bien razonable, si previamente el joven Escrivá ya ha internalizado el hábitus vocacional en donde la distinción que otorga la «elección», y la emulación están presentes. Sin embargo, es importante remarcar que más que elección suena como autoelección; algo así como: «si no me llaman yo de todos modos me doy por requerido, y estoy seguro de que el ser que presupongo existente y al que quiero entregarme, no me rechazará». Tal autoelección en su caso se «compensó» con el llamado fundacional, si se quiere ver así.

porque Él es el ministro ordinario de casi todos los sacramentos que son los canales por los cuales circula por el bien de la humanidad la gracia del redentor.»

Nietzsche afirmaba que una de las estrategias sacerdotales es volverse necesario y, por lo tanto, autoconsagrarse. Ahora bien, los que aspiran al sacerdocio pero a quienes no les será otorgado el segundo «don», aquél de ser elegidos para fundadores, cuando deciden entrar en alguna congregación están sujetos a una serie de supuestos incluidos en las posibilidades inscritas en su *habitus*, a saber:

1. Han tenido que ser sometidos a un proceso de inducción en el cual sus familias y su medio social[28] valoran la vocación por encima de otras profesiones y otros oficios. La vocación como llamado se separa radicalmente de las otras en el hecho fundamental de que no puede suponérseles una trascendencia parlante que elige a su candidato.

2. Presupone la selección de una congregación sobre las otras, misma que servirá como mediadora para que la vocación se concrete en el seguimiento de un carisma.[29] Visto desde afuera, puede parecer bastante fortuita la elección, y depende en parte de la información disponible, en general muy parcial, y de los lazos afectivos del que es invitado a entrar en tal o cual congregación.

3. Sufrir la inmersión por un buen tiempo en la institución total, para poder llevar a cabo el pasaje que conduzca a la conversión de la filiación en la afiliación, que entre otras cosas implica el aprendizaje de la obediencia y las consiguientes jerarquías.

4. Estar en disposición de aceptar el proceso de inducción, que lleva en general a la sacralización del fundador o la fundadora, y el aprendizaje del carisma que –ya lo señalé– no necesariamente es unívoco, y en muchos casos –como el que vamos a estudiar– es harto inespecífico, por su grado de generalidad.

Descritas algunas de las características con las que está constituida la leyenda fundacional institucional de una buena parte de las congregaciones religiosas católicas, pasemos, ahora sí, al análisis de la se se conoce como Legión de Cristo.

---

[28] Lo cual no excluye que en algunos casos las familias se opongan a la inducción que recibieron en otros ámbitos respecto a la vocación.

[29] Que en muchos casos es más de uno.

3

Marcial Maciel o la hagiografía fracturada

Incluso hay que aprender a dejarse narrar su
propia historia por los otros,
en particular cuando la humillación de unos
coincide con la gloria de los otros.

Paul Ricoeur[1]

El teatro, señor, nunca fue lo que era.

Robert Graves, *Yo, Claudio*

Para describir los inicios y las primeras tres décadas de Los Legionarios de Cristo me apoyo libremente en la lectura del *Hombre Moisés* de Sigmund Freud. Con ese auxilio realizaré una lectura sintomática de algunos textos oficiales que condensan lo que se podría denominar la novela fundacional e institucional de dicha congregación. Pero no sólo buscaré poner el acento en el aspecto sintomático e indicial al que se aboca el psicoanalista vienés en su «novela policiaca e histórica», sino sobre todo en una segunda perspectiva de este autor, que me parece fundamental y que alude a cómo dos personajes que pasan por uno «se mueven en un mismo lugar polivalente».[2] En el caso de Freud, dos Moisés que, ligados por el nombre propio, al ser condensados por éste se intersectan y reconfiguran como si fueran uno solo; esta dualidad alude a la división constitutiva dentro del propio sujeto.

En cuanto a la leyenda de Marcial Maciel, podremos enfocarla como una variante del modelo proporcionado por Freud. Tendremos oportunidad de ver la «inquietante familiaridad» –para usar otro concepto freudiano– de un personaje dividido al que el nombre propio mantiene «unido», pero al que sus actos disocian. Lo interesante del caso es que no todos los miembros de la institución tienen acceso a la totalización de las conductas del personaje, lo cual introduce una

---

[1] Paul Ricoeur, «Proyect universel et multiplicité des héritages», en *Entretiens du XXI, siècle. Où vont les valeurs?* París, UNESCO/Albin Michel, 2004, pág. 77.
[2] Michel de Certeau, *L'écriture de l'histoire*, París, Gallimard, 1975, pág. 318.

fragmentación y un encasillamiento de sus diferentes facetas dentro de la propia institución, ya no digamos hacia afuera. Se trata de un personaje «dual», contemporáneo de sí mismo, a diferencia del Moisés freudiano constituido por un tipo de temporalidad que alude a dos tiempos y a dos personas.

3.1 Algunos textos hagiográficos legionarios

> La historia es un saber difícil que requiere largas investigaciones, ofrece muchas incertidumbres y da a veces amargas noticias. La memoria no se investiga, sólo se recupera, sin exigir mucha disciplina [...]. Por definición le pertence a quien la posee. La memoria si no es vigilada por la razón tiende a ser consoladora y terapéutica. Modificar los recuerdos personales para que se ajusten a los deseos del presente es una tarea legítima, aunque con frecuencia tóxica, a la que todos nosotros somos proclives.
> Cuando la memoria se convierte en un simulacro colectivo su efecto empieza a ser más alarmante. Su primacía desaloja a la historia del debate público, porque la historia es mucho menos maleable, y con frecuencia puede desmentir las buenas noticias sobre el pasado que a todos nos gusta regalarnos.
>
> Antonio Muñoz Molina[3]

La hagiografía de Marcial Maciel no esperó su muerte para constituirse. Tanto sus discípulos como él mismo han contribuido a su paciente construcción. El cúmulo de virtudes y la ejemplaridad del personaje forman parte de las reglas del género.

Como en todo relato hagiográfico fundacional que se respete, en el de Marcial Maciel vamos a encontrar el llamado a la vocación religiosa y su posterior desdoblamiento en el que Dios lo exhorta a fundar una nueva congregación, así como la serie de «pruebas» que debe afrontar para llevarla a cabo. Todo esto aunado a un conjunto de apoyos de la alta jerarquía; primero, de tres tíos obispos; luego, de sa-

---

[3] «Notas escépticas de un republicano», *El País*, 24/IV/06, pág. 15.

cerdotes de órdenes religiosas y, finalmente, de cuatro Papas y una buena porción de la curia romana. Estos apoyos servirían para colocar a esa institución en una posición privilegiada, en las altas esferas vaticanas.[4]

La versión que voy a utilizar para hacer mi análisis la obtengo de varias fuentes, a saber: a) un libro que celebra el quincuagésimo aniversario de Los Legionarios de Cristo[5] con un texto que busca tanto la autoexaltación del fundador y de los legionarios; b) otro texto panegírico sobre Marcial Maciel escrito por el entonces sacerdote legionario José Alberto Villasana,[6] también en 1991, fecha del quincuagésimo aniversario de la fundación. Presumiblemente con las mismas intenciones que el anterior; c) dos textos del ya fallecido sacerdote legionario, Ignacio Mendoza Barragán –el primero, con pretensiones histórico-hagiográficas de 1977 y una recopilación de párrafos escogi-

---

[4] Altas esferas que, como se verá más adelante, no actúan de manera necesariamente armónica.

[5] *Los Legionarios de Cristo. Cincuenta aniversario*, México, Imprenta Madero, 1991. El ejemplar que me fue proporcionado tiene una dedicatoria firmada por el sacerdote legionario Juan Pedro Oriol. Entre otras cosas, dice: «Estas páginas tratan de explicar lo inexplicable: el amor de Dios que lleva el corazón del hombre y toda la tierra. Fruto de este inmenso amor es el Movimiento. Su movimiento. Nuestro Movimiento». Se refiere al Regnum Christi, movimiento de laicos bajo el mando de los sacerdotes legionarios. Los primeros estatutos Marcial Maciel los redacta alrededor de 1959, año significativo, por lo que se verá más adelante.

[6] José Alberto Villasana, *Una fundación en perspectiva. Evocación histórica*, Centro de Estudios Superiores de Roma, 3 de enero de 1991. Se trata de nueva cuenta de una hagiografía. Los presupuestos del análisis «histórico» del autor participan sin ninguna distancia de las creencias del sujeto de su historia. Por ejemplo, dice: «no es posible agotar y comprender la razón de ser de una institución de carácter humano sobrenatural, como es la Legión de Cristo [...] sin una mirada retrospectiva al porqué histórico [...], así como a la actuación permanente del Espíritu Santo.[...] Captar los elementos propios de ese carisma dado por Dios a la humanidad y a la Iglesia. [...] Éste es el propósito de la presente evocación histórica, y por ello su dinamismo ha sido enmarcado en el esquema ascendente de dos ondas longitudinales que se van entrecruzando: la historia de su protagonista y la historia general de la humanidad en ese periodo» (pág. 7). En síntesis, el «historiador» pasa de una investigación con visos historiográficos a una en la que el Espíritu Santo se haría presente. Pero en la medida en que no ofrece ningún criterio que permita entender cuándo se trataría de una acción del ES y cuándo de la operación cuidadosa que implica el análisis historiográfico, todo queda al criterio discrecional del hagiógrafo. Por otra parte, pretende cruzar la historia de Maciel con «la historia general de la humanidad», en el entendido de que la fundación de la Legión es un don directo de Dios para «la humanidad». Se trata entonces de una «historia» con visos cósmicos, e inducida en buena medida desde los cielos y, más terrenalmente, imagino que desde el comité formado para celebrar los cincuenta años de la Legión.

dos fundamentalmente de la correspondencia de Marcial Maciel a lo largo de aproximadamente cuatro décadas, data de 1984.[7]

Todos los citados se complementan entre ellos y sólo añaden pequeños detalles que no contradicen la versión «canónica» que ofrece el texto del quincuagésimo.

También citaré un texto de entrevistas a Marcial Maciel aparecido en 2003,[8] esto es, después de las polémicas periodísticas y televisivas que pusieron su vida sacerdotal en entredicho. Se trata de un intento casi hagiográfico en vida –*casi* porque está mediado por el periodista– e integrado a una estrategia que, entre otras cosas, busca reafirmar su vida ejemplar, intentando recubrir con la exposición de sus ideales lo que es y ha hecho en su cotidianidad. Se trata pues de un caso de relato en función performativa que, si creyéramos a pie juntillas, nos haría sentir ante uno de los tipos ideales de católico encarnado. Además, en esta hagiobiografía despliega el éxito evidente de su obra, o las críticas de las que ha sido objeto, como «pruebas» de la predilección de Dios.

Pero se trata de una hagiografía herida irremediablemente, ya que también busca responder, aunque de manera eufemística, a las versiones antihagiográficas realizadas por un grupo de sus antiguos discípulos, emitidas desde el dolor y el estrépito por el ideal caído.[9]

---

[7] Ignacio Mendoza Barragán, *Un hombre y Dios en perspectiva*, Salamanca, PRCAGD, 1977. El 10 de marzo de 1977 se celebró el quincuagésimo séptimo aniversario del nacimiento de Marcial Maciel; el segundo texto: *Un estilo de seguir a Cristo*, Roma, noviembre de 1984.

[8] Jesús Colina, *Marcial Maciel. Mi vida es Cristo*, Barcelona, Planeta (Testimonio), 2003. Antonio Elorza precisa algunos modos de escritura autobiográfica dialogada y dice que existen dos variantes principales. «Una de ellas consiste en tomar el camino de la confrontación: el interlocutor se documenta a fondo y plantea al biografiado las cuestiones más relevantes que conciernen a su trayectoria vital, dando así pie a aclaraciones, discrepancias y contradicciones. [...] La vía opuesta consiste en ejercer de lazarillo, llevando al autobiografiado por los temas que él mismo desea, saltando por encima de los que resultan incómodos, renunciando a las objeciones cuando topa con una evidente falsedad y sirviendo de trampolín para la exposición doctrinal de sesgo propagandístico». Antonio Elorza, *El País, Babelia*, núm. 753, 29/IV/06, pág. 12. Resulta ocioso señalar que el señor Jesús Colina, resultó ser un excelente «lazarillo» de Marcial Maciel.

[9] Versiones que pasan por testimonios vertidos en la prensa, la televisión y los libros. Entre estos últimos, el más contundente es el de Alejandro Espinosa, *El legionario*, México, Grijalbo, 2003. Hay dos libros escritos por periodistas: Alfonso Torres, *La prodigiosa aventura de Los Legionarios de Cristo*, Madrid, Foca, 2001 y José Martínez de Velasco, *Los Legionarios de Cristo*, Madrid, La Esfera de los Libros, 2002; también, de varios autores, *El círculo del poder y la espiral del silencio*, México, Grijalbo, 2004.

Se puede decir que esta hagiobiografía, en su régimen narrativo y visual –por las fotos que incluye–, está fundamentalmente estructurada para hacer creer, y no necesariamente para comprender.[10] Como señala De Certeau, ya desde el principio se adivina la «efigie póstuma». Por ejemplo, comentando Marcial Maciel su infancia frente a su entrevistador, afirma que si bien no presintió en su infancia la «misión y vocación» que más adelante tendría, en cambio sí fue el caso «que Dios me concedió la gracia de una especial intimidad con Él, en el sentido de que con sencillez procuraba comentar todo lo que me pasaba en mi vida [...]. Mi madre nos había enseñado a hacerlo así».[11]

Gracia concedida previamente al «llamado» al sacerdocio y a la fundación, y que compensa de alguna manera el no haber «presentido» lo más temprano posible el doble llamado, pero que en la estrategia narrativa también quiere decir que el llamado irrumpió cuando menos se lo esperaba. Esto, dada la lógica argumentativa que despliega en el texto citado, imagino que querrá decir que era un indicio seguro que venía de Dios.

Un hecho digno de ser subrayado es que la primera versión del citado libro que circuló en México tenía en su portada la pintura de *La última cena*, de Salvador Dalí, en la que su esposa Gala ocupa el lugar de Cristo. Esta feminización del personaje central al parecer escapó a los primeros editores, pero en las siguientes ediciones la portada fue cambiada.[12]

Esto resulta aún más significativo en la medida en que la pintura de Warner Salmann, que los legionarios promocionan tanto, fue dejada de lado por la de Dalí-Gala. ¿Se trató acaso de un homenaje involuntario a Sigmund Freud? No lo sé a ciencia cierta.[13]

[10] A esta voluntad hagiográfica responde el texto de Ángeles Conde y David Murray, titulado *Fundación, historia y actualidad de la Legión de Cristo* (México, El Arca Editores, 2004) que, como el texto ya citado de Villasana, pretende ser histórico, pero en la medida en que busca exaltar a la Legión a toda costa y a su fundador, y está ya enmarcado en las hagiografías previas, no le queda sino adecuarse a ese género.

[11] Jesús Colina, *op. cit.*, pág. 20.

[12] La edición que voy a utilizar fue publicada por Planeta (Testimonio), mayo 2003, y se produce bajo la forma de una serie de entrevistas de Jesús Colina al citado. En ésta la ilustración de portada es una pintura de Paolo Veronese titulada *Jesús y el centurión*.

[13] Como dato interesante, el ex legionario José Barba cita de memoria un artículo de las Constituciones de la Legión referente al porte de los candidatos a esa institución: «decenti sint conspectu, attractione corripiant» (que sean de aspecto agraciado y atractivo). Y añade que es tal el énfasis que ahí se hace sobre la personalidad física, que al retrato imaginario de Cristo pintado por Warner Salmann

La hagiobiografía de Maciel se basa en el intento de revertir la teleología amenazada y de buscar conformarse en el modelo de Cristo, como una casi réplica que sufre persecuciones e injusticias y una especie de «crucifixión» producto de las «incomprensiones y calumnias». Pero crucifixión transformada en una feliz purificación del fundador y de su obra que remite al final, de nueva cuenta, a lo modélico intemporal.

«En relación con los hombres que han podido ser causa de mis sufrimientos, he tratado de verlos cristianamente. Muchas veces no había mala voluntad, simplemente creían hacer el bien. En otras ocasiones que pudo haber maldad consciente –si la ha habido sólo Dios lo sabe–, he procurado perdonar de corazón a mis hermanos que me han podido herir [...]. Y he visto todo esto como parte del plan de Dios, que trata siempre de purificarnos y de hacer más perfecto nuestro amor [...]. Sí puedo decir que un dolor que atraviesa el alma hasta su mismo centro es la infidelidad y la traición, sobre todo de los amigos. En este sentido, puedo comprender un poco de lejos el dolor de Cristo ante la traición de uno de los suyos, de Judas, a quien verdaderamente Él consideraba como un amigo.»[14]

Los críticos están repartidos entre «hermanos» que no sabían lo que hacían, para recordar las palabras de Cristo en la cruz, o Judas que se vende por un puñado de monedas. Pero, en todo caso, Maciel parece utilizar la denuncia de sus críticos para ofrecer la imagen ejemplar del cristiano que perdona por encima de todo.

Otro ejemplo que utiliza para reforzar su posición es aquel que extrae de la saga familiar, precisamente de su tío recientemente canonizado, el obispo Rafael Guízar y Valencia. De él señala que cuando era un joven sacerdote en la ciudad de Zamora

«su obispo lo suspendió *a divinis* sin aclarar la causa de tal pena [...]. Cientos de personas iban a confesarse con él. Su celo apostólico era inagotable. Sin embargo, los celos y las envidias provocaron graves calumnias a las que el obispo dio crédito. De la noche a la mañana vio cortado de modo brutal su ministerio sacerdotal.

lo conocen y lo dan a conocer como «el Cristo legionario». José Barba Martín, deposesión notarial del 23/I/1997, en México, DF.

[14] Jesús Colina, *op. cit.*, págs. 261 y 265.

Durante más de dos años siguió yendo a participar a la santa misa en la parroquia en donde él antes oficiaba, siendo señalado con el dedo como sacerdote prevaricador por las comidillas de una ciudad pequeña. Él vivió esos años en el más absoluto silencio, obedeciendo, soportando las injusticias, esperando la hora de Dios [...]. Fueron para él años de gran sufrimiento interior, totalmente injusto, pero muy fecundos, que luego dieron fruto en su futuro ministerio sacerdotal episcopal».[15]

Utilizando la suspensión del tío Rafael, Maciel pretende superponer la suya propia en 1956 como si fueran similares. No lo dice tal cual, pero la manera de narrarla, añadiéndole la suspensión del teólogo jesuita Henri de Lubac, lo llevan a calificar a ambas como suspensiones «injustas», producto o de «envidias» o de «errores teológicos», y deja al lector sacar las consecuencias. Y si, además, ambos fueron restituidos en su funciones, como lo fue el propio Maciel, entonces éste puede sentirse muy bien acogido a la protección del tío santificado y de un teólogo reputado, aunque sea jesuita.[16] Ciertamente, Maciel no podría cometer errores teológicos, dado el camino conscientemente elegido de sumisión al papado.

De todas maneras, lo que a continuación se leerá, servirá a lo más para purificar y hacer más perfecto en el amor, si aún fuera posible, al señor Marcial Maciel. Imposible intentar controlar ciertos tipos de lectura, y más aun si no se dispone de un aparato coercitivo que intente imponer la «correcta» lectura. A cada quien según su dones y bienes mentales.

Por otra parte, la hagiobiografía que ofrece Maciel tiene precedentes interesantes. A finales del siglo XIX Thérèse de Lisieux, por encargo de su hermana la superiora de su convento, escribió su autobiografía. Se trata de la menor de cinco hijas –cuatro religiosas– que ingresa en el Convento del Carmen a los quince años y muere nueve años después de contraer tuberculosis; en el convento ya estaban dos de sus hermanas, una de las cuales fungía como superiora y es quien le ordena escribir su autobiografía.

---

[15] *Ibidem*, pág. 147.
[16] Ciertamente, la segunda, la del teólogo jesuita en la narración de Maciel, es mucho más ambigua, porque habla de la condena explícita de Pío XII a la *nouvelle théologie* a la que pertenecía el citado teólogo, y añade que «su obediencia y sus méritos teológicos le fueron luego reconocidos por el actual papa Juan Pablo II». Jesús Colina, *op. cit.* Todo parece ser cuestión de alinearse al Papa en turno, para no errar.

Una heterobiografía así mediatizada será complementada con la aportación de la cuarta de las hermanas, Céline, que entrará de carmelita en 1894, llevando una cámara fotográfica que le servirá para construir la imagen de santidad de su hermana menor durante sus últimos tres años de vida. Le tomará fotografías perfectamente estudiadas, tanto en su poses como en los objetos que debe tener entre sus manos, y que le permitirán «mostrar» la santidad de su hermana. Por ejemplo, Teresa abrazada de la cruz en el patio del claustro, o teniendo en sus manos flores de lis, símbolo de la pureza. Se trata, pues, de una cuidadosa construcción que pasará por lo visual y lo escrito, sólo entendible en el contexto de una verdadera «empresa familiar» para producir a la santa elegida de antemano, aunada al decidido apoyo del resto de las religiosas, veinticuatro en total, que la eligieron para serlo

> «como santa potencial. Hay que imaginarse la increíble presión de la cual fue objeto durante los últimos meses de su vida: sus hermanas anotan en pequeños pedazos de papel todo lo que dice la joven moribunda (eso llegará a ser la *Novissima verba*), recogen las reliquias (pétalos de rosas, pedazos de uñas...). Ese singular ambiente la llevará a decir: "ustedes saben que curan a una pequeña santa"».[17]

Es explicable que en una situación así haya quedado cautivada con la imagen que le habían propuesto representar. A su muerte, tanto las fotos como su «autobiografía», debidamente retocadas por sus dos hermanas más activas, serán los elementos privilegiados para su canonización; porque a diferencia de las hagiografías más antiguas que vienen de la Edad Media, cuyos testimonios escritos describían los éxtasis y las visiones de las «que [el] alma [del futuro santo] era el teatro, las contemporáneas expresan de entrada su evolución interior [...]. La santidad se refugia cada vez más en una experiencia íntima de la cual sólo puede dar cuenta una escritura en primera persona».[18]

¿Cómo volver creíble una santidad de alguien que vive encerrado y no se distingue de las demás religiosas en lo que hace? De ahí la estrategia utilizada por las hermanas de Teresa.

Y si bien los confesores, previendo la necesidad de pruebas de santidad para sus dirigidos, vuelven la escritura sistemática a partir del si-

---

[17] Marion Lavabre, «Sainte comme une image. Thérèse de Lisieux à travers ses représentations», *Terrain*, núm. 24, *La fabrication des saints*, París, 1995, pág. 85.

[18] Jean-Pierre Albert, «Hagio-graphies. L'écriture qui sanctifie», *Terrain*, núm. 24, *La fabrication des saints*, París, 1995, pág. 79.

glo XVII,[19] la fotografía, invento del siglo XIX, no deja de aportar una cierta innovación al caso de Teresa de Lisieux.

Como señala Jean-Pierre Albert, ese tipo de testimonio sobre sí mismo está

«doblemente orientado por su destinatario institucional (director de conciencia, superior de convento) y por una humildad ostensible destinada a vencer el orgullo inherente a la forma autobiográfica, [por lo tanto] tiene el riesgo de no ser ni más exacto ni más sincero que el relato hecho a un tercero, me parece necesario considerarlo no sólo como el reporte de una experiencia, sino como un factor constitutivo de esta experiencia misma».[20]

Así, los diarios íntimos, «carnets de retiros», muy raramente autobiográficos retrospectivos, tienen un amplio lugar en la literatura edificante difundida por las instituciones eclesiásticas desde fines del siglo XIX. «Ninguna duda que llegando a ser autobiográfica, la hagiografía ha renunciado a ofrecer a los creyentes las figuras de un hieratismo inaccesible.»[21]

En el caso de Marcial Maciel, por la posición que ocupa, lo más probable es que él mismo haya considerado necesario dirigir el encargo al periodista. Y si a diferencia de santa Teresita, en la autobiografía de MM las fotografías que acompañan a su texto no lo muestran en éxtasis, en cambio sí se le observa sujeto de las preferencias de los grandes de la Iglesia; la galería de cuatro papas –de Pío XII a Juan Pablo II– nos habla de la «predilección» de que goza todavía en vida. Sólo falta Juan Pablo I, al que, sin duda por su prematura muerte, no alcanzó a convencer de sacarse una foto con él. Incluso en una foto con Juan Pablo II –hay dos más– este último le está acariciando el rostro: foto estratégica que, aunada a la de la serie papal, pretende mostrar a sus críticos que nada de lo dicho ha hecho mella en el afecto papal. En el pie se lee lo siguiente: «El santo padre Juan Pablo II en su última visita al Centro de Estudios Superiores de los Legionarios en Roma: una muestra más de su amor paternal y de su aprecio por la Legión».[22]

---

[19] *Idem.*
[20] *Ibidem*, pág. 80.
[21] *Idem.*
[22] No tiene fecha, pero a juzgar por la figura más o menos erguida del Papa no es de 2002. En este caso poco importa, dada la estrategia retórica que comanda a la serie de fotografías del citado libro. Juan Pablo II, todavía dos meses antes de su muerte, envió calurosos saludos a los legionarios y su fundador.

En analogía con santa Teresita –aunque de otra manera–, escritura y fotografía se entrelazan en esta obra en la que la primera produce la figura modélica, y la segunda manifiesta sus relaciones con las altas esferas eclesiásticas. En su caso, una representación no va sin la otra.

Como nadie puede ser santo sin el apoyo de un grupo, la estrategia legionaria va preparando con tiempo y cuidado la del futuro candidato a los altares. La estrategia va a la par que la promoción de la beatificación de la propia madre del fundador, Maura Degollado; una cuestión interesante que, en caso de éxito, servirá a su vez para de nueva cuenta acallar a los críticos de Maciel, pues el hijo de una beata como ya lo adelanté, no puede ser hijo de la maldad. Es constatable, que una congregación sin fundador santificado tiende a cotizar menos en la bolsa de valores devocional y en los rangos simbólicos altamente competitivos entre las diferentes congregaciones al interior de la Iglesia jerárquica.[23]

Marcial Maciel, como se verá más adelante, se las ha arreglado para crear un *performance* de santidad que notan quienes lo han conocido, ya en la mirada o en la manera de oficiar misa. El aprendizaje eclesiástico de cómo llevar el cuerpo devotamente al parecer ha sido en su caso todo un éxito.

Al leer su autobiografía yo solamente percibo un relato estereotipado compuesto de superposiciones de citas extraídas de los evangelios, escritos papales y de lugares comunes de lo que debe ser un sacerdote en vías de santificación a partir de una concepción muy apegada a las líneas ideológicas del Concilio Vaticano I (1870), visión que parece haber sido mínimamente afectada por la teología y las transformaciones que se gestaron a partir del Concilio Vaticano II.

Sin embargo, nada me permite dudar respecto a que en dichas entrevistas Marcial Maciel nos haya entregado la más sincera declaración de sus bienes mentales y espirituales. Y destaco que el encadenamiento de anécdotas que ahí circulan, casi siempre como «pruebas fehacientes» de la intervención de Dios y de su experiencia interior, permiten dibujar, a pesar de lo estereotipado de la narración, una cierta singularidad del personaje.

---

[23] Me imagino que para los miembros de la Legión sería visto como una afrenta que a la muerte de Marcial Maciel no fuera llevado a los altares con la misma celeridad que se hizo con el fundador del Opus Dei, su principal competidor.

3.2 De Cotija es el fundador, de México la Legión de Cristo

Nació Marcial Maciel el 10 de marzo de 1920. Es sobrino de varios generales cristeros –entre ellos, el más importante es el que fue el general en jefe Jesús Degollado Guízar–[24] y de cuatro obispos. De más está decir que el ambiente religioso, caracterizado por la belicosidad y por el asedio persecutorio gubernamental, marcó su infancia y juventud.[25]

El padre de Maciel, según algunos testimoniantes, conducía recuas de mulas que iban hasta Tabasco y Chiapas. Luego puso una tienda, y ya con más capital compró varios ranchos, entre otros Poca Sangre y Vista Hermosa. El sacerdote Rogelio Orozco, uno de los cofundadores de la congregación de los legionarios que permaneció cinco años en ella, relata que tenía alrededor de diez años cuando conoció a Maciel, quien contaba entonces con quince. El padre de Orozco trabajaba para el de Maciel en Poca Sangre, y afirma deberle mucho a MM, pues lo sacó de vivir en un rancho.

«Sabíamos de las reatizas [azotes con soga] que le daban algunos de su hermanos. El que más lo golpeaba era Francisco, [pero también] Alfonso, que siguió el ejemplo del primero, porque no hacía bien las cosas [según ellos]. Era como el "mozo". Lo mandaban

---

[24] Según un sobrino del citado general, la genealogía de los Degollado comienza con un Francisco que llegó de España poco antes de la Independencia, quien «se casó con Mariana Sánchez y tuvieron dos hijos: el general juarista Santos Degollado y Rafael María. Este segundo, en tiempos de Benito Juárez se fue a Colima a trabajar en algo de aduanas. Ya con el imperio tuvo problemas, y se fue a refugiar a Cotija. Rafael se casó con Viviana Carranza y tuvo cinco hijos: Santos, Rafael, Luis –que se fue a Belice–, Emiliano –que fue gobernador interino en Jalisco en los tiempos de la Cristiada–, y Ana María –quien se hizo religiosa–. Santos Degollado Carranza se casó con Maura Guízar –pariente de los obispos Rafael y Antonio Guízar y Valencia–, y fueron los padres de, entre otros, Jesús y Maura, la madre de Marcial Maciel». Entrevista de Fernando M. González a Reynaldo Degollado Aguilar [en adelante, RDA], 16 de agosto de 2002, Cotija, Michoacán. A su vez, Marcial Maciel tuvo como primos a José Guízar y Luis Morfín Guízar, «quienes también fueron generales cristeros». Citado en José Guízar Oceguera, *Episodios de la guerra cristera*, México, Costa Amic, 1976, págs. 70, 75-77.

[25] Javier Carranza López, de Cotija, recuerda una de la escenas más traumáticas que le tocó contemplar en los tiempos del conflicto cristero, cuando vio en la plaza principal del pueblo colgados a los alzados por Cristo Rey. «Dejaron de colgados ahí que fue una barbaridad. Luego que ya entraron todos a la plaza a entregar sus armas, al indulto, pues, les cerraron las salidas y ahí empezaron a dispararles (alrededor de junio de 1929).» Entrevista de Fernando M. González [en adelante FMG] a JCL, 16 de agosto de 2002, Cotija.

a cuidar los marranos y decían que para eso había nacido. Nos acompañábamos en las labores del rancho. Todo el pueblo hablaba del maltrato que le daban en su casa.»[26]

Javier Carranza López, cotijense y menor que MM por cuatro años, cuenta que estuvieron juntos en la misma escuela.

«Entonces, era muy difícil la escuela. Estábamos en plena Cristiada o en sus rescoldos. Las familias principales de Cotija [eran] gente que guardaba sus costumbres más ancestrales de religión, pues buscaban lo mejor para sus hijos. Había escuelas oficiales, pero no las quería el pueblo. En los ranchos no los dejaban dar clases. Más o menos los que éramos de cierta elite estábamos en la escuelita de María Neri. [...] En la entrada del pasillo de la casa ahí estábamos todos los niños. Ahí estudiábamos primaria, secundaria, todos con ella. Ella tenía fama de escuela católica. No lo tenían a uno rezando o en el catecismo pero cuando menos no nos enseñaban otras ideologías. Luego, vino un pariente nuestro, Ignacio –ex seminarista–, que con una hermana puso otra escuela y ahí ya separó la primaria de la secundaria. No nos daban título. El padre de Maciel era comerciante, tenía un comercio de ropa muy bueno, y tenía ranchos en Ayumba y en tierra caliente. Trataba bien a sus trabajadores y era muy trabajador. El hermano mayor de Marcial Maciel, Francisco, era muy enérgico con él, lo mandaba por las vacas. Lo regañaba, era muy delicado.»[27]

Es de llamar la atención en esos dos testimonios la alusión al maltrato que afirman recibía Marcial Maciel de su hermano mayor. Un ex legionario me confirmó este maltrato, al señalar que su padre, que había sido capataz en otro de los ranchos del padre de Marcial Maciel, había protegido varias veces al sacerdote citado de ser golpeado. Y testifica que lo dijo públicamente ante otros durante su estancia en la Legión, a la que ingresó en la primera mitad del decenio de 1950: «Cómo le agradezco a tu padre el haberme protegido de mi hermano Alfonso».[28]

---

[26] Entrevista de José Barba (ex legionario), Otilio Sosa (ex legionario) y Fernando M. González a Rogelio Orozco, 17 de julio de 2002, Cuernavaca, Morelos.

[27] Entrevista de FMG a JCL.

[28] Esto fue dicho por el citado ex legionario –que prefiere guardar su nombre– en algún lugar de Michoacán el 23/III/05. Como testigos de lo escuchado están José Barba Martín y Arturo Jurado. Conservo la grabación.

Las razones del maltrato no son claras, aunque circulan rumores entre algunos ex legionarios de que Maciel había sido violado por unos rancheros y por eso era mal visto por algunos hermanos, inmersos en una cultura machista y por lo tanto de desprecio a una supuesta homosexualidad de Marcial. Sólo son rumores que no pude corroborar.

Maciel vive la construcción social de la vocación más como una posibilidad que no había contemplado suficientemente, que como un «autollamado», como fue en el caso de Escrivá, aunque hacer el corte entre ambas maneras de percibir la vocación no es tan fácil. El citado «llamado» nos es presentado de la siguiente manera: «Corría el mes de mayo de 1934, cuando una pregunta inocente de dos religiosas conocidas suyas hizo pensar al joven Marcial Maciel en la vocación sacerdotal».[29]

En esa versión no se dice cuál fue la inocente pregunta de las dos religiosas. Por lo pronto, ya para entonces, a sus catorce años, Maciel estaba lo suficientemente integrado en el *habitus* religioso para que preguntas inocentes se convirtieran en señales del cielo. Según Villasana, las dos religiosas simplemente le preguntaron por qué no se había quedado en México con su tío Rafael, obispo de Veracruz, a lo que Maciel respondió, de manera un poco desfasada: «Pero ¿puedo yo ser sacerdote?» «Claro que sí», le responden, «basta que tú lo quieras y vayas al seminario con tu tío».[30]

Marcial Maciel, en la hagiografía en la que parece existir el pacto de no introducir pregunta que turbe lo que el título promete, da su versión autorizada del asunto, después de hablar de la consagración de su madre al matrimonio: «Había querido ser religiosa teresiana, [...] pero había visto la voluntad de Dios para ella en el matrimonio que le propuso su padre, y asumió sus compromisos de esposa y madre como expresión de su amor a Dios».[31]

Como se podrá apreciar, para Maura Degollado el pasaje entre la voluntad de su padre y aquélla de Dios parece darse en línea directa, aunque eso contradijera su «propio» deseo, visión de las cosas que MM parece compartir y que desplegará más allá de los lazos familiares, por ejemplo, en la construcción familiarista y jerárquica de su futura institución.

Es en ese contexto de la obediencia materna a la voz del padre, que Maciel introduce lo de su llamado vocacional.

[29] *Los legionarios de Cristo, Cincuenta...*, *op. cit.*, pág. 23.
[30] J. A. Villasana, *op. cit.*, pág. 39.
[31] Jesús Colina, *op. cit.*, pág. 21.

«Sentí el llamado de Dios a los 14 años de edad: era el mes de mayo. En ese mes, por las tardes, se solía rezar el rosario en la parroquia, como obsequio de devoción a María. Aquel día después de haber rezado [...] me encontré con dos religiosas que, por motivos de salud y de la persecución se encontraban en Cotija [...] me preguntaron dónde había estado y les dije que en México con el obispo de Veracruz [...]. "¿Y por qué no te quedaste con él?" [...]. Era la primera vez que alguien me mencionaba la posibilidad de ir al seminario para ser sacerdote: les pregunté si yo podría ser sacerdote. Ellas me dijeron que sí, si Dios me había concedido el don de la vocación. Acabada la breve conversación con las dos religiosas, tenía la firme convicción de que me llamaba para servirlo como sacerdote.»[32]

A preguntas inocentes, vocación vertiginosa pero ortodoxa: era el mes de mayo, dedicado a la Virgen; la pregunta acerca de lo que «nunca se le había ocurrido» le fue hecha por dos religiosas y después de que el devoto Maciel venía de rezar el rosario.

Y como los signos más cotidianos y banales deben desdoblarse en una versión que les da otra dimensión a la «luz de la fe», Maciel añade que fue precisamente el día en que su madre lo había encomendado a la virgen, abrumada por sus «pequeñas travesuras» y porque no veía claro el futuro para él, cuando éste le comunica su recién adquirida vocación.[33] Como si la intercomunicación entre los rezos maternos y los de Maciel –por cierto, no equivalentes– se hubiera dado por mediación de la virgen María, transformando ésta las preocupaciones de la madre en vocación para su hijo. Y como si, de paso, con esto hubiera eliminado cualquier incertidumbre en ese medio en el que al parecer había que decidir muy precozmente lo que se debía realizar el resto de la vida.

Esta perentoriedad en la toma de decisiones por parte de MM la volveremos a encontrar a lo largo de su trayectoria. Pero por lo pronto, lo que quedó precisado del lado materno no corrió con la misma velocidad en el paterno. Y es así que MM añade que tanto su padre como algunos de sus hermanos consideraron que era mejor esperar a «madurar su vocación». En todo caso, a diferencia de su madre, Maciel sólo retardó la consecución de sus deseos por un tiempo, dos años; y como la tenía de aliada, todo era cuestión de saber esperar y presionar con la ayuda de ella. Felizmente para él, su padre no le impuso un matrimonio, como el abuelo a su madre.

---

[32] *Ibidem*, págs. 23, 24.
[33] *Ibidem*, pág. 22.

Casi se podría extraer una moraleja edificante, si siguiéramos a pie juntillas la lógica providencialista que utiliza sin desfallecimientos Maciel a lo largo del texto citado, moraleja que puesta en palabras diría así: «Dios, en sus oscuros y profundos designios, en realidad hizo que mi madre "eligiera" el matrimonio elegido por su padre, para que yo pudiera venir al mundo y más tarde recibiera el encargo fundacional».

Ningún acto, por contingente que sea, puede escapar a la concatenación de la lectura providencialista. Entre este tipo de lectura y una de corte paranoico se dan inquietantes analogías. En la segunda lo que prima es la persecución y su concomitante angustia adherida a la piel del delirio.

Para MM, la vocación a la vida consagrada, masculina o femenina es considerada un «don» familiar, que se centraliza en el elegido.

«Se va instaurando entre todos los miembros de la familia una unidad espiritual muy especial en torno a la vocación del hijo o de la hija. [...] Gracias a la vocación de uno de los hijos o hijas, [hay] una fuerza especial que hace vivir todo en una paz nueva.»[34]

Esta exaltación del elegido y la centralidad a la que da supuestamente lugar en la familia será desdoblada por el Marcial fundador en su propia familia legionaria. El culto a la personalidad será en ella cuidadosamente cultivado.

Señala Rogelio Orozco que fue a mediados de 1936 cuando Marcial partió al seminario que dirigía su tío Rafael Guízar, obispo de Veracruz, en la ciudad de México. Fue en el seminario del tío obispo que el llamado fundacional «corregiría» otorgándole una autorización *après coup* al relato voluntarista del «basta con que tú quieras». Leamos lo que dice al respecto el texto del quincuagésimo aniversario:

«Fue durante una visita al Santísimo, en la fiesta del Sagrado Corazón del año 1936, [que] Marcial percibió nitidísima la llamada de Dios a formar una agrupación de sacerdotes que se entregaran con entusiasmo y generosidad a la difusión del reinado de Jesucristo. De nada le valieron sus argumentos contrarios ante el señor. Tenía sólo dieciséis años, no tenía experiencia, había sacerdotes bien preparados para esa fundación [...]. Nada, la voz interior insistía».[35]

[34] *Ibidem*, pág. 25
[35] *Los legionarios de Cristo. Cincuenta...*, *op. cit.*, pág. 23.

Cada quien recibe órdenes de algún padre: su madre, del biológico; Maciel, del celestial. Pero ninguno admite réplica; y en el caso del divino éste manifiesta cierta ansiedad, como se corroborará más adelante.

Villasana afirma –refiriéndose a la citada llamada– que eran las diez de la mañana del 19 de junio de 1936 cuando Maciel decidió ir a la capilla y hablar con Jesús de su «deseo de total entrega [...]. De pronto, de una manera misteriosa, percibió internamente que Cristo le pedía que formara un grupo de sacerdotes dedicados, sin medida, en absoluta entrega, a la predicación y extensión de su reino».[36]

La excepcionalidad a la que de por sí induce la llamada vocación religiosa como don en ciertos medios se ve reafirmada por una situación adicional en la que, nada menos a sus dieciséis años, la supuesta voz perentoria y misteriosa de Dios –a diferencia de la «visión de Escrivá– lo llama a las «diez de la mañana» a fundar una congregación.

Maciel tenía diez años menos que Josemaría de Escrivá cuando se vio en semejante trance. Y, como el sacerdote español,[37] también parece resistirse ante el peso del encargo. Éste es un rasgo común de la época.[38] Por ejemplo, Eugenio Pacelli (Pío XII), cuando fue elegido papa, tuvo parecido comportamiento. Como si para hacerse cargo de la demanda divina fuera de buen tono el hacer explícita la conciencia de su insignificancia, antes de pasar a representar lo contrario.

Marcado por la doble excepcionalidad que otorga el medio religioso católico a los doblemente «llamados» –una primera vez por la vía indirecta de las dos religiosas, y la segunda, directamente por su Señor–, con la consiguiente resistencia «humilde» a la voz interior insistente e imperativa que no admite réplicas, Maciel pudo marchar seguro por la vida apoyándose inicial y muy firmemente en tres de los tíos obispos.[39]

[36] J. A. Villasana, *op. cit.*, pág. 39.

[37] De Josemaría Escrivá, Messori escribe que en el encargo fundacional se trató de una «gracia de las que asustan; en efecto, amedrentó al destinatario, que de algún modo intentó escabullirse. Más tarde dirá que se sometió de «mala gana», porque «no me gustaba ser fundador de nada». [...] Buscó una especie de escapatoria: comenzó a informarse para saber si en algún lugar existía ya algo que correspondiese a lo que había «visto», para asociarse y –como escribió– «ponerse en último lugar, para servir». Vittorio Messori, *Opus Dei...*, *op. cit.*, pág. 97. Como si de alguna manera supusiera que Dios no estuviera bien informado. O ¿se trata más bien de un acto retórico de humildad antes de tomarle afecto al hecho de ser fundador? No tengo elementos para inclinarme por alguna de las dos respuestas posibles, o por ambas.

[38] Pero no es específico de ese periodo, sino más antiguo.

[39] El cuarto tío, Luis Guízar, hará su aparición un poco más tarde.

Lo que sí resulta claro en el supuesto llamado a la fundación es que al deseo inducido de antemano Dios «responde» reflejando una especie de orden. No existe nada de misterioso en ese acto.

Marcial añade que no sólo recibió la orden fundacional en el muy especial día de la fiesta del Sagrado Corazón, sino, como añadido secundario, que era un viernes primero: día también especial para una forma de devoción católica. Es en ese contexto que tuvo la

«nítida percepción espiritual de que Dios quería que reuniera un grupo de sacerdotes que entregaran su vida [...] sacerdotes misioneros que vivieran a fondo el evangelio. [...] No era simplemente una idea mía que se me venía a la cabeza. No vi y sentí que fuera sólo una inspiración, sino una gran moción del Espíritu Santo sobre lo que Dios quería de mí. Lo experimenté con una gran fuerza interior. Naturalmente que yo me sentía pequeño, indigno e impreparado para realizar esta tarea. [...] Para evitar que fuera meramente subjetivo lo comenté enseguida con mi director espiritual, quien me pidió que fuera poniendo por escrito todas las luces que tuviera al respecto».[40]

Maciel habla de sus dieciséis años como si por entonces ya fuera un maestro consumado de la espiritualidad católica que sabe discriminar las denominadas «mociones» y por lo tanto puede distinguir lo que es una simple inspiración, de una moción emanada directamente del Espíritu Santo. Pero en el relato *post facto* tiene buen cuidado de atenuar esta representación que da de sí en aquella época, con la pregunta a su director espiritual, para evitar que todo fuera «meramente subjetivo». Y el sacerdote responde, como cualquier persona que participa de la creencia en la posibilidad de un llamado de esa naturaleza, de manera, digámoslo, prudente.

Al recomendarle escribir las «luces al respecto», lo encamina por una vía para la cual MM no estaba preparado, porque, como ya he señalado, lo inespecífico del carisma no da para escribir un texto medianamente singular. Sólo muchos años después, y gracias a la ayuda de su entrevistador, tendremos acceso a sus «luces».

¿Qué separa una «elección» como delirio de una socialmente legitimada? De entrada, como ya señalé, recibir el llamado en el lugar «correcto»,[41] es decir, donde se presupone la existencia de un tercero invisible legitimador –en este caso fue en el seminario, dentro de la capilla

[40] Jesús Colina, *op. cit.*, pág. 28.
[41] Por ejemplo, según la versión oficial del Opus Dei que recoge en su libro dedicado a éste, Jesús Infante señala que «Escrivá ha reconocido que, desde 1917,

y en una fiesta valorada–, y bajo la protección de la trinidad episcopal aludida.[42] De otra manera, el riesgo de terminar en un hospital psiquiátrico es grande o, en un caso menos grave, se puede ser considerado como alguien desbordado por un arrebato devocional. Estos cuestionamientos van, obviamente, más allá del caso Marcial Maciel.

Si es en el mes de María cuando se dio el llamado, es en la fiesta del Sagrado Corazón, y en viernes primero, cuando se da el encargo fundacional. Si a esto añadimos los lugares «religiosamente correctos» para recibirlo, nos haremos una idea del *topos* narrativo aplicado por Maciel y extraído sin ninguna creatividad de su medio.

Pronto, MM buscó llevar a cabo su imperativo fundacional, pero no le fue fácil, ya que, según el relato oficial, realizó mínimo tres intentos antes de lograr consolidar la fundación el 3 de enero de 1941.

Por ejemplo, se afirma en la versión oficial que en el seminario que su tío Rafael Guízar y Valencia –obispo de Veracruz–[43] tenía en México, ya Maciel a sus dieciséis años había comunicado a varios de sus compañeros la idea de fundar una institución de sacerdotes que «se entregaran con entusiasmo y generosidad a la difusión del reinado de Cristo».[44] Así de inespecífico, nuevamente.

Rogelio Orozco abunda al respecto, diciendo que en las vacaciones del seminario, Maciel volvía a Cotija y que era muy piadoso, ya que se dedicaba a rezar el rosario con las mujeres de la hacienda.

«En febrero de 1938 lo invitamos a cenar, y de repente le dice a mi padre: "Don Alberto, ¿quiere dejarme llevar a Rogelio al seminario para que sea padre?" Y mi padre contestó, sin consultarme, ni a mi madre: "¡Lléveselo!" [Y sin ironía, añade:] *En ese momento nació mi propósito de hacerme seminarista. Tenía yo 12 años* [y Marcial casi 17]. Me llevó a mí y a otros a Cotija a prepararnos.»[45]

---

el amor de Dios le hacía barruntar algo; pero fue el 2 de octubre de 1928, cuando celebraba la misa –exactamente después de la consagración de la hostia y el cáliz–, que Josemaría de Escrivá de Balaguer tuvo palabras del cielo sobre lo que tenía que ser la obra». *La prodigiosa aventura del Opus Dei. Génesis y desarrollo de la Santa Mafia*, Madrid, Ruedo Ibérico, 1970, pág. 12. Se trata de una variante de la versión del cuarto en los ejercicios. Existe pues el momento correcto para recibir la inspiración, la voz o el llamado. Esta variante, como se verá más adelante, también MM la utilizará, cuando busca la legitimación de la denominada erección canónica.

[42] Aunque en el caso de los tíos obispos, éstos le van otorgando legitimidad por relevos.

[43] Y ahora santo. Si a esto le engarzamos la posible beatificación de «mamá Maurita», la genealogía santificada puede resultar algo modélico.

[44] *Los legionarios de Cristo. Cincuenta...*, op. cit., pág. 23.

[45] Entrevista de FMG a Rogelio Orozco. Las cursivas son mías.

Este ejemplo muestra, por si hiciera falta, que en Cotija no sólo las mujeres y los elegidos para fundar sufrían órdenes paternas o celestiales perentorias. En este caso, muy probablemente, el padre de Rogelio Orozco hizo sus cálculos respecto al futuro del hijo en relación con la posibilidad de tener o no estudios, y si además, como señala el citado, «era muy piadoso», y el que se lo demandaba era nada menos que uno de los hijos de su patrón, pienso que le resultaba difícil no acceder.

La vocación religiosa, inducida de esa forma, «surgió» así en el púber que asumió la orden paterna al parecer sin chistar; ello no le impidió en su momento, cinco años después de fundada la Legión, salirse de la congregación para asumir su «vocación» en los términos que creyó más afines a ésta, como fueron los de convertirse en sacerdote diocesano y terminar de formarse en el seminario interdiocesano de Montezuma.[46]

Si Maciel pudo iniciarse en la difusión de su idea fundacional creo que fue, en buena medida, por el apoyo que presuponía de su tío Rafael. Sin embargo, si contrastamos este argumento con el testimonio del presbítero Orozco, tal parece que el prelado no estaba totalmente de acuerdo con que fundara una congregación, con muchachos traídos por Maciel mismo y, menos aún, con la gente de su propio seminario.

«El 4 de mayo [de 1938] nos llevó a la capital a cuatro chamaquitos. Nos colocó en casa de unas señoras grandes, y empezaron las quejas con el tío. El 5 de junio, las viejitas que nos tenían fueron a quejarse con él. Nos dejaron en la planta baja y subieron a verlo. Sólo oíamos el lenguaje gachupín del obispo y los gritos desaforados que pegaba. ¡Cómo un seminarista estaba haciendo esto! Al día siguiente, en el periódico apareció que se había muerto el obispo. Ni tardo ni perezoso Maciel buscó a su tío Antonio [hermano del fallecido y obispo de Chihuahua], que lo mandó al seminario de Montezuma.»[47]

Es significativo también que luego del fallecimiento de su protector, y a pesar de los propósitos de Maciel, surgieran ciertas «incom-

---

[46] En Nuevo México, EU. Seminario creado por los obispos mexicanos en 1937, en razón del acoso que todavía existía por parte del gobierno mexicano a la Iglesia católica. Estuvo coordinado por la Compañía de Jesús, y recibía aspirantes al sacerdocio de las diferentes diócesis de México.
[47] Entrevista de FMG a Rogelio Orozco.

prensiones» contra él, que lo llevaron a abandonar el seminario. Según la narración de J. Alberto Villasana, en el seminario de Veracruz pronto fue acusado de «iconoclasta y de antimariano»,[48] así como de «rarezas», básicamente por la manera de entender la pobreza como «extrema». De esto último se iba a curar pronto. Lo de iconoclasta me resulta, aquí sí, un misterio.

Escuetamente, Villasana añade que después de la muerte del obispo de Veracruz, ocurrida el 6 de junio de 1938, el vicario de la diócesis y el nuevo rector provisional «expulsan del seminario al consentido sobrino del obispo, que trae planes de fundación».[49]

Por su parte, el texto oficial consigna así las cosas:

«Al fallecer su tío don Rafael se suscitaron algunas incomprensiones. Marcial tuvo que abandonar el seminario de Veracruz. El obispo de Chihuahua, don Antonio Guízar hermano de don Rafael, lo acogió en su diócesis, y lo envió al seminario de Montezuma, en Nuevo México, USA, dirigido por los padres de la Compañía de Jesús».[50]

3.3 Ecos de la Cristiada en la narración de Marcial Maciel

Pero retrocedamos un poco, a 1937, para recabar la versión que da MM de su paso por Veracruz, donde participó en el conflicto surgido por el cierre de los templos decretado por el gobernador de esa entidad. Marcial habla del liderazgo que supuestamente desempeñó en la ciudad de Orizaba al menos dos veces. La primera ocasión ocurrió cuando era un seminarista de 17 años. Entonces, ante un grupo de católicos que protestaba frente al Palacio de Gòbierno, con los ánimos muy caldeados, a pedido del capitán que comandaba el destacamento que resguardaba el palacio, se dirigió a la gente para sugerir que se retiraran, pues ya se negociaba la apertura de los templos. Él sostiene que le hicieron caso. La segunda vez se produjo a los pocos días. Entonces, como las cosas seguían sin resolverse, una segunda manifestación duró todo el día y por la tarde el ejército cargó sobre la multitud

[48] J. A. Villasana, *op. cit.*, pág. 42.
[49] *Ibidem*, pág. 43.
[50] *Los legionarios de Cristo. Cincuenta...*, *op. cit.*, pág. 23.

a bayoneta calada. Maciel afirma haber sido herido en una pierna: «aún llevo en la pierna la marca de esa cicatriz».[51] Luego añade que algunos manifestantes sacaron sus pistolas y comenzaron a disparar. Entonces, el capitán que la primera vez lo había conminado a calmar a los manifestantes, le pidió que lo hiciera de nueva cuenta para evitar una matanza. Lo curioso es que Maciel ya había sido supuestamente herido. Marcial se subió después a un camión del ejército para dirigirse a la multitud al grito de «¡Viva Cristo Rey y Santa María de Guadalupe!». Señala que algunos comenzaron a gritarle traidor, porque no todos lo conocían.

«En ese momento lo único que se me ocurrió decir era que no se preocuparan, que ya nos habían concedido la apertura de las iglesias y les pedí que fuéramos todos hacia la parroquia, que podíamos entrar en ella. En realidad el permiso del gobierno no había llegado, pero yo sabía dónde estaban guardadas las llaves del templo. Así que las tomé, abrimos la iglesia parroquial y toda la gente entró cantando y vitoreando a Cristo Rey y a la virgen de Guadalupe. [...] Dejamos piquetes de guardias para que no nos fueran a cerrar la iglesia y luego nos fuimos a abrir las otras iglesias de Orizaba y de los pueblos vecinos.»[52]

El supuesto pacificador se pone al frente de la manifestación, y consigue por medio de una arriesgada mentira lo que no habían podido hacer los demás. Y no le basta abrir la iglesia, sino que, ya poseído por el fervor militante –dejando piquetes de gente en los templos que va rescatando–, se dirige a abrir todas las demás sin medir las posibles consecuencias.

Este relato sólo se sostiene en el entendido de que las fuerzas del gobierno aceptaron con notable mansedumbre, prudencia y sorpresa los actos del «pacificador» y sus huestes, después de haber cargado una primera vez contra las personas, y presumiblemente sin haber recibido órdenes de abandonar el asunto del que habían estado haciéndose cargo durante todo el día, cosa que suena inverosímil.

Finalmente, no se sabe bien lo que pasó, porque Maciel interrumpe el relato sin hablar de las reacciones de los militares. Pero más allá de lo que efectivamente haya sucedido, Marcial señala que este episodio resulta para él un poco «el símbolo de lo que ha sido mi vida», pues

[51] Jesús Colina, *op. cit.*, pág. 31.
[52] *Ibidem*, pág. 32.

sin saber cómo y sin buscarlo, de pronto se encuentra metido en situaciones que «desde un punto de vista humano, me sobrepasaban, pero en medio de las cuales una mano providencial y misteriosa parecía acompañarme y guiarme en todo momento».[53]

A partir de esa visión providencialista, no desprovista de la prepotencia del que se siente elegido y sujeto de una predilección especial de Dios, podrá con toda confianza arriesgarse y arriesgar a otros, allí donde los más se la pensarían dos veces. Marcial podrá así afianzarse en sus intuiciones, a las que les encontrará una explicación discrecionalmente misteriosa, siempre a su favor.

Este episodio parece casi resurgido de los días previos al conflicto armado cristero, en el cual Maciel, por su edad, no pudo participar directamente, aunque –según sus dichos– le habría encantado hacerlo. Es más, cree que «Dios haya querido en su sabiduría y providencia hacer fecundar esta sangre [vertida en dicha guerra] a través del apostolado de la Legión de Cristo y del Regnum Christi».[54] ¿De qué manera? De nuevo no importa específicamente, porque se trata de una versión que no conoce fisuras ni titubeos, basta recurrir retóricamente a la misteriosa providencia. Como ya lo adelanté, es lo más cercano al tipo de estructura narrativa que construyen los paranoicos, atrapados en sus certezas inexpugnables.

Por lo pronto, su acción de Orizaba, heroica o temeraria según se vea, parece probablemente responder a la deuda que creía tener con su amigo cristero José Sánchez del Río,[55] considerado mártir en la población de Sahuayo, Michoacán. Marcial asegura que su amigo, cuando sólo contaba catorce años, lo invitó «a que me fuera con él» a la sierra a luchar. Marcial Maciel tenía entonces siete años. A los pocos días, Sánchez fue aprehendido por las fuerzas del gobierno. Pretendiendo dar a la población civil un escarmiento, lo conminaron a renegar de su fe bajo amenaza de muerte. Como era de esperarse en los que habían sido socializados para el martirio, José Sánchez del Río resistió.

«Entonces le cortaron la piel de las plantas de los pies y lo obligaron a caminar por el pueblo, rumbo al cementerio. Él lloraba y gemía de dolor pero no cedía. [...] Ya en el cementerio, antes de disparar sobre él, le pidieron por última vez si quería renegar

[53] *Idem.*
[54] *Ibidem*, pág. 17. El Regnum Christi: se refiere a la organización para los laicos que se cobijan en la espiritualidad legionaria.
[55] O con su tío, el general Jesús Degollado Guízar.

de su fe. No lo hizo y lo mataron ahí mismo [...]. Éstas son imágenes imborrables de mi memoria y de la memoria del pueblo mexicano. [...] Como comprenderá, todo ello iba marcando mi vida, el deseo de darla por Cristo y por la fe.»[56]

Éste es el recuerdo que le surge primero a Maciel acerca de la Cristiada, a pregunta expresa del periodista. Como se comprenderá, a los catorce años en esa región y en esas circunstancias, según MM, se tomaban decisiones definitivas, entre otras invitar a un niño a «tomar las armas», irse a la guerra a matar y morir por Cristo Rey y decidir ser mártir.

La hagiografía narrada por el propio Maciel nos habla de ello. Por ejemplo: a los catorce años decide ser sacerdote; a los dieciséis, fundar una congregación, y a los diecisiete, en su militancia pacificadora de Orizaba, por poco acaba –y hace terminar a otros– bajo las balas y las bayonetas. Si estaba marcado, según afirma, por el deseo de dar su vida –y la de otros– por Cristo, ésa fue una magnífica oportunidad para lograrlo.

Pero si nos atuviéramos a la muy lógica providencialista de la hagiografía, Maciel diría que su interlocutor divino tenía otros planes para él: la fundación de la Legión. La cuestión es sostener sin desfallecimiento posible la plenitud de un sentido teleo –y teo– lógicamente orientado. Porque, como bien lo señala J.C. Passeron, existe «un exceso de sentido y de coherencia en toda aproximación biográfica».[57] Y ante tal exceso de significación, el que intenta analizar la hagiografía corre el riesgo, si se descuida, de sucumbir ahogado por éste.

Existe una versión diferente respecto de la invitación del citado «mártir»[58] a Maciel, de la cual se puede colegir que, o bien José Luis Sánchez era muy activo en eso de promover que lo acompañaran a la guerra, o Maciel se apropió el relato de otro. Se trata del testimonio de Marina Van Dick, esposa de Miguel Sánchez, combatiente cristero y hermano de José Luis. Dice doña Marina:

---

[56] Jesús Colina, *op. cit.*, pág. 20.

[57] J. C. Passeron, *Le raisonnement sociologique*, París, Nathan, 1991, pág. 185.

[58] Que fue beatificado el 20 de noviembre de 2005 junto a otros supuestos «mártires cristeros». Esta beatificación contradijo lo que se había sostenido en las dos beatificaciones previas a individuos que murieron durante el conflicto armado, pero sin haber querido participar en éste; más aun, se dijo, «estuvieron en contra de los que se alzaron en armas». Para una versión más pormenorizada, véase Fernando M. González, *Matar y morir por Cristo Rey*, México, UNAM/Plaza y Valdés, 2001, sobre todo el capítulo 9 de la tercera parte.

«Mi marido jamás me comentó que Maciel fuera el amigo de José Luis, ni conocido siquiera de él. Mire, ese relato yo lo escuché de labios del padre Enrique Amezcua, el cual llegó a comer en nuestra casa de Sahuayo y ahí fue donde contó cómo se quiso ir con José Luis, y que el general cristero lo vio muy chico y le dijo que no, porque "tú vas a servir mejor a la Iglesia cuando se acaben los catorrazos, porque vas a ser llamado al sacerdocio". Eso al padre se le quedó muy grabado, y al final de la Cristiada se acordó y se metió al seminario.[59] Al principio dijo que sin mucha convicción. Por su parte, José Luis no tomó las armas, sólo llevó la bandera. El general le dijo que estaba muy chico y él le respondió: «Yo le lavo su caballo y le llevo la bandera», y al parecer esto le hizo gracia al general y lo admitió. Los dos amigos se llevaban aproximadamente dos años de diferencia, el padre Enrique tenía unos once años y José Luis unos trece.

»Ahora, si el padre Maciel se carga con eso, es otra cosa. Y yo creo que si lo hace es porque el padre Amezcua es muy amigo de esa familia y pariente cercano de Federico Amezcua, esposo de Olivia Maciel, y el padre Maciel ha de haber escuchado el relato en casa de su hermana. No sé bien».[60]

3.4 El episodio del Seminario de Montezuma

Volvamos a su expulsión del seminario de Veracruz en el verano de 1938.

«Mientras vivió mi tío Rafael Guízar Valencia, los formadores del seminario me respetaron, pero no veían con buenos ojos mi deseo de formar una nueva congregación. Seguramente creían que todo era una ilusión [...] unos dos meses después [de su muerte] se me comunicó que no podía seguir estudiando en el seminario [...]. Sin embargo, como siempre, la providencia me salió al paso [...]; un tío mío, don Emiliano, hermano de monseñor Rafael [...] me animó [...] porque el obispo de Chihuahua don Antonio Guízar, su hermano [...], podría recibirme como seminarista.»[61]

[59] Como se podrá apreciar, en esa región incluso los generales pueden a veces predecir una vocación.
[60] Entrevista de FMG con Marina Van Dick, Guadalajara, 23/X/04.
[61] Jesús Colina, *op. cit.*, pág. 33.

Al parecer, MM está consciente de los beneficios de la protección familiar eclesiástica, pero al mismo tiempo prefiere pasar a la cuenta de la providencia –a la que concibe teniendo tiempo para seguir cada uno de su pasos–, lo que parece caer por su propio peso, el pasaje de un tío a otro.

Y por otra parte, ¿no sería más bien que los citados superiores no miraban con buenos ojos el intento de formar una congregación con las propias personas del seminario y tratándose de alguien que apenas tenía los mínimos estudios?

El relato oficial de los legionarios continúa diciendo que Maciel intentó rápidamente poner en práctica su idea fundacional en la nueva institución comandada por los jesuitas, a la que llegó el 2 de septiembre de 1938. Al principio, en la medida en que fomentaba la devoción al Sagrado Corazón y la fidelidad a la disciplina –cuentan las crónicas–, suscitó «la complacencia de sus superiores».

Luego, a los cuatro meses de su estancia ahí hasta fue invitado «a conocer el noviciado de los padres de la Compañía de Jesús»,[62] pero él seguía convencido de la especificidad de la personalizada, y al parecer muy insistente, llamada interior. De paso, se insinúa que en cuestión de piratería vocacional, también los jesuitas hacían su lucha. Pero ciertamente, la cita carga más las tintas en la decidida actitud fundacional de Maciel.

Alberto Villasana afirma que, terminado el primer año escolar, Maciel visitó a su tío Antonio en Chihuahua, y que éste lo recibió muy molesto, diciéndole que

«si continuaba con su propósito de fundar una congregación, le retiraría su apoyo y no podría volver a Montezuma por cuenta de la diócesis de Chihuahua.

»¿Por qué –se pregunta Villasana– se había puesto tan contrario el señor obispo? ¿Quién habría sembrado la cizaña?

»[...] Contrariado y perplejo, acude en México a su director espiritual, el padre Ricardo Álvarez del Castillo de la Compañía de Jesús, en busca de consejo. "Yo creo –le dice– que lo que tú traes entre manos es verdaderamente un plan de Dios; es preferible que declines de tu deseo de estar en el seminario de Chihuahua a que faltes a esto que parece ser verdaderamente la voluntad de Dios". Despedido de la diócesis de Chihuahua, Marcial ya no puede volver a Montezuma».[63]

[62] *Los legionarios de Cristo. Cincuenta...*, *op. cit.*, pág. 23.
[63] J. A. Villasana, *op. cit.*, pág. 55.

Llama la atención el hecho de que Villasana tenga que buscar una especie de cizañudo complot que iría más allá de la propia actividad de Maciel. Aquí comienza a consolidarse esa suerte de *compulsión repetitiva* de ser víctima de un complot, que lo acompañará el resto de su vida. Por otra parte, queda sin explicación el deslizamiento entre el condicional «si continúa» del tío Antonio –¿otro en peligro de enfermar de un coraje?–,[64] y el consejo del jesuita de declinar voluntariamente al seminario de Chihuahua, para terminar diciendo que una vez «despedido de la diócesis». ¿Lo despidieron, o se autodespidió? Si fue lo primero, serían ya dos expulsiones con «cizaña», y acompañadas de ataques de rabia de los tíos Guízar y Valencia, quienes no habrían sabido cómo discriminar un supuesto complot contra su sobrino.

Sin embargo, en su autobiografía, Maciel señala que su tío Antonio le comunica, poco antes de la Navidad de 1939, que le habían escrito de Montezuma las autoridades jesuitas para comunicarle los problemas que su sobrino creaba con sus ideas fundacionales; y que lo conminó a abandonarlas o no lo apoyaría para regresar de nuevo a Montezuma. Maciel corrige a Villasana, ya que no hay tal complot jesuita sino que el propio MM decide consultar lo de su voluntad fundacional con su director espiritual. Por cierto, un jesuita.

«No podía dejar esa idea porque sentía en mi interior que no venía de mí, que no era un capricho mío, sino el querer de Dios. [...] Se me ocurrió la idea de visitar a monseñor Francisco González Arias, obispo de Cuernavaca, también emparentado con mi familia, pero en grado más lejano que los Guízar.»[65]

Autodespedido, entonces, Maciel, sin recurrir esta vez a la providencia, porque ya sabe el camino, busca a otro pariente encumbrado en el clero, su tío Francisco González Arias, obispo de Cuernavaca, al que presumiblemente no conocía.[66] Y luego que le explica su situación, éste acepta apoyarlo. El 6 de diciembre de 1939 Maciel retorna a Montezuma y a pesar de las advertencias continúa tozudamente su acción fundacional. Logra reunir alrededor de treinta y cinco estudiantes, pero esta vez la «incomprensión» surge del seno mismo de Montezuma.

---

[64] Las malas lenguas –según Rogelio Orozco– hacían correr el chisme de que MM había «matado» al tío Rafael de un coraje.

[65] Jesús Colina, *op. cit.*, págs. 36, 37.

[66] Según se desprende del relato de Villasana, *op. cit.*, pág. 56.

«De un momento a otro, casi sin presentirlo, los superiores cambian de parecer y se vuelven contrarios a sus planes. Sienten que se ha formado una comunidad dentro de la otra y que no «es prudente» que un joven esté reuniendo a los filósofos y a los teólogos para darles consignas espirituales.

»El 17 de junio por la tarde llama a su puerta el hermano Salvador Molina de la Compañía de Jesús, enviado por el rector, y sin más explicaciones le da media hora para preparar todas sus cosas, y le dice que un coche lo está esperando a la puerta.

»–¿Puedo hablar con el rector para saber por qué?

»–No. Expresamente me dijo el padre rector que no tendría tiempo para atenderte, y que debíamos salir enseguida hacia Las Vegas [...] para que tomes el tren a Albuquerque; luego a El Paso, Texas, y a México, DF.»[67]

¿Casi sin presentirlo? Parece más bien que MM estaba literalmente poseído por la idea fundacional y nada parecía detenerlo. Ni corajes episcopales, ni consideraciones estratégicas o de mínima paciencia –y más en su caso, en que ni siquiera había comenzado los estudios de filosofía–, esperando a que se dieran las mínimas condiciones para una fundación.

Según el texto oficial, una vez que Maciel logró consolidar el citado grupo, nuevamente:

«habían surgido también aquí algunas incomprensiones. No convenía ni era prudente que un seminarista estuviera formando un grupo para fundar dentro del mismo seminario. La noche del 17 de junio de 1940, Marcial tuvo que dejar el seminario. [...] Había fracasado en su segundo intento de fundación».[68]

Si se lee con detenimiento, se podrá notar que en esa cita hay algo discordante y sintomático entre la inconveniencia de hacer proselitismo en un seminario que pertenecía a las diferentes diócesis de México, y el hecho de ser despedido de manera expedita, en la noche, por llevarlo a cabo. De nueva cuenta, las «incomprensiones» –como palabra esta vez con menos dosis de eufemismo– irrumpen en la descripción. ¿Fue sentida la actividad proselitista de Maciel como competencia demasiado desleal o se trató de algo distinto

[67] J. A. Villasana, *op. cit.*, pág. 64.
[68] *Los legionarios de Cristo. Cincuenta...*, *op. cit.*

–relacionado acaso con la sexualidad– que motivó una expulsión tan expedita?

Esto es lo que Maciel dice al respecto:

«Conocía el motivo de mi expulsión, pues el rector me lo había explicado antes de salir a vacaciones: los superiores temían que los obispos mexicanos pudieran poner objeciones al hecho de que algunos seminaristas pasaran a formar parte de una congregación religiosa, y temían que la fundación creara problemas al seminario. Sin embargo, yo tenía la esperanza de poder conversar de nuevo con el rector y proponerle al menos continuar mis estudios y no volver a tocar el tema de la fundación hasta que me ordenara sacerdote».[69]

Maciel corrige a sus devotos hagiógrafos trece años después de haberles dado, casi seguramente, la otra información. Aquí no niega que sí sabía qué se estaba jugando. Nada, entonces, de escenas dramáticas que no viera venir, o que la providencia, ocupada en otros asuntos, se olvidara de informarle. Nada de recurrir al complot, por esta vez. Pero añade que estaba dispuesto a disciplinarse y esperar hasta ordenarse sacerdote; y que no se le dio la oportunidad.

Si ése hubiera sido el caso, ¿cómo se explicaría la prisa fundacional por fin concretada no más de seis meses después, sin de nueva cuenta haber comenzado los estudios, aunque fuera sólo de filosofía? Y, esta vez, ya no contra el aviso de los jesuitas, sino del propio obispo en turno que lo estaba apoyando. Creo que Maciel no parece haber podido o querido controlar su fiebre fundacional. Y fueron tales las prisas que terminó la etapa de filosofía al vapor y pasó a estudiante de teología y a teólogo de manera casi tan vertiginosa como concretó su fundación.

Relata Maciel que ante el fracaso de las tentativas de su tío Francisco para introducirlo en otro seminario, le preparó una habitación en su obispado para preparar sus exámenes de teología –¿en qué momento estudió filosofía?– «Y me aseguró que una vez ordenado sacerdote, podría realizar el proyecto de fundación».[70] Aunque fundó antes de ordenarse, como se verá a continuación.

El sacerdote jesuita Rubén Murillo –quien estuvo en Montezuma de 1938 a 1942, como seminarista del clero diocesano, y a partir 1942 en la Compañía de Jesús–[71] dice:

[69] Jesús Colina, *op. cit.*, págs. 37, 38.
[70] *Ibidem*, pág. 39.
[71] ¿Cuáles eran los acuerdos de los jesuitas con los obispos en cuestión de vocaciones adquiridas entre el clero secular?

«Yo de lo que me enteré es que los obispos estaban molestos [por el hecho de] que él hiciera proselitismo para su futura congregación, y pudieron pedirle al padre rector, que era Agustín Walner, [...] que no lo dejara seguir [no le consta]. Sin embargo, Marcial Maciel mandó su gente a estudiar con los jesuitas, por ejemplo, en Comillas. Eso podría probar que no vio mal la medida disciplinaria que se tomó con él en su tiempo. Y, además, él aceptó que ex jesuitas fueran profesores de sus candidatos. Salvador Molina era hermano coadjutor y tenía el cargo de enfermero».[72]

El también sacerdote jesuita Ignacio Gómez Robledo –quien por aquella época residía en Montezuma– señala que no recuerda que hayan expulsado a Maciel, y menos en la noche; tampoco que fuera por problemas de tipo sexual.[73]

Sin embargo, no deja de ser llamativo que en el relato oficial de los legionarios Maciel aparezca conminado a abandonar el seminario «sorpresivamente». Segunda o tercera expulsión, según se acepte o no que el tío Antonio le quitara su apoyo o que MM se desligara tácticamente de él.

Pero existe el testimonio de un ex legionario que afirma lo siguiente:

«Un día de 1965 escuché de forma involuntaria una discusión vehemente entre Maciel y Alfonso María Sánchez Tinoco, obispo de Papantla, quien fuera compañero de Maciel en Montezuma. El obispo decía: «Mira, Marcial, no te hagas tonto solo, tú y yo sabemos por qué te expulsaron de Montezuma y de Jalapa. [En realidad fue de México.] Tú y yo lo sabemos. Yo nunca daré mi aprobación para que el Vaticano autorice tu constitución».

»A lo que contestó Marcial: "Tú sabes perfectamente que el Vaticano aprobará mi constitución quieras o no quieras, si no, de mí te vas a acordar". Palabras misteriosas para mí, pues encerraban una especie de amenaza.

»[...] Cosa curiosa porque hasta el presente sigo sin entender cómo, al poco tiempo, el obispo muere trágicamente en accidente carretero, junto con varios familiares, accidente que tenía visos de

---

[72] Entrevista telefónica de FMG a Rubén Murillo, jesuita, México, DF, 16/VII/02.

[73] Entrevista de FMG a Ignacio Gómez Robledo, jesuita, Guadalajara, Jalisco, 25/XII/01.

atentado después de otro que sufrió tres meses antes bajo los mismos augurios. Ocurrió en las mismas fechas que se aprobarían las Constituciones.

»En ese momento no podía precisar que sus dos expulsiones estaban relacionadas con acciones sexuales, pero sí lo sospechaba».[74]

En este testimonio, lo supuestamente expresado por el obispo a Marcial, «tú y yo sabemos...», no alude con claridad a algo de orden sexual. Y lo que se podría entender como una amenaza de Maciel al obispo tampoco resulta evidente, pues podría interpretarse como una bravata. Además, ¿por qué el obispo de Papantla aparece como alguien tan determinante en el asunto de aprobar o no las Constituciones de la congregación de Maciel? Sólo parecen resultar claros los dos accidentes y la coincidencia de su muerte con la fecha de la aprobación. En síntesis, el testigo sospecha, pero no sabemos si se trató de algo más que eso.

Por su parte el hermano del obispo, Neftalí Sánchez, legionario activo de 1943 a 1960 y ahora sacerdote incardinado en la diócesis de Morelia, afirma que su hermano y Maciel jamás tuvieron problemas, y que desde su común estancia en Montezuma conservaron una cálida amistad. A su decir, él jamás escuchó de su hermano algo respecto de la salida de Maciel de Montezuma, ni se enteró entonces de lo que más tarde se acusaría a Marcial Maciel.[75]

Sin embargo, existen respecto de este testimoniante otras versiones; por ejemplo la del ex legionario Saúl Barrales, quien afirma lo siguiente:

«Neftalí era el chofer oficial en Roma en muchos casos.[76] Y cuando había que salir para conseguir la medicina de Maciel[77] como

[74] Testimonio de JY de agosto de 2005. Estoy autorizado para citarlo, pero sin su nombre.
[75] Entrevista telefónica de FMG con el padre Neftalí Sánchez Tinoco, 20/X/05. El testigo refuerza la versión oficial de la Legión. Para reforzar su dicho me citó la página 100 del libro de Ángeles Conde y David Murrray: *Fundación. Historia y Actualidad de la Legión de Cristo* (México, El Arca Editores, 2004) en la que se habla de la amistad de Maciel y el obispo Alfonso Sánchez. Este texto se inscribe en la versión hagiográfica de MM y la Legión de Cristo. Lo que me llamó la atención es que, previendo mis preguntas, el citado sacerdote ya me estaba esperando con el libro y sus citas a la mano.
[76] Cosa que me confirmó el propio padre Neftalí en la entrevista telefónica que le hice, 20/X/05.
[77] Se refiere a la Dolantina, morfina a la que era adicto el fundador de la Legión. Más adelante se verá con más detalle esta cuestión.

84

él sabía que yo tenía muchos contactos en los hospitales nos acompañábamos. Una vez, al regresar de conseguir la medicina le dije ¿qué pasa con esto de la medicina? Y Neftalí me respondió: "Ya le he dicho a nuestro padre que se lo quite [el dolor] con un aditamento sustituto de la cosa de la mujer" [se refiere FMG a la vagina]. Yo me quedé sorprendido. Porque entre nosotros de esas cosas no se hablaba. No me habló de que se fuera con mujeres.

»FMG: ¿Neftalí sabía de la droga, sabía de qué se trataba?

»SB: Sí claro, porque me acompañaba. Yo creo que de ese comentario nació mi idea, si no fue en esa vez, de romper las ampolletas frente a Maciel porque me di cuenta de que estaba en el limbo. Y de ahí en adelante Maciel comenzó a relegarme. Pero Neftalí siguió en eso. Yo fui compañero del hermano José Sánchez Tinoco».[78]

Por su parte Juan José Vaca ex legionario en su carta a Marcial Maciel del 20 de octubre de 1976, afirma categóricamente que entre los que a él le constaba personalmente que habían sufrido abuso cita precisamente a Neftalí junto con otras 19 personas.[79]

En síntesis, el suceso de Montezuma inserto en la historia oficial dramatiza el camino sembrado de obstáculos que Maciel tuvo que recorrer para llevar a cabo la orden recibida por Dios. Y sirve también para revelar problemas muy tempranos de éste con la Compañía de Jesús, así como lazos de intercambio desigual y una clara ambivalencia respecto a ésta, por decir lo menos.

Por una parte, se afirma que fue invitado al noviciado jesuita y declinó, y que un jesuita que era su director espiritual le aconsejó seguir su plan fundacional a rajatabla contra el aviso de otros jesuitas que terminarían por expulsarlo más tarde; por otra, se apoyará en los jesuitas de Comillas para afianzar su obra en España, aceptando ex estudiantes de éstos como profesores de sus candidatos, que posteriormente envía a la Universidad Gregoriana, en Roma. Todo esto terminaría en nuevas desavenencias e «incomprensiones» –como dicen sus hagiógrafos– con algunos miembros de esa orden, no sólo con los de Montezuma sino también con los de Comillas. En todo caso, no parece que los jesuitas hayan «boletinado» la conducta de Maciel entre los miembros de su propia orden religiosa, de lo contrario no se entenderían los apoyos, posteriores a su expulsión de Montezuma, recibidos en Europa.

[78] Entrevista de FMG a Saúl Barrales, 31/X/05.
[79] Juan José Vaca, 20/X/76, pág. 5.

3.5 Fundar contra viento y marea

Resulta llamativo que tanto en el relato oficial como en el de Villasana –cási mimético– no se cuestione la explicable irritación que causó en diversos actores religiosos el hecho de que Marcial intentara aprovecharse de la circunstancia de estar en un seminario interdiocesano, al cual los obispos mandaban a sus candidatos con la clara intención de que no les fueran sustraídos.

Al calificar la situación sólo como una suma de «incomprensiones» o siembra de «cizaña», se obtura cualquier interrogación y se opta por una explicación de rasgos persecutorios.

Como era previsible, y ya lo he adelantado, una vez que abandonó el seminario de Montezuma, en el que permaneció del 2 de septiembre de 1938 al 17 de junio de 1940, Maciel recurrirá nuevamente a su tío obispo de relevo, Francisco González Arias.[80] Éste, una vez que intentó insertar a Maciel en diversos seminarios de los que fue rechazado –al parecer, porque su expulsión fue boletinada desde Montezuma–,[81] decidió ayudarlo a construir un seminario y a conseguir una formación a su medida. Con ello lo libró parcialmente de seguir su infatigable carrera de corsario de vocaciones. De igual manera, le asignó maestros particulares para que continuara sus accidentados e incompletos estudios eclesiásticos, y «le puso como condición que consiguiera la solvencia económica para el grupo que quería fundar. Una tarde vio a un vendedor de lotería, y lleno de esperanza se jugó los 20 dólares que había logrado reunir. Los perdió».[82]

Maciel, como ya dije, añade que la otra condición era terminar sus comprimidos estudios. Si había sido doblemente elegido, ¿por qué

---

[80] Este obispo era originario de Cotija, según afirma el señor Luis Valencia González, uno de los memoriosos de esa población. Entrevista de FMG, Cotija 15/VIII/02. Como dato curioso, el general en jefe de los cristeros, Felipe de Jesús Degollado Guízar, alude a dicho prelado en sus memorias como miembro de la sociedad secreta de la Unión de Católicos Mexicanos, conocida como la «U». (Esta organización fue fundada por monseñor Luis María Martínez y por Adalberto Abascal en Santa María Morelia, alrededor de 1919. El primero, entonces rector del seminario de Morelia, llegó a ser el arzobispo primado de México en 1936; el segundo era un abogado, padre del líder sinarquista Salvador Abascal y abuelo de Carlos Abascal Carranza, secretario del Trabajo y luego de Gobernación en el gobierno de Vicente Fox.) Véase *Memorias de Jesús Degollado Guízar, último general en jefe del ejército cristero*, México, Jus, 1957, pág. 23. Dicha organización fue clave en el conflicto armado conocido como la Cristiada (1926-1929).

[81] José Alberto Villasana, *op. cit.*, pág. 67.

[82] *Los legionarios de Cristo. Cincuenta...*, *op. cit.*, pág. 23.

no una vez más, ahora por la vía de la fortuna, usando además el camino más inciertamente corto? Muy pronto logró reunir en su Cotija natal –el 8 de diciembre de 1940– a nueve jóvenes. Brevemente, se dice que se trató de «un tercer intento de fundación que tampoco habría de cuajar». Y eso que lo planeó en la fiesta de la Inmaculada. Parece que al menos en esta oportunidad no fue por causa de nuevas «incomprensiones», aunque tampoco se ofrece una razón específica del nuevo fracaso.

Recurro nuevamente a Rogelio Orozco, quien no coincide con la información de un tercer intento, sino que más bien apunta a que en ese periodo –de octubre de 1940 a enero de 1941– MM se dedicó a reunir a sus futuros doce apóstoles, fundamentalmente entre Cotija y Querétaro.

«Por octubre de 1940, volvió a Cotija, y Maurita [la madre de MM] lo animó a buscarme, y me dijo que iba a llevarme al seminario. Nunca me explicó [que se trataba] de una fundación. Llegamos en noviembre a México, y el 3 de enero de 1941 se fundó. El padre Santana, un salesiano, fue el primer rector. Éramos doce; seis de Querétaro, tres hermanos De la Isla, Francisco, Carlos y Luis, dos hermanos Pesquera, y un Manuel Pozos. De Cotija, los Alcázar, su servidor, y uno más, hermano del padre Sánchez Tinoco.[83] Ya cuando llegó el día 3 nos dijo que se trataba de una fundación.»[84]

Entre tanta actividad, ¿a qué horas se preparaba para los estudios de teología? Alejandro Espinosa señala que en su redada vocacional Maciel se hacía pasar como «supuesto emisario del obispo de Cuernavaca,[85] de los jesuitas, de los maristas, de los franciscanos [...] portador de cartas [...] para captar vocaciones [...] a nombre de ellos [...], no a título personal».[86]

Luis de la Isla, uno de los doce cofundadores, testimonia cómo fue convencido para irse de legionario.

«Mis hermanos y yo estábamos como acólitos de una iglesia, de la cual era el encargado un tío nuestro, Ezequiel de la Isla, que era

[83] No recuerda el nombre de los otros dos.
[84] Entrevista de José Barba, Fernando M. González y Otilio Sosa con Rogelio Orozco.
[85] El obispo José González Arias, su tercer tío.
[86] Borrador del texto de Alejandro Espinosa, titulado *El legionario*, México, Grijalbo, 2003, pág. 7.

además el rector del seminario. Ese señor Marcial Maciel llegó un día a la casa de mis padres, alrededor de septiembre de 1940, y dijo: "Soy seminarista, vengo del seminario de Montezuma y pretendo formar una congregación de religiosos que se va a llamar Misioneros del Sagrado Corazón". Y [lo hizo] a base de mentiras, porque la supo hacer muy bien porque llevaba libretos y fotografías y cosas muy bonitas, supuestamente de un colegio que era donde íbamos a llegar a México. Yo me imagino que esas fotos eran de Montezuma, no sé, no conozco, con albercas, jardines muy bonitos, campos de futbol. Y yo en la ilusión que implica todo eso, pues vámonos. Lo que nunca me he podido explicar y que nunca llegué a preguntarle a mis padres es: ¿por qué nos habían dejado ir a esa edad? Yo tenía nueve años, Francisco once, y Carlos trece. Tan chicos y sin saber nada de nada. Y después cada uno va reflexionando el porqué: fanatismo religioso de mis padres. Eran muy religiosos y no sabían cómo darle gracias a Dios de que estuviéramos estudiando para el sacerdocio. [...] Cuál sería mi sorpresa que al llegar a la ciudad de México, voy viendo que la cancha de futbol era la cochera de una casa en la calle de Turín, número 39. Fuimos doce fundadores, y Marcial trece.

»Nos aguantamos por nuestros padres. Yo les dije: miren, no hay nada, ni de alberca ni de campos de fut, y ellos me dijeron: mira, hijo, ofréceselo a nuestro señor.»[87]

A esas alturas MM ya no era seminarista de Montezuma. Según el doctor De la Isla, Maciel, decidido a fundar, le «vendió» unas instalaciones que, si en ese momento no eran sino puro deseo ataviado por mentiras, mañas y virtualidades, años más tarde serían realidad. El estándar ideal de riqueza y confort de la futura congregación aparece ya en ese momento como una profecía deseable, y el promotor de vocaciones y de una empresa religiosa con futuro realiza por ese entonces sus primeros ensayos.

Como en el caso de Rogelio Orozco, de nuevo la vocación parece surgir como una oblación a los deseos de los padres adoctrinados en el supuesto de que ofrendar hijos para el sacerdocio es el mayor privilegio que les podía otorgar Dios. Esta especie de contrato-deseo entre los hijos y los padres hará difícil –para los primeros– descolocarse de ese lugar de prótesis del ideal religioso de sus padres, prótesis que, por otra parte, les otorgaba una ganancia secundaria sobre los

[87] Entrevista de FMG al doctor Luis de la Isla, Sahuayo, Michoacán, 10/XII/01.

demás hermanos que no tuvieron la «dicha» de la vocación. ¿Cómo replantearse en algún momento la génesis de su vocación sin temer herir seriamente el ideal parental depositado en ellos, y además atreverse a renunciar a ser los excepcionales?

El relato oficial sintetiza así la fundación del 3 de enero de 1941:

«Había podido reunir un buen grupo de muchachos, estaban resueltas las necesidades económicas más elementales, y tenía ya un lugar para albergar a la nueva comunidad: la buena señorita Natalia Retes había puesto a su disposición los sótanos de su casa, en la calle Turín 39, en la ciudad de México».[88]

Es decir que en el corto periodo que va del 17 de junio de 1940 al 3 de enero de 1941 perdió en la lotería, intentó dos fundaciones en menos de un mes, y logró, además, crear una infraestructura económica básica. Se podría concluir, entonces, que el proceso fundacional de la Legión de Cristo –esta vez sin incomprensiones de por medio, y ya no utilizando la vía de los seminarios– fue vertiginoso. El 13 de enero ya había comenzado el curso escolar, y después de las vacaciones de Semana Santa, Maciel consiguió casa propia, aunque todavía precaria. Para septiembre de ese mismo año, se incorporaron diecisiete nuevos seminaristas. Y eso que –según se relata– se le negaban «ayudas indispensables y permisos para buscar vocaciones»,[89] y hasta profesores.

Por otra parte, el relato fundacional oficial comienza con una descripción que recuerda, de alguna manera, la representación del pesebre. Ésta será literalmente borrada al final del texto, dado el esplendor alcanzado por la citada congregación en cincuenta años de existencia, esplendor que las fotos y los textos alusivos del libro de autohomenaje se encargan de hacer evidente.

«Tres estancias en el sótano de una casa antigua. Unos cuantos periódicos por colchón, la toalla como cobija, y de almohada los propios zapatos envueltos en el pantalón. Es el 3 de enero de 1941. Ha nacido la congregación religiosa de "Los Legionarios de Cristo". Trece[90] jóvenes guiados por un seminarista de veinte años, estudiante de teología.»[91]

---

[88] Jesús Colina, *op. cit.*, pág. 24.
[89] *Idem.*
[90] A diferencia de Orozco, quien habla de doce.
[91] *Los legionarios de Cristo. Cincuenta...*, *op. cit.*, pág. 22.

Un decimotercer seminarista desborda la armonía del modelo de los primeros doce apóstoles –que, por cierto, los dos cofundadores citados situaban en doce–, pero no deja de aludir a éste. En todo caso, Maciel es presentado casi como un nuevo Cristo que inicia su obra en ese precario «pesebre» desde la juventud de sus veinte años.

Reitero que llama la atención tanto la capacidad de convocatoria de aquél como la disposición de los padres a entregar a sus hijos para la vida religiosa a alguien que ni siquiera estaba ordenado. ¿Puro carisma depositado en ese joven, o se trata de una serie de apoyos institucionales que le abren camino?

MM reafirma en su relato su urgencia por fundar, cuando vuelve a precisar que el proyecto del obispo era que acabara los estudios primero, pero no bien termina de decirlo, añade que, aprovechando un viaje a Cotija en octubre de 1940 para visitar a un hermano moribundo –Alfonso–, reunió a un grupo de ocho niños que querían ser sacerdotes. Y dice que les consiguió casa y profesores y hasta encomendó su cuidado espiritual a un sacerdote amigo. Siempre vertiginoso en esas cuestiones.

Durante el trámite va a contárselo a su tío el obispo, pidiéndole permiso para ir a visitarlo «de vez en cuando»: una manera poco sutil que, sin embargo, le resultó efectiva para presionar sobre los hechos consumados, pues parecía difícil que lo dejara realizar la fundación a distancia; entonces, cuenta que el prelado le ofrece una casa en Cuernavaca para que los atienda. Finalmente, Maciel había ganado la partida: fundar a toda costa. Más aún, convence a su tío de tener la casa en la ciudad de México.[92]

«A inicios de diciembre de 1940 yo todavía no tenía casi nada de fondos para iniciar la fundación. Ante esto, la familia Retes me ofreció parte de su casa y el apoyo económico para iniciar. Con esta noticia, hablé nuevamente con el señor obispo de Cuernavaca, precisamente el día de la virgen de Guadalupe [...] para ver si podíamos iniciar ya el centro vocacional. El señor obispo me dijo que pasáramos los dos a rezar a la capilla. Yo creía que se trataba de un pequeño momento de oración, pero nos quedamos ahí dos horas, pidiéndole al Señor luz y que nos hiciera ver su voluntad. Al final, el obispo me dijo: "mira, Marcial, yo creo que Dios quiere que comencemos y, puesto que ya tenemos apoyo económico, también tenemos una buena base humana".»[93]

[92] Jesús Colina, *op. cit.*, págs. 41-42.
[93] *Ibidem*, págs. 43-44.

¿Dónde quedó la exigencia de terminar los estudios? Por lo pronto, el poseído por la fiebre fundacional busca de nueva cuenta una fecha significativa en el calendario sacro para hacer su propuesta. Pero esta vez tuvo que dominar su prisa por obtener una rápida respuesta, porque su tío lo tuvo dos horas haciendo oración.

Una vez saciada su franca adicción a la fundación, que deja traslucir un rasgo de muy poca tolerancia a la frustración[94] de sus deseos, al tiempo Maciel habría desplazado su adicción hacia la pederastia y la toxicomanía de las que lo acusan sus detractores.

El primer rector del incipiente seminario, el padre Daniel Santana, tuvo necesidad de partir,[95] y monseñor González Arias nombró a un sustituto, el sacerdote Antonio García Esparza, de Aguascalientes,[96] mientras Maciel quedaba como director fijo.[97] Pronto surgirían serios problemas e «incomprensiones» entre uno y otro. Y se afirma que a tal grado se volvió insostenible la situación que el obispo de Cuernavaca hubo de retirar al móvil del puesto. En este punto, el recuerdo de uno de los trece niños fundadores es útil:

«Antes de que se ordenara Marcial, estaba como prefecto [¿o rector?] un sacerdote de Aguascalientes, Andrade, ahí vivía, nos decía la misa, y nos confesaba. Curiosamente, no sé qué problema surgió entre él y el padre Maciel, nosotros estábamos en el salón de clase, y de pronto pum pum, tirándole de balazos el sacerdote al padre Maciel [por el rumbo de la huerta] y le perforó el sombrero. Nunca supimos el porqué. Total al otro día [no apareció más el prefecto]. No lo hablamos. Estaba prohibido hablar entre dos o tres gentes, nos llamaban fuertemente la atención».[98]

Rogelio Orozco recuerda el violento incidente de otra manera:

---

[94] Como escriben los psicólogos que les hacen tests de «personalidad» a los prisioneros.

[95] Jesús Colina, *op. cit.*, pág. 25.

[96] Según RO, llegó alrededor de 1943.

[97] Esto al parecer porque MM no estaba todavía ordenado sacerdote.

[98] Entrevista de FMG a AB, en algún lugar de México, 26/XII/01. También cofundador de la Legión de Cristo, AB dio su testimonio con la condición de respetar, en todo momento, su anonimato. Según el doctor José Barba, en este testigo hay una confusión, porque el padre Andrade de Aguascalientes, en realidad era Antonio García. En cambio, Salvador Andrade Romo habría sido compañero del que ofrece el testimonio. Entrevista de FMG a José Barba, 24/VI/02. Este último dato es corroborado por Rogelio Orozco en entrevista citada.

«El segundo rector, Antonio García, se volvió enemigo tremendo de Maciel. El rector era muy amante de ir a los bares [y] se emborrachaba. Volvía y se encerraba [sin armar escándalo]. Maciel, debiendo obedecer al rector, no lo hacía. Por ejemplo [una vez el segundo], expulsó a alguien y Maciel lo readmitió. Al grado que un día el rector amenazó a Maciel, y yo viendo el peligro le puse un telegrama a José Maciel: "amenazado tu hermano". Yo tenía diecisiete años [cinco menos que MM]. Vino [José] y le conté, y dijo: "yo creía que era más grave", y se fue. Yo sí recuerdo que lo tenía tomado del cuello con peligro de que lo ahorcara. No recuerdo si nos lo contó o lo vimos. No obedeció a ninguno de los dos rectores».[99]

El titubeo de Orozco entre «lo vimos» y «no recuerdo si nos lo contó» es digno de atención. Un testigo *vio* la persecución y el sombrero perforado, y *oyó* los balazos;[100] el otro *vio* o *le contaron* cómo casi lo ahorcaban.[101] Lo único más o menos seguro es que entre el rector y el director «fijo» la simpatía no fluía especialmente. Pero en los dos recuerdos Maciel resulta el perseguido y asediado, muy acorde con la imagen que he venido relatando y que hechos posteriores terminarán de consolidar.

Esta vez las incomprensiones –sonoras o con tendencia a partirle el cuello– contra Maciel pudieron haber terminado con su vida. Cada uno de los testigos relata el suceso, pero no sabe las razones por las que ocurrió. El relato oficial, escuetamente, dice: «Enseguida, saltaron a la vista notorias discrepancias con el fundador en criterios importantes para la identidad del nuevo instituto. Fueron meses muy difíciles. La situación llegó a ser insostenible».[102]

Quizá el convencimiento íntimo de Maciel de ser el único depositario del mensaje divino le hacía muy difícil soportar a alguien por encima de él. Aunque en el relato oficial se habla del primer rector como «el buen padre Santana», resulta curioso que haya tenido «necesidad» de partir.

El testigo que «oyó» los balazos añade como dato «pintoresco» del personaje MM que tenía un féretro en su cuarto, y que se metía en

---

[99] Entrevista de FMG a RO.
[100] Del cual existe otra versión, a partir de otro contexto (capítulo 3.11). Lo que se conserva en ambas es el sombrero de MM.
[101] El relato del sombrero agujereado, que al parecer ocurrió años después, pudo resultar un caso para Ellery Queen (personaje de novelas policiacas), aunque finalmente lo resolvió un detective mexicano (capítulo 3.11).
[102] *Los legionarios de Cristo. Cincuenta...*, *op. cit.*, pág. 25.

él. «Probablemente para meditar en la muerte». El dato fue corroborado por otros testimonios, y después de lo que acabo de relatar, ciertamente no era del todo ociosa esa preparación.

3.6 El primer abuso constatado. 1944

Por otra parte, ya por ese tiempo MM comenzó el tipo de actividades sexuales que muchos años más tarde saldrían a la luz de manera escandalosa. Veamos lo que testimonia alguien que en su momento fue uno de los niños cofundadores. Dicho testigo afirma que estando en la casa de Tlalpan:[103]

«Me invitaba a ir a México –no sé a los demás, me consta lo mío–, a la casa de Talita Retes. Dormíamos en la misma cama, pudiendo dormir cada quien en su cama, porque había un catre y la cama principal. Me decía: «No, véngase, véngase a dormir acá». Ahí fue la primera vez que tuve el contacto ése de que me cogía la mano para que yo lo masturbara. Yo asustadísimo, tremendamente asustado. Por supuesto, ya no dormía yo, y él se hacía el dormido [en el acto masturbatorio]. Todo sin palabras, en las ocho o diez ocasiones en que me sucedió eso. No sólo fue en la casa de la señora Retes, también en otras ocasiones que íbamos de vacaciones a Cotija, y ahí me invitaba a Zamora o a Guadalajara, yo tendría unos trece o catorce años. Al otro día, yo iba a un templo salesiano a confesarme y el confesor me decía: "Dígaselo a sus padres". Yo le decía que era un sacerdote. Le teníamos [a Maciel] un temor, o un respeto. No me lo explico. El caso era que cuándo le íbamos a poder decir a él... o despertarlo. ¡No, no, no!»[104]

Seriamente conflictuado, este testigo pidió a Maciel autorización para ir de vacaciones por un mes a casa de sus padres, petición que le fue concedida. Lo que libró a esta persona de quedar atrapado en la órbita de poder de Marcial Maciel fue haber podido hablar de lo ocurrido con sus padres y con el obispo González Arias en un

---

[103] No precisa si fue en la primera casa, la de Victoria 21, o en la segunda, Madero 12, comprada en septiembre de 1944.
[104] Entrevista de FMG a AB, en algún lugar de México, 26/XI/01.

tiempo relativamente corto. Su padre aceptó que abandonara la incipiente institución y personalmente fue a hablar con el obispo,[105] quien viajó a la población de donde era originario el afectado y, según éste afirma, mandó llamar a MM y prometió suspenderlo.

El hecho de que este afectado hubiera hablado estableció una radical diferencia respecto a la mayoría de sus compañeros, quienes quedaron por años suturados por el silencio y, después, por el falso testimonio que en 1956 dieron a los visitadores de Roma.

No es del todo evidente que este joven individuo haya podido vencer la serie de obstáculos que se interponían en el camino de poder revelar y explicarse lo ocurrido, sometido como estaba a un cúmulo de presiones e ideales. Para empezar, ¿por qué sus padres habrían de creerle? Éste es uno de los primeros obstáculos a los que toda víctima de abuso se enfrenta. Segundo, ¿cómo atreverse a ir en contra del ideal paterno de tener un hijo con vocación religiosa? Y, sobre todo, ¿cómo hacerlo sin necesariamente cuestionar –aun a su pesar– a unos padres que lo habían entregado –otorgándole toda su confianza– a ese casi adolescente llamado Marcial Maciel?

A pesar de todo esto, de alguna manera el joven logró discriminar y vencer esa insidiosa mezcla de sentimientos que se hacen presentes en la mayoría de quienes sufren este tipo de percances: 1) el temor reverencial que –en este caso– entraña la imposibilidad de ponerle un límite al abusador, y de explicitar lo ocurrido con éste, pues todavía el testigo dice –en una especie de traslapamiento entre pasado y presente–: «¿Cuándo lo íbamos a despertar?», como si aún creyera que Maciel no fingía estar dormido; 2) la vergüenza, aunada al estupor y a la rabia, por haberse sometido a algo que conscientemente no se deseaba; y 3) la recuperación de la veracidad de lo vivido, a pesar del sentimiento de que una buena parte de las coordenadas que conformaban su realidad se habían radicalmente trastocado. .

Por otra parte, a pesar de que el mencionado obispo le había prometido al padre y al niño víctima de abuso que iba a suspender a su sobrino Maciel, lo dejó continuar. Este testimonio es corroborado por

---

[105] Si bien el testigo no recuerda con exactitud las fechas, cree que este hecho ocurrió antes de la ordenación sacerdotal de MM, impuesta por su tío obispo en la Basílica de Guadalupe de México, el 26 de noviembre de 1944. Sin embargo el padre Rogelio Orozco en entrevista telefónica me afirmó lo siguiente: «Ya estaba ordenado Maciel a principios de diciembre de 1944, cuando nos fuimos todos a Cotija, a su cantamisa. Y recuerdo que estando ahí salió apresuradamente Maciel a dizque hablar con el obispo de Cuernavaca. Y el citado hermano [AB] ya no volvió. Más tarde, cuando yo ya me había ordenado, hablé con los padres del citado y me contaron lo que había sucedido». Entrevista de FMG a RO, 13/IV/05.

el padre Luis Ferreira –que llegó a ser el vicario general de los legionarios– en una carta dirigida al padre Francisco Orozco Lomelí, vicario
general de la arquidiócesis de México. Fue éste un documento fundamental que –junto con el testimonio presentado por el teólogo Federico Domínguez– explicitó la problemática de la pederastia y la
adicción a la morfina de MM en la institución legionaria ante la Sagrada Congregación de Religiosos, convirtiéndose en la causa inmediata para abrir la investigación en contra del superior general de la
Legión, en octubre de 1956. Al respecto señala Ferreira lo siguiente:

«Ya en los primeros años de mi colaboración en la obra del padre
Maciel[106] se me presentó un hermano apostólico con inquietudes de conciencia por ciertas maneras de tratarlo el padre Maciel
cuando dicho padre se encontraba enfermo. Concretamente el muchacho se refería a tactos impúdicos. Aquel muchacho es hoy
religioso de votos perpetuos en el Instituto y, habiéndole yo preguntado si en caso de que se necesitase podría hacer uso de su información me respondió que con toda confianza. Dicho hermano
se llama [...].[107] Lo mismo que este [religioso] me refirió que le
ocurrió a un hermano carnal de él [...], hecho que movió al entonces alumno de la Escuela Apostólica a separarse del plantel.[108] Estos hechos estuvieron a punto de causar serios trastornos a la obra
del padre Maciel, pues llegaron a conocimiento del excelentísimo
señor González Arias, obispo entonces de Cuernavaca que patrocinaba la obra, y que estuvo casi decidido a extinguir la obra naciente».[109]

Y en ese *casi* se jugó todo lo que siguió. Así comenzó la larga cadena de complicidades que en este caso específico abarcaron, por lo
pronto, a un obispo, a un padre de familia y a un sacerdote legionario

[106] El padre Luis Ferreira entró a la Legión aproximadamente en el segundo
semestre de 1944, poco antes de la ordenación de Marcial Maciel, la que fue a finales de noviembre. Este dato me lo corroboró el padre Rogelio Orozco en la entrevista telefónica citada. Él cree que ya estaban viviendo en la calle Madero
12 en Tlalpan –casa a la que se cambiaron, según la historia oficial del quincuagésimo aniversario de los legionarios, en septiembre de 1944 (pág. 26)– cuando
llegó Ferreira recién desempacado del seminario de Montezuma.
[107] No estoy autorizado a decir el nombre, pero lo citaré como ZH.
[108] Ferreira se está refiriendo al que más arriba logró decirle a su padre lo sucedido con MM.
[109] De Luis Ferreira Correa al doctor don Francisco Orozco Lomelí, carta del
23/VIII/56. LCM, doc. 119, pág. 1.

con Marcial Maciel. Estas complicidades redundarían, con el tiempo, en un notable auge de la institución legionaria y en sólidos apoyos para su fundador.

El «hermano apostólico» citado por el padre Ferreira dice lo siguiente alrededor de sesenta años después:

«No coincide, o cuando menos honestamente no recuerdo, el que le haya autorizado yo al padre Ferreira a que hiciese uso de ese supuesto del secreto confesional, y tampoco recuerdo que yo se lo haya dado en este plan de secreto confesional. Ni siquiera me acuerdo si se lo comuniqué [a Ferreira]. El hecho es que estas actitudes y manejos con mi hermano sí fueron ciertos. Mi hermano salió precisamente de la congregación por esa causa. Mi padre se enojó mucho cuando lo supo. Y fue a decírselo al obispo de Cuernavaca. [Éste] citó al padre Maciel para ir a casa de mis padres. Yo acompañé a Maciel, pero no estuve en la reunión.

»FMG: El padre Rogelio Orozco afirma que la reunión con su padre fue después de la ordenación de finales de noviembre de 1944. Que estaban en Cotija –principios de diciembre– para el cantamisa de Maciel, cuando éste fue llamado por el obispo para aclarar lo de su hermano.

»ZH: No recuerdo bien si fue antes o después de la ordenación de Maciel.

»FMG: Y ¿a usted le pasó eso que dice en la carta el padre Ferreira?

»ZH: No, le acabo de decir a usted que fue a mi hermano al que le sucedió.

»FMG: Cuando usted vio salir a su hermano, ¿se enteró de por qué salió?

»ZH: No. Para eso hay que entender cuál era la situación dentro de la congregación. Aun siendo hermanos, no nos comunicábamos. Había ciertas reticencias, se insistía mucho en evitar las "amistades particulares", eso explica por qué mi hermano nunca me lo dijo, y por qué sentía seguramente vergüenza. Lo supe ya cuando me dijo el padre Maciel que íbamos a mi ciudad natal. Pero yo no asistí a la reunión, como le dije a usted. Yo estuve en mi casa [mientras sucedía la reunión en la sala]. Y el obispo, creo que fue aparte, no lo recuerdo.

»FMG: ¿Y su padre no le dijo nada a usted?

»ZH: No. Es algo inexplicable el que nuestros padres me permitieran seguir con Maciel.

»FMG: ¿Cuándo finalmente se enteró usted de lo ocurrido a su hermano?, ¿en la reunión de los ex legionarios de los años sesenta?

»ZH: ¡No no!, cuando sale mi hermano es en los años cuarenta. Me enteré en la reunión esta de Maciel [con sus padres]. Y, por cierto, yo fui un poco duro con mi hermano. Le dije: «¡Qué te pasa!, ¡cómo hiciste esto de hacer una denuncia sobre el asunto!»

»FMG: ¿El denunciar a Marcial sexualmente?

»ZH: Sí.

»FMG: O sea que sí fue en ésa reunión en la que fue usted con MM a la casa de sus padres.

»ZH: Sí, en ésa fue. Pero no [propiamente] en la reunión, sino antes de ella. Tengo un poco nublado el recuerdo, pero muy probablemente me preparó el padre Maciel.

»FMG: ¿Para reclamarle a su hermano?

»ZH: Bueno, no recuerdo si fue precisamente en ese sentido. Pero como que él [Maciel] se presentaba posiblemente como víctima [de un infundio]. Honestamente no me acordaba de haberle dicho eso a mi hermano, pero hace no mucho tiempo, en una plática que tuvimos mi hermano y yo, me dijo: "Tengo muy presente que tú me dijiste esto" [Lo de "cómo se te ocurre..."]. Y le dije: "Pues se me ha borrado". Y se lo decía con honestidad. Pero después, insistiendo él y yo esforzándome por recordar, me parece que sí [fue así]. Y lamento yo el haber procedido así con mi hermano, en lugar de haberlo apoyado. Mis padres sí le creyeron a mi hermano. Lo del señor [González] Arias es ciertamente...

»FMG: Y lo de su padre también.

»ZH: Sí, pero eso tiene ya cierta lógica, porque especialmente mi madre tenía un extraordinario interés en tener un hijo sacerdote. Y eso sólo se puede entender en el ambiente de mi ciudad en esa época».[110]

Miradas las cosas desde la perspectiva abierta por esta entrevista –en la cual el testigo dolorosa y honestamente muestra sus dudas, olvidos, contradicciones y su capacidad de autocuestionamiento–, se pone en primer plano el valor del hermano menor del testigo, primero para encarar a Marcial Maciel, luego para decírselo a sus padres sabiendo que les iba a minar el ideal sacerdotal que estaba depositado en él, y luego sostener lo dicho frente al obispo de Cuernavaca.

[110] ZH se refiere a que el director espiritual de la madre la había preparado para la exaltación de la vocación sacerdotal de sus hijos.

Sellando el pacto con su sobrino Marcial, González Arias lo ordenó sacerdote el 26 de noviembre de 1944 en la Basílica de Guadalupe de México,[111] pero, sobre todo, lo dejó continuar con su institución. Sellando otro extraño pacto con el obispo de Cuernavaca y con el propio Maciel, un padre de familia furioso –según lo describen ambos hijos– deja seguir en lo que va a ser la Legión[112] al testimoniante ZH. Además, quien llegaría a ser un vicario general, el padre Ferreira, protejerá las acciones de Maciel durante casi diez años, hasta que ya no puede más con los reclamos de su conciencia y se decide a romper su pacto de silencio en agosto de 1956. Más adelante trataremos de describir algunas de las razones que lo pudieron llevar a guardar la información por tanto tiempo.

Por lo pronto, lo más enigmático –que no misterioso– resultan ser los comportamientos tanto de los padres de los dos muchachos como del obispo. Si el padre quería que se le lograra al menos uno de sus hijos como sacerdote, ¿calibró acaso el precio que podría pagar al arriesgar a tal grado a otro de sus hijos, que permaneció todavía alrededor de quince años en la congregación? En cuanto al obispo, ¿creyó de buena fe que la confrontación y reprimenda pública a su sobrino Maciel lo había convertido en otro sujeto? No tengo ningún elemento para corroborarlo. El hecho es que el pacto de silencio comenzó a funcionar a partir de ese momento[113] de manera eficaz.

Por otra parte, ZH muestra de manera fehaciente lo difícil que resulta el poder dilucidar las cosas cuando alguien se ve envuelto en un tipo de pacto con las características del que hemos descrito, sostenido por la vía de los actos y sin necesidad de cruzar palabras. Y además, formando parte de un agrupamiento anudado alrededor de un líder carismático que induce una doble fidelidad: el amor al fundador, confesor y maestro, y a la organización.

ZH empieza por no recordar si le comunicó a Ferreira bajo «secreto de confesión» –en su carta Ferreira no asegura que fuera bajo estas características que se lo hubiera dicho– lo que aquél afirma en la misiva. Pero, en cambio, no duda ni por un instante de que lo

[111] Con la duda razonable de si el suceso relatado ocurrió antes o después de la ordenación.

[112] Por entonces se llamaban Misioneros del Sagrado Corazón y de la Virgen de los Dolores.

[113] Tengo mis dudas de que éste fuera el momento inaugural, pero en la medida en que no he encontrado nada previo, por lo pronto, hasta nueva información, coloco en ese momento el punto de inflexión. Ciertamente, el anudamiento entre los diferentes personajes citados bastaría para darle toda su importancia al suceso.

ocurrido a su hermano está correctamente descrito por el vicario general legionario. Por un momento niega haber sabido entonces las razones que llevaron a su hermano a abandonar la Legión. Pero sobre la marcha se corrige y afirma que lo supo incluso antes de la reunión entre Maciel, su padre y el obispo, pero que dudó de la palabra de su hermano menor respecto de lo afirmado contra MM. Y es solamente hasta hace muy poco tiempo, cuando el citado hermano lo confronta, que de la bruma de sus recuerdos, o de la franca represión, comienza a surgir la posibilidad de que haya sido cierto aquello que su hermano le señala sobre el reclamo que le hizo, y del que ya se arrepiente.

3.7 El periodo Comillas-Cóbreces

En el primer semestre de 1946, Maciel aprovechó una visita del padre Baeza –jesuita español y rector de la Universidad de Comillas, quien hacía una gira promocional por diversos países de América Latina ofreciendo becas para su universidad– para pedirle ayuda en la aprobación de su instituto. Muy pronto, en ese mismo año, viajó a España, y por hechos fortuitos logró contactar con el ministro español de Asuntos Exteriores, quien le prometió ayudarlo si es que el Papa aprobaba la institución. Por último, con determinación, Maciel viajó a Roma en el mes de julio de 1946 y, aparentemente sin conocer a nadie, logró estar en una audiencia papal.

«Al terminar la ceremonia se puso un roquete sobre el brazo y se colocó junto a uno de los cardenales que acompañaban al Papa. Pudo así acercarse a Pío XII, mientras saludaba a los cardenales: "santo padre, soy un sacerdote mexicano, y tengo una cosa importante que decirle, pero no conozco a nadie que me presente". Pío XII se dirigió a su secretario: "Mañana a las 12:00".»[114]

Al parecer, el único testigo de este consumado arte de colarse en la corte papal es MM, quien aparece investido de una notable determinación de dirigirse a Pío XII. Por su parte, se supone que el Papa

---

[114] Esto sucedió el 12 de junio de 1946. *Los legionarios de Cristo. Cincuenta...*, *op. cit.*, pág. 28.

no soportó la curiosidad de conocer a ese sacerdote mexicano sin antecedentes que buscaba trato directo por eso recibió la cita.

«El Papa se interesó mucho por la fundación, me llenó de aliento, me ofreció su consejo y me invitó a presentar a la Sagrada Congregación de Religiosos la solicitud de aprobación canónica que el obispo [...] González Arias había firmado semanas atrás y yo traía conmigo. Al comentar nuestro carisma apostólico en la entrevista, el Papa me insistió en que pusiéramos especial empeño en la formación selecta de los líderes católicos en América Latina. [...] La figura y persona de Pío XII me impresionaron enormemente. Era verdaderamente un Pastor Angélicus: su porte emanaba algo sobrenatural.»[115]

Hay algo de anticlimático en este relato, porque no era necesario pasar por el Papa para ir a presentar ante la Sagrada Congregación de Religiosos el proyecto de los Misioneros del Sagrado Corazón y la virgen de los Dolores. Lo que Eugenio Pacelli supuestamente le aconseja es el camino burocrático habitual, y Marcial debió saberlo, puesto que su tío le había firmado el documento para poder gestionar la aprobación canónica.

Pero lo importante de este episodio es que muestra la capacidad de seducción de MM, al que ni siquiera el Papa parece poder resistir. Además, nos ofrece una pista de lo que pudo aprender del porte de Pío XII, para saber cómo «emanar lo sobrenatural». Por otra parte, justo es decir que el supuesto perfil –todavía no legionario– no ofrecía un carisma particular, más allá de la determinación del que se sentía compelido, por la orden proveniente de su voz interior, a «extender el reino de Cristo en la Tierra». Por cierto, por esa época es más que probable que los deseos fundacionales pulularan por los cuatro puntos del mundo católico.

Y no era poca cosa que el propio Papa le encargara nada más y nada menos que la formación selecta de «los líderes católicos de América Latina». De todas maneras, un personaje como lo era Pío XII, acostumbrado a la alta diplomacia –desde la Primera Guerra Mundial–, que impulsaría de esa manera a una congregación en ciernes, parece inverosímil.

El 20 de agosto de 1946, murió el estratégico protector de Maciel en México, monseñor Francisco González Arias, cuando estaba en

<hr />

[115] Jesús Colina, *op. cit.*, pág. 57.

proceso la aprobación del instituto. Por ello, la Congregación de Religiosos en Roma decidió aplazar la decisión hasta que se nombrara al nuevo obispo. Mientras tanto, las negociaciones de Maciel en España rindieron frutos, y no más allá del 2 de septiembre de ese mismo año salieron rumbo a ese país los primeros misioneros, en un barco del marqués de Comillas. El relevo de los protectores estaba, por el momento, asegurado. Pero la aprobación canónica se complicaría.

Maciel –según el texto de aniversario– no era alguien que fácilmente se dejara abatir y, al parecer, en 1947 tenía quien lo presentara ante el Papa sin tener que buscar colarse: el cardenal Canali, quien aparentemente le consiguió una entrevista particular con el pontífice. Se añade que Eugenio Pacelli, después de oír a Maciel,

«le pidió en tono decidido: "Líderes, padre Maciel, tenemos que formar y ganar para Cristo a los líderes de América Latina y del mundo". Luego, sintetizando maravillosamente el espíritu emprendedor que el fundador deseaba para su congregación, le dijo: «Entonces deben ser ustedes *sicut castrorum acies ordinata*, un ejército en orden de batalla"».[116]

¿De nueva cuenta se pidió formar líderes, o se está condensando una entrevista con otra? Quizá simplemente una de las dos no existió. En todo caso, es más probable que Maciel haya sido presentado por alguien a que se haya producido la escena casi inverosímil que relata su primer encuentro con Pío XII.

Por su parte, Maciel insiste sólo en la primera entrevista, cuando habla de la sugerencia papal respecto al versículo del *Cantar de los cantares: Sicut castrorum acies ordinata*, donde «el esposo evoca la belleza de la esposa, terrible como un ejército preparado para el combate». Naturalmente que el Papa se refería a ese combate de la fe de que habla san Pablo (II Tim. 4,7).[117]

Empero, existe una diferencia sustancial entre la esposa preparada con su belleza para el combate erótico y alguien que, por las supuestas palabras papales, es transformado en guía de un ejército sacerdotal que todavía no existe.[118] Maciel, que había sido formado en los

[116] *Los legionarios de Cristo. Cincuenta...*, *op. cit.*, pág. 32.
[117] Jesús Colina, *op. cit.*, pág. 85.
[118] En todo caso, ya Pío XI le había dado el encargo a la Acción Católica de «avanzar como una falange compacta de apóstoles, para conquistar las almas al dulce imperio de Jesucristo». Carta al cardenal Segura del 6/ XI/29. Citado por Jean Daujat, *Pío XI, le Pape de l'Action catholique*, París, Téqui, 1995, pág. 130.

fragores de la lucha cristera y de la exaltación del martirio guerrero, retuvo la frase latina y la tradujo,[119] y ahí comenzó a vislumbrar el nombre con el que deberían ser conocidos su agrupación, más allá de la denominación oficial, tan poco militar, de Misioneros del Sagrado Corazón y de la Virgen de los Dolores. Entonces, estando en Roma, «con su carga histórica, le surgió por fin el nombre: igual que las legiones romanas, sus religiosos habrían de estar siempre preparados y dispuestos para trabajar ordenada y eficazmente.»[120]

Maciel trata de rehuir la lectura de san Pablo en clave militarista, y afirma que en ese momento no tenía noticia de los cuerpos militares que existían en Francia y España con el nombre de legiones.

«Sobre todo me llamó la atención la disciplina, la fuerza y la eficacia de las legiones romanas, la cohesión y eficacia de su organización. [...] Nuestro nombre no tiene nada que ver con ningún grupo u organización militar contemporáneo, sino más bien con citas bíblicas [...] todo ello unido a las palabras de Pío XII. [...] La Legión de Cristo es una legión de paz y amor.»[121]

[119] En algunos testimonios recogidos, se afirma que no sabía latín y que casi no lo leía. Su formación, al parecer, fue bastante deficiente. Alguien que fue un tiempo su secretario, y que por lo tanto le escribía las cartas, señala que tenía una pésima ortografía. Entrevista telefónica grabada de FMG a Federico Domínguez, 28/II/02. Rogelio Orozco afirma que tenían un profesor «muy famoso, Manuel González Rojas, que había estudiado en la Gregoriana. No se ordenó. Tenía un problema de bebida. Era un gran maestro y era el que le daba las clases de teología a Maciel, el cual ni siquiera había comenzado la filosofía. Ahí, de vez en cuando, yo los veía en el jardín. Ahí recibió algunas clases aisladas. Así que cuando en Montezuma [socarronamente] algunos jesuitas me decían que se había ordenado sin teología, yo respondía que se había ordenado sin las dos cosas. [Aunque eso sí] Tenía una gran facilidad de palabra». (Rogelio Orozco, cit.). Acerca de esta cuestión de la formación de Maciel, conviene citar una carta del 25 de mayo de 1944 en la cual el cardenal Luigi Maglione, segretario di Stato de S.S. (Santa Sede), le informa al cardenal Giuseppe Pizzardo, prefetto della S. Congregazione dei Seminari e delle Università degli Studi, que el arzobispo de México telegrafía que el obispo de Cuernavaca «suplica encarecidamente facultad para ordenar sacerdote a Marcial Maciel que terminó el tercer curso teológico juzgándolo de especialísima utilidad para tenerlo al frente de una sección del Seminario y entendido no concederle licencia ad audidentes [de confesar] sino concluidos los estudios». LCM, núm. 3221/44. La respuesta es que «considerando la razón por la cual se pide la gracia, por sí misma insuficiente, y teniendo presente la augustamente [palabra] del santo padre, pido a vuestra eminencia que se digne responder que esta Sagrada Congregación no retiene poder conceder la gracia y por lo tanto se deberá estudiar en el caso presente las acciones del código del Derecho Canónico». Idem.
[120] Los legionarios de Cristo. Cincuenta..., op. cit., pág. 32.
[121] Jesús Colina, op. cit., págs. 86-87.

Visto desde la recreación del año 2003, aparentemente nada quedaría de militarista. Me permito dudarlo, y más si se mira desde el contexto de posguerra y de la cruzada anticomunista de aquella época.[122] Por cierto, en México existió un grupo católico en el decenio de 1930 con pretensiones de acción directa, que sometía a sus integrantes al juramento de guardar secreto acerca de su pertenencia a dicha organización –secreto relativo, en la medida en que algunos miembros del clero sabían de su existencia. Se denominó Las Legiones, y fue fundada por un antiguo cristero nativo de San Juan de los Lagos, Jalisco, Manuel Romo de Alba. ¿También desconocía esto Maciel? Por lo pronto, no lo menciona.

Existe al menos otra versión respecto al nombre de legionarios, ofrecida por el sacerdote Francisco Montes de Oca, antiguo estudiante de Comillas que vino a México atraído por MM en 1949 para dar clases a los candidatos legionarios en Tlalpan. Montes de Oca muy pronto le tomó la medida al cotijense y se separó de él para irse a prestar sus servicios a la diócesis de Cuernavaca.

«Cuando estaba con Maciel, yo le dije lo del nombre. Le dije: "¿Por qué no los llama legionarios?" Y Maciel me preguntó: "¿Del Papa?" Yo le respondí: "¿Por qué del Papa? Más arriba, de Cristo." Porque en España los legionarios fueron los más valientes en la guerra.»[123]

3.8 La aprobación canónica de la institución

Después de la segunda audiencia papal –con las dudas del caso– y con el ánimo en alto, Maciel pidió a sus legionarios intensificar la campaña de oraciones para conseguir la deseada aprobación de su congregación. A Dios rogando y política realizando.

---

[122] Incluso en la posguerra diversos testigos –Alejandro Espinosa, José Barba, y Francisco González Parga, entre otros– hablan del saludo «Heil Christus» que hacían algunos discípulos, incluido el fundador de la Legión. He aquí una turbadora simpatía por el líder del nazismo, aunada a un anticomunismo visceral y aderezada con el nacionalcatolicismo español. La simpatía hacia Hitler continuó después de terminada la Segunda Guerra Mundial, según afirman algunos de sus por entonces discípulos.

[123] Entrevista de José Barba, Otilio Sosa y Fernando M. González al sacerdote Francisco Montes de Oca, Cuernavaca, Morelos, 26/XI/02.

«Ya sabía él [Maciel] que su corta edad había de ser motivo de objeciones. Pero no concebía que pudiera haber personas interesadas en que no [se] aprobara la fundación hasta el punto de enviar a Roma informes cargados de calumnias de todo género. Tan graves acusaciones tenían por fuerza que hacer efecto. Al saber que se le quería separar de su Instituto, escribió a los suyos: [...]"y en caso de que la obra sólo pueda seguir y ser aprobada sin estar yo dentro, os recomiendo no olvidéis los consejos que en estos tiempos que Dios ha querido tenerme al frente de vosotros, os he dado".»[124]

Como se puede ver, más allá de la objeción de la edad se trasluce un denso mar de fondo compuesto por otras objeciones, entre las que se mencionan, sin especificar, «calumnias de todo género», e incluso «acusaciones infamantes» que –el propio Maciel lo reconocía–, de prosperar, podían ocasionar que fuera separado de su institución. Y esto a pesar de las buenas recomendaciones otorgadas por dos jesuitas de Comillas: los sacerdotes Lucio Rodrigo y el propio rector de la universidad, Baeza. ¿Se habrían filtrado las primeras denuncias de abusos sexuales? ¿Sería que, finalmente, el tío de Cuernavaca decidió cumplir *in extremis* la promesa hecha al niño del que Maciel abusó?

La cuestión se aclara en buena medida si nos atenemos a la información que contiene el archivo LCM. Dichos documentos nos permiten seguir casi paso a paso la transformación operada en los dos jesuitas de Comillas respecto a Marcial Maciel y su obra.[125] Además, ayudan a dibujar específicamente la selección ejercida por los operadores legionarios en los documentos que apoyan su versión hagiográfica y complotista, eliminando cuidadosamente aquellos que la cuestionan seriamente.[126]

---

[124] *Los legionarios de Cristo. Cincuenta..., op. cit.*, pág. 31.

[125] Al principio, como ya lo señalé, hubo un franco apoyo a la obra de Maciel. Por ejemplo, el padre Lucio Rodrigo le escribe al padre Arcadio Larraona –quien se encuentra en Roma y pronto va a ser el secretario de la Sagrada Congregación de Religiosos– una carta muy elogiosa acerca de Maciel y su congregación: «La obra del padre Maciel por lo que revelan estos comienzos es de unas esperanzas sumamente consoladoras y halagüeñas para la santa Iglesia. Todo su proceder es de un sacerdote de madura y sólida piedad interior, de mesura y prudencia muy superior a sus años». LCM, doc. 24, 25/XI/46. El citado jesuita, profesor de Teología Moral en la Universidad de Comillas, tenía muy poco tiempo de haber conocido a MM. Muy pronto tendría la posibilidad de reconsiderar sus palabras.

[126] Aunque el texto oficial se encarga de citar que al principio habían llegado testimonios sumamente favorables a Maciel y su congregación, como el ya seña-

Pero antes veamos lo que se podía medianamente captar sin la ayuda de los citados documentos. Por ejemplo, el periodista Alfonso Torres nos ofrece esta versión del conflicto:

«Cuando Maciel dirigió su actividad captadora hacia los estudiantes españoles de Comillas (con éxito en más de una docena de casos), muchos de los cuales previamente habían llegado atraídos por la Compañía de Jesús, comenzaron los dolores de cabeza para el inquieto sacerdote [...]. Los problemas con los jesuitas caldearon el ambiente de tal forma que la expedición al completo tuvo que hacer las maletas y abandonar el Palacio del Marqués de Comillas. Uno de sus primeros destinos fue la localidad santanderina de Cóbreces».[127]

Nuevamente parecía repetirse, con pocas variantes, la experiencia de Montezuma. Sobre esta versión, abunda el ex legionario Alejandro Espinosa, en su libro *El legionario*:

«Trece seminaristas de Comillas, todos teólogos a punto de ordenarse, se habían integrado a su orden (Legión de Cristo) [...] La circunstancia le serviría [a MM] como excusa contra las acusaciones, si es que algún día llegaba a la Santa Sede: alegaría que los jesuitas lo atacaban porque su obra entusiasmó tanto a los seminaristas que decidieron cambiar de bando; Marcial les estaba "robando vocaciones" para su propia orden. En tal caso, las "difamaciones" que lo involucraban en drogadicción y prácticas sexuales demostrarían resentimiento».[128]

Veamos ahora una versión que alude a versiones sobre cuestiones de índole sexual a las que habrían tenido acceso los dos jesuitas

---

lado del padre Lucio, jesuita, quien decía: «Opino decididamente que el padre Marcial Maciel es un hombre extraordinario y de su congregación puede esperarse un instrumento eficacísimo para gloria de Dios y la salvación de las almas». O como la carta del padre Javier Baeza, rector de la Universidad de Comillas: «El padre Maciel ha sabido darles una formación de verdaderos religiosos, a juzgar por las muestras que tenemos a la vista...». No obstante, también llegaron otros informes con «acusaciones infamantes». *Los legionarios, op. cit.*, pág. 31. Las cartas que cita vienen sin fecha. De todas maneras, coinciden, en el contenido elogioso, con el que vengo de citar en la anterior nota.

[127] Alfonso Torres Robles, *La prodigiosa aventura de Los Legionarios de Cristo*, Madrid, Foca, 2001, pág. 20. En realidad, esta información la obtuvo de los testimonios de José Barba y José Antonio Pérez Olvera.

[128] Alejandro Espinosa, *El legionario, op. cit.*, pág. 23.

comillenses. Me baso en el testimonio de José Barba Martín, uno de los ex legionarios que explicitaron en el año 1997 los abusos sexuales de MM. El citado entrevistó en 1994 al ex legionario mexicano Fernando Pérez Olvera, por entonces estudiante en Comillas; éste le relató que en 1948, hacia el segundo semestre, en su generación de alrededor de diez personas se detectó una relación homosexual en al menos siete de ellas, y que esto se filtró a los jesuitas, hecho que llevó a MM –según Barba–, quizá para evitar una investigación, a sacar de la congregación a tres de los implicados, regresándolos a México.[129]

Otro ex legionario, quien no desea ver su nombre mencionado, afirma que entre 1948 y 1949 habló con el jesuita Lucio Rodrigo, haciéndolo partícipe de sus inquietudes acerca de los encierros de MM en su cuarto, donde citaba a diferentes jóvenes. Y lo hizo teniendo cuidado de aclarar que «no tenía pruebas fehacientes que sostuvieran las sospechas sobre algún tipo de actividad sexual» en el mencionado lugar.[130] El ex secretario de Marcial Maciel de 1948 a 1952, Federico Domínguez, dice al respecto lo siguiente:

«otra vez me dictó ideas generales de las cartas que tenía que enviar. Luego, me dijo: ahora váyase que tengo que leer el breviario. Yo nunca lo había visto hacerlo. Una cosa que me había dicho no la entendí muy bien, y como cinco minutos después me decidí a ir a su cuarto. Él ciertamente no estaba rezando el breviario, la luz estaba apagada. Maciel estaba acostado y Juan José Vaca[131] estaba ahí, lo percibí en la oscuridad. Yo me salí del cuarto».[132]

Por lo pronto, Federico Domínguez se guardó esto. Pero tiempo después, en 1954, redactará su testimonio describiendo, entre otras cosas, la adicción de MM a la morfina. Más adelante citaré pormenorizadamente dicho testimonio.

Paralelamente a los testimonios citados, el texto oficial de aniversario de la Legión afirma que el 25 de mayo de 1948 llegó a Comillas «un fulgurante telegrama» de Maciel que anunciaba la concesión de la aprobación canónica. Rápidamente, éste habló con el nuevo

---

[129] Entrevista de FMG a José Barba Martín, 23/II/03. José Barba asegura que esto se lo dijo Fernando Pérez Olvera, México, DF, 2/I/94.
[130] Entrevista de FMG a CB, México DF, 25/II/02.
[131] Juan José Vaca fue legionario de 1949 a 1976. Se trata de otro de los ex legionarios que acusaron públicamente de abuso sexual a MM en 1997.
[132] Entrevista telefónica de FMG con Federico Domínguez (vive en California), 28/II/02.

obispo de Cuernavaca, Alfonso Espino y Silva, y se fijó la fecha del 29 de junio de ese año para la denominada erección canónica.

Simultáneamente, la voz interior que cada cierto tiempo se hacía presente en Maciel tuvo la deferencia –y un gran sentido de la oportunidad– de prevenirlo, casi de manera directa, de una oposición en las altas esferas romanas. Y lo hizo de manera similar a cuando le ordenó fundar su congregación a Josemaría de Escrivá, cuando «vio» en la misa el tipo de fundación que debería hacer.

«La mañana del domingo 13 de junio, mientras celebraba la Eucaristía en la capilla de la Escuela Apostólica de Tlalpan, un pensamiento extraño asaltó su mente: «Hoy; tiene que ser hoy la fundación». No podía dejar de oír aquella voz interior. Terminada la santa misa salió hacia Cuernavaca y le explicó a monseñor Espino lo que le pasaba. Él comprendió, y accedió a realizar, ese mismo día, la erección. Redactado el decreto con la ayuda del canonista monseñor Gregorio Araiza, protonotario apostólico, esa noche del 13 de junio, en una ceremonia íntima y sencilla, el señor obispo firmó el decreto que daba vida a la nueva congregación.»[133]

Como se observará, la voz perentoria e imperativa de la providencia que vela por Maciel se hace presente en su caso –y esta vez no exenta de prisas y ansiedad, como las que poseían a Maciel–, a grado tal que se atrevió a distraerlo en la misa. La narración supone como mínimo que el personaje-Dios está siguiendo el asunto de la Legión muy de cerca, aunque no exento de cierta distracción; de otro modo no se explicaría la citada perentoriedad, la cual en realidad era un advertencia *in extremis*, como se verá a continuación. Maciel señala que en la misa recibió «una fuerte moción de Dios para realizar ese mismo día la erección canónica».[134]

Nuevamente, la capacidad de Maciel para distinguir nítidamente la «voz de Dios» de lo que son sus propias estrategias políticas es notable. Que el obispo haya aceptado esa petición con carácter de urgente implica, por lo menos, que también él estaba cruzado por la creencia de que Maciel tenía ese tipo de tratos con el Dios de ambos, o que participaba de la visión complotista de MM. Y vaya que fue oportuna la voz, pues el relato menciona también lo que pasó no más allá del día siguiente, lunes 14 de junio.

---

[133] *Los legionarios de Cristo. Cincuenta..., op. cit.*, pág. 32.
[134] Jesús Colina, *op. cit.*, pág. 64.

«El padre Maciel comprenderá, admirado ante los trucos de Dios, el sentido de aquella machacona voz interior. Monseñor Espino y Silva le comunicó que había llegado de Roma la orden de no llevar a cabo la erección canónica hasta nuevo aviso. Ante la insistencia de nuevos informes contrarios, la Congregación para Religiosos había decidido enviar un telegrama anulando el *nihil obstat*, pero monseñor Donato, el encargado de enviar el cable, pensó que bastaría con enviar la orden por correo aéreo. De hecho, la carta había llegado el sábado 12, día no laborable, a la oficina de correos, pero fue entregada el lunes 14 por la mañana.»[135]

Según parece, al escribano o los escribanos del relato fundacional legionario les resulta poco elegante decir que por medio, digamos, de otro «fulgurante telegrama», o por un aviso de un conocido de la oficina de correos, Maciel se enteró de cómo venía la reacción de la Congregación para Religiosos, y rápidamente la neutralizó. Y lo hizo echando mano del recurso de la voz interior perentoria que ya le había rendido frutos, la cual se comunicaba con él de nuevo en la capilla y, todavía mejor, mientras celebraba la misa. Se puede afirmar que con ese recurso el gesto se cubrió de nueva cuenta con una referencia creíble, dados el lugar y las circunstancias de su manifestación.

Pero nada me autoriza a suponer que los escribanos de la versión no crean en las intervenciones directas de Dios en casos de este tipo, y que para ellos sea incontrovertible lo ocurrido ese día.

«El motivo de la anulación –dice Maciel– era, según la carta que llegó de Roma, una serie de acusaciones muy graves contra mi persona, en las que se me tachaba de mentiroso y de bebedor y ladrón, y se decía que tenía prácticamente secuestrados a los jóvenes seminaristas a los que no les permitía que se confesaran.»[136]

Frente a esas acusaciones, Marcial Maciel pone el acento en el asunto de las confesiones, afirmando que en Cóbreces el padre Luis Yagüe, monje cisterciense, acudía semanalmente a confesar a sus pupilos. Otros testimonios, incluso de algunos disidentes, lo corroboran en parte.

[135] *Los legionarios de Cristo. Cincuenta...*, *op. cit.*, pág. 33. Maciel añade que dicha carta había llegado a Cuernavaca el sábado, pero que el sacerdote encargado del correo no había podido recogerla por tener compromisos pastorales. Jesús Colina, pág. 64.
[136] Jesús Colina, *op. cit.*, págs. 64-65.

Sin embargo, no deja de ser curioso que en el relato le endilgue a Dios la capacidad de hacer «trucos». Un dios concebido de esa manera, ¿no podría ser acaso una simple proyección de la manera de operar que le atribuyen al propio MM algunos de quienes lo conocieron de cerca? Múltiples ejemplos pueden ser ofrecidos al respecto, los que corroboran la idea de que MM no se distingue por ser muy amigo de la verdad. Más adelanté me detendré en ello.

3.9 La trama humana de la versión divina

Veamos la trama alternativa que introduce una luz diferente en aquella otra que centra todo en los ansiosos e imperativos «trucos» de Dios y que, además, permite rescatar otros elementos dejados cuidadosamente de lado tanto por MM como por la hagiografía legionaria.

Digamos que se trata de una trama en la que se despliega un conjunto de estrategias políticas en las cuales los supuestos trucos de Dios están más bien ausentes, pero no así las contradicciones entre los hombres y las filtraciones nada divinas de la información.

Todo comienza el mes de noviembre de 1946 con una carta que le envía el padre Luis Ferreira desde la Escuela Apostólica de Tlalpan a Marcial Maciel. En ella le cuenta que el vicario capitular del Arzobispado de México lo había visitado para avisarle de la llegada de un documento proveniente de la Santa Sede. En éste se ordenaba poner en práctica una serie de normas de la Sagrada Congregación de Religiosos[137] respecto a la incipiente institución de los Misioneros del Sagrado Corazón (MSC). Entre otras cosas, el vicario, padre García, sugería que fuera el padre Ángel Oñate –Misionero del Espíritu Santo– quien por lo pronto se hiciera cargo «de la obra como fundador»;[138] que incluso García ya había hablado con él y que el citado se había mostrado dispuesto siempre que sus superiores se lo permitieran.

«Yo le dije que el espíritu de lo nuestro y el del los reverendos padres del Espíritu Santo era enteramente opuesto. Pero él me contestó que bien podía el padre Oñate asimilarse las Constituciones y ponerse de acuerdo contigo y puesto que el reverendo padre Oñate nos veía

---

[137] En adelante SCR.
[138] LCM, doc. 23, 23/XI/46, 2 págs.

tan bien, todo saldría perfectamente, y al fin dijo que sólo esperaría tu parecer.»[139]

El pensar por ese entonces que existía un «espíritu legionario» –o, más correctamente, «de lo nuestro»– tan definido y diferente al de los Misioneros del Espíritu Santo resulta por lo menos dudoso. Antes de pedir el parecer de Maciel, añade Ferreira que el padre García lo había mandado presentarse ya al citado Misionero del Espíritu Santo, para que le diera normas e instrucciones. Pero dice que antes fue con el arzobispo Luis María Martínez y éste le señaló que todo lo que decía la Sagrada Congregación de Religiosos le parecía bien. Finalmente, Ferreira le dice a Maciel que sería conveniente proponer como alternativa al padre Araiza, para que sirva de «puente con la obra».[140]

MM acusa recibo, y el 13 de enero de 1947 escribe una promemoria desde Roma, presumiblemente para la Sagrada Congregación de Religiosos, en la que dice tener veintiséis años y cuenta cómo fundó la Escuela Apostólica de Tlalpan con doce niños, y que a la fecha tiene cerca de ochenta. Añade que el obispo de Cuernavaca deseaba erigir la obra canónica, pero que dada

«mi falta de edad, la Sagrada Congregación no quiere conceder el *nihil obstat*. Antes de que contestara la Sagrada Congregación a las preces a ella elevadas murió el obispo de Cuernavaca [20/VIII/46]
»[Y añade que el vicario capitular, el padre García] Siempre ha estado prevenido en contra de la obra, aun en vida del señor obispo.

[139] *Idem.*
[140] Este sacerdote se presentó para redactar los documentos que finalmente sirvieron para llevar a cabo el perentorio «mandato de Dios» acerca de la citada erección canónica. Hay que aclarar que, como parte de la estrategia perfectamente montada para presionar a la Sagrada Congregación de Religiosos en lo referente a la erección, se pueden encontrar en el archivo citado un cúmulo de cartas de apoyo de diferentes obispos y arzobispos mexicanos, entre otras de Manuel, obispo de Zamora (9/V/45); Fernando, de Yucatán (19/VII/45); Jenaro, de Huajuapan (24/VII/45); Echevarría, de Saltillo (30/VII/45); Emeterio, de León (11/VIII/45); Antonio Guízar, de Chihuahua 20/VIII/48 (en la cual le escribe al obispo de Cuernavaca: «es de urgencia que tengamos una congregación religiosa de sacerdotes que totalmente se dediquen a las misiones»; José Garibi, de Guadalajara (15/IX/45) (quien la recomienda). El propio Ángel Oñate había redactado un informe muy favorable (8/X/45) acerca de la congregación, en el que el único punto crítico era la «disciplina recia». Por su parte, el arzobispo de México, Luis María Martínez, el 16/V/46 presenta a la Sagrada Congregación de Religiosos el Instituto Cumbres para su erección canónica.

»[...] Ahora desea proponer a la Sagrada Congregación a uno de los padres misioneros del Espíritu Santo como superior y en plena jurisdicción, lo cual podría hacer fracasar el fin de nuestra obra. [Y pide que se acepte lo sugerido por el padre Lucio Rodrigo en una carta dirigida a la Sagrada Congregación de Religiosos –el 18/XII/46–, y que consistía en que se le diese] un asesor que pudiese servirme de consejero en la dirección de la obra, pero sin jurisdicción sobre la misma.

»Finalmente suplico humildemente a vuestra reverencia... me alcance de la Sagrada Congregación de Religiosos el *nihil obstat* para que sea erigida la obra canónicamente, pues de ello depende el ingreso a la misma de varios sacerdotes [de Comillas principalmente], el que tenga más vocaciones y el que personas pudientes le formen definitivamente un fondo económico».[141]

Mientras tanto, Maciel recibe el apoyo del padre Javier Baeza, rector de la Universidad de Comillas, quien le escribe, animado por el padre Lucio Rodrigo,[142] a monseñor Arcadio Larraona, diciéndole que tiene la mejor impresión de la obra, a la que conoció en México «algo menos» de un año, cuando realizaba su gira por América.[143] También este sacerdote tendría tiempo de reconsiderar sus palabras.

El 16 de enero de 1947, el consejero de la nunciatura de España, Giuseppe di Meglio, escribe a la Sagrada Congregación de Religiosos para presentar el caso de MM en lo referente al asesor externo. Sugiere al candidato de Maciel y Ferreira, es decir, a Gregorio Araiza, aduciendo que era hombre de confianza del arzobispo de México.[144]

Pero no más allá del 24 del mismo mes se nombra al padre Lucio Rodrigo como asistente *nominatur au nutum S. Sedis*,[145] con lo cual los planes de Maciel y su vicario Ferreira se ven en parte trastornados, aunque no de manera grave, dada la buena voluntad manifestada hasta entonces por el citado jesuita.

Poco más de un año después, el flamante asistente envía un informe al secretario de la Sagrada Congregación de Religiosos, fray N. Pasetto, en el que si bien continúa mostrando una buena disposición básica por la obra de Marcial Maciel, al final añade una crítica al fundador que pretende dejar fuera del conocimiento de éste –lo que al

---

[141] LCM, doc. 27, 4213/46, 13/I/47.
[142] Profesor de Teología Moral de la misma universidad.
[143] LCM, doc. 28, 4213/46, 15/I/47.
[144] LCM, doc. 29, 16/I/47.
[145] LCM, doc. 30, 4213/46, 24/I/47.

parecer no consiguió– y con la que favorece una serie de acontecimientos posteriores.[146] Como el documento está en latín y no tenía la posibilidad de recurrir a un buen latinista, no pude traducirlo para citarlo con exactitud. Sin embargo, en una carta posterior a monseñor Goyeneche de la citada Sagrada Congregación de Religiosos, Lucio Rodrigo alude a la parte confidencial del informe en estos términos:

«Por las razones que apunto sin encarecimiento ninguno en mi informe, y que vuestra reverencia[147] espero habrá visto, yo creería que había de ser conveniente un compás de prudente espera mientras por una parte se sostiene el ánimo del padre [Maciel] para que continúe en la empresa.

»Tiene un espíritu totalitario y de una absorción agobiante sobre los suyos y su obra. Quiere serlo él y solamente él todo: superior, director espiritual, confesor ordinario y único etcétera, da la impresión de levantar un verdadero telón de acero alrededor de los suyos.

»El asesor mismo [o sea el propio padre Lucio] si recibiera poderes de inquirir *de internis*, me temo que ha de tener una tarea difícil para romper el hermetismo que les imbuye. Esto, sobre todo con sus pocos años y su deficientísima formación de estudios [de MM], lo considero peligroso, sin que esto merme en nada la estima que tengo de su virtud y de sus excelentes cualidades.

»Sus reglas son el libro de los siete sellos, y creo que no estaría [por] demás que el asesor las conociera. ¿Las conoce íntegras la Sagrada Congregación...? me inspiran un poco de recelo los comentarios que de ellas puede hacer en sus relaciones con el derecho canónico, dada su ignorancia por una parte, conjugada con su valentía.

»Él es muy tenaz en sus cosas: y sabe replegarse y aguantar agazapado cuando conviene, hasta poder salir adelante con lo suyo.

»Por todo ello, el asesor tiene que ser muy cauto, y no cegarse por lo brillante y excepcional sin duda de sus buenas cualidades. En mi informe las hago resaltar [...] pero el reverso de la medalla muy de atender está en la última parte del informe comentada en esta carta particular que me ha parecido un deber dirigir a vuestra reverencia y como es natural no tiene ningún secreto para el reverendísimo padre Larraona».[148]

[146] LCM, doc. 33, 12/II/48.
[147] Vuestra reverencia.
[148] LCM, doc. 35, 8/II/48.

En resumen, una vez pasado el primer deslumbramiento, el padre Lucio detecta ya a esas alturas serias deficiencias en la formación intelectual de Maciel –aunque no deja de reconocerle cualidades y virtudes–, un peligroso manejo de las reglas en relación con el derecho canónico, una buena capacidad táctica para replegarse y contraatacar con el fin de obtener lo que desea, un control férreo sobre su gente –con «telón de acero» incluido–; pero sobre todo la ambición de ocupar todos los lugares de una manera «totalitaria y agobiante». Y sin embargo, considera todavía que sólo es cuestión de dejarlo madurar y corregir para que la obra florezca.

El 16 del mismo mes, Lucio Rodrigo le escribe a monseñor Goyeneche aludiendo al hecho de que Maciel parece dar por hecho que obtuvo la aprobación para la erección canónica.[149] Con todo, en una misiva posterior (17/V/48) introduce, entre otras cosas, el testimonio del padre Sergio Ramírez Degollado, primo de Maciel que fungía como uno de los secretarios de éste. Esta vez se abre una fisura en el telón de acero, que va a permitir mostrar lo que el padre Lucio denominará «doblez en procedimientos e insinceridad». Lucio Rodrigo afirma que

«al hacerle observaciones sobre que no parecía respetar suficientemente la libertad de fuero interno y el canon 891 con las instrucciones de la Santa Sede sobre el particular, él me ha afirmado con el mayor aplomo que dejaba libertad plena.

»[...] Todo su modo de proceder bien observado da qué sospechar de que emplea a menudo recursos para cubrir con falsas apariencias externas, realidades muy distintas que él tiene empeño en sostener pero que advierte que no habían de serle aprobadas o bien vistas. [Cuenta con] Una eficacia muy grande para el disimulo. [Lucio Rodrigo alude a una visita que se le hizo a la casa de Tlalpan, teniendo buen cuidado de mantenerlo al margen y en la cual] el visitador no logró captar la realidad, aunque quedó satisfecho porque el padre logra formados de una apariencia externa admirable.

»[...] Encarga a su amanuense que escriba una carta como si fuera del excelentísimo señor obispo ¿de Saltillo? (no recuerdo bien la diócesis) y la firma el padre Maciel suplantando su nombre y firma del obispo. [Ante el obispo de Yucatán] presenta al padre Sergio Ramírez, con gran pasmo de este padre, como prefecto de estudios y procurador del colegio [...].

---

[149] LCM, doc. 36, 16/III/48.

»[En cuanto a su vida particular, apartado *E* de la carta, Lucio señala que] Se ve en él poco espíritu de pobreza; gasta sin tino, viaja siempre en primera clase. [...] Respecto a la Compañía [de Jesús] mantiene sistemáticamente una actitud no sólo de reserva, sino al parecer de embozada hostilidad que no recata suficientemente en el seno de la confianza con otra personas. Él todo esto lo niega como calumnioso, pero los hechos se resisten.

»[En el apartado *F*, titulado "medios defensivos", en el número 2. el padre Rodrigo añade:] Es poco escrupuloso en echar con exquisita discreción y miramiento sombras sobre las intenciones y actitudes de los demás con referencia a él y a su obra. Así lo ha hecho conmigo mismo respecto a los reverendos padres del Espíritu Santo de México, y así nos consta que hace en la actualidad con la Compañía, o por lo menos con esta universidad. En ello puedo asegurar en conciencia que, sin duda de buena fe, comete una verdadera injusticia y una patente ingratitud.

»[Pero, en lo que respecta a la castidad, Lucio Rodrigo es contundente] *Referente al sexto mandamiento, ni la más remota sombra: en este terreno le juzgo modelo.*[150]

»Observación final. Se me preguntará quizá ¿cómo entonces no fue más terminante en su aspecto peyorativo mi informe oficial del 16 de febrero a la Sagrada Congregación? [151]

»Y respondo, en primer lugar que por mi humana deficiencia; pero aparte de ella, porque desconocía del todo y ni sospechaba siquiera puntos más desagradables de este contra informe. Después, porque al advertir la resistencia del padre a comunicar sus cosas, [...] me pareció prudente extremar mi delicadeza en hacer averiguaciones. Últimamente, porque palpando lo muy edificante de la vida de sus alumnos y las negaciones rotundas del padre a mis reparos, junto con sus magníficas apariencias externas, creí en conciencia suavizar cualquier impresión peyorativa como menos fundada y todo ello en aras de la caridad».[152]

Una de las cosas que parecen desconcertar más al jesuita asistente es la específica relación que existe entre lo que denomina la «magnífica y admirable apariencia externa» de sus formandos y lo que va descubriendo trabajosamente respecto a las acciones del personaje al

---

[150] Las cursivas son mías.
[151] Al parecer, el padre Lucio se equivoca, ya que lo emitió el 12/II/48.
[152] LCM, doc. 38, 13102/e/s. 17/V/48.

que adjudica, por el contrario, un manejo consumado de las «falsas apariencias externas». Pero si se parte de la socorrida metáfora de que el árbol se conoce por sus frutos, suponiendo que todos los frutos salgan bien, ¿cómo volver pensable que de tal tronco, tramposo, simulador, incapaz de la más elemental autocrítica, murmurador, impostor, etcétera, salga la «admirable apariencia externa» que portan sus discípulos? Y no sólo provocará desconcierto en este religioso, sino en todos los otros que logren penetrar de alguna manera el telón de acero.

Maciel se encargará de negar una por una las críticas del padre Rodrigo. Por ejemplo, en lo que respecta a la presentación de su primo Sergio como prefecto de estudios se hará representar por el obispo de Yucatán, quien negará los hechos con argumentos atendibles.[153] Y luego por su tío Luis Guízar, obispo de Saltillo, quien convertido en psiquiatra amateur declara «psicótico» a Sergio Ramírez, en una carta dirigida al obispo de Cuernavaca. ¿Carta auténtica? Al menos los sellos y la firma parecen serlo.

«En mi concepto, el referido padre [Sergio], entre tantas cualidades que lo adornan adolece de un defecto, que yo no he catalogado en el orden moral, sino en el psicopatológico: juzgo en otras palabras, que padece una psicosis que se manifiesta especialmente en su tendencia a desfigurar y aun a cambiar totalmente los hechos, convencido al parecer de que objetivamente son como su fantasía enferma se los propone.»[154]

Descalificado con semejante «defecto» por alguien de la familia que funge como aprendiz de psiquiatra y obispo, ¿qué valor pueden restarle a sus señalamientos?[155]

[153] Fernando Ruiz Solórzano afirma que lo presentó más bien como el «primer sacerdote del instituto, frase que yo entendí [...] en sentido amplio [y...] nunca entendí que el padre diera por fundado su instituto, adelantándose a las disposiciones de la Santa Sede». LMC, doc. 48, 19/VI/48.

[154] LCM, doc. 43, 13/VI/48. La carta coincide en fecha con la erección canónica a las volandas, gracias a los «trucos de Dios».

[155] El padre Luis Ferreira, al parecer, apoyará la operación de descalificación contra Ramírez Degollado. En el archivo LCM se encuentra una declaración de éste presumiblemente hecha a un alto dignatario de la arquidiócesis de México con fecha 11/VI/48. Todo alrededor de la erección canónica en la que el citado dignatario interpreta lo que supuestamente oyó de Ferreira a propósito de Ramírez. El dignatario sin nombre le escribe a un tercer remitente en estos términos: «por lo que hace al padre Sergio Ramírez, él [Ferreira] aconsejaba al padre Marcial desde hace tiempo que no lo admitiera en el instituto pues juzgaba que era una persona que tenía la tendencia de poner entre sí a las personas que se tienen afecto

Por cierto, en la última carta de Lucio Rodrigo que vengo de citar, éste hace alusión a la suplantación de la firma del canciller del cardenal Spellman, de Nueva York, por parte del amanuense de Maciel, Sergio Ramírez. Este asunto merece un tratamiento aparte, porque muestra contundentemente una manera de funcionar de Marcial Maciel que, sumada a otros casos, no resulta excepcional sino habitual.[156]

Si Maciel logró convencer al obispo de Cuernavaca de adelantar la erección canónica para el día 13 de junio de ese año 1948, ya que originalmente estaba programada para el 23 del mismo mes,[157] es porque presumiblemente había logrado obtener la información en la cual Lucio Rodrigo le pedía a la Sagrada Congregación de Religiosos una prórroga de la multicitada erección. Esta versión es sin duda menos sobrenatural y prestigiosa para Maciel, y alude más a una red de espionaje bien montada.

Y digo presumiblemente porque en una carta del propio Rodrigo a Arcadio Larraona del 7 de noviembre de 1950 cita textualmente una misiva que el bibliotecario de la Legión le envía a un teólogo de Comillas, donde señala, entre otras cosas:

«La Santa Sede ha tenido todos los elementos para un juicio objetivo y sereno de este caso. [...] y tiene en sus manos todas las insistentes y habilísimas acusaciones que periódicamente desde el verano de 1948, van siendo enviadas desde ahí [Comillas] por ciertas personas que tú bien conoces. Acusaciones que no sin profunda repugnancia y sólo por mi oficio de encargado del archivo secreto, al que ningún otro hermano tiene acceso he tenido ocasión de conocer desde las primeras hasta las recientísimas, enviadas hace pocos meses».[158]

[...] que cuando estuvo en México con dos intrigas que le hizo casi originaba la salida de él [Ferreira] de la casa de México [...]. El excelentísimo señor obispo de Cuernavaca citó a los tres: al padre Marcial, al padre Ferreira y a este Sergio para que se aclarara todo: el resultado fue que se descubrió que había sido un falso levantado por el joven Sergio [...]; unos días después [éste último] pidió permiso de salir a su casa y ya no volvió al instituto». LMC, doc. 43 adjunto, 11/VI/48. Además de «loco» se le añade lo de intrigoso. El disidente quedaba por lo pronto eliminado con su partida. Casi diez años después, el propio Ferreira tendrá oportunidad de saborear los amargos frutos de la descalificación, cuando le toque ocupar el lugar del disidente y del traidor.

[156] Ver capítulo 3.11.
[157] *Los legionarios de Cristo. Cincuenta...*, *op. cit*, pág. 32.
[158] LCM, doc. 60, f/4 7/XI/50, págs. 17-18.

Esto es lo que permite las rápidas respuestas de Maciel y su relativo éxito.

Veamos ahora cómo Lucio Rodrigo logra intuir la estrategia implementada por Maciel para intentar neutralizar el telegrama de la Sagrada Congregación de Religiosos que suspendía por lo pronto el *nihil obstat* canónico (carta que habría llegado a su destino el 14 de junio de 1948). En una nueva misiva, enviada el 9 de junio a monseñor Luca Ermo Pasetto, secretario de la Sagrada Congregación de Religiosos, le escribe lo siguiente:

«basándonos primero en el modo poco regular de llevar el padre Maciel su campaña vocacional entre los alumnos de esta universidad al margen de las normas de discreción que oportunamente se le aconsejaron y que reiteradamente se le han recordado con escaso fruto;[159] en la manifiesta coacción de conciencia que impone a los suyos, por él persistente pero gratuitamente negada; y por último en ciertos datos reservados que a él no se le han especificado, pero son los que la Sagrada Congregación ya conoce en sustancia, el reverendo padre rector le comunicó que él no podía en conciencia dar el visto bueno por lo que a él tocaba, para que ninguno de los alumnos de esta universidad se incorporara a la obra del reverendo padre Maciel, mientras no hubiera satisfactorios esclarecimientos de todo este asunto, sin que esto pudiera interpretarse como la menor señal de repugnancia al *nihil obstat* concedido por esta Sagrada Congregación para nosotros siempre sagrado».[160]

Me parece que resulta excesivo afirmar que estos nuevos datos, aportados por el padre Lucio no deberían interpretarse en el sentido de «la menor señal de repugnancia hacia el *nihil obstat*». Resulta evidente que se trata de una crítica que toca los fundamentos éticos de una manera de proceder por parte de MM, Lucio Rodrigo continúa:

«Alarmado sin duda el padre Maciel por estas indicaciones, que creemos le han hecho sospechar la existencia de una ampliación del informe para la Santa Sede, que no le podía ser favorable, ha reac-

---

[159] Es como si se tratara de una copia de lo ocurrido pocos años antes en Montezuma. Pero al parecer, los jesuitas mexicanos y españoles no se comunicaron al respecto.

[160] LMC, doc. 40. E/5. alleg 2. 9/VI/48. El día anterior, el nuncio de España apoya el informe del padre Lucio y pide reconsiderar las actitudes poco normales del proceder de MM. Cfr. LMC, doc. 39, 8/VI/48, 13102/e/5.

cionado saliendo súbitamente para México, alegando un repentino llamamiento del reverendísimo señor obispo de Cuernavaca.

»Todo ello puede ser muchísima verdad, pero los procedimientos del reverendo padre Maciel, no siempre al parecer muy normales, hacen temer que dicho viaje tan repentino pueda obedecer a un plan de lograr enseguida el decreto de erección del reverendísimo de Cuernavaca u otro ordinario, para poder así presentar hechos consumados a la Santa Sede, si es que nuestro último informe arrastraba alguna medida dilatoria de esa Sagrada Congregación.

»Desde luego que en México no sabemos que cuenta con nadie incorporado a su obra, fuera de un joven mexicano sin estudios serios de ninguna clase y a lo sumo el sacerdote reverendo padre Luis Ferreira [...] Por alguna insinuación del mismo padre Maciel, pensaba poder agregar otro sacerdote, y con estos elementos constituir ahí la casa madre».[161]

[...] Vendría la necesidad de erigir casa noviciado, con el correspondiente maestro de novicios. Todo tendrá que serlo a la vez el reverendo padre Maciel y atender a la casa madre y a lo que aquí logre instituir.

[...] La formación eclesiástica casi nula del reverendo padre Maciel conjugada con su independencia para resolver lo que él estima interno al instituto, hace temer cualquier exorbitancia.[162]

El padre Lucio toca justo en la carencia de recursos de formación de la incipiente institución. De ahí que para Maciel fuera fundamental obtener cuadros de Comillas cuanto antes para tratar de solventarlas en lo posible. Ahí entra el episodio de la suplantación de firma del canciller del cardenal Spellman que Sergio Ramírez le confesó al padre Lucio, e incluso el propio Maciel, como se verá más adelante.

Pero lo que me interesa recalcar, por lo pronto, se refiere a las proféticas palabras del padre Rodrigo respecto a la operación implementada por Marcial Maciel para llevar a cabo como un hecho consumado el proyecto de la erección canónica, acompañada de las palabras del obispo de Cuernavaca: «*Divina Miseratione et Sanctae Sedis Apostolican Gratia Episcopus Cuernavacensis...*».[163] Como dato significativo, el envío de la citada aprobación data del 12 de junio de 1948, y no del 13, día

---

[161] Quizá desde ahí se entienda la prisa por parte de Maciel para hacer que se ordenara su «defectuoso» primo Sergio Ramírez Degollado.
[162] LMC, doc. 40, *cit.*
[163] LMC, doc. 42, 12/VI/48.

en que Maciel fue «interrumpido» en la celebración de la misa por un ansioso Dios a su imagen.

Y si lo consiguieron fue, entre otras cosas, gracias a que como le escribe el padre Rodrigo a monseñor Montini, él mismo le envió al obispo de Cuernavaca la *relación reservada* que a fines de mayo de 1948 había dirigido a la Sagrada Congregación de Religiosos con sus reservas acerca de Maciel. Añade el padre Rodrigo:

> «Relación que en un exceso de lealtad comuniqué reservadísima-nete en copia al obispo de Cuernavaca con la única finalidad de que oportunamente prevenido sobre el caso [...] no se dejara sor-prender por el padre Maciel que había volado a México a precipi-tar la ejecución [de la erección canónica]. De dicha relación mía tuvo enseguida [Maciel] noticia detallada. A lo que deduzco».[164]

Lo que se puede inferir de todo esto es que la excesiva prisa para llevar a cabo el citado acto –y que sin mucho esforzarse recuerda la prisa fundacional– tiene una explicación muy precisa que no nece-sita para ser explicada el recurrir a los «trucos» de Dios. La pregunta que surge es: ¿cómo una institución con tan pocos recursos, con gente tan deficientemente formada y bajo sospecha, es a pesar de todo en un pri-mer momento avalada, luego –con el telegrama que llega el 14 de ju-nio– cuestionada y posteriormente vuelta a avalar?

Digna de ser considerada es la aseveración hecha sin titubear por el padre Lucio Rodrigo, de nueva cuenta a monseñor Pasetto, según la cual Maciel, de vuelta en mayo de su viaje a Roma, había comen-tado a sus discípulos que había sabido maniobrar muy bien entre las autoridades romanas para superar las dificultades que se habían inter-puesto en el camino del *nihil obstat*.

> «Núm. 5o. [...] Más aún: a mí mismo me confió [Lucio Rodrigo] el nombre de la alta personalidad de la curia romana para quien había llevado 12,000 dólares de estipendios y quien había sido quien decisivamente le ayudó para el logro del rescripto.
>
> »6o. Ha presentado a los suyos como fruto de una habilidad propia que el rescripto de esa Sagrada Congregación con el *nihil obs-tat* para el reverendísimo señor obispo de Cuernavaca, hubiera venido en su texto original a parar a sus manos en Roma;[165] pero

---

[164] LCM, carta del 10/III/50, *cit.*, págs. 9-10.

[165] Recuérdese que en el texto de quincuagésimo aniversario de la Legión se escribe que «el 25 de mayo llegó a Comillas un fulgurante telegrama de Roma:

urgió muy seriamente a los suyos no comunicaran a nadie que lo tenía en sus manos.»[166]

Al parecer, existe en Maciel una necesidad de mostrar sus cuestionables maneras de hacer política sin medir las consecuencias para aquellos que le ayudan en sus chicanas. De pronto revela las corrupciones y filtraciones que se dan en las altas esferas entre algunos prelados a partir de sus políticas clientelares.[167] Pero como se verá un poco más adelante, no será ésta la única vez que intente hacer cómplice complaciente de sus acciones al citado padre Lucio.

Por lo pronto, a partir de lo que se puede deducir de la lectura de estas cartas, no era necesario que Dios interfiriera la misa de Maciel para urgirle salir corriendo a Cuernavaca. Nada de lo «sobrenatural» se trasluce en todo esto. En cambio, se puede decir que nada de la manera más terrenal de hacer política le es ajeno a Maciel. Y al parecer no sólo a él.

Después de la erección canónica Maciel realizó un trabajo importante para neutralizar algunas críticas presentadas por Lucio Rodrigo –en las que el jesuita recogía tanto sus propias apreciaciones como aquéllas del padre Sergio Ramírez– a la Sagrada Congregación de Religiosos, las que habían dado lugar, supongo, a la carta de anulación temporal del *nihil obstat* que se dio a conocer el lunes 14 de junio.[168]

El 19 de junio de 1948, el padre Ángel Oñate informa a la Sagrada Congregación de Religiosos que en una visita que hizo a los legionarios en Tlalpan no sólo no encontró coacción a la conciencia de los treinta niños que entrevistó, sino que incluso «el padre Maciel les había recomendado con insistencia que no ocultaran nada», por lo que no duda en ratificar «que es una obra de Dios».[169] La Operación Neutralización de las críticas contra Maciel avanza. Ese mismo día, una carta del obispo de Yucatán al obispo de Cuernavaca refuta que a Sergio Ramírez se lo haya presentado MM como prefecto de Estudios.[170] A su vez, otra de Luis Yagüe OCR (trapense de Cóbreces y confesor de

---

"concedida aprobación: Comuniquen padre rector [Baeza] y Rodrigo. Recuerdos Marcial"» (pág. 32).

[166] LCM, doc. 41, 9/VI/48, punto 5°.

[167] Entre muchas otras cosas, Federico Domínguez, el citado secretario de MM entre mediados de 1948 y 1952, me relató cómo un vez acompañó a Maciel a Roma para visitar a un cardenal a quien entregó alrededor de mil dólares en un sobre, «para sus necesidades». Entrevista de FMG con FD, México, DF, 11/IV/05.

[168] Véase *Los legionarios de Cristo. Cincuenta...*, op. cit., pág. 33.

[169] LMC, doc. 47, 19/VI/48.

[170] LMC, doc. 48, 19/VI/48.

los candidatos a legionarios) afirma que los jóvenes gozan de libertad de conciencia y no son coaccionados a confesarse con Maciel.[171]

Lucio Rodrigo vuelve a la carga, una vez consumados los hechos de la citada erección canónica en una carta del 15 de octubre de 1948 para el prefecto de la Sagrada Congregación de Religiosos.

«A mediados de la semana pasada me parece que el miércoles 6 de octubre o el jueves 7, se me presentó el reverendo padre Maciel, y en estricto secreto de consejo me dijo, que un miembro del Opus Dei le había participado que en Roma se estaba agitando el asunto del Instituto que acababa de fundar [...] que se preveía como del todo inevitable su disolución. Que el principal o uno de los principales actuantes era el reverendo padre Enrique Pérez, jesuita, de Radio Vaticana. Y que intervenían cada uno en su terreno tanto el cardenal Tedeschini como el reverendísimo Larraona. Deduje de las manifestaciones del padre Maciel que se había logrado el *nihil obstat* precisamente, soslayando la intervención de este padre opuesto a la concesión.

»[...] A mí todo esto que me contaba el padre Maciel me cogió completamente de nuevas. Y le dije [...] desde luego por mi parte [que] le aseguraba lealmente que yo no sabía nada. [...] Ya que una vez que se me comunicó el célebre expediente del reverendísimo de Cuernavaca y el decreto de erección del Instituto, me he encerrado en un mutismo absoluto, sin querer comunicar a Roma las graves observaciones que en seguida se me ofrecieron sobre el dicho expediente.»[172]

---

[171] LMC, doc. 49 27/VI/48. A su vez, tres estudiantes legionarios declaran bajo juramento, en agosto de ese mismo año, que «en una de las instrucciones que nos dio durante los ejercicios espirituales de mes el padre Eusebio Hernández, jesuita, nos indicó claramente que no convenía tomar por director espiritual a un sacerdote joven y sin experiencia, y que nosotros vimos en esta afirmación una alusión abierta al reverendo padre Maciel que ejercía con nosotros tan delicado cargo». Firman Jesús de la Isla, Jorge Bernal y Sánchez Jiménez. LMC, A/10 doc. 52 5/VII/48.

[172] LCM, doc 53, 15/X/48. Maciel abunda en el asedio a su persona por esos años (1948), y afirma que después de la citada erección canónica las insistentes acusaciones lograron que finalmente «se enviara desde Roma un documento de la Sagrada Congregación de Religiosos al obispo de Cuernavaca [...] ordenando la disolución de la congregación». *Mi vida es...*, *op. cit.*, pág. 68. También, en un informe enviado por Maciel en febrero de 1955 al nuevo padre visitador Joaquín Madrigal, misionero del Espíritu Santo, le señala: «Hay que tener en cuenta que la Sagrada Congregación el 27 de julio de 1948 suspendió los efectos del decreto de erección: suspensión debida a una fuerte presión en contra del Instituto, ejercida

El padre Lucio tiene buen cuidado en señalarle a monseñor Cicognani que esta comunicación de la que lo hace partícipe fue consultada previamente con el padre Eduardo Regatillo, jesuita, –canonista y profesor de Comillas–, sobre «hasta dónde podía serme lícito hacer uso del secreto que es el objeto de ésta».[173]

Por lo pronto, hasta ese momento, respecto de la pederastia de MM no aparece el más leve indicio; se podría decir que sigue existiendo un silenciamiento consensual al respecto. Maciel, gracias a la «admirable apariencia» de sus subordinados y a la suya propia, logra com-

---

a través de documentos e informes por los padres de la Compañía de Jesús y que fue revocada el 16 de diciembre del mismo año. A partir de la aclaración de los supuestos cargos y defensa que hizo el señor obispo de Cuernavaca. Monseñor Espino y Silva (hoy obispo de Monterrey)». LCM, doc. 101, 25/II/55, I/1. O sea que los cuestionamientos de Lucio Rodrigo tuvieron poca eficacia. Y en todo caso, este último no parece haberse enterado de la suspensión cuando le escribe a Larraona la carta del 15/X/48. Cosa por demás significativa, pero recuérdese que en el texto del quincuagésimo aniversario de Los Legionarios de Cristo se habla del famoso telegrama que arribó el 14 de junio de 1948, un día después que la gentil y ansiosa voz de Dios interrumpió en la misa a Maciel, y por lo tanto la erección canónica estaba ya realizada (*Legionarios de Cristo. Cincuenta..., op. cit.*, pág. 33). El final de esta historia es que Maciel, sin utilizar esta vez el aviso de la providencia, decide viajar a Roma para hablar con el prefecto de la congregación, el cardenal Luigi Lavitrano, alrededor del 8 de diciembre –siempre una fiesta significativa para que cada acto adquiera un sentido religioso–, quien se muestra sorprendido del citado documento porque –según Maciel– no lo conocía, y menos lo había firmado. Éste declara nulo el decreto de disolución y le aconseja a MM trasladarse a Roma para estar más «cerca del Papa y de la curia» (*Mi vida es..., op. cit.*, pág. 69). Más aun, le dice que vea la posibilidad de construir un colegio en Roma, y lo recomienda con un empresa constructora que trabajaba para el Vaticano. Maciel busca a las personas recomendadas por el cardenal, quienes le ofrecen –un hermoso terreno de 20 mil metros en Vía Aurelia», con todo lo cual salta una duda: si Maciel tenía acceso a la información, ¿por qué no se había enterado de la no firma del citado cardenal? Si a esto añadimos que Lucio Rodrigo parece desconocer el decreto de suspensión siendo todavía el visitador, hay algo que no cuadra en el asunto. Por otra parte, de los enredos curiales parece poder extraerse una moraleja: hablar del Vaticano, o de tal o cual dicasterio de la curia como si fueran homogéneos, es simplificar las cosas. Y Maciel, como buen estratega, aprovecha este nuevo obstáculo para aposentar sus reales en Roma y así empezar a participar de la complicada política romana. Estrategia acompañada, según sus decires, de su amor incondicional por el papado: «Yo quise siempre que los nuestros se formaran cerca del vicario de Cristo, porque para mí era realmente esencial que nuestra congregación se distinguiera por su fidelidad y adhesión al santo padre» (Jesús Colina, *op. cit.*, pág. 71).

[173] *Ibidem*. El 28/I/49, en una carta a Arcadio Larraona abunda en esta cuestión cuando señala, que del «secreto de consejo [...] me creo relevado después de asesorarme con el padre Regatillo, ya que el padre Maciel lo explota en grave perjuicio común y de tercero inocente a quien descalifica como un loco o un vil calumniador». El padre Lucio se está refiriendo al padre Sergio Ramírez. LCM, doc. 56, f/1, 28/I/49.

plementar ésta con las «emanaciones de santidad» que parece despedir su personaje y que caen directamente sobre aquellos que lo contemplan, extasiados por una especie de voracidad ocular que busca los signos de santificación del citado en su porte, gestos, mirada o palabras. A los diferentes visitadores que van a monitorear a la Legión, excepción hecha de Lucio Rodrigo,[174] va a costarles trabajo entender la *omertá* que cruza a la institución, y más aún intentar penetrarla.

3.10 El arte de la suplantación. El caso Spellman y la ruptura de los jesuitas

El caso Spellman va a poner sobre aviso a las autoridades jesuitas de Comillas, que intentarán contrarrestar el hecho de que estudiantes de esa institución pasen a formar parte de la Legión. Pero además sirvió para hacer luz sobre los métodos de presión de Maciel para intentar obtener de Comillas la posibilidad de instalar un colegio dentro de la citada universidad.[175]

Pero ¿cuáles fueron las «graves observaciones» –a las que alude en la carta a Caetano Cicognani del 15 de octubre de 48– que se le ofrecieron al padre Lucio Rodrigo después de consumada la multicitada erección canónica?

Si nos remitimos a una carta a Arcadio Larraona del 28 de enero de 1949, encontraremos en buena medida la respuesta. En ésta, el padre Lucio le narra pormenorizadamente el asunto Spellman. Afirma que Maciel buscó hacerles creer a los jesuitas de Comillas que el citado cardenal estadounidense lo había llamado a Nueva York para ofrecerle 25 becas para el seminario de Mundelein. En realidad, Maciel no se presentó en esa ciudad por la sencilla razón de que nunca fue requerido. En cambio, mandó a su pariente Sergio Ramírez a tratar de obtener una importación de azúcar con cuyo producto pensaba ayudarse a la manutención de los suyos. Pero al parecer el viaje no tuvo éxito.

De vuelta en Madrid, el padre Sergio fue alcanzado por Marcial Maciel para advertirle –según testimonia el padre Ramírez– lo que les tenía que comunicar a los jesuitas de Comillas. Entre otras cosas, que había ido a Nueva York en sustitución del padre Maciel por la llamada

[174] Y aún él, sólo tendrá acceso a una parte de la información.
[175] LCM, doc. 56.

del cardenal, y que era portador de una carta para Maciel en la cual le ofrecía las citadas becas. Además, Maciel se hizo acompañar por Ramírez a una imprenta de Madrid con el fin de que le estamparan en unos pliegos el membrete de la cancillería del cardenal. Paso siguiente, le dictó una carta falsa al padre Ramírez, que lo hizo firmar, no sin antes intentar neutralizar sus escrúpulos al prometerle que la destruiría una vez cumplido su cometido, que no era otro –añade L. Rodrigo– que

«el forzarnos por el temor a que aceptando retirar su gente de aquí [Comillas], no le pusiéramos condición ninguna para levantar su colegio en terrenos del seminario. Y ese uso lo hizo en vano porque no cambiamos de actitud. [es decir, le dijimos que cumpliera] las condiciones que se imponían elementales para no vernos burlados. Y que lo que había de instalar ahí [en todo caso] era un colegio anexo a nuestra universidad y no otra cosa sin nuestro beneplácito.

»Vino [entonces] el hacer la falsificación [...] y el alardear de la carta en la misma nunciatura de Madrid».[176]

Pero no sólo el padre Ramírez le relató su parte al jesuita Lucio Rodrigo, sino que, según el profesor de Teología Moral, fue el propio Marcial Maciel el que lo corroboró.

«El padre [Maciel] llegó a confesarme espontáneamente que el hecho que se le imputaba referente al cardenal Spellman, era muy cierto por desgracia; más todavía, que temiendo pudiera enterarse de él en su cruda realidad el reverendísimo de Cuernavaca, [...] se fue él mismo a Nueva York [...] para dictar a la cancillería del cardenal el testimonio tal como le convenía: es decir, con la fórmula vaga poco más o menos, que era cierto que de aquella cancillería se le habían ofrecido de parte de eminentísimo cardenal Spellman unas becas para el seminario de Mundeleim.

»Esto formulado así era verdad [...] pero para mí por ejemplo, que sabía todo, dejaba la acusación intacta.

[176] LCM, doc. 56, pág. 3. En una carta posterior de Lucio Rodrigo, esta vez a Giovanni Battista Montini –futuro Paulo VI–, abunda en esta cuestión y señala: «Monseñor Di Meglio consejero de la nunciatura de Madrid puede atestiguar cómo el padre Maciel le habló en aquellos días de haber recibido aquella carta. [...] Regresando en aquellos días el padre Maciel a Comillas, se presentó con la aludida carta al padre rector [...] quien la tuvo en sus manos y leyó dándola por buena». LCM, doc f/3 del 10/III/50. Que después se haya ido a confesar precisamente con éste de que era falsa, no deja de llamar la atención.

»[...] Me dijo además el padre Maciel que él en confesión ha manifestado al padre Baeza [...] la verdad de los hechos en el caso del cardenal Spellman. Con esto ha atado las manos del padre Rector, quien por lo tanto carecerá de toda libertad de acción para intervenir en los continuos y comprometedores manejos del padre Maciel.

»[...] Sabedor pues de todo esto y apreciando serios peligros de graves daños para esta universidad [...] me creo desligado de la obligación de mi secreto en orden tan sólo a prevenirlos, pues no es justo dejar que el P Maciel se aproveche de esta situación de ventaja con grave perjuicio de terceros. Así que con este exclusivo fin le he comentado todo lo que antecede al reverendo padre rector para que él pueda actuar basándose en estas mis noticias. No necesito decir que el reverendo padre Baeza se ha ceñido a oírme lo que yo le refería.

»Pero aún con esta comunicación mía del todo desligada del sigilo, continúa siendo peligroso el que actúe teniéndola en cuenta, por el peligro de que se atribuya a que usa noticias de confesión. Por lo tanto, he creído lo mejor actuar yo mismo dirigiéndome a vuestra excelencia reverendísima.»[177]

La cuestión, como se podrá apreciar, es delicada, ya que se juega en la estrecha zona que va del secreto de confesión al «secreto de consejo», y aunque el segundo al parecer es menos constringente que el primero, no pierde aun así su carácter de sigilo. Lo que se trasluce de este asunto es la capacidad de Maciel para utilizar ambos tipos de secreto para de esta manera neutralizar tanto al rector de Comillas como al visitador de su congregación, el padre Lucio. Pero al hacer esto Maciel se excede y coloca al padre Lucio en un dilema de conciencia que, una vez que lo ha consultado con un canonista de su propia congregación, al jesuita lo hace actuar en el sentido arriba descrito. Muy pronto el padre Rodrigo cae en la cuenta de que el padre Baeza está sometido a un cerco de discreción informativo que lo inclinará a guardar silencio si no quiere ser acusado de faltar al secreto de confesión, incluso después de que el propio Rodrigo le haya informado de la situación.

MM ha jugado bien sus cartas. Sabe utilizar los resortes del control de los otros, vía el uso estratégico de los diferentes tipos de secreto que le ofrece la institución eclesiástica. Muy pronto instituirá un voto especial de discreción dentro de su propia congregación que le servirá para asegurarse la sumisión de sus discípulos.

[177] LCM, doc. 53. 15/X/48

El padre Lucio le escribe a Arcadio Larraona el 28 de enero de 1949, tratando de ponerse al día. En esa misiva dice que no considera que tenga que rectificar nada sustancial de lo expresado hasta entonces, «salvo quizá en lo que se refiere a la coacción que ahí se dijo ejercía el padre Maciel sobre los suyos para confesarse con él, bajo la alternativa de [o] hacerlo así, o de lo contrario, no considerarlos aptos para su obra».[178]

Por lo pronto, Lucio Rodrigo había podido vivir en carne propia algo de los métodos de coacción utilizados por Marcial Maciel. Y añade que, más allá de los informes que le había proporcionado el padre Sergio Ramírez, tiene formado el criterio de que Maciel oía en Comillas –*per modum habitus*–, cuando menos hasta principios de 1948, las confesiones de todos o casi todos sus novicios y alumnos apostólicos;[179] y que por lo tanto, conjuntando una serie de indicios, cree poder sostener que al menos anteriormente la alternativa coactiva de dirección espiritual y cuenta de conciencia con él, o la posible salida de la congregación, había sido ejercida efectivamente por MM.[180]

En la carta del 28 de enero de 1949, el padre Lucio procura advertirle a Arcadio Larraona de las insinuaciones que Maciel ha vertido respecto a la Compañía de Jesús. Por ejemplo, que

«tenemos celos bien acusados de la obra del padre y que hemos tratado de apoderarnos [de] su espiritualidad y entrometernos en su régimen interno. [...] Se indicó al padre Maciel que en las actuales circunstancias todo lo que fuera sacar para su instituto más de dos o tres vocaciones al año puede ser peligroso para él y para la misma universidad [...]. Así fueron tirando las cosas dos años, hasta que un día llegó inesperadamente a nuestra noticia que el padre tenía listos y apalabrados como unos ocho o diez alumnos para hacerlos pasar de golpe en el verano pasado a su noviciado.

»[...] Supimos además que el modo de captar vocaciones no parecía siempre del todo recomendable; exceso de atenciones, obsequios y confidencias con los que se ponían en contacto, [...] Visitas en tiempos de vacaciones y viajes con ellos en el automóvil particular del padre.

»[...] Se comprobó también que se permitía con algunos seminaristas de los que ya había captado o trataba de captar, con-

---

[178] LCM, doc. 56, 28/I/1949, f/1.
[179] Estado previo al noviciado.
[180] Aunque señala que probablemente el padre Sergio Ramírez, «refiriéndose a la confesión, confundió lo que acabo de distinguir. Y yo, por el momento, no tuve la ocurrencia de hacérselo precisar». LCM, doc. 56.

fidencias deprimentes y gratuitas contra algunos padres de la universidad.

»[...] La convicción íntima que tenemos después de todo bien considerado es que parece imponerse para la mutua paz, que el padre Maciel se vaya con los suyos a otro centro adecuado, ya que no prevemos posible una tranquila convivencia con él».[181]

En otra carta de Lucio Rodrigo a Larraona, del 7 de noviembre de 1950, se puede confirmar la ruptura inevitable de los jesuitas de Comillas con la Legión de Cristo. Ahí Lucio Rodrigo afirma que el nuevo rector de Comillas, el padre Pablo Pardo, le había comunicado a Maciel que el curso académico 1949/1950 iba a ser el último para los suyos, y que por lo tanto se fuera previniendo para ver qué hacer en el futuro. Y añade: «hoy en día es un hecho realizado nuestra completa desvinculación académica y separación absoluta».

Rodrigo hace un recuento del desencuentro entre ambas congregaciones a partir de su doble papel de miembro de la universidad y asistente de la Legión. Y entre otras cosas afirma que en su trato con algunos alumnos de Comillas, Maciel iba sembrando cizaña contra los profesores y sus métodos educacionales. Pero que antes de pasar a ese tipo de confidencias tendía a exigirles «juramento de secreto» Y añade que había creado un «falsísimo ambiente» en el cual quedaba como víctima de los verdugos jesuitas de Comillas. Vuelve a señalar la activísima campaña vocacional emprendida por Maciel entre los seminaristas. Y a continuación, ofrece un dato interesante: el de una carta enviada al arzobispo de México, Luis María Martínez, comunicándole que el Consejo de la Universidad había decidido cerrarle las puertas a Maciel y su gente. La respuesta textual del arzobispo, según Rodrigo, fue: «es lo menos que pueden ustedes hacer».

Por otra parte, sostiene que dicha decisión había sido avalada por la curia generalicia de los jesuitas, a la que por cierto Maciel se dirigió, intentando que los de Comillas se retractaran. Pero como a Maciel se le puede acusar de todo menos de pasivo, rápidamente –según constata Rodrigo– armó su propio seminario con dos «profesores dimitidos de la Compañía» que habían vivido en Comillas, y con otros dos ex seminaristas de la misma universidad que abandonaran la carrera sacerdotal.[182]

---

[181] LCM, doc. 56, pág. 4.
[182] LCM, doc. 60, 7/XI/50, f/4

En esta nueva ruptura con miembros de la Compañía de Jesús parece haberse reproducido en parte algo de lo ocurrido en el seminario de Montezuma, con la diferencia de que esta vez la congregación legionaria estaba ya fundada y en marcha y había sido objeto de atenciones especiales por parte de los jesuitas comillenses.[183] Pero Maciel fue tan especialmente voraz, que desatendió los más elementales cuidados y delicadezas hacia aquellos que lo habían acogido.

Con todo, sería equivocado pensar que después de este episodio ya no habría más encuentros entre ambas instituciones, pues aún falta la pronta instalación de la Legión en Roma[184] y los estudios de sus miembros en la Universidad Gregoriana a cargo de la Compañía de Jesús. Y lo notable será que los de la universidad romana, por lo pronto, no le cerrarán sus puertas a los estudiantes de la Legión.

Resulta llamativo que la acumulación de expulsiones –seminarios de Veracruz, Montezuma y Comillas– no parece llevar a Maciel a realizar la más elemental autocrítica. Si revisamos las hagiografías disponibles, sólo sacaremos las afirmaciones que apuntan hacia «calumnias de todo género» o «acusaciones infamantes» contra él y la Legión, pues en la medida en que Maciel trae adherida la Legión a su ser, no hay posibilidad de diferenciar el alcance y el sentido de las críticas.

3.11 Los «trucos» de Marcial Maciel

Veamos algunos otros ejemplos del modo de proceder de Marcial Maciel. En algunos de ellos se podrá apreciar algo más bien cargado a la picaresca; en otros se trata de situaciones más delicadas, como la que vengo de relatar sobre falsificación de firmas y los usos del sigilo sacramental.

---

[183] Por ejemplo, Lucio Rodrigo, haciendo un recuento de las ayudas que le habían proporcionado a Maciel, señala entre otras las siguientes: la recomendación al marqués de Comillas para que les pagara el viaje en barco a los primeros 35 candidatos de la legión; el apoyo para su presentación en Madrid ante los organismos oficiales; el suministro de víveres; la ayuda por parte de la universidad para el acondicionamiento de la casa de los legionarios, etcétera. Doc. 56.

[184] Según el texto del quincuagésimo aniversario, el 24 de diciembre de 1950 se inauguró el «Centro de Estudios Superiores de la Legión» en esa ciudad (pág. 35).

El ya citado Federico Domínguez, quien acababa de obtener en la universidad jesuita de Comillas su licenciatura en Filosofía y fuera reclutado por Maciel en 1948, narra lo siguiente:

«Maciel tenía una cita con el director general de Asuntos Exteriores de España,[185] y me dijo: "usted va a decirle que soy yo". La cosa era que quería conseguir que nos prestaran para el verano un palacio del rey situado en Santander. Yo fui con sotana y todo lo demás, y el citado director me dijo: "usted es tremendamente joven para haber formado una congregación".[186] ¿Y yo qué podía decirle? Maciel me había dicho que se sentía enfermo. Era su condición casi normal. Siempre estaba viajando o enfermo».[187]

Domínguez no comprende por qué Maciel se hace representar por alguien más joven en el asunto del director general. En cambio, nos muestra claramente la manera que tiene MM de presentarse dentro de su congregación, por medio de una especie de oscilación que combina el máximo de movilidad de los viajes casi permanentes, con la supuesta inmovilidad por agotamiento en sus estancias en la enfermería.

Recuérdese que el propio Domínguez refiere lo acontecido en la enfermería donde se insinúa la seducción de alguien del círculo de los íntimos –Juan José Vaca–, sin que Domínguez pueda probar algo al respecto. Al igual que el testigo CB, Domínguez nunca tuvo pruebas fehacientes de lo que ahí ocurría, pero el propio Vaca, en su momento, se encargaría de confirmar lo que allí sólo pareció insinuarse.

Marcial Maciel, carismático, pueril y adicto

El padre Francisco Montes de Oca aporta lo siguiente:

«A mí el padre Maciel me "sedujo"[188] por su cualidades, me parecía que traía una espiritualidad nueva. Me sentí atraído por su

---

[185] Domínguez aclara que no se trataba del ministro propiamente.
[186] Por ese tiempo Federico Domínguez tendría entre 22 y 24 años.
[187] Entrevista telefónica grabada de FMG a Federico Domínguez, 28/II/02.
[188] No está hablando propiamente de abuso sexual, sino de fascinación por la persona de Maciel. En todo caso, Montes de Oca no tenía la edad requerida para

obra que no sabía bien en qué consistía. Como que su congregación iba a tener mucha repercusión en el mundo. Tenía a sus muchachos muy educados. Y noté una inclinación de él a elegir a los güeritos.[189] Él me decía que tenía que ser así para ser mejor considerados. Noté una guerra feroz en Comillas contra él. La mayoría de los jesuitas de Comillas estaban en contra de él, eso me inclinó con el más débil. Parece que lo vigilaban mucho [para neutralizar el asedio jesuita]. Maciel utilizó una supuesta carta del cardenal Spellman, arzobispo de Nueva York, que decía que lo recibió en esa ciudad. Y entonces, el gobierno de Franco retuvo a los mexicanos.[190] Esto es explicable, el gobierno franquista estaba aislado y un grupo de estudiantes de México le convenía. Los jesuitas me contaron que se habían dado cuenta de la falsificación.

»Vi cosas raras, por ejemplo, en Palencia, íbamos un día en coche y me dijo que tenía que tomar una medicina, yo me ofrecí a bajarme en la farmacia por la medicina, él me lo impidió. En Cóbreces se sentía muy mal y al otro día salía lleno de vida. Y yo me admiraba. Después he sabido lo de la droga por el doctor Matute del Sanatorio Español.[191] Él tuvo que autorizársela, como director del hospital. Había una venezolana de nombre Adelaida y cuyo apellido no me acuerdo que me contó que en Nueva York había ido con Maciel a un comercio y que a la salida éste le mostró un montón de bolígrafos que se había robado de la tienda. Y la señora [muy apenada] regresó para pagarlos».[192]

Montes de Oca cuenta su fascinación por la manera que tiene Maciel de presentar las cosas respecto a su congregación, y su rápida desilusión, y abunda en los múltiples trucos que utiliza MM para conseguir lo que se propone. Añade una anécdota más de sus rasgos

ser objeto de avances sexuales por parte de MM. Es el mismo caso de Federico Domínguez, aunque siempre puede haber excepciones.

[189] No era sólo exclusivo de MM. Se pueden encontrar testimonios de esto en otras congregaciones religiosas mexicanas de la época. Por ejemplo, el padre Iturbide, que fue superior general de los Misioneros del Espíritu Santo tendía a esconder a los morenos cuando se presentaba la visita de algún obispo o mecenas, «para que no afearan el ambiente». Recuérdese lo citado por Barba en el artículo de las Constituciones dedicado al «aspecto agraciado y atractivo».

[190] He aquí una versión diferente de un comillense acerca del conflicto entre los jesuitas y Maciel, a través de la carta de Spellman.

[191] En México, DF.

[192] Entrevista de José Barba, Otilio Sosa y Fernando M. González al padre Francisco Montes de Oca, 26/IX/02, Cuernavaca, Morelos.

transgresivos: el pequeño robo de adulto pueril que lo vuelve a colocar en peligro de ser descubierto, peligro del que parece enorgullecerse.[193] Pero, además, alude al hecho del posible uso de la Dolantina ya en 1949, y de su confirmación posterior.

Montes de Oca habla del abierto conflicto entre los jesuitas y Maciel, mismo que, como se recordará, comenzó en Montezuma; pero al parecer los jesuitas mexicanos no habían entrado en contacto con sus pares de Comillas, en España.

Cuando los comunistas nos atacan

El testimonio del padre Montes de Oca no se queda sólo en esto que vengo de citar, ya que aporta una luz interesante a los usos de la representación del comunismo por parte de Maciel y también algo de la relación de dos obispos mexicanos respecto de aquél.

«El padre Maciel vio en España un anticomunismo visceral y entró en ello.[194] Yo trataba a los teólogos Rafael Cuena y Joaquín Ferrero[195] acá en México –vine en julio de 1949–, ellos me habían contado que una vez había entrado corriendo a Tlalpan gritando: "me han baleado, me han baleado",[196] según les había dicho a su vez el hermano Alfredo Torres. Lo que me llamó la atención es que dijera que fueron los comunistas. A Cuena y Ferrero yo los induje a dudas. Al poco tiempo tuvimos los citados una cena de despedida de Cuena en casa de la señora Pachita.[197] Al bajar del taxi me quedé a pagar y de pronto me encañonaron. Y uno de los asaltantes me dijo: "ustedes están con el padre Maciel, no deben hacerlo. Somos comunistas". Yo les dije a Cuena y Ferrero: "no le digamos nada a Alfredo Torres". Al otro día Torres nos pregunta qué tal nos había

[193] Esta conducta pueril la ejerce en ocasiones con cierta crueldad. Por ejemplo, José Barba relata que en una ocasión, en la carretera, Maciel arrojó por medio de una jeringa alcohol a los ojos del chofer de un automóvil que no se dejaba rebasar. Entrevista a José Barba, 20/III/02.

[194] A juzgar por otros testimonios y por el contexto en el que había sido educado, no «entró» en eso, sólo se acomodó suavemente.

[195] Teólogos de la Universidad de Comillas que Maciel había enviado a México para apoyar las labores docentes. El segundo volvió a Comillas a terminar Teología y nunca entró a la Legión.

[196] Aquí aparece resignificada la escena del sombrero baleado de Maciel.

[197] Bienhechora de la Legión de Cristo, y tía de los ex legionarios Antonio y Fernando Pérez Olvera.

ido anoche, le contamos que nos asaltaron los comunistas y él dijo: "ya ven, y ustedes que no lo creían".

»Luego visité a los padres jesuitas José Romero y Julio Vértiz y les platiqué de los comunistas y ellos me dijeron de lo de Montezuma. Fuimos a ver al arzobispo Luis María Martínez[198] para hablarle de Maciel. No nos quiso oír. Sólo dijo: "me lo imagino, tengo antecedentes. Miren, el padre Maciel ya anda con los cardenales en Roma". Claro, si nos hacía caso, tenía que intervenir. Lo de los comunistas era para presumir en España.

»Me vine a Cuernavaca y le conté lo sucedido al obispo Espino, y éste me dijo: "¿no cree usted que Maciel está mal de la cabeza? Sus parientes obispos tienen algo raro. No sé si en Cotija se han casado mucho entre parientes". Tiempo después, cuando yo ya vivía en Cuernavaca, me encontré a Maciel y le pregunté del asalto, y él me dijo: "¡pero eso fue una cosa del hermano Torres!", y añadió: "lo tengo castigado". Y luego me enteré de que [en realidad] estaba en Roma.»[199]

Si el obispo de Cuernavaca pensaba tal cosa de Maciel desde sus consolidados prejuicios, ¿entonces por qué cooperó de manera tan expedita en lo de la citada erección canónica? Y además, tal como aparece descrito, el arzobispo Luis María Martínez parece haber en-

---

[198] Arzobispo primado de México.

[199] Entrevista de FMG al padre Francisco Montes de Oca, *cit.* A su vez, el padre Lucio Rodrigo, en su carta al futuro Paulo VI, del 10/III/50, corrobora el análisis del padre Montes de Oca acerca de estos hechos ocurridos a fines de septiembre de 1949: «una serie de detalles y circunstancias que por brevedad omito, les llevaron a las tres víctimas del supuesto atentado a la conclusión de que [éste] había sido tan sólo simulado y por cierto cuidadosamente preparado en todos sus pormenores por el padre Alfredo Torres Villanueva, religioso perteneciente al nuevo instituto del padre Maciel. [Éste] estaba muy interesado [...] por aquellos días en aumentar su prestigio dentro y fuera de México haciéndose a sí mismo y a su obra [un] blanco singular de los comunistas» (pág. 10). A su vez, el propio Joaquín Ferrero le escribe al obispo de Cuernavaca dándole cuenta del «ataque de los comunistas», y corrobora punto por punto lo relatado por Lucio Rodrigo y Montes de Oca. Pero añade algunos detalles interesantes, por ejemplo el que días antes del asalto se habían encontrado un texto de Alfredo Torres en el cual estaba escrito una especie de guión del futuro asalto y que a la letra decía lo siguiente: «¿Trabajan ustedes en la finca de Morones con el padre Maciel? (Cuando digan que sí), los sujetos, digan: no les conviene trabajar ahí porque la obra no le conviene al partido, mejor que se retiren (Ferrero y Cuena atacados comunistas)». Carta de Joaquín Ferrero, F/3 dentro del *dossier* enviado por el padre Lucio a Montini. LCM, doc. 10/III/50. La Legión había ocupado la casa del ex líder obrero Napoleón Morones.

tendido que para entonces ya MM gozaba de fuero vaticano y se había tornado intocable. O casi.

Pero ¿de dónde venían tanta crítica y empeño por liquidar a la Legión? Maciel no lo dice directamente, pero ofrece pistas cuando describe que en ese año de 1948, al crecer los cuestionamientos, tuvieron que abandonar la vaquería y la casa de Comillas y trasladarse a Cóbreces.

Pero al propio tiempo se moviliza para conseguir dinero para su colegio romano con un bienhechor de México y con una señora de origen francés que vivía en la ciudad venezolana de Valencia, Ana María Branger, lo cual hizo que lograra terminar el colegio hacia el otoño de 1950, aunque todavía sin el mobiliario.

El sombrero agujereado

Entre los relatos que insistentemente se repiten en los testimonios de esa época está aquél del sombrero agujereado –supuestamente por balas– de Marcial Maciel.[200] Es el padre Lucio Rodrigo, en su carta a Giovanni Batista Montini, quien sintetiza el hecho. Señala que éste sucedió pocas semanas después del aparente asalto a los tres teólogos comillenses.

«Se presentó el padre Maciel como víctima de otro atentado contra [su persona]... del que había salido indemne. Presentó el sombrero atravesado por cuatro balas. [...] pero sospechando los señores Ferrero y Cuena pudiera ser una ficción más, como acababan de descubrir lo había sido lo suyo, si bien que en principio lo admitieron todo como una realidad, presentaron el sombrero a un detective de la policía, quien dijo en seguida al examinarlo que los agujeros de la parte superior del sombrero no eran de bala; y que los que aparecían rasando la cinta eran de bala disparada a muy pocos centímetros de distancia y sin estar puesto el sombrero en la cabeza, porque las balas hubieran quedado alojadas en ella.»[201]

Y a todas luces fue así, porque Maciel siguió vivo y sin heridas constatables.

---

[200] El cual forma un díptico junto a aquél de los comunistas que le advierten a los teólogos legionarios de Comillas de los serios peligros que corrían por pertenecer a la incipiente congregación legionaria.

[201] LCM, 10/III/50. F/3, pág. 11.

La falsa visita de los obispos

El teólogo Joaquín Ferrero, en una carta dirigida el 7 de julio de 1948 al rector de la Universidad de Comillas, el padre Baeza, muestra su consternación porque cree percibir lo que considera un ataque injusto a la Legión por parte de esa universidad. Y como él ama a la Universidad de Comillas y al mismo tiempo tiene afecto por la Legión, a la que fue a servir como profesor temporal a la escuela de Tlalpan, el conflicto estalla sin mediaciones aparentes.

Confirma que tanto el padre Marcial Maciel como el padre Luis Ferreira y él mismo fueron invitados por el obispo de Chilapa a visitarlo; que mientras estaban fuera de su casa de Tlalpan, tres obispos mexicanos se presentaron en ésta de manera sorpresiva, y cuando regresaron, el padre Maciel no consiguió averiguar absolutamente nada acerca del motivo de la tal visita, como si los obispos les hubieran impuesto a los jóvenes legionarios el más absoluto silencio.[202]

Pero Ferrero añade que de manera fortuita terminó él por enterarse de lo que había ocurrido, y que resume así:

«He aquí las frases que pronunció uno de los obispos después de la investigación: "ciertamente los padres de Comillas han procedido con precipitación y apasionamiento al escribir esas cartas sin que el padre Maciel sepa nada". Y otro de los obispos: "realmente son calumniosas como ha podido comprobar su excelencia [...]. Se cometería la más grande injusticia si se matara esa obra por esas razones".

»[...] Sentí mucha pena por muchas razones [...]. La pérdida de Comillas en el concepto de los obispos mexicanos y como consecuencia el enfriamiento de los lazos que la unen con México. Las luchas entre las fuerzas de la Iglesia en el momento en que más recio ataca el enemigo [...]. Me da mucha pena que Comillas combata la obra de Dios. Y a mi pobre juicio la obra del padre Maciel es una obra de Dios. La ha bendecido el Papa.

»[...] Padre, con toda confianza y franqueza como me recomendó que hiciera al partir, le he expuesto la verdad objetiva y mis impresiones. [...] le suplico que esta revelación que he hecho en manera alguna llegue a conocimiento de los obispos mexicanos.

[202] Ferrero llega a sospechar de que la invitación fue una estratagema del obispo de Chilapa con la finalidad de que los tres obispos pudieran realizar, sin obstáculos, la visita furtiva.

Aquí no los conocemos más que Cuena y yo. Ante usted comprenderá que no debería guardar secreto».[203]

Pero felizmente pudo Ferrero averiguar al poco tiempo –por su compañero Cuena– que la tal visita no se realizó. Con ello, la descripción objetiva de los hechos se le disolvió entre las manos. Pero entonces, lo que aparentemente se le resolvió del lado de Comillas, se le complicó en relación con su pertenencia a la Legión. Cuando también vivió lo del falso asalto comunista y lo del sombrero agujereado, comenzó a sacar las cuentas de cómo operaba a veces el que fungía como guía de la Legión.

Lucio Rodrigo incluye al parecer esta carta en su *dossier* a monseñor Montini, y comenta que Ferrero aceptó lo de la visita ficticia gracias a que confió en su compañero Cuena, que se lo hizo creer por sugerencia de Marcial Maciel. Incluso añade que este último todavía dio un paso más en el armado de la falsa visita y de la carta, ya que afirma que el propio «padre Maciel revisó, por cierto suavizando algunas frases que [Ferrero] había escrito. Pero a mí [Lucio Rodrigo] el señor [Rafael] Cuena me ha comunicado en plena reserva que él fue el que fingió todo por sugestión del padre Maciel, y que así se lo ha manifestado al obispo de Cuernavaca».[204]

Para poder entender cabalmente el contexto debe tenerse en cuenta lo que por ese entonces estaba en juego. Añade al respecto el citado jesuita lo siguiente:

«Hay que tener en cuenta que en aquellos días de la supuesta visita de los prelados, se estaba tramando en la curia episcopal de Cuernavaca un informe con [el] que se intentó desvirtuar la relación reservada que, a fines de mayo de dicho año de 1948,[205] había yo remitido de oficio a la Sagrada Congregación de Religiosos sobre la persona de Maciel [...] relación que en un exceso de lealtad comuniqué reservadísimamente en copia al obispo de Cuernavaca [monseñor Alfonso Espino y Silva] con la única finalidad de que oportunamente prevenido sobre el caso [...] no se dejara sorprender por el padre Maciel, que había volado a México a precipitar la ejecución de [la erección canónica]. De dicha relación

---

[203] Carta de Joaquín Ferrero al padre Francisco Javier Baeza, del 7/VII/48, LCM, f/3.
[204] LCM, 10/III/50, pág. 9.
[205] Se trata de la carta del 27/V/48. LCM, doc. 38.

mía tuvo éste [Maciel] en seguida noticia detallada. A lo que deduzco».[206]

Si a todo esto le añadimos lo de la falsificación de la firma en el caso Spellman, nos podremos hacer una cierta idea de las tácticas puestas en práctica por Marcial Maciel y sus aliados, durante ese periodo en que están en juego tanto el multicitado asunto de la famosa erección canónica, como su permanencia en Comillas. Por lo pronto, y contra toda evidencia, la partida fue ganada por Maciel. Y no sería la única de la que iba a salir airoso.

3.12 Un comillense enfrenta a Maciel

La ética de Joaquín Ferrero contrasta sustancialmente con la de Maciel, a quien dirige una carta crítica. Entre los documentos del archivo que he citado, ésta resulta significativa porque gracias a ella nos enteramos «sin mediaciones» qué piensa alguien que ha compartido un corto trecho de su vida con Marcial Maciel.

«Me consta que usted está resentido y extrañado por mis declaraciones sobre los asuntos que le voy a tratar. Pero no comprendo su actitud. [...] Recuerde aquella famosa maldita y dura carta que yo escribí estando en Tlalpan al padre Baeza[207] con motivo de aquella «investigación y juicio episcopal en la apostólica». Recuerde su gestación y su texto. Pregunto: si yo sé ahora con toda certeza que esta investigación y juicio episcopal fue una farsa tramada por usted ¿tengo o no tengo obligación de manifestarlo al padre Baeza que le engañé miserablemente y que no hubo tales cosas? Si usted es recto me dirá que sí, pues eso hice.

»Recuerde la «amenaza comunista» que nos preparó el hermano Alfredo [Torres]. Éstos son los dos puntos importantes sobre los que tuve que informar a quien correspondía.

»No pensaba haber hablado de estas cosas con ninguno de los compañeros pero usted me obligó a ello, al manifestar a alguno de los alumnos de la universidad como auténticas las ideas de la

---

[206] Carta del 10/III/50, *cit.,* págs. 9-10.
[207] Cfr. apartado II, 10, letra E.

famosa carta del padre Baeza, el supuesto juicio de los obispos mexicanos sobre la actitud de Comillas. [...] Como usted puede comprender, no podía permitir que tales errores desorientaran a esos compañeros.

»Me causa gran pena que usted haya interpretado este proceder mío de manera poco recta.»[208]

Y remata diciéndole a Maciel que si todo esto no resulta incompatible con poder visitar la casa (¿de Tlalpan?), se lo haga saber. «Porque no puedo olvidar a esos muchachos». Y cierra con algo que puede resultar hasta cierto punto inesperado: «Yo por mi parte no pienso volver a tratar estos asuntos con usted, olvido y perdono todo y le tiendo mi mano abierta».

Que un hombre tan claro en lo que considera sus convicciones éticas enfrente de esta manera tan franca, frontal y libre, al maestro de las tortuosidades, es digno de atención. Es notable la afirmación de que habría estado dispuesto a silenciar lo ocurrido si Maciel hubiera tenido la honestidad de no querer hacer pasar sus trucos como moneda auténtica ante terceros. Cómo si el de Cotija no hubiera calibrado suficientemente que las fidelidades no sólo se jugaban en relación con él. Tampoco se podía tratar a jóvenes adultos de la misma manera en que acostumbraba hacerlo con los púberes más o menos indefensos que lo rodeaban y le debían en buena medida su manutención.

Quisiera abundar acerca de esa actitud desplegada por Joaquín Ferrero en relación con el enfrentamiento que no está dispuesto a llevar a sus últimas consecuencias; le marca claramente los límites a Maciel, pero sin rencores. Incluso le manifiesta que a pesar de sus tramposos procederes, no ha caído plenamente de su gracia.

Lo que se puede confirmar es que, gracias a que no logran articularse el cúmulo de enfrentamientos, denuncias y resistencias puntuales que se van dando a lo largo de por lo menos quince años contra MM, éste logra sobrevivir todo ese periodo; en la medida en que nunca enfrenta una estrategia de conjunto que termine de exhibirlo en el fragmentado campo de las denuncias, siempre encuentra una escapatoria posible. La perspectiva de cada denunciante sólo parece abarcar su caso personal.

Incluso en el momento de la suspensión, en 1956, el despliegue y la articulación de una serie de diferentes maneras de guardar silencio le permitieron volver a salir airoso y mejor posicionado que nunca.

---

[208] LCM, doc. F/3; 17/II/50. Desde Comillas.

4

Un nuevo intento de pederastia
a finales de los años cuarenta

Al abuso del púber a mediados de los cuarenta –hasta ahora el único caso constatado de aquellas fechas– y a las sospechas sin pruebas fehacientes que comenzaron a circular a finales de los años cuarenta, habría que añadir el otro testimonio que pude recabar, de Fernando Pérez Olvera, importante en la medida en que permite hacerse una idea aproximada de lo que ocurría entre 1947 y 1950, entre Tlalpan, Comillas y Cóbreces.

Pérez Olvera entra en el patrón de las vocaciones de púberes que ya he destacado, con una pequeña variante: era su tía Pachita, mujer muy religiosa, la que quería que alguno de sus sobrinos se volviera sacerdote, específicamente legionario. Por lo pronto, y por un tiempo, se le concedió que dos de ellos lo fueran: el propio Fernando y su hermano José Antonio.

Fernando Pérez relata que más de una vez Maciel le había insistido en entrar, pero que un día a sus trece años (1947) el de Cotija le ofreció, si accedía, mandarlo a España, cosa que le pareció «muy interesante». Entró alrededor de marzo de 1947, y no más tarde que en mayo de ese año partió para España en el *Marqués de Comillas*, desde Cuba.

«En Comillas tuve la primera noticia de algo [pero] en ese momento no sospeché nada. Me dijo Antonio Alcalá: "Oye ¿no te ha llamado el padre Maciel para que le sobes el estómago? Le respondí que no. Pero pensé que sería feliz de que me llamara, porque todos procurábamos llamar la atención de Maciel. En Cóbreces, empecé a notar algo. Cuando fuimos a Francia a los votos de los novicios, vi que se formaban parejitas y se tocaban en el camión de una manera que no estaba permitida. Por ejemplo, uno se acostaba en las piernas del otro, etcétera.

»Una vez Maciel me mandó llamar a su habitación, estaba acostado boca arriba con las piernas encogidas tapado y desnudo

139

–no había enfermería en Cóbreces. No había casi luz. Y entonces me dice: "me duele el estómago". Y yo metí la mano debajo de las cobijas, y le preguntaba en dónde le dolía: "Más abajo". Como era muy velludo no pude detectar dónde comenzaba el vello púbico y de pronto sentí su miembro erecto, cosa que me espantó y retiré la mano. Él me dijo que ya estaba bien. Yo todavía le pregunté si quería que le sobara más y dijo que no. Fue ésa la única vez.»[1]

En este testimonio se puede detectar la alusión a una práctica que circula en voz baja y de manera puntual: el privilegio de ser elegido para ayudar a Maciel a calmar sus «dolores de estómago». Ya algunos que participan en el semisecreto y que probablemente han precedido en la citada práctica, le vuelven deseable la pertenencia al círculo de los elegidos. Por otra parte, Pérez Olvera al parecer no se esperaba el encuentro con el pene de Maciel, sino sólo con su dolorido vientre, por lo que se espanta. Pero eso no le impide ofrecerle tocarlo arriba de la zona de los genitales, dado que el susto demostrado pudo haber desilusionado al «santo» que tanto admiraba. «Nos habían creado una imagen del padre Maciel de santo. Nos decían que se dormía en un ataúd y que iba el demonio y lo movía para despertarlo. Yo sentía por él una admiración exagerada».[2]

En todo caso, por lo pronto era el propio Maciel el que llamaba a algunos de sus pupilos a que lo mantuvieran despierto de otra manera. Pero los que acudían al llamado no lo hacían con cualquier sacerdote, sino con uno que ya estaba investido por la representación de santidad. La producción de dicha representación, con sus símbolos y anécdotas distintivos se iba transmitiendo, sin obstáculo aparente, entre las generaciones.

Pero Pérez Olvera introduce un aspecto de ese microuniverso que permite descentrarse de la figura omnipresente de MM, cuando añade:

«En dos o tres ocasiones con X [compañero] sí sufrí no quiero decir una agresión, porque cuando uno está de acuerdo no es una agresión. Éste me pidió que me bajara los pantalones, no hubo penetración pero sí se frotó en mis nalgas hasta que eyaculó. [...] En realidad yo sólo me descubría el trasero. Fue la razón por la que me salí del seminario: porque empecé a sentir algo diferente. Yo buscaba quizá ya su compañía [...]. Si iba con X en el camión, el

[1] Entrevista de FMG a Fernando Pérez Olvera, Monterrey, NL, 13/XII/03.
[2] *Idem.*

solo hecho de rozar su pierna me excitaba. Todo eso se lo comenté a Maciel. Éste me dijo que para evitar eso me fuera a dormir a su cuarto. Puso un colchón en el suelo y así me pasé como mes y medio. Nunca me intentó tocar. Me dio un cilicio.[3] Yo le hacía la cama a Maciel y notaba que tenía poluciones casi diario. Cuando él llegaba a dormir yo ya estaba durmiendo, y cuando me despertaba ya se había ido. No sé qué intención tuvo para llevarme a su cuarto. En otra ocasión, tuve tocamientos con otros compañeros en el baño, nos manipulábamos el pene. Yo se lo comuniqué a Maciel, éste me encerró en un cuarto [alrededor de un mes] y me dijo que iba a decir que me había enviado a Extremadura por mal comportamiento. El cuarto tenía cubierta la ventana y yo prendía un foco para leer en el día. Y hacía mis necesidades en una bacinica que un colega más grande se llevaba. Era el que me traía la comida. Y más de alguna vez me hizo insinuaciones. Cosa que también le platiqué a Maciel».[4]

El foco de la escena centralizada en Maciel se amplía y se desplaza un poco. En los bordes de la relación con el fundador, director espiritual y aspirante a santo se despliega una sexualidad con visos homosexuales que de alguna manera mimetiza la relación de los elegidos con Marcial Maciel. Pero se trata de un despertar de la pubertad que amenaza con salirse del control de quien al parecer se siente con el derecho de dirigir la operación. Maciel intenta cargar sobre uno de los implicados la responsabilidad del funcionamiento de la red de excitación sexual, implicado que, por cierto, se encarga de mantenerlo informado de todo cuanto sucede fuera de su control. Además, dicha red le demuestra por lo pronto a Maciel que él no es el objeto exclusivo de los deseos de estos jóvenes.

---

[3] Los usos del cilicio y la disciplina también eran practicados en otras congregaciones religiosas como la de los jesuitas, que no las abandonaron hasta casi el final de la década de los sesenta. Por ejemplo, los novicios y juniores tenían prescrito oficiosamente el azotarse en las noches de lunes, miércoles y viernes, y utilizar el cilicio en la pierna desde el despertar hasta después del desayuno, los mismos días. José Barba, en un texto inédito realizado para la revista *Prometeo* en 2003, habla de su llegada a Roma en 1954 y cómo «fui armado caballero de Cristo, al serme entregados un manual *Christianum*, un cilicio que me ceñiría apretadamente la pierna derecha los lunes, y una disciplina de nudos con la cual, los miércoles por la noche, debería castigar mi cuerpo contra las apenas sentidas incitaciones de la carne» [p. 8].

[4] Entrevista de FMG a Fernando Pérez Olvera, *cit.*

Dado que la socialidad que se instituye en ese tipo de casas de formación para religiosos con vocación de instituciones totales es de tipo homosexual, no es extraño que se produzca la exacerbación de una sexualidad con estas características, y más en este caso.

El hecho de haber invitado a su cuarto a Pérez Olvera se podría interpretar como un intento paradójico por parte de Maciel de terminar con el supuesto causante de los juegos sexuales entre los jóvenes; y probablemente también de mantener por un tiempo su propia excitación bajo tutela, ya que Olvera no recuerda que durante ese tiempo el superior de la congregación haya llamado a otros para que lo aliviaran de sus «dolores de vientre», o cuando menos no en esa habitación.

De todas maneras, este episodio se sale de la conducta que ha sido descrita en los otros testimonios. Pero al mismo tiempo ensaya otra salida tortuosa: la de encerrar en una especie de calabozo al joven aspirante a seductor, sostenida con una mentira. «Cuando te pregunten, les vas a decir que estuviste en Extremadura». Con qué finalidad, no queda del todo claro.

A su vez, el adulto que ahora testimonia logra corregir el reflejo del discurso victimario en el que la tendencia a contemplarse como pura pasividad es lo primero que se encuentra por delante. Dice «sufrí», pero rápidamente se da cuenta de que, tratándose de una acción entre pares y consentida –«no podría decir que era una agresión»–, no puede sino aceptar que él *se hacía hacer* lo que «sufría».

Pero ahí donde uno esperaría que lo más traumático hubiera sido la primera visita a Maciel, resultó que para Pérez Olvera esto, al parecer, no fue del todo exacto; fue necesaria una segunda escena que tuviera el efecto de un *après coup* para resignificar a la primera, solidificando la culpa.

«Pero lo que me destrozó la vida no fueron las relaciones sexuales, fue lo que hacía Marcial Maciel con nosotros, y que era que todos los jueves que eran de hora santa rezábamos el rosario y después había una plática de éste. Apagaba las luces de la capilla y sólo quedaba la lámpara roja del Santísimo y entonces comenzaba:

»"No sean, como decía Jesús, sepulcros blanqueados que por una parte esconden la podredumbre y, por otra parte, se ven muy bonitos. No hay nada peor que la hipocresía". Y luego alababa la castidad y la pureza. Y añadía: "tienen que ser puros y castos y no tener malos pensamientos".

»Y yo me preguntaba: ¿Cómo es posible que diga eso después de haber tenido esa experiencia de haberle tocado el miembro?

¿Cómo es posible que un santo tenga erecciones? Y remataba: "Se van a condenar si ustedes caen en el pecado de la impureza".

»Cuando salí del seminario tuve una crisis de culpabilidad terrible que me duró muchos años. Me metía en el oratorio de mi tía a llorar con las luces apagadas. Y le decía a Dios: "por favor no permitas que me muera en pecado". Yo tenía pánico al infierno y a la muerte, y me tenía que estar confesando a cada rato. Hasta que me casé no tuve relaciones con ninguna mujer. Si en la universidad una mujer me tocaba con sus piernas tenía erecciones. Si una mujer me gustaba era un mal pensamiento. Me costó mucho trabajo reponerme de todo eso. Siempre he estado todo el tiempo enfermo del estómago.»

En ese momento interrumpo su relato para preguntarle: «¿Precisamente el estómago? ¿Tendría algo que ver con los dolores de MM?» Y me responde: «No sé, nunca lo había pensado, puede ser».[5]

He aquí, desplegada, un tipo de subjetividad religiosa muy de esa época, pero que viene de más atrás. Basta leer por ejemplo, entre otros, el diario espiritual de Concepción Cabrera de Armida (de finales del siglo XIX y las primeras tres décadas del XX) o remitirse a la cultura dolorista y apocalíptica de algunos jesuitas, para hacerse una idea de este tipo de representaciones.[6]

Pero la cuestión que lo complica todo es que ese discurso de MM, si bien no tiene nada de original, se da en el telón de fondo de una serie de actos que contradicen radicalmente lo que pretende mantener

[5] Entrevista de FMG a F. Pérez Olvera, *cit.*

[6] Quien esto escribe, en su ya lejana infancia, formado en colegios de jesuitas, asistió a diversos ejercicios espirituales de Cuaresma. Recuerdo nítidamente a un sacerdote de esa orden apellidado Ramírez que –en el templo de San Miguel, en Guadalajara, alrededor de 1957– desplegaba con lujo de detalles las imágenes que ejemplificaban lo que iba a ser la terrible eternidad, para aquellos que se condenaban «por un solo pecado mortal», fulminados por una muerte imprevista sin haber logrado confesarse. La fórmula de «Por un solo...» la repetía tres veces al final de cada ejemplo. Los ejemplos, por cierto, eran tan tiernos como el de la Tierra convertida en una esfera del material más duro y un pajarito que cada millón de años reposaba sus patas en ella; al paso de millones y millones de años, cuando por fin la Tierra se había desgastado completamente, «entonces, apenas, habría comenzado la eternidad». Sobra describir las filas que se hacían para ir a confesarse lo más rápidamente posible. Qué de insinuaciones a contracorriente se colaban en los intersticios de esos ejemplos entonces aterrorizantes, para intentar acceder a los gozos prometidos por el pecado. Si el precio era tan caro, cómo serían los placeres. Yo, al igual que el poeta Hugo Gutiérrez Vega –que fue sometido a parecidos avatares–, aprendí años después que los pensamientos «malos» eran buenísimos, como el citado gusta de afirmar.

disociado y recubierto por el obsesivo discurso de la pureza. Entonces, se produce un inevitable efecto denegativo en la escena de la capilla, que tiene por resultado una verdadera disonancia cognoscitiva y afectiva en aquellos de los escuchas que saben que hay otra escena «impura», la cual es sustraída y negada al mismo tiempo que se clama por ella mediante la insistencia en la pureza. Esta *denegación* se puede condensar en la fórmula que Octave Mannoni produjo para dar cuenta de este mecanismo que se encuentra en buena medida en los cuadros perversos y, ejemplarmente, en el fetichista: «Ya lo sé, pero aun así».[7]

La escena en el cuarto de Maciel y aquélla de la capilla se articulan gracias a la frase bisagra «lo que *hacía* Maciel *con nosotros* en la capilla». Aquí sí aparece la pasivización del testigo sin distancia posible. El acto vivido en un lado se complementa con el discurso que lo deniega en el otro. Pero, en ambas partes, Maciel «les hace cosas».

A su vez, la utilización estratégica del discurso evangélico acerca de la hipocresía que implica el comportarse como los «sepulcros blanqueados» que ocultan la carroña pestilente del cadáver, recuerda la reflexión que realiza Michel de Certeau en su artículo titulado «La institución de la podredumbre», cuando establece una comparación entre el paranoico, el místico y el torturado –le faltó añadir al perverso– para mostrar cómo desde diferentes posiciones cada uno se tiene que hacer cargo de la abyección propia; y, en el caso del torturado, de la del Estado. «La clasificación del sujeto bajo el signo del excremento es el punto donde se implanta la institución del discurso "verdadero".»[8]

Podríamos añadir que el discurso insistente y obsesivo acerca de la pureza ayuda a la implantación del emisor incuestionable y de su institución verdadera, a condición y al precio de que los «corrompidos» acepten hacerse cargo de los detritus que los trascienden como si fuera sólo asunto de cada uno.

Entonces, aceptar su «podredumbre» tiene el efecto de exaltar a aquel que con su voz los vuelve excremento. «La palabra golpea de nulidad al testigo de la gloria.»[9]

Encontrar el punto de anclaje en el que alguien, al ser colocado en el lugar de la carroña, acepta ocupar esa plaza, es una cuestión estratégica para De Certeau, ya que la sitúa como la condición de posi-

---

[7] Mecanismo que implica recurrir a la división de sujeto y que supone la referencia al inconsciente. Mannoni lleva su reflexión más allá de la estructura perversa. Octave Mannoni, *Claves de lo imaginario*, Buenos Aires, Amorrortu, 1973.

[8] Michel de Certeau, *Historia y psicoanálisis*, México, 2ª ed., UIA/ITESO, 2003, págs. 131-132.

[9] *Ibidem*, pág. 128.

bilidad de la manifestación de la omnipotencia del nominador. Es desde ahí que se podrán desarticular las categorías demasiado consistentes y poco dialécticas del verdugo y de la víctima,[10] categorías que obturan la intersección, y sobre todo la aceptación por parte del encarroñado –aunque sea a contracorriente– de lo que se le endilga.

El delirio de Daniel Paul Schreber, analizado por Freud y Lacan, describe dicha intersección, cuando alude a la voz de bajo que retumba con tono aniquilador y que, sin embargo, él transforma en admiración gozosa ante «lo grandioso y lo sublime» de ese dios aterrorizante que se hace escuchar. Y lo que resulta más paradójico es que no evita reconocer que lo que profiere son insultos personalizados contra él, cuyo efecto sobre sus nervios le resultó «benéfico».

«En la noche [...] una noche única, el Dios inferior (Arimán) apareció. [...] Su voz retumbó ante las ventanas de mi dormitorio con una poderosa voz de bajo [...]. Todo parecía calculado para inspirarme terror y temblor y la palabra podredumbre (*Lüder*) se escuchó muchas veces, expresión muy frecuente en la lengua fundamental (*Grundsprache*) cuando se trata de hacer sentir el poder y la cólera de Dios al hombre que él quiere aniquilar. [...] Entonces la impresión que dominaba totalmente en mí no era el temor sino la admiración ante lo grandioso y lo sublime. De esta manera, a pesar de los insultos contenidos en las palabras, el efecto producido en mis nervios fue benéfico.»[11]

Esa aniquilación admirativa que apela a una escucha más allá de la carroña, al tiempo que la asume, es la que muestra la opacidad de un cúmulo de adhesiones; abre la interrogación acerca de las gozosas tortuosidades que se dan y forman parte del material discursivo cotidiano de lo que escuchan los psicoanalistas en la intimidad de sus gabinetes.

Dicho esto, De Certeau puede entonces sintetizar lo que es para él la institución:

«La institución no es únicamente la epifanía engañosa de un ideal del yo que permitiría la producción de creyentes. No solamente

---

[10] En el caso de la tortura, las posiciones de verdugo y víctima sin duda son más nítidas y aluden a un tipo de intersección de naturaleza diferente a las que intento cercar.

[11] Citado por Michel de Certeau en *Historia y psicoanálisis, op. cit.*, pág. 121, de Daniel Paul Schreber, *Memoires de un névropathe*, París, Seuil, 1975.

un conjunto de procesos generadores de credibilidad por el hecho de retirar lo que promete. No solamente una relación entre lo sabido y lo callado, manera en la cual Freud interpreta la institución sacerdotal: se constituye al callar el asesinato que sabe. [...] Sería también la asignación-localización de la podredumbre en el interior por la mediación de que el discurso es «grandioso». [...] Así la relación al amo: llámame *lüder* para que yo mantenga tu discurso. La transmisión del saber pasaría por lo podrido; la tradición por la corrupción que, reconocida, autoriza a la institución a seguir siendo la misma».[12]

Planteamiento paradójico el que ofrece De Certeau, ya que sostiene que las instituciones se afianzan en buena medida tanto por «retirar la credibilidad de lo que prometen», como por la abyección de quienes aceptan ser *lüder* para mantener la grandiosidad del discurso del elegido como amo. Y en el colmo de la paradoja, tal pareciera que en la medida en que estos amos retiran o traicionan,[13] lo que ofrecen como creíble se vuelve para sus adoradores aun más deseable. O, en términos de Baudrillard, «no se puede vivir sino de la idea de una verdad alterada.»[14]

Pero ¿qué pasa cuando alguien sabe que el amo glorificado tiene una parte inconfesable en su haber, como es el caso de Pérez Olvera? Saber que, por otra parte, aún no termina de recorrer el periplo que empieza con «¿con qué derecho me dice eso, si él es en buena medida como yo?» Por lo pronto, pasa muy poco, porque en el citado periplo, si el implicado quiere realmente llevar la crítica a fondo, no puede ahorrarse en el trayecto la caída de la representación de santidad del que «lo volvió» abyecto y que se niega a asumir su parte en el asunto. Y hacerla caer trae como consecuencia el derrumbamiento de los propios puntos de referencia del aprendiz de iconoclasta, que en buena medida se sostienen en ese soporte fetichista[15] prestado por el que funge como amo.

Es probablemente por esta razón que Pérez Olvera, aunque haya tenido clara la división que habita al personaje que lo fustiga, no lo-

---

[12] *Ibidem*, págs. 138-139.
[13] Ciertamente, la palabra traición no está en el vocabulario ni en la perspectiva de M. de Certeau, pero me parece que va en el caso que analizo.
[14] Jean Baudrillard, *De la seduction. L'horizon sacré des apparences*, París, Galilée, 1979, pág. 83.
[15] En el sentido de Marx, y no de Freud. Es decir, como si el supuesto santo generara sus propias representaciones, fetichismo que cumple la función de ocultar la relación social que permite configurarlo.

gró dar este paso sino hasta muchos años después, y por lo tanto se quedó atrapado en una culpa proliferante –que tenía para él sin duda elementos en donde enraizarse–, y a la que sólo calmaba por un corto periodo la confesión frecuente y compulsivamente practicada.

Si a todo esto le añadimos el ritual en el oratorio de la tía, mimetizando la atmósfera de la capilla con las luces apagadas,[16] y lo relacionamos con el síntoma del dolor de estómago activo hasta el presente –quizá un último homenaje identificatorio a Maciel, y que se podría interpretar como la última traza de algo no desligado aún, o como la «cicatriz» simbólica de un acto inaugural en el cual el «santo» mostró sus pulsiones fuera del sepulcro blanqueado de su cuerpo–, nos haremos una idea de las dificultades que implica desembarazarse de una experiencia de este tipo.[17]

Si esta hipótesis tiene alguna plausibilidad, entonces podremos entender más fácilmente la relación de Fernando Pérez Olvera con el ya citado padre Luis Ferreira, quien en su momento sustituyó a Maciel cuando éste fue suspendido por las autoridades vaticanas, en 1956.

[16] Y el cuarto en donde lo recibió Maciel la primera vez, o la oscuridad de su calabozo temporal.

[17] José Barba señala en su escrito ante notario que tuvo durante un tiempo «la obsesión constante de que mi cuerpo olía mal, a pesar de bañarme con frecuencia». Y en efecto, en el «reino de la Legión» algo olía mal, pero había que mantenerlo diseminado e individualizado en el cuerpo y en el psiquismo de cada cual, para conservar al fundador y a su institución intocados.

5

El caso del sacerdote Luis Ferreira Correa

Fernando Pérez relata cómo el sacerdote Luis Ferreira llegó de relevo de Maciel para hacerse cargo, en 1949, de las confesiones en Cóbreces.[1]

«Me fui a confesar y me sentó en su pierna izquierda, y le dije que había tenido tocamientos, y de pronto, me agarró el pene:
»–A ver, ¿así? –y empezó a manipulármelo y yo me asusté.
»–Sí, así, padre.
»–Bueno, ya entendí –y me dio la absolución.
»[...] Ya cuando salí de la Legión, fui a confesarme de nuevo con él a Tlalpan –estaba de encargado de la apostólica. Le dije que me había masturbado. Ahí sí, me desabrochó la bragueta y me manipuló, y luego de nueva cuenta me dio la absolución.»[2]

Dos elementos a considerar: 1) el otro sacerdote de la Legión también tenía su juego propio, y otros testimonios lo corroboran, pero a diferencia de Maciel, su lugar privilegiado de actuación se da en el momento de la confesión o de la dirección espiritual, y a semejanza de Maciel, en algunos casos, con absolución incluida para «anular» el acto previo, lo cual recuerda a los obsesivos-compulsivos que anulan con un ritual o con otro acto lo que vienen de pensar o hacer (en el padre Ferreira se da una suerte de confesión o dirección espiritual «de bulto», como si no le bastaran las palabras); 2) ya fuera de la Legión, Pérez va a buscar al sacerdote que lo toqueteó, como si de nueva cuenta, a la manera de un síntoma descrito por Freud, estuvieran las dos tendencias contradictorias juntas, el deseo y la prohibición.

[1] Ya que al parecer hasta ese año 1948, aproximadamente, Maciel era el único sacerdote que tendía a cumplir todas las funciones.
[2] Entrevista de FMG a Fernando Pérez Olvera, *cit.*

Juan José Vaca aporta elementos sobre el tipo de relación que establecía Luis Ferreira con algunos de sus pupilos, cuando alude a su ingreso a la apostólica en Tlalpan, alrededor de mayo de 1947. En dicho lugar, tenían la obligación de confesarse una vez a la semana y de ir a dirección espiritual dos veces a la semana, en una de cuyas ocasiones:

«Ferreira comenzó a sentarme en sus piernas y en un momento yo me sorprendí, pero me sentí muy halagado que tuviera esa cercanía física conmigo, nada sexual, al mismo tiempo que me incomodaba. Pero me pasó, me sentí a gusto, apreciado, su íntimo secretario. Pero en la dirección espiritual siempre era el tema de la sexualidad; que si tenía erecciones, que si sentía esto o lo otro. Yo no sabía lo que era masturbación. Yo le decía que no me masturbaba. Y él me decía: "tiene que haber una cosa rara contigo, porque a tu edad deberías de sentir algo. ¿No te dan ganas cuando te vas a bañar de tocarte?" Le decía que no. "Entonces voy a verte, porque a lo mejor hay que llevarte con un médico." Entonces me lleva a su habitación, me acuesta y me baja los pantalones y comienza a observar el pene. Entonces comienza a manipularme, no me acuerdo de haber tenido erección. Vio mi contrariedad y me dijo: "Estás bien, pero en adelante procura lavarte mejor." Nunca más volvió a tocarme.

»Yo ahora pienso que trataba de excitarme sexualmente para él también excitarse. Yo eso nunca lo revelé. Por lógica, en esa edad tú tratas de bloquearlo».[3]

He aquí un buen ejemplo de inducción a la excitación sexual con el pretexto de la exploración de las sensaciones y de la maduración biológica. El director espiritual desempeña simultáneamente el papel de «auxiliar» médico y masturbador *interruptus*. Por otra parte, el citado caso muestra de manera fehaciente la fácil manipulación a la que están sujetos, en todos los sentidos, los jóvenes insertos en una institución total, privados de sus familias y ávidos de reconocimiento y afecto.

Ferreira da los primeros pasos para preparar en el sometimiento sexual a Juan José Vaca; poco tiempo después, Marcial Maciel se hará cargo con creces del relevo.

[3] Entrevista de FMG a Juan José Vaca, México, DF, 26/XII/03.

El ex legionario Jesús Espinosa entró pocos años después, en 1952, a la apostólica de Tlalpan, y permaneció en ésta hasta 1958.[4] Tenía alrededor de diez años y relata que al poco tiempo de su llegada Luis Ferreira lo llamó a dirección espiritual y sin más preámbulos le bajó el pantalón y lo comenzó a masturbar.

«Yo sentía contradictorias las cosas; por un lado sentía vergüenza, y por otro lado me gustaba. No entendía bien lo que pasaba. Fueron muchas veces. Él me llamaba con regular frecuencia a dirección espiritual. Yo le decía: "Ya no me siga manejando", y él respondía: "Es que necesito saber si tú ya estás despierto". Nunca llegué a tener eyaculación. A veces me decía mientras me masturbaba: "¿Qué sientes?", y yo le respondía: "Ganas de que me deje, que no me siga manipulando", pero al mismo tiempo sentía placer. A veces, cuando todos se iban me invitaba a dormir, pero ahí no pasaba nada. O cuando menos, eso creo. A lo mejor me abrazaba. Me confesaba con él cada semana, era la costumbre. Y al mes había una confesión general. Pero sólo me masturbaba en dirección espiritual, jamás en la confesión. La masturbación no entraba para nada en las faltas semanales o mensuales a ser dichas. Yo no me sentía mal. Si no era capaz de entenderlo, menos de juzgarlo. Y como él nunca me mencionaba nada, pues yo tampoco.»[5]

Varias cosas de este testimonio han de ser remarcadas. Primero que se trata precisamente del sacerdote que años después ocupó el puesto de MM, mientras aquél era investigado por Roma por cuestiones de pederastia y drogas. Debe de haber sido complicado para Ferreira enviar a Roma en agosto de 1956 el informe que en parte sirvió para la suspensión del superior general y al mismo tiempo estar implicado en uno de los dos asuntos que al otro se le cuestionaban.

El testigo dice que no le consta que Ferreira masturbara a otros, aunque sí que tenía sus preferidos. También Maciel tenía su grupo preferencial. ¿Se respetaban los feudos? Hasta donde tengo información, parece que sí.

---

[4] Su hermano Alejandro, autor del libro *El legionario*, ya citado, había ingresado un poco antes.
[5] Entrevista de FMG a Jesús Espinosa, México, DF, 7/IV/03.

Último detalle en lo expresado por Jesús Espinosa: puede detectarse una oscilación –no exclusiva de él– entre, por una parte, percibirse como alguien que «no entendía lo que pasaba», y por lo tanto incapaz de «poderlo juzgar»; y por la otra, como alguien que «sentía placer», y a su vez deseos de no ser «manipulado», al tiempo que vergüenza.

Esta complicada disociación y simultaneidad, en la que se condensan un cúmulo de sensaciones y sentimientos contradictorios, está en el corazón de la oscilación desde la que trata de dar cuenta de lo sucedido hace cincuenta años.

Y no sabemos si le rinde justicia a la experiencia de entonces o es una recreación a la luz de la explicación pública de lo ocurrido. En todo caso, se puede plantear la hipótesis de que, ante el hecho de tener que confesarse, se sentía como una víctima perpleja que en algún lugar consentía, al no poner límites firmes a la manipulación de su pene por el director espiritual –que al mismo tiempo fungía como superior y confesor, tres papeles distintos y un solo personaje verdadero–; al mismo tiempo se sentía aliviado por no tener necesidad de ponerlo en palabras en la confesión.

Lo único claro es que quedaba preso en una situación contradictoria y disonante. En esa práctica de evasión, el neófito aprendía el arte de la complicidad y algunas de las maneras de manejar el silencio. No era ni siquiera necesario darle la orden de no hablar de «eso».

El pasaje al acto sucedía precisamente dentro de un dispositivo hecho sólo para intercambiar palabras y en donde una de las partes ejerce su poder performativo –cuando decir es «hacer»– en la denominada absolución, que deja un resto no apalabrado.

En este sentido, las críticas dirigidas a Maciel acerca del cuasisecuestro de sus discípulos, a los que no se les permitía confesarse con otros, en estos casos descritos también parecen valer en relación con Ferreira.

Lo vivido por José Barba con el citado sacerdote permite detectar cómo se educa para guardar silencio sobre ciertos hechos en situaciones discordantes y no exentas de contradicciones. En este caso, usando la confesión para dejar caer una diferencia valorativa entre el acto del otro y el del propio confesor, sin tener siquiera que nombrarlo. Porque al que se confiesa ni siquiera se le ocurre introducirlo como problema, menos aún establecer comparaciones.

Barba relata su encuentro con Ferreira en 1951 del siguiente modo:

«Un día me preguntó si tenía "movimientos de la carne", yo le respondí que a veces. Y luego me abrió la bragueta y comenzó a masturbarme y me dijo: "¿así te pasa?", como un médico. En ese caso, si no me hubiera enterado mucho tiempo después de lo que les pasó a otros con él, yo lo hubiera tomado como una observación medio clínica.

»FMG: Pero era claramente masturbatoria.

»JB: No, fíjese que no. No fue una masturbación violenta o agitada o del que quiere tener un resultado, como sí fue el caso de Maciel. Ésta fue una cosa muy suave para excitar un poco y muy corto tiempo, menos de un minuto, lo cual me da la impresión que él sólo quería saber. ¡Vaya usted a saber los elementos de medición que tiene un director espiritual!

»FMG: Curiosa dirección espiritual la de aquel que no permanece en la palabra sino que pasa al acto.

»JB: Ahora yo lo veo. En aquel tiempo yo era muy inocente, créame. Fíjese que yo nunca confesé esas cosas porque no me parecieron malas. En cambio, una vez pedí una bicicleta de unos hermanos y un tal Jesús me dijo: "Yo te llevo, súbete en el cuadro", y en el paseo me quiso meter mano y yo lo rechacé. O sea, yo sabía lo que quería y lo que no quería. Y en la siguiente confesión se lo dije al padre Ferreira. Y fíjese que yo no lo había interpretado mal a éste, porque me dijo con vehemencia: "¿por qué no me lo dijiste fuera de confesión?" Me fue más convincente que el padre no hizo su tocamiento por morbosidad.

»FMG: Pero también se podría leer como el colmo de la disociación o de la insidia, a escoger. Él, de alguna manera, puede estarle diciendo: "Yo que dos veces te he manipulado el pene, reacciono casi con indignación contra el intento de otro de hacerlo contigo".

»JB: Mire, ahora ya sí lo puedo interpretar así, porque ya tengo la experiencia de lo que me sucedió con Maciel. Pero con Ferreira nunca lo pensé. Ferreira tenía en ese entonces unos 35 años».[6]

Esta secuencia muestra claramente las diferencias entre entrevistado y entrevistador en cuanto a las categorías de percepción y apreciación de lo ocurrido. Lo que para mí resulta evidente, para él no lo es. Dos veces dice que ahora ya lo ve de otra manera, y al mismo tiempo sostiene que no se trató de una masturbación. Porque al parecer le

---

[6] Entrevista de FMG a José Barba Martín, México, DF, 28/III/01.

basta que la masturbación no sea «violenta y agitada» y que no haya polución, como la que tres años después sufrió a manos de Maciel, para que deje de serlo. Es como si espontáneamente hiciera uso de las categorías de la teología moral, que distingue entre actos de impudicia (sin eyaculación) y actos de impureza (con eyaculación). Su narración es el producto de un ir y venir entre pasado y presente que de pronto parecen diferenciarse y de pronto interferirse. Lo que queda más o menos claro es que si yo me hubiera privado de intervenir, lo más probable es que hubiera mantenido su percepción de que con Ferreira se trató de una acción sin segundas intenciones, a lo más «medio clínica», incluso considerando la información que recibió años después de sus ex compañeros. Y después de mi intervención, tampoco es del todo evidente que la perciba netamente como un acto masturbatorio.

Resumiendo, tenemos entonces que había algunos elementos para las zozobras que Maciel vivió respecto a la erección canónica. Algo de todo lo anteriormente consignado, fuera como rumor en las confesiones o en la dirección espiritual, fuera como lo que el testigo anónimo calificó de sospechas –las cuales comunicó al superior de los jesuitas en Comillas–, pudo haberse colado eventualmente ya por esos años. No obstante, en justicia hay que apuntar que los casos aquí consignados corresponden más al padre Ferreira que a Maciel y tampoco coinciden con las fechas, excepto el ya descrito del jovencito que logró decirles a sus padres lo que le había ocurrido con Maciel; y el de Fernando Pérez Olvera, quien asegura haber guardado silencio acerca de lo ocurrido, tanto con Maciel como con Ferreira.

Para ese tiempo, entonces, ya no era sólo Maciel el que estaba en entredicho, sino Ferreira y la sexualidad entre algunos jóvenes, actuada con cierta independencia de la que los ligaba a sus mayores. De ahí que Maciel tuviera que tomar cartas en el asunto y sacara de su congregación a tres jóvenes de esa red que podían poner en predicamento a su empresa, en 1950. Relata al respecto Fernando Pérez Olvera:

«–En un día de 1950, me llamó el padre Maciel y me dijo: "Sabes, te vas a regresar a México. Y junto contigo, se van Antonio Alcalá y Abraham López". Nos llevó a Santander a tomar el barco. Fue un alivio.

»FMG: ¿Por qué ustedes tres?

»–No sé, yo no había tenido nada que ver con Abraham».[7]

[7] Entrevista de FMG a Fernando Pérez.

5.1 La década de los años cincuenta

José Barba sitúa a principios de los años cincuenta el advenimiento de los primeros signos del «espíritu legionario».

«La legión ha pasado por muchas etapas y en los tiempos de Tlalpan de 1949 se vivía más bien un cierto misticismo, mucha vida de capilla, estudios, juegos, pero no había una religiosidad consistente. En primer lugar había muchos cocineros que estaban haciendo la sopa. Estaba Ferreira que no tenía una formación legionaria sino de Montezuma, luego dos que vinieron de Comillas, Cuena y Ferrero, formados también por los jesuitas –que se fueron a España en octubre de 1949 junto con Ferreira– y el propio Maciel. Además, había unos padres franceses de la Divina Infantita que venían a decirnos misa.

»No había idea clara [de] hacia dónde íbamos. Se decía que éramos futuros Misioneros del Sagrado Corazón y de la Virgen de los Dolores.[8] Al mismo tiempo veíamos que estaban ahí cerca, también en Tlalpan, los Misioneros de Guadalupe, que publicaban una revista en formato pequeño que se titulaba *Almas*. Y para mí, el misionero era el que estaba en África y usaba sotana blanca y sarakoff.[9]

»Las lecturas que se daban en el comedor eran sobre vidas de santos (por ejemplo, santa Teresita) o de los mártires. Y los libros que se leían en la capilla eran de la inspiración de los Misioneros del Espíritu Santo.[10] O sobre la Eucaristía. Los teólogos como Henri de Lubac o Teilhard de Chardin nos estaban vedados. Romano Guardini era uno de los que se leían con cautela.

»La biblioteca era muy pobre, por lo tanto era difícil competir con la Gregoriana con los franceses o los del Germánico, que sí tenían metodología. Los tres estudiantes legionarios de filosofía más destacados eran Miguel Díaz, Carlos Martínez y Alfonso Samaniego; no creo que fueran pensadores, cosa de la edad, más bien eran memoriosos. Nosotros veníamos de un México que no conocíamos ni en su historia.

[8] Nombre original de lo que sería la Legión de Cristo.
[9] La revista *Almas* precisamente había contribuido a esa imagen. Pronto las misiones para China comenzaron a tener adeptos. Y hacia adentro de México, los jesuitas promovieron por 1958 la misión de Bachajón en Chiapas. En los colegios particulares católicos se hacían colectas para «las misiones».
[10] Los cuales también residían en Tlalpan.

»En la apostólica los menores –entre nueve y trece años– éramos como cuarenta y cinco. El origen era predominantemente de Michoacán, Jalisco, Querétaro y Aguascalientes. [En buena medida la zona del centro ex cristera.]

»Cuando se empezó a notar el influjo del espíritu «legionario» fue con la llegada de los hermanos gemelos Izquierdo –finales de 1949– que venían de Cóbreces. Ellos ya eran filósofos [españoles] y llegaron con una estructura muy diferente, habían asimilado la formación de Comillas, reorganizaron el currículo.

»Empezaron a hablarnos de la Legión como tal, de Maciel como el jefe y del Papa como el jefe supremo. A cantar cánticos con referencia directa a la situación romana después de la guerra. Por ejemplo, "Las trompetas de plata": "Resuenen las trompetas, es la argentina voz / que en la triunfal basílica resuene el corazón".

»Recuerdo muy claramente a principios de los cincuenta cómo sentía que se iba transformando el ambiente. Una idea muy clara de lucha, de que el comunismo existía y de que íbamos a luchar contra él. Los hermanos Izquierdo[11] habían sido víctimas de la guerra civil, por su familia, que estuvo en el campo nacionalista.[12]

El pasaje de una institución más de tipo misionero aunque fuera virtual –lo cual demostraba que la voz divina no había estado especialmente inspirada al principio–, a la de una legión en pie de lucha contra el comunismo, caía justo en el contexto vaticano de la postconflagración mundial y del clima de la guerra fría, así como del nacional-catolicismo español. En México sonaban los ecos de la gesta cristera, situación que tampoco fue exclusiva de la Legión.

En una entrevista realizada a Maciel por el diario español *ABC*, el 13 de abril de 2001, a propósito de los sesenta años de la Legión, éste respondía a una pregunta del periodista acerca de lo beligerante que podía resultar en la actualidad el nombre de «Legionarios»:

«Tal vez para algunos estos nombres suenen beligerantes en la Europa de hoy, pero para nosotros indican el deseo de promover la paz, el amor y la verdad de Cristo en la sociedad. La Legión de Cristo sólo puede ser un "ejército" de fraternidad y caridad. La expresión "Legionarios de Cristo" proviene de Pío XII, quien en el

---

[11] Por cierto, Barba recuerda una vez que saliendo de la capilla uno de los gemelos Izquierdo se le acercó por detrás y notó su pene erecto debajo de la sotana. No pasó a mayores.
[12] Entrevista de FMG a José Barba, 8/II/01.

156

primer encuentro que mantuvimos en 1946, para pedirle la aprobación de la congregación, me dijo: "debéis ser un ejército en orden de batalla:"[13] El santo padre me pidió que la congregación tuviera una marcada orientación apostólica, para poder hacer frente a los retos que se le presentaban entonces a la fe en América Latina. A Paulo VI le gustaba mucho esta expresión, en la que veía reflejada la teología paulina del combate por la fe. Me tocó vivir y participar de algún modo en la sangrienta persecución religiosa, ocurrida en México contra la Iglesia –la "guerra de los cristeros"–; esos hechos marcaron mi alma con el espíritu de lucha hasta el derramamiento de la propia sangre para defender la fe de nuestro Señor Jesucristo y tengo la impresión de que tales circunstancias influyeron en mi decisión de pedir al Papa el nombre de "Legionarios de Cristo" para la congregación».[14]

La necesidad de un ejército en «orden de batalla» –aunque fuera con visos espirituales– para sembrar el amor y la fraternidad resulta más bien extraño, como lo he señalado más arriba. Y como ya existía la Compañía de Jesús, fundada por un ex soldado y con una concepción militar espiritualizada, que había precedido al de Maciel por varios siglos, qué mejor que algo que se pareciera pero al mismo tiempo se diferenciara.

Y aunque Maciel hace esfuerzos por edulcorar las cosas tratando de adaptarse a los tiempos y buscando no salirse de un discurso con un alto grado de inespecificidad, termina hablando de su participación de «algún modo», en la llamada Cristiada (1926-1929).

Ya he descrito las marcas que dice tener de ese conflicto. Pero a las alturas de la entrevista de *ABC* parece que sólo busca derramar amor, más que sangre. Y no hay que olvidar que el hermano de su madre terminó siendo el general en jefe de los cristeros. Y tampoco, que estos últimos no sólo «murieron por Cristo Rey», como acostumbraban decir –incluido Maciel–, sino que también derramaron la sangre de sus enemigos, como sucede en todo conflicto armado.

Parece que la respuesta de Maciel mezcla en diferentes dosis el amor y el combate por la fe de la «teología paulina». Y que sus «amorosos combates» irán cambiando de blanco según se vaya transformando la política vaticana más oficial. Y entonces se pasará del anticomunismo,

[13] Recuérdese que, por esas fechas, una de las batallas, y no menores, de Pío XII estaba dirigida contra el Partido Comunista en Italia.
[14] *ABC*, Madrid, 13/IV/01.

157

blanco central de la Iglesia antes y durante la guerra fría, a la Teología de la Liberación, la *New Age*, o a favor de la bioética.[15]

En todo caso, se puede encontrar en el propio Pío XII alusiones bélicas metaforizadas en esos años. Por ejemplo, en una carta dirigida a los superiores y superioras de órdenes y congregaciones religiosas –del 2 de febrero de 1947–, en la más pura línea ultramontana[16] se refería a los institutos como «la otra ala poderosa del ejército combatiente por la Iglesia [...] indispensable para armonizar con inteligencia y eficaz cooperación la labor organizadora de la Acción Católica».[17]

Para Pío XII la futura Legión no era un ejército sino parte –a esas alturas todavía una pequeña compañía casi virtual– de otro más vasto, conformado por el conjunto de todas las congregaciones y órdenes religiosas, aunado a la otra ala, compuesta por los seglares de la Acción Católica. Como en otros ejemplos, Maciel empieza con el testamento sin tener todavía qué heredar.

El nombre de Legión de Cristo no surgió en la primera o segunda entrevista con Pío XII (el padre Montes de Oca refiere otra versión). En el archivo personal de la señora Flora Barragán de Garza, regiomontana y rica viuda desde 1949, que conoció a Maciel en 1951, el membrete de la Legión de Cristo aparece a partir de 1952.[18]

---

[15] «Como legionarios –dice Maciel–, nuestra actitud ha sido siempre la de caminar al paso de la Iglesia. Por ello, no tuvimos ninguna dificultad en asumir el Concilio evitando siempre los extremos y las interpretaciones radicales del mismo». Jesús Colina, *op. cit.*, pág. 74. Blandiendo esta representación los legionarios recibieron del papado estratégicos apoyos.

[16] La Iglesia concebida como romanizada, jerárquica, centralizada e integrista.

[17] «Cooperación de los religiosos de la Acción Católica», págs. 1946-1947, en *Colección de Encíclicas y documentos pontificios*, Madrid, 7ª ed., traducción e índices por monseñor Pascual Galindo, Publicaciones de la Junta de la Accción Católica Española, 1967, citado por María Luisa Aspe Armella, proyecto de tesis de doctorado titulada *Un caso de integralismo interruptus 1929-1958: la supuesta homogeneidad de la Acción Católica y su contradicción interna en relación a la política*, México, UIA, departamento de Historia, mayo de 2004.

[18] Por ejemplo, en una carta dirigida a su «madrecita» por Armando Arias, un novicio legionario, a doña Flora del 17/XI/51, con membrete a mano dice Colegio Mayor Mexicano, Cóbreces, Santander, España. Y en otra del citado, del 16/XII/51, membretada, dice Colegio Mayor de Misioneros del Sagrado Corazón, Comillas, Santander, España. En todo caso, para Armando Arias, el colegio tenía más de una referencia, pero ésta no era la de la Legión de Cristo. En cambio, en una del 1/VIII/54, que titula «inolvidable bienhechora», el membrete dice a la letra: Apostólica Legionarios de Cristo Ontaneda-Santander (España). El padre Faustino Pardo, en lo que considera «su primera carta» a su «muy recordada madrina» del 28/IX/52, le escribe desde México bajo el siguiente membrete: Escuela Apostólica del Sagrado Corazón, Tlalpan, pero ya firma como «LC». Archivo Flora Barragán de Garza. [En adelante, AFB.]

6

Flora Barragán de Garza, el cultivo de una bienhechora

El testimonio de Flora Garza Barragán, la hija de doña Flora, parece corroborar lo dicho por Maciel acerca de su cercanía a Pío XII y una parte de la curia vaticana, en los inicios de la citada década. Flora Garza recuerda su primer viaje a Roma en junio de 1951 –siendo una jovencita de once años– acompañando a su madre, la viuda Flora Barragán de Garza, de esta manera:

> «Maciel nos consiguió una audiencia privada con el Papa. Éramos como 30, gentes de dinero de los que iban a ayudar a Maciel. Después que salimos, se quedaron mi madre y MM todavía un rato a solas con Pío XII.
>
> »Recuerdo desde esa primera vez a Maciel con su aire de santidad, medio místico. Si usted me preguntara lo que yo considero que sería lo específico de él, su *performance*, le respondería: "parecer un santo". Mamá compró un Fiat que al final del viaje terminó siendo de Maciel.
>
> »No sé cómo mi madre conoció a Maciel, creo que fue por don Manuel Santos. En una carta que por ahí tengo, cuenta mi madre lo que sintió al conocer a aquél. Fue una especie de enamoramiento. A mamá le gustaban las gentes blancas y de ojos claros. Mamá tenía alrededor de 41 años cuando conoció a Maciel [diez años menor]».[1]

Lo que la hija de doña Flora llama el «aire de santidad» de Maciel, la madre lo corrobora alrededor de treinta años después, en una carta escrita a máquina para ser, al parecer, leída frente a los miembros del Regnum Christi, en Monterrey:

---

[1] Entrevista de FMG a Flora Garza Barragán, Monterrey, NL, 9/XII/01.

«Llegamos a Roma la víspera de la canonización de santa María Mazarello, fundadora de la orden Salesiana de las hijas de María Auxiliadora, Y al siguiente día [...] un domingo de junio, a media tarde salimos del hotel para ir a entregar una carta al Colegio Pío Latino, pero por una casualidad, al no encontrar la carta en mi bolsa para dar al chofer la dirección, encontré otra que decía Legionarios de Cristo, Colegio Máximo, Vía Aurelia Nuova 677, y ahí nos dirigimos.

»Un buen rato de espera [en la sala de recepción] y los chicos [sus hijos] salieron de la salita y yo tras ellos, cuando vemos venir por un pasillo muy largo a un joven sacerdote, alto, delgado, caminando con paso un poco lento y su mirada de dulzura, ante tal figura que se acercaba a nosotros, tuve la certeza que se trataba de un santo. [Y en cursivas añade] *Era el superior que estábamos esperando*».[2]

Varias cosas que hacer notar: primeramente, para doña Flora ya existían los legionarios en junio de 1951; segunda, la pura casualidad le permite conocer al «superior que estábamos esperando»; tercera, la certeza que se impone de la santidad de Maciel nomás de verle el porte, el caminar lento y, sobre todo, «la mirada de dulzura».

Esta articulación de la casualidad del encuentro con la convicción que se impone es una muestra fehaciente de cómo en doña Flora está ya incorporada la conducta devota dispuesta a entregar su amor al *superior* que antes de conocer ya había adivinado.

Lo curioso es que esa manera de mirar y sentir, aunada a la previa disposición a «entregarse» la podemos concebir en continuidad con aquella que describe Maciel en su hagiografía, hablando de su encuentro con Pío XII, descripción que, por cierto, se puede aunar a la de muchos otros que conocieron al citado Papa.[3] Leamos a Maciel: «La

  [2] [Las cursivas son mías.] El texto se titula «Mi vivencia en el Movimiento del Reino de Cristo. Conocí la Legión de Cristo en Roma en el año de 1951». Y al final dice en cursivas: *en la casa que fue de don Eugenio Garza Sada y su digna esposa Consuelo Lagüera de... el día ...de 198...* AFB. Según José Barba, doña Flora en realidad conoció a Maciel en Cóbreces: «Fue el 21 de en agosto de 1951, porque Maciel no estaba en Roma cuando ella fue. Y quien la introdujo en la audiencia papal fue en realidad el padre Samuel Lemus, y de ahí lo contactó José Sánchez Tinoco [éste sí, misionero del Sagrado Corazón]. Volvió a ver a Maciel en Roma en el año 1953 o quizá en el primer semestre de 54. Ese *discursito* está hecho para el consumo, pero no fue así». Entrevista a José Barba, 27/V/04. Finalmente lo que me interesa recalcar en este caso es el modelo de ejemplaridad y fascinación que de Maciel refiere el escrito de doña Flora.

  [3] Recuerdo como anécdota corriente la de una tía mía –María González Navarro– que en 1954 visitó Roma con un grupo de Guadalajara, Jalisco, y que re-

figura y persona de Pío XII me impresionaron enormemente. Era verdaderamente un *Pastor Angelicus*: su porte emanaba algo de sobrenatural. Pero más allá de sus cualidades personales».[4]

Él, predispuesto a ver y a sentir lo que previamente ha incorporado sin caer en cuenta, atribuye a la persona fetichizada (Marx) lo que es el producto de una relación social impensada. Pero hay que matizar: la persona consagrada no se reduce sólo a lo que los otros depositan en ella a partir de una operación silenciosa, sino que, como bien señala Pierre Bourdieu, hay que considerar también el efecto

«de la eficacia simbólica de los ritos de institución. Es decir, del poder que les pertenece de actuar sobre lo real al actuar sobre la representación de lo real. Por ejemplo, la investidura ejerce una eficacia simbólica muy real en el sentido en que ella transforma realmente a la persona consagrada: primeramente porque ella transforma la representación que se hacen los otros agentes y sobre todo por los comportamientos que adoptan ante ésta (el más visible de esos cambios son los títulos de respeto y el respeto realmente asociado a esa enunciación); después, porque ella transforma a su vez la representación que la persona investida se hace de ella misma y los comportamientos que se siente obligada a adoptar para conformarse a esta representación. Se pueden comprender [dentro de] esta lógica el efecto de todos los títulos sociales de crédito y creencia. [...] Las distinciones más eficaces socialmente son aquellas que ofrecen la apariencia de fundarse sobre diferencias objetivas».[5]

Las emanaciones del consagrado y su «apariencia de santo» hacen sucumbir, independientemente del género, a los preparados para hacerlo. Pero para saber quién puede «parecer un santo» hay que tener previamente una representación mínimamente conformada de lo que es «serlo» en el archivo de las percepciones y apreciaciones, lo que inclina a tener «certezas» como las de doña Flora o Maciel.

---

mató como es ineludible y obligado: una audiencia papal. Lo que le transmitió al niño que yo era entonces fueron frases del tenor siguiente: «parecía como si estuviera suspendido», «dicen que se le apareció el Sagrado Corazón»; las dos pruebas de la incontrovertible santidad del personaje en cuestión.
[4] Jesús Colina, *op. cit.*, pág. 57.
[5] Pierre Bourdieu, «Les rites d'institution», en *Langage et pouvoir symbolique*, París, Fayard, 2001, pág. 178.

Se podrá apreciar que este tipo de «certezas» se emparentan con algunos llamados fundacionales, siempre tan contundentes, impositivos e impensados como el de los amores «a primera vista».

Hasta aquí, la imagen de Maciel es como la de todo portavoz de un grupo: «él posee la realidad de su apariencia»,[6] y en ella todo parece valer si impacta a aquellos a quienes se les dedica dicha manera de aparecer.

Flora Garza Barragán toma el relevo de la fascinación de su madre por Maciel para introducir desde una mirada adulta y desilusionada otra manera de ver al fundador de la Legión.

«Entonces, mi madre lo comienza a introducir con la gente rica de Monterrey. Cuando éste venía a nuestra casa, eran estancias de quince o veinte días. Desde antes se nos hacía llegar una lista de lo que podía o no comer el señor. Nos sacaban de mi cuarto a mi hermano y a mí para dárselo a los acompañantes de Maciel. Los padres Cuena, Pardo y Gregorio López, entre otros. Mi madre le cedía su recámara a MM. Nos poníamos todos a su servicio. Cuando anunciaban que venían, mamá grande decía: "Ahí vienen los cuervos".

»Muchas veces en la sala Maciel permanecía con el rostro aletargado en silencio y la mirada fija. Se me hacía bobo. Su imagen muy austera y con voz muy monótona. Con mamá era muy frío.

»Nunca lo oí hablar mal de los jesuitas, pero sus admiradores se encargaban de hacer correr las voz de que "los había perdonado". Generalmente a los que se salían los quemaban. Que por ejemplo al padre Ferreira lo había detectado haciendo cosas que no debía, que el padre Amenábar se había enamorado, que el padre Cuena le había robado, etcétera.

»Cuando Maciel venía a Monterrey, algunas veces nos íbamos a Laredo, Texas, al Laredo National Bank, y mi madre y él se metían juntos a arreglar asuntos de dinero.[7]

Mirada perdida en algunos casos,[8] pero ciertamente no en todos, si atendemos al testimonio de otra mujer mucho más joven –también regiomontana–, quien ahora no tiene especial predilección por el alu-

---

[6] *Ibidem*, pág. 185.
[7] Entrevista de FMG a Flora Garza, *cit.*
[8] Mirada a la que aluden los que asistieron a Maciel cuando estaba bajo los efectos de la droga.

dido, afirma que el enganche no se dio en su caso por el intermedio de la palabra, dado que no le parecía un buen orador, sino por una cierta manera de mirar que parecía que «prometía el éxtasis». Añade que le resulta muy explicable que el conjunto de señoras ricas admiradoras de Maciel –las que no viven pasiones muy excitantes con sus exitosos maridos empresarios o profesionistas, y además están sujetas a una serie de controles sociales– puedan, por interpósito sacerdote, vivir una especie de «pasión subsidiaria» y un «éxtasis» que dan qué pensar.[9]

Entre el arte de «parecer un santo», «una mirada de dulzura» o «una mirada que promete éxtasis» y ayuda a vivir «pasiones subsidiarias», no hay necesariamente por qué elegir. Pero si la mirada se torna «boba» para alguna de las mujeres antes fascinadas nos descubrimos ante algo distinto. En todo caso, Maciel no se muestra unívoco en su mirada.

6.1 Doña Flora Barragán y el Instituto Cumbres

Marcial Maciel habla de doña Flora en términos más bien sobrios en su hagiografía. Por ejemplo, respondiendo a una pregunta de su obsequioso entrevistador acerca del inicio de la «primera obra apostólica» de la Legión, el Colegio Cumbres en la ciudad de México, dice:

«Esta obra surgió providencialmente[...]. Una señora mexicana, doña Flora Barragán de Garza, se presentó en nuestro colegio de Roma en el año 1951. Su marido había muerto hacía poco y ella había venido [...] para ofrecer a la Santa Sede un dinero para la formación de sacerdotes. Fue recibida por monseñor Giovanni Battista Montini, entonces sustituto de la Secretaría de Estado: monseñor Montini ya nos conocía, puesto que yo ya me había entrevistado varias veces con él [...]. Le sugirió a la señora Barragán que viniera a visitarnos para ofrecer el dinero para alguna obra de apostolado. El proyecto inicial era construir una parroquia. Pero, pidiéndole luz [...] a Dios para que me iluminara sobre la obra que deberíamos emprender según nuestro carisma vi con claridad

[9] Entrevista de FMG a PS en algún lugar de Europa, 23/IV/04.

que lo que mejor correspondía a nuestro carisma era una obra educativa en la que formaríamos en los valores cristianos a la niñez y a la juventud, a los futuros padres de las familias católicas, a las generaciones de profesionistas, industriales, políticos, economistas, etcétera, que podrían ayudar a México a adentrarse por los caminos de la justicia y caridad cristianas».[10]

Recuérdese que Giovanni Battista Montini ya tenía cierta idea de quién podía ser, al menos en parte, MM, si nos atenemos a la carta que le dirigió el padre Lucio Rodrigo el 10 de marzo de 1950. En todo caso, doña Flora no alude al futuro Paulo VI en su primer encuentro con Maciel.

Pero si Maciel, en su hagiografía de 2003 se muestra sobrio con doña Flora, en su correspondencia privada de principios de los años cincuenta se permite ciertas exaltaciones, por ejemplo cuando le escribe, cerca del día de la madre de 1953, lo siguiente:

«Permítame que hoy desde el primer momento y con más significación que nunca, le dé el nombre y el título de *Madre de la Legión*,[11] de madre la más solícita y abnegada, porque quiero poner lo más entrañable de mi felicitación para el día 10 [...] ¡Bendito sea Dios que tanto nos quiere! Bendito sea, porque nos ha puesto en el camino, porque nos ha concedido la comprensión de almas como la suya, ilimitadamente sinceras y generosas».[12]

Estaba Maciel en pleno cultivo de la bienhechora que en ese tiempo hacía fluir su dinero para la construcción del Instituto Cumbres; y también notablemente seguro del amor de Dios a su persona y a su obra. Me parece importante señalar que gran parte de las cartas a doña Flora las escribió el secretario en turno de Maciel. Tanto más fáciles de detectar cuanto no tienen faltas de ortografía. Por ejemplo, Federico Domínguez señala que Maciel le pedía cada cierto tiempo escribirle a la citada pero con una consigna precisa: «dígale lo de siempre, pero procure que no sean menos de dos cuartillas».[13]

¿Y en realidad se trataba de la «Madre de la Legión» Al parecer no era exactamente el caso, en la medida en que había otras candidatas

[10] Jesús Colina, *Marcial Maciel. Mi vida es...*, págs. 74, 75.
[11] Las cursivas son mías. En otra del 13/VI/56, Maciel la denomina «prolongación viviente de la Legión» [AFB].
[12] Carta de MM a Flora Barragán de G., 5/V/53, AFB.
[13] Entrevista de FMG con Federico Domínguez, México, DF, 11/IV/05.

a ocupar el puesto en la red de bienhechoras. Y además, si alguna era exaltada, no estaba asegurado su reinado para siempre; la misma cita de Maciel en 2003 no habla de la «Madre de la Legión» sino de la «señora Barragán de Garza». La gloria de la preeminencia maternal legionaria es perecedera. En los inicios del siglo XXI la candidata a «Madre de la Legión» puede ser la propia mamá de Maciel, en proceso de beatificación.

De nueva cuenta el memorioso José Barba afirma que ya desde 1949 fungía como una de las primeras bienhechoras Consuelo Fernández de Zertuche, y en la siguiente década, entre otras, Luisa Mercedes Herrera (venezolana), también «madrina» de la Legión, Janet Colin o Guillermina de Dickins, «madrinas» de las que estaban encargados miembros específicos de la Legión para escribirles cartas elogiosamente piadosas y exaltatorias de su bondad –los días de su cumpleaños, el 10 de mayo y la Navidad–, como la citada de Maciel a doña Flora. Estas cartas cumplían, entre otras funciones, prepararlas para la promoción de los donativos.

José Barba añade que le tocó ver cómo una película que se filmó alrededor de 1952, para presentar a la Legión, dedicada a la señora Fernández, al año siguiente le fue dedicada a doña Flora. Y para colmo, la desplazada asistió a su destronamiento «cinematográfico».[14]

En todo caso, el consejo dado a Maciel por el cardenal Luigi Lavitrano, de aposentarse en Roma, comenzaba a rendirle buenos frutos al sacerdote de Cotija, ya que le permitía tener acceso a una serie de recursos sustanciales tanto informativos como económicos, así como la posibilidad de afianzar y extender las relaciones políticas.

Por otra parte, la alusión al supuesto carisma legionario vuelve a mostrar que no había propiamente algo específico en éste, al menos en esa época. Porque oscilar de la muy tradicional parroquia al consiguiente colegio, actividad realizada por múltiples congregaciones que «forman en los valores cristianos», no parece por lo pronto insinuar algo mínimamente específico del carisma legionario.

Pero Maciel añade que a la citada viuda rica –y dispuesta a repartir parte de la nada despreciable herencia que le había dejado su marido– le habían llegado rumores de «personas de gran prestigio moral que descalificaban por completo a la congregación y a mi persona diciendo que se trataba de una congregación no aprobada por la Santa

---

[14] Entrevista de FMG a José Barba del 27/V/04. E incluso afirma haber escuchado en 1961 a la señora Fernández: «Yo ya no soy nadie aquí», en una reunión de la Legión en Tlalpan.

Sede. El obispo de Saltillo, don Luis Guízar Barragán, apoyó a doña Flora y desmintió esos rumores».[15]

De nueva cuenta: ¿quiénes eran esas personas con gran prestigio moral que descalificaban a la Legión? ¿Quiénes se oponían a que doña Flora diera su dinero a los legionarios? Otra vez Maciel sólo alude al asedio, pero no concreta de quiénes se trata. En cambio, la red episcopal alrededor de Cotija y la parentela de Maciel entran de nueva cuenta a prestar su apoyo.

Y ya que hablamos de rumores y críticas contra los legionarios que circulan por esa época, en la correspondencia de Flora Barragán se encuentra un borrador de carta dirigida a Pío XII (9/IV/54), presumiblemente no escrito por ella –por el tipo de protocolo que exige el dirigirse al Papa–, pero conteniendo su firma, y en la cual dice que:

«habiendo tenido noticia de que últimamente ha llegado a la Santa Sede una carta, conteniendo una afirmación contra Los Legionarios de Cristo, en la que se trataba de demostrar que dichos padres han pedido en préstamo fuertes cantidades de dinero, para solucionar la financiación del Instituto Cumbres, que se está terminando de construir en la ciudad de México, quiero humildemente dirigirme a vuestra santidad para exponer bajo mi palabra de cristiana e hija fiel de la Iglesia, la siguiente aclaración:

»Que personalmente yo, santísimo padre, he sido quien ha donado a Los Legionarios de Cristo, toda la suma necesaria para la construcción de dicho Instituto Cumbres, aunque por aspectos de conveniencia financiera, he creído más conveniente por mi parte hacer algunos préstamos al banco, préstamos que liquido mensualmente, en lugar de sacar la totalidad del dinero de mis negocios que podrían en este caso resultar afectados.

»En esto me han ayudado los padres legionarios de Cristo, hablando a algunos bancos o compañías de créditos, siendo ésta una intervención que yo misma les supliqué por carecer yo del tiempo necesario para ello.

»De este hecho, santísimo padre, creo que tal vez se haya desprendido la mala impresión e interpretación que ha podido causar ese escrito, en contra de los mencionados padres, que en manera alguna han procedido, según se ha pensado, a conseguir préstamos que después hubieran de ser pagados por ellos mismos.

[15] Jesús Colina, *op. cit.*, pág. 75.

»[...] Y desde el día que recibí la paternal orientación de vuestra santidad, para que ayudase en la medida de mis humildes posibilidades a esta gran Obra, he procurado estar atenta».[16]

Como se puede apreciar, doña Flora asegura haber recibido directamente de Pío XII la «paternal orientación» para ayudar a la Legión, es decir, ésta ya no sólo venía del que sería con el tiempo Paulo VI.

¿Cuál era el problema de que los legionarios pidieran dinero, si estaban dispuestos a pagarlo? No lo sé a ciencia cierta. Por lo pronto, en este borrador de carta –desconozco si llegó a su destino, aunque parece viable que sí, por la importancia de lo que ahí se juega– doña Flora asume todo el costo del Cumbres explicando financieramente la manera de llevarlo a cabo y aludiendo a unos críticos cuya identidad ignoramos.

Sin embargo, si recurrimos a la correspondencia de doña Flora con el padre Faustino Pardo, encargado de la obra del Cumbres, podemos aportar algunas precisiones, pero también nuevas interrogantes. Empecemos por los prolegómenos.

En una carta de doña Flora a Faustino Pardo de octubre de 1952, le señala que verá la posibilidad de enviarle algún dinero para sus gastos personales, así como que tiene esperanza de que para el siguiente año pueda disponer de las «mensualidades necesarias».[17] En la respuesta del legionario, que data del 7 de ese mes, éste le agradece el cheque de mil pesos y «el importe de la letra vencida», y le hace saber los gastos por el proyecto de la nueva calle del Rosedal –2,500 pesos– y el importe por el alineamiento –2,600 pesos.

El 27 de octubre doña Flora le escribe a su «muy querido ahijado», el padre Pardo, quien desde su primera carta del 28 de noviembre de 1952 le había escrito: «Me va a permitir señora Barragán, que desde esta mi primera carta la considere como mi verdadera madrina de ordenación; nuestro querido padre Maciel así lo quiso desde un principio. [...] Siempre la he considerado como la Madre de la Legión».[18]

Ha pasado apenas un año del contacto con la Legión y ya Pardo se puede permitir llamarla así. En todo caso, doña Flora parece haber aceptado ambos títulos otorgados por su «ahijado». Retomemos la carta del 27 de octubre de 1952 de la señora a su «ahijado». No bien acaba de llamarle cuando a renglón seguido le dice que para cumplir con lo pro-

---

[16] AFB, 9/IV/54.
[17] Carta del 4/X/52, AFB.
[18] Carta del 28/IX/52, AFB.

metido le envía un cheque del Banco de Londres y México, por valor de 5,000 pesos. No se olvida de que por teléfono Pardo le había informado que eran 6,000 pesos, el resto asegura que lo enviará en unos días más. Luego alude a que no ha tenido notificación de «nuestro padre», pero espera que éste le dé una sorpresa con «su venida». Doña Flora al parecer se siente ya legionaria y «ahijada» a su vez de «nuestro padre». Pero poco más adelante lo hace partícipe de sus temores de no poder estar a la altura de sus compromisos económicos, cuando expresa:

«He estado tentada a escribir al padre Maciel acerca de la conveniencia de hacer la obra un poco menos grande, pues hay tantas diferencias al empezar que no sé después cómo llegaremos al éxito. Sólo la fe y esperanza en Dios tendremos para continuar. Recuerdo que el padre Maciel me hizo números y esperaría de mí ese esfuerzo. Pero yo me pienso que si al empezar fija el arquitecto esa cantidad quizá sea mayor después [...]. Yo le encomiendo mucho eso, padre. Mis familiares creen que don Guillermo Barroso donará lo que falte después de la cantidad que yo ofrecí al padre Maciel y *será para mí muy difícil si esto se sabe ahorita.*[19] Por otra parte, ellos controlan mis negocios y aunque estoy tratando de disponer anualmente de mis utilidades, como la situación financiera está difícil, los negocios necesitan efectivo y no puedo disponer por lo pronto más que de cierta cantidad, poca.

»También me viene la tentación de decirle a nuestro padre, todavía es tiempo. Hagámoslo en Monterrey. Creo que conseguiríamos con monseñor Espino y con el Cabildo la concesión que el padre esperaba antes. Costaría como la mitad y beneficiaría tanto a nuestra gente, pero también recuerdo que a ustedes conviene más allá, así es que rechazo esto como un mal pensamiento».[20]

En la carta, además de los prudentes temores de doña Flora, pareciera vislumbrarse –sin que me conste– una especie de resistencia de los hermanos de la señora al compromiso contraído por ella con Maciel, y una limitación para usar de su dinero más que los réditos. Además, la situación económica no era por esos tiempos del todo segura. Lo que me resulta más curioso es el prurito de que se supiera que don Guillermo Barroso podía poner el resto –o doña Flora les había hecho creer que así sería–, y sobre todo el temor de que se supiera «ahorita».

[19] Las cursivas son mías.
[20] Carta de Flora Barragán a Faustino Pardo, 27/X/52, AFB.

A estas alturas ya sabemos que Maciel, una vez puesta en su cabeza la necesidad de una fundación, era imparable. Y más porque para él se trataba de la «primera obra apostólica» de la Legión con la cual podría comenzar a asegurar su reproducción como congregación en términos de vocaciones, así como una inserción menos azarosa en la clase alta por medio de sus hijos con toda la serie de servicios junto al de la educación. Esto comprendería la posibilidad de extender la red simbólica de los servicios espirituales, que van desde el bautismo, la primera comunión y la confirmación, hasta el matrimonio, la dirección espiritual y los entierros, que en el camino dejan valiosas informaciones económicas y donativos, pero sobre todo una red de relaciones sociales para toda la vida.

Obviamente, todo ello no es una exclusividad legionaria; en esto sólo siguen las vías de sus antecesores. Pero la diferencia –junto con el Opus Dei– será el profesionalismo y el espíritu empresarial con que lo realizan. Se trata claramente de una empresa espiritual-económica muy precisa, en ese mundo de las configuraciones de doble estatuto ya citadas más arriba (Bourdieu).

El 25 de noviembre Faustino Pardo le agradece las atenciones que tuvo «con su hijo legionario» en los días pasados con ella y su familia, y se disculpa por no haberle escrito en su cumpleaños.[21] Luego, la hace partícipe de un contratiempo.

«Parece ser que en esa zona de las Lomas los vientos soplan en dirección distinta a lo que en un principio creía [el arquitecto].[22] Yo espero que el señor arquitecto tomó con interés este asunto. Don Guillermo Barroso me aconseja que no le insista demasiado porque podría ser contraproducente. Me parece muy bien que usted le hable por teléfono para que vea el interés que usted tiene y no crea que es cosa nuestra. [...]

»En estos días he estado muy preocupado con las dificultades económicas de la obra de la Escuela Apostólica. Tanto don Santiago Galas como don Gastón Azcárraga me han prometido ayudar eficazmente a los primeros del año. [...] En vista de esta difícil situación quiero proponerle a usted con la confianza que siempre me ha brindado, una solución para salir adelante en este mes de diciembre. Con 12,000 o 15,000 pesos tendría suficiente para las

---

[21] La estrategia epistolar legionaria con la red de sus donantes consistía –y probablemente así continúe, entre otras cosas, en no descuidar el día de la madre, el cumpleaños y los buenos deseos que generan los días navideños.
[22] No hay segundas intenciones, son los vientos tal cual.

rayas semanales y compra de cemento [...]. Esta cantidad sería tomada en préstamo de lo destinado al colegio con la obligación por parte de esta obra de Tlalpan de reponerlo en el mes de enero.

»[...] No me olvido del "Güero" y del "Chimi" y ojalá que Dios les dé la vocación para la Legión.»[23]

La red económica se va armando con dificultades. Parece que doña Flora es una pieza clave en ésta, o al menos eso le hacen sentir,[24] y más: que debe ayudar a eufemizar los intereses de la Legión en el Cumbres como si fueran sólo de doña Flora.

El 28 de enero de 1954, Faustino Pardo le escribe aparentemente lleno de júbilo a doña Flora, pero en realidad muy angustiado por las deudas.

«Bendito sea Dios que en medio de tantas dificultades se realizó la obra que nuestro padre Maciel soñaba gracias a su generosidad doña Flora. [Las gracias repartidas, pasa a asuntos más pedestres y mundanos que tienen que ver con lo terminado pero aún no acabado.]

»Hoy lo que me preocupa es poder realizar con generosidad la misión que el padre Maciel me tiene confiada. Contamos, como le decía, con el mejor edificio de México.

»[...] Sigo tratando con otras entidades hipotecarias la consecución del millón de pesos que se necesita para acabar las obras. Estoy muy preocupado porque este retraso me impida realizar el plan que tenía previsto para inaugurar el colegio oficialmente en el mes de abril a la llegada de nuestro Padre.

»[...] Ya me quedé sin un centavo y tengo varias facturas pendientes pero Dios se encargará de sacar adelante este asunto. La señorita al verme en tales apuros me prestó 60,000 pesos pero se me están acabando y no veo la manera de volvérselos antes de que me concedan el préstamo que estoy gestionando de nuevo.

»Le recuerda con cariño su hijo en la Legión, afectísimo que le bendice.»[25]

Esta vez el padre Pardo no le pide directamente, sólo le muestra sin velos su angustia económica para ver si la conmueve. Por lo pronto,

[23] Carta de FP a FB del 25/XI/52, AFB.
[24] Hay que tomar en cuenta el «efecto archivo» sobre la investigación. Por ejemplo, si yo no hubiera tenido a mano el testimonio de José Barba acerca de las políticas llevadas a cabo con las diferentes donadoras, habría terminado por creer que efectivamente doña Flora era la única «madre de la Legión».
[25] Carta del 28/I/54, AFB.

parece que en efecto los legionarios sí «pedían en préstamo fuertes cantidades de dinero, para solucionar la financiación del Instituto Cumbres, que se está terminado de construir... pero aún le falta», como decía doña Flora en su carta al Papa, en alusión a la carta de los adversarios de la obra.

¿Finalmente doña Flora asumió ese millón faltante? En la carta al Papa asegura que lo hará. Pero no cuento con pruebas contundentes de tipo financiero;[26] sólo un testimonio del profesor José Barba que me «juró» (literalmente)[27] que oyó decir a doña Flora en 1961, en México, que no había dado ella sola todo el dinero para el Cumbres.

Por otra parte, los temores de doña Flora de que la obra saliera más cara de lo planeado parecen haberse cumplido. Pero como todo parece girar alrededor de los deseos de Maciel, incluso el acelerar la terminación de la obra para las fechas de su retorno, las angustias crecen sin control posible, y eso que en esa fundación no hay indicios, ni en la historia oficial ni en la hagiografía, de ningún mandato imperativo de la «providencia». Tampoco Faustino Pardo alude a los deseos de Dios, y parece tener muy claro que se trata sólo de los de Marcial Maciel.

En todo caso, doña Flora recibió un caluroso reconocimiento por parte de monseñor Montini en junio de 1954, agradeciéndole de parte del «augusto pontífice [...] la construcción que usted ha hecho del Instituto Cumbres en México [...]. Su santidad, que alaba su generoso rasgo [...] le otorga de todo corazón una especial bendición apostólica».[28]

Lo interesante de esta carta, retóricamente correcta dentro de los usos y costumbres de la curia romana, es que en el archivo de doña Flora se encuentran dos idénticas en cuanto al texto, no así en cuanto al membrete y la numeración.

En una carta sin firma está escrito «Segretaria di Stato di Sua Santita», tiene el número 3,282,275 y carece del escudo papal. ¿Se trata, por casualidad, de un caso particular del conocido juego «encuentre las diferencias»? No lo sé. Es claro que en la carta que está firmada –primera diferencia– está escrito correctamente *Segreteria* –y no con una *a* después de la *t*–, y el número no está en millones sino en miles: 328,275. Ésta sí tiene el escudo papal.

---

[26] Lo cual no es ninguna prueba ni a favor ni en contra, sólo muestra los límites de mi indagación.
[27] El 15/V/04.
[28] Carta del 12/VI/54, AFB.

¿Cómo llegó a manos de doña Flora un borrador hechizo de una carta que sólo debería estar en la aludida *Segreteria*? Misterio, aunque no de la providencia. ¿Por qué la guardó? ¿Realmente la mandó monseñor Montini? Esta suspicacia tiene su razón por lo que más adelante analizaré acerca de unas cartas polémicas relacionadas con uno de los visitadores enviados por Roma para averiguar sobre las denuncias vertidas contra Marcial Maciel en 1956. Y también, por la ya citada falsificación de la firma del cardenal Spellman.

Otra carta de 1951, de un monseñor que se firma Ángel Baradel, también remitida desde la precitada *Segreteria* a doña Flora, da qué pensar. Ángel Baradel le habla de su «estimado» amigo el reverendísimo padre Maciel con el cual hemos «ablado [*sic*]» de la obra que la viuda se proponía realizar, el Cumbres. Le adelanta que sin duda el Señor la recompensará largamente «por tratarse de obiar [*sic*] uno de los problemas más urgentes», y le señala que le ha pedido a Maciel que le describa las obras que «el Señor ha puesto en sus manos sacerdotales», y le ruega que lo perdone si con esto «le ocaciono [*sic*]» alguna molestia.[29]

¿De dónde viene tal descuido en la *Segreteria*? Ya he señalado que algunos testigos que fueron secretarios de Maciel hablan de sus notables faltas de ortografía, así como de sus capacidades para inventar. ¿Las cartas citadas y los borradores salieron de sus manos? No tengo pruebas fehacientes para sostenerlo, pero no deja de llamar la atención tal desaseo en la correspondencia de una secretaría tan importante.

Interrumpamos por un momento estas consideraciones alrededor del Cumbres para introducir a un personaje que precisamente por esos años en que se está constituyendo dicha obra, de alguna forma va a interferir al hacer pública su apreciación de ella. Se trata del nuevo asistente de la Legión de Cristo, el padre Joaquín Madrigal, misionero del Espíritu Santo. Por lo pronto, lo que me interesa recalcar es su apreciación de Maciel.

El padre Lucio señala en una carta del 7 de noviembre de 1950 a Arcadio Larraona, su vehemente deseo de poder desatender su lugar de asistente de la Legión para evitar seguir ocupando el lugar de «difamador».[30] El deseo por fin se le cumple cuando el padre Madrigal es nominado asistente sustituto, el 13 de enero de 1953. El 16 del mismo, éste le escribe a Arcadio Larraona (a la Sagrada Congregación de Religiosos) aceptando su nominación,[31] y no más allá de mayo le

[29] Carta del 23/X/51, AFB.
[30] LCM, doc. 60, f/4, pág. 18.
[31] LCM, doc. 72, 16/I/53.

172

envía su primera apreciación de Marcial Maciel. Refiere que siente a Maciel circundado de una «cierta aureola de espiritualidad» no exenta de algo «sobrenatural y verdadero» que «siempre lo ha caracterizado». Además, considera que se trata de un hombre no sólo «incansable sino inagotable» en cuanto al cúmulo de proyectos que pululan por su cabeza. Y tanta energía a concretar hace que muchas veces no repare en las consecuencias que puede tener lo que se propone realizar.

«Una característica muy a fondo del padre Marcial es el ser llevado irresistiblemente hacia todo lo que es grande y deslumbrador [...] semejante amor hacia lo que encandila y descuella ha sido muy ventajoso para su obra. [gracias a...] la confianza que tiene de sí mismo, a estas fechas se encuentra reacio a seguir las directivas de otros lo cual, por otra parte, no carece de justicia en uno que es llamado a ser fundador de una obra.

»[...] Una nota dominante de su espiritualidad y esto quizá se debe a lo que ha sufrido al respecto, es el horror inmenso a las murmuraciones, a la crítica y a todo lo que sea maledicencia. [...] Y en el gobierno o dirección del instituto es absolutamente centralizador.»[32]

Como puede verse, el nuevo asistente –como al principio el anterior– tiene una visión positiva, y aun encomiástica de Maciel. También como el padre Lucio, pronto tendrá tiempo de reconsiderar sus generosas apreciaciones. Afirmar, por ejemplo, que Maciel odia las murmuraciones por lo que ha sufrido, es pasar muy rápidamente por alto la densidad que se guarda tras los usos del sigilo. Y también es aceptar sin más que lo que le sucedió en Comillas fue casi un complot contra el de Cotija. Por lo pronto, el nuevo asistente pasará por un tiempo a formar parte de aquellos que se han dejado recubrir por lo que un profesor español de su colegio de Roma y crítico de Maciel denominará la «estupenda corteza» que esconde un «espíritu extraño y peligroso».[33]

Y si el padre Madrigal alude al poder centralizador de Maciel, no habría que verlo necesariamente como una crítica, si nos basamos en

---

[32] LCM, doc. 78, 9/V/53.
[33] Se trata de Sabino Arnaiz que le escribe a Arcadio Larraona, LCM, doc. 109, 7/XII/55. Este profesor sostuvo un contencioso con Maciel y la Legión a propósito de lo que él consideraba un trato injusto en el contrato que supuestamente se le había ofrecido para trasladarse de España a Italia con su familia.

la concepción dominante acerca de la obediencia de la época; tampoco critica el que sea reacio a seguir las directivas de otros, en la medida en que un fundador debe tratar de seguir su propia inspiración.

Pero el nuevo asistente no es del todo ingenuo cuando añade que este hombre tan afecto a lo que «brilla y deslumbra» también tiene «el poder de deslumbrar a muchas gentes». Y entre las que deslumbra estaría sin lugar a dudas aquellas que representan a los bienhechores.

«Viene a cuento decirle a vuestra reverencia lo famoso que es el padre Maciel por su poder irresistible en lo de pedir y obtener dinero. En él es un verdadero don. Y no tiene empacho ni miramientos cuando descubre una nueva fuente de ingresos. Acertando la más de las veces en dar con el punto vulnerable de la persona a quien desea conquistar o del auditorio a quien quiere convencer.»[34]

Y hablando de bienhechores deslumbrados por el deslumbrante MM, volvamos por un momento a Faustino Pardo, encargado de terminar de recoger los frutos maduros sembrados por el primero. El padre Pardo, legionario sumiso[35] y dispuesto a cumplir los deseos fundacionales de «nuestro padre», y por lo tanto obligado a sacar dinero de entre las piedras, le escribe a doña Flora a finales de 1954 desde Chicago, donde se encuentra en misión en una parroquia de sacerdotes del Sagrado Corazón[36] en un barrio de mexicanos y portorriqueños. Le cuenta que, mientras espera a Maciel para visitar al cardenal y a otras personas que puedan interesar para bien de la Legión,

«yo quisiera aprovechar lo mejor posible esta semana de tantos problemas, ante todo económicos, como tiene el reverendo padre. *Es una lástima*[37] que con quienes he tenido que tratar durante la misión son en toda su totalidad mexicanos [*sic*] pero sin recursos económicos, todos son obreros que durante varios años vienen trabajando en las muchísimas fábricas que están en los alrededores. Por todo esto, no puedo hacer gran cosa en este sentido y no encuentro la manera de relacionarme con las personas que pudieran ayudarnos.»[38]

---

[34] LCM, 7/V/53.
[35] En esos tiempos era un pleonasmo decir legionario y sumiso.
[36] Bien hizo Maciel en cambiarle de nombre a su institución.
[37] Las cursivas son mías.
[38] Carta de F. Pardo a Flora Barragán del 19/XII/54, AFB.

Y sí, es una «lástima» andar a la caza de dinero y tener que misionar entre mexicanos desgraciadamente pobres. Y más lastimoso resulta cuando además de equivocarse de clase social se carece del espíritu de cazafortunas que sí posee el hombre a quien intenta servir.

Por otro lado, la actividad de doña Flora va más allá de su función de mecenas del Cumbres: su función, como ya se habrá vislumbrado, es multifacética. Por ejemplo, como hada madrina hace regalos tanto colectivos como individuales: un ¿novicio?, Ángel Saiz, le escribe en diciembre de 1951 agradeciéndole el envío de un proyector cine para Cóbreces.[39]

A otro estudiante que le ha demandado una bicicleta, doña Flora le responde apenada que no le es posible acceder a ese deseo, pero que en cambio hará «una oración especial cada día para que otra persona pueda ayudarle a comprarla».[40]

También responde a una cantidad respetable de cartas de diferentes legionarios que la mantienen informada de todos los pormenores de su actividad cotidiana y de sus enormes deseos de «tenerla de nuevo entre nosotros».

Y hasta se convierte en promotora de ejercicios espirituales.[41] Los bienes espirituales sirven para reunir a personas pudientes y reforzar el capital económico y social. Y qué mejor si esto se logra por intermedio de alguien tan bien situado en las cúpulas vaticanas. El legionario Alfonso Torres le escribe:

«el señor querrá darle una visión exacta de los frutos abundantísimos que dará para la causa de Cristo y para gloria de nuestra madre la santa iglesia esa magnífica obra [el Cumbres]. Lo cual ciertamente es lo mejor que se puede recibir en premio de parte de nuestro Señor en esta vida».

Y luego, sin mediaciones, pasa a proponerle otra «necesidad» de la Legión, con «confianza filial»:

---

[39] Carta de Ángel Saiz Sáez a Flora Barragán, del 4/XII/51, AFB.
[40] Carta de Flora Barragán a JLS del 3/XI/52, AFB.
[41] Carta de Marcial Maciel a Flora Barragán del 17/I/53, AFB, en donde el primero le pide atender a «don Ángel Morta, sacerdote que estuvo de asesor de la Embajada Española ante la Santa Sede, especialista en ejercicios espirituales [...]. Yo tendría interés en que usted reuniera un grupo de señoras. Tales como la esposa de don Manuel Santos y la de Ignacio y otras escogidas entre el círculo de sus amistades para que hicieran algunos días de ejercicios con este padre».

«Una necesidad que tenemos actualmente, y de cuya satisfacción adecuada nos provendrían muchas utilidades. [...] Se trata sencillamente de esto: Nuestro padre ha procurado desde la fundación de este colegio de Roma el proveerlo de todo lo necesario [...]. Así, hemos formado una pequeña granja, que nos proporciona muchas utilidades y aligera notablemente el peso de la economía diaria en una nación como Italia. Hemos intentado también instalar un gallinero, siguiendo el ejemplo del padre Ferreira en Tlalpan, pero no hemos tenido tantas facilidades [...]. Para instalarlo debidamente, con la garantía de aprovecharlo inmediatamente necesitaríamos la suma de 300 dólares. Y en esta nuestra necesidad, yo he querido recurrir a usted precisamente, pues ¿a quién acudir con más confianza?

»De nuevo le suplico que perdone mi atrevimiento, pero yo estoy seguro que usted tomará esta súplica como una manifestación de la confianza filial que todos los legionarios le tenemos [...]. Afectísimo en Cristo y en la Legión».[42]

No había descanso para la bienhechora estrella de la Legión. No bien estaba empezando a gozar de la erección del Cumbres y ya los gallineros del colegio de Roma reclamaban su generosa maternidad económica. Por eso le escribe cartas como las siguientes al padre Torres:

«El señor D [...], su esposa y sus hijos saldrán para Europa dentro de breves días y desean visitar al santo padre. Le ruego padre, y le estaré muy agradecida, por la atención que tenga para ellos, consiguiéndoles la audiencia. Son personas muy devotas y simpatizan con la obra legionaria.[43]

»Las señoritas *x*, *y*, *z* desean visitar al santo padre y yo les he ofrecido participarlo a ustedes, haber [*sic*] si les es posible conseguir la audiencia.[44]

»Como siempre, todos mis legionarios están en mis pensamientos [...]. Le ruego hacerme presente con nuestro reverendísimo padre Marcial, a quien supongo que estará asistiendo al Concilio.

»Padre Alfredo, debo pedirle un nuevo favor, se trata de un cable de bendición papal para una pareja muy amiga de mi familia [...]. Los casará el próximo día 24 en Lourdes, el reverendo padre José de Jesús Hernández Chávez [jesuita].

---

[42] Carta de Alfredo Torres a Flora Barragán, del 24/VII/54, AFB.
[43] Carta de FB a AT del 6/IV/62, AFB.
[44] Carta de FB a AT del 8/IV/62, AFB.

»Le envío un cheque de 15 dólares para el cable...[45]

»Hace apenas unos días le escribí recomendándole a cuatro parejas de amigos que van a Europa y de nuevo me dirijo a usted para saludarlo y decirle de otras personas que han solicitado mi intervención de pedir su ayuda para la audiencia de su santidad; se trata de [...]. Ayer me llamó la señorita... quien llevará un grupo de 18 personas y como ella ya ha recibido ese beneficio de ustedes, me pidió le dijera a usted haber [*sic*] si es posible en esta ocasión.

»[...] A todas las personas les he dicho que no sé si ustedes puedan ayudarles por estar siempre tan ocupados en su deberes [...].

»Creo que de las cuatro parejas, los señores x y z podrán quizá darles beca y los otros dos cuando menos media. [...] Y le ruego, como en otras ocasiones, me diga qué debo decir a las personas de ahora en adelante, cuando me hagan nuevas solicitudes [...]».[46]

»El señor [...] y su esposa salieron hoy rumbo a Europa [...]. Como es natural en personas tan cristianas como ellos, el fin principal de ir a esa ciudad [Roma] es la audiencia con el santo padre. Don [...] es unos de los mejores colaboradores de Federico Santos.

»[...] Además, creo que este señor puede influir en Federico para ayuda de préstamos bancarios...»[47]

Desde Monterrey comenzaba a funcionar, bajo el mando de doña Flora, una agencia informal de turismo espiritual romano que eventualmente sugería intercambiar audiencias y bendiciones papales por posibles becas y préstamos bancarios.

A su vez, los servicios romanos de la Legión al parecer estaban suficientemente aceitados ya para esa época. La culminación del viaje de los católicos pudientes a Roma no podía pasar de largo por una de las principales atracciones de esa ciudad: «ver» al Papa y, si era posible, salir en la foto con él.

Era acceder de manera instantánea a la exaltación del poder del romano pontífice sin mezcla de sombra, y con la esperanza de percibir sus «angélicas emanaciones». Recuérdese que eran los tiempos en que el Papa no viajaba.

Pero en el año de 1964 doña Flora empezaba a sentir el aumento de la presión en las peticiones de la clase alta regiomontana para recibir favores papales por la vía de la Legión. Por eso es que pide

[45] Carta de FB a AT del 10/XI/62, AFB.
[46] Carta de FB a AT del 15/V/64, AFB.
[47] Carta de FB a AT del 9/VII/64, AFB.

instrucciones a su «agente» romano para saber cómo darles curso. Y éste responde:

«Me pregunta cómo ha de obrar cuando le pidan recomendaciones. Exactamente como ha hecho ahora. Y hasta me parece superfluo decirle que todo deseo suyo es para nosotros simplemente un mandato. Mucho le agradezco las informaciones que me da sobre las personas, pues de esta forma puedo hacerme un criterio más objetivo y consiguientemente tratarlas más adecuadamente. Lo cual siempre redunda en bien de la Legión».[48]

Y muy seguramente ése era el caso. Que le enviaran a Roma una muestra importante de la burguesía regiomontana –y no sólo de ahí– debió haberle resultado al citado sacerdote una oportunidad magnífica para armar parte de su red política y económica.

Aunque en las cartas de doña Flora se dibuja algo más. Condicionada en buena medida para vivir el interés en el desinterés –aunque compensado para ella con el cariño colectivo legionario y su reconocimiento–, parece no sentirse del todo cómoda en la posición de pedir a su vez favores a sus protegidos.

Vistas las cosas desde fuera se diría que es lo mínimo que se supone debería recibir en retribución un bienhechor; pero desde dentro, el agradecimiento puede ser vivido por éste como pura gratuidad inmerecida. Doña Flora se siente incluso en deuda. Por ejemplo, en otra misiva al citado legionario habla de que «con lo mal que quedo con mis deudas, no me va a volver a prestar nunca».[49]

No queda del todo claro a qué tipo de «deudas» se refiere. Aunque parece que son de dinero. ¿Alguna promesa de beca no saldada? Sin embargo, si cambiamos de interlocutor, nos encontramos, no sin cierta sorpresa, con ciertas deudas económicas de la «Madre de la Legión».

Se trata del padre Antonio Lagoa. En noviembre de 1953, éste le escribe a la señora Barragán haciéndose cargo de los deseos de todos de tenerla en Roma:

«Especialmente, los que hemos obtenido de Dios Nuestro Señor la gracia extraordinaria de ser los primeros sacerdotes de la Legión. [...] En esos días inolvidables de nuestra ordenación y la primera misa,

---

[48] Carta de Alfredo Torres a Flora Barragán, 1/VI/64, AFB.
[49] Carta de Flora Barragán de Garza a Alfredo Torres, 10/VI/64.

[...] hemos necesitado de su presencia porque usted se ha manifestado con entera plenitud la mejor madre de todos los legionarios.

»[...] El triunfo de la Legión [...], como usted muy bien sabe, está erizado de espinas, de amargas penas, que no son otra cosa sino consecuencia ineludible de la veracidad de esta santa misión que Dios nos ha confiado».[50]

Doña Flora está en la cumbre de su popularidad en ese momento en que se construye el Cumbres. Hablar de «la mejor madre» de la Legión es aludir de alguna manera a otras madres que merodean por el Olimpo de esa congregación, pero ninguna como ella.

Por otra parte, Lagoa pone sobre el tapete el socorrido argumento de que si el camino está lleno de espinas, es la prueba fehaciente de la veracidad de la misión emprendida. Desde esta perspectiva, cualquier crítica tenderá a ser vista como complot, prueba sacrificial o infamante mentira. En poco tiempo tendrían oportunidad de volver a poner en práctica este tipo de complaciente argumentación.

En otra carta, Lagoa –de vacaciones en España– comenta que puso a buen resguardo el dinero que doña Flora envió para comprar «la capa y sotana de Maciel».[51] Y describe una nueva enfermedad de Maciel que lo hizo permanecer recluido en sus habitaciones de Ontaneda antes de partir para Madrid.

«Adjunto a la presente mi cheque núm. 10 del banco de Comercio de San Antonio por la cantidad de 6,150 dólares, cantidad que le estoy adeudando como usted dice, desde hace años y que usted necesita recibir en seguida.

»Considerando sus razones dejé de cubrir otros compromisos adquiridos para saldar de una vez mi cuenta que por diversas causas no he podido devolver antes.

»Paso ahora a darle el pormenor de mis apuntes: al volver a revisar mis papeles y el detalle de todas las remesas de efectivo enviadas a los legionarios de Cristo, encontré mi pago el 12 de junio de 1960 de 1,000 dólares, entregados al padre Maciel y 2,000 dólares el 14 de septiembre de 1963 con una nota, "efectivo que envío a Roma sobre mi adeudo pendiente".

»¿Quiere usted aceptar esta cantidad de hoy como saldo de mi cuenta?

---

[50] Carta de Antonio Lagoa a Flora Barragán, 16/XI/53, AFB.
[51] Carta de Antonio Lagoa a Flora Barragán, 29/VIII/54.

»Le agradeceré me envíe en seguida las dos cartas o escritos míos que les entregué reconociendo un adeudo pendiente.

»No es posible relatarle las causas que me hicieron demorar tanto este envío, reconozco también mi culpa porque tenía tantos valores que cubrir que no sabía cómo atender a lo más importante: no sé si me comprenderá. Por la culpa en la demora le pido mil perdones y le doy las gracias por la consideración que me han tenido.

»Réstame solamente pedirle saludar de mi parte a vuestro reverendísimo padre Maciel y a todos los padres y hermanos de ese frente legionario.»[52]

No deja de resultar sorprendente que la bienhechora haya terminado finalmente deudora por tantos años de sus protegidos, quienes le piden por medio del padre Lagoa, al parecer perentoriamente, que de una vez por todas finiquite su deuda.

En la carta se trasluce una cierta tensión entre la exigencia con la que se siente interpelada –«usted necesita recibir enseguida»– y su generosidad culposa –«dejo compromisos de lado para...»–; pero una vez pagada la deuda también ella se permite anotar: «le agradeceré que me envíe en seguida las dos cartas», aunque manteniendo la calma. Finalmente, con educada contención, termina de nueva cuenta pidiendo perdón por la demora.

Esto no quiere decir que la colaboración entre la ex bienhechora estrella y la Legión haya aquí terminado, pues si recurrimos a la correspondencia con Marcial Maciel, encontramos por ejemplo que, en 1980, el citado le escribe pleno de afecto en los siguientes términos: «los legionarios recordamos agradecidos todo lo que usted nos quiere y lo mucho que nos ha ayudado con su apoyo económico y, sobre todo, con su afecto y oraciones. Doña Flora Barragán de Garza ocupará siempre un lugar preeminente en nuestra galería de amigos y bienhechores».[53]

Si ya no «la madre» de todos los bienhechores, ni «prolongación viviente de la Legión», cuando menos un lugar «preeminente en la galería», lugar ganado, más que con dinero, con «afecto y oraciones». La «eufemización del interés económico» se despliega sin obstáculos.

Imagino que al leer esto los hijos de doña Flora pudieron haber considerado que si las oraciones apoyan más que los pesos, comenzaba

---

[52] Carta de Flora Barragán a Antonio Lagoa, 15/VII/74, AFB.
[53] Carta de Marcial Maciel a Flora Barragán, 12/VIII/80, AFB.

a ser tiempo de ponerle un límite a la generosidad de su madre para con su amada Legión.

A algo de esto alude Maciel cuando en septiembre de 1989 le escribe a doña Flora para agradecerle el «gran interés» mostrado para «la terminación y amueblamiento» del nuevo colegio de Roma, interés que Dios le pagará con «especiales bendiciones». Y a continuación, Maciel, hombre práctico, añade:

«Yo creo, doña Flora, que lo mejor será que usted, de acuerdo con el padre Peter Coates, vaya hablando personalmente con las diversas personas que podrían colaborar, para ver si es posible reunir la cantidad mensual que le dije.

»Voy a pedir mucho a Dios, Nuestro Señor, para que le ayude a resolver favorablemente, dentro de la armonía familiar, la cuestión de la distribución de los negocios. Comprendo las dificultades que usted tendrá que afrontar».[54]

Otro legionario prominente, el padre Rafael Arumí, le escribe ese mismo año para desearle felices Pascuas, y de paso confirma lo que vengo de afirmar sobre lo dicho por Flora Garza Barragán: «Ya sé que ahora ha dejado todo el manejo de su bienes en manos de sus hijos Roberto y Florita, que indudablemente son una buena sucesión y que continuarán apoyando la realización de muchas obras en bien de la Iglesia».[55]

Pero si atendemos al testimonio de la hija de doña Flora, al parecer fue en una fecha anterior cuando se decidió que ya había sido más que suficiente lo que su madre les había dado a los legionarios. Y consideró que a esas alturas ya tenían una «visión exacta» del patrimonio que tenía que proteger, si no quería intercambiar de nueva cuenta oraciones y cartas de agradecimiento y un lugar preponderante en la galería de los bienhechores, por lo que le quedaba del patrimonio.[56]

«Fue creo por 1983 –afirma Flora, hija– que don Ricardo Margáin Zosaya nos citó junto con mi madre a los dos hijos.

»–Su mamá ya tomó la decisión de separar del capital a ti y a Roberto, pero antes, como último escalón para entrar al cielo, quiere regalarle al padre Maciel solamente dos terrenos, el de X (que era

---

[54] Carta de Marcial Maciel, 26/IX/89, AFB.
[55] Carta de Rafael Arumí a Flora Barragán, 13/XII/89, AFB.
[56] Tengo que aclarar que nunca entrevisté al hijo de doña Flora, y que por lo tanto me baso sólo en lo que recabé de su hija a este respecto.

como de 100 hectáreas) y el del rancho (como de 50). El terreno del rancho su mamá piensa que el padre Maciel lo utilizará para hacer el seminario, y las consagradas.

»Roberto dijo que no había problema. Yo, en cambio, dije:

»–Fíjese, don Ricardo, que no.

»–Pero ¿cómo le niegas a tu madre el último escalón al que quiere subir?

»–Pues que no lo suba.

»Marcial no logró sus propósitos. Eugenio Garza Lagüera le regaló a Maciel su casa del obispado. La casa de las consagradas era la casa del tío Nacho.

»La última vez que mi madre viajó a Europa fue en el quincuagésimo aniversario de la Legión en enero de 1991. Y allí Maciel mandó a mi madre al tercer salón. Nunca estuvo en el principal.»[57]

Y es también por 1989 que, según la citada, comienzan a escasear las visitas a la ex Madre de la Legión. Debió de haber sido algo difícil para la hija impedirle a su madre subir el último peldaño al cielo que, curiosamente, pasaba por desprenderse de millones de pesos. Al parecer, para algunos católicos los mejores lugares para reposar a la diestra del padre también pasan por la ley de la oferta y la demanda.

En el mes de mayo de 2004 el Instituto Cumbres celebró su quincuagésimo aniversario. En el suplemento del diario *Reforma* del 21 de mayo de 2004, en una escueta nota, se escribe lo siguiente:

«El Instituto Cumbres fue fundado en 1954 por el padre Marcial Maciel, con la ayuda de la benefactora Flora Barragán; actualmente, esta institución cuenta con diferentes sucursales en el país y a nivel internacional, hecho que la convierte en uno de los emblemas de los legionarios de Cristo».[58]

Cuando menos en esa nota, el esforzado padre Faustino Pardo –ya fallecido– quedó borrado. Flora Barragán de Garza es uno de los casos más logrados del *habitus* que prepara para el interés en el desinterés. Desgraciadamente para ella, ya había abandonado este mundo un año y medio antes, y tampoco pudo gozar de este escalón del reconocimiento.

---

[57] Entrevista de FMG a Flora Garza Barragán, Monterrey, NL, 9/XII/01.
[58] *Club*, suplemento del diario *Reforma*, 21/V/04, pág. 88.

Pero como compensación, un buen número de los que no tienen interés en el desinterés han salido de sus aulas. A muchos de ellos los encontraremos desempeñando diferentes papeles cuando se haga la luz sobre lo que Maciel y sus fieles no tenían ningún interés en que apareciera.

6.2 El nuevo asistente de la Legión

A una carta que en marzo de 1955 el padre asistente Madrigal dirige a MM, pidiéndole algunas explicaciones sobre las cuotas en el Cumbres y las razones para introducir mujeres como profesoras, éste responde el 25 del mismo mes con argumentos bien pensados. Por ejemplo, explica que la creación del Cumbres tenía la clara y precisa intención por parte de la donante Flora Barragán de que los réditos fueran:

«íntegramente destinados a la formación de sacerdotes. Por lo tanto y recordando lo que la moral prescribe sobre el respeto que se debe a la intención del donante, se nos ha impuesto el fin principal para no transgredir el deseo de la persona creadora del colegio [...]. Con esta intención presente, nosotros invertimos el dinero en el Colegio Cumbres para, al mismo tiempo que produce los réditos, hacer el bien a la niñez y obtener vocaciones para nuestra escuela apostólica».[59]

Como se ve, la respuesta es precisa y contundente y muestra una de las maneras privilegiadas en este tipo de fundaciones para asegurarse su reproducción, al tiempo que la concreción de un incipiente carisma educativo.

En cuanto al costo de las colegiaturas, le contesta que en los colegios de las otras congregaciones[60] el costo promedio aproximado fluctúa entre 60 y 70 pesos, y el pago a maestros entre 500 y 600 pesos. En cambio, en el Cumbres iría de 65 a 90, pero que eso es explicable en la medida en que sus grupos son más restringidos, ya que no pasan de 35 alumnos, a diferencia de otros colegios.[61] Y que si se quiere

[59] LCM, doc. 106, 25/III/55.
[60] Lasallistas, jesuitas, maristas, etcétera.
[61] Aunque no señala cuál sería el número en los grupos de estos otros colegios, sí insinúa que serían cerca del doble, dato que habría que tomar con cuidado.

mantener el mínimo control sobre los alumnos y su aprendizaje, es necesario este tipo de restricciones, que los obligan «a mantener doble cantidad del profesorado», a diferencia del que tendrían si sólo continuaran con el sistema ordinario. Añade que tiene un sueldo medio para cada profesor de entre 800 y 1,000 pesos, y remata afirmando que tienen una cantidad «no despreciable» de becas de un 15% para familias pobres.

En cuanto a haber contratado maestras para la primaria, indica que tanto los jesuitas como los benedictinos, los agustinos y los lasallistas lo hacen, y tienen

«tal raigambre y experiencia en la vida religiosa [que] me pareció imitarlos. La experiencia en las circunstancias de México, nos ha ido diciendo que el sistema ofrece más bien conveniencias que inconveniencias.

»No obstante, y siempre es mi deseo de total acatamiento de todo cuanto venga de mis superiores, estoy incondicional para recibir cuantas indicaciones se crean oportunas en este sentido».[62]

El padre asistente tenía así una prueba de con quién se las tenía que ver. Y si quería tocarlo en carne viva, tendría en el futuro que preparar mejor sus críticas. Más le hubiera valido hacerse aconsejar previamente por el padre Lucio Rodrigo, al que Maciel dejó al borde del agotamiento con sus innumerables trucos.

Pero el padre Madrigal no se quedó, por cierto, sólo en el asunto del Cumbres en la carta aludida; decide avanzar algunas consideraciones y críticas más globales que se hacen en algunos círculos romanos sobre ciertos aspectos de la conducta pública de Maciel. Y cree que es de elemental lealtad el comunicárselas.

«Su reverencia, fácilmente les cae en gracia por su aspecto espiritual y por los triunfos sonadísimos que ha obtenido. Pero tanto esas personas encumbradas como las más maliciosas hay el peligro de que se formen [un] juicio [acerca de...] las hermosuras y miserias de la institución [cuando en realidad] son las personas menos a propósito para juzgar[las] o conocer[las]. Lo más que pueden hacer es tener simpatía con SR o caerles bien los hermanos que están en Roma o en España, por su disciplina externa, o por las fiestecitas que les hacen a los Pezzi Grossi, o también con su piedad exterior.

[62] LCM, 25/I/55.

184

»He visto pues muchos inconvenientes con este sistema de tantas eminencias, que por otra parte coincide con el temperamento de vuestra paternidad. [...] Lo esencial en todas las órdenes religiosas es que ellas en sí mismas vivan en la santidad y en la sabiduría. La amistad de los grandes es secundaria.[63]

Puede que, en efecto, fuera un serio inconveniente para el visitador este «sistema de tantas eminencias» para la vida espiritual de las congregaciones, pero no era ciertamente lo que pensaba Marcial Maciel, como lo atestiguará con creces lo que siguió haciendo con sus vida y obra. Más aun, se dedicó a cultivar con más ahínco su «pequeña anormalidad» hasta hacerla de un tamaño más adecuado a su «temperamento», y con el tiempo podrá decir que el «sistema de eminencias» se adornó con el de algunos Papas.

Las advertencias del visitador resultan al respecto un poco ingenuas, pues ¿qué fundador de institución en vías de consolidarse desea o quiere sustraerse al sistema de eminencias civiles y religiosas que le puede asegurar su sobrevivencia? El padre Madrigal carga todas las tintas del llamado a la virtud del lado de Maciel, y hace una severa crítica de la corte romana como si partiera del supuesto que para ella no hay redención posible.

Por lo pronto, Maciel le podrá asegurar su «total acatamiento a todo cuanto venga de mis superiores», sabiendo de antemano que no piensa cumplirlo. Y el padre asistente tendrá tiempo de repensar que lo que denominó la «pequeña turbulencia»[64] de Comillas, a lo mejor no lo fue tanto.

[63] LCM, doc. 12/III/55.
[64] Carta de J. Madrigal al cardenal Pizzardo, LCM, doc. 99, 12/XI/54.

7

Cuando las pulsiones sustituyen a las mociones

> Esos horrores no deben jamás suponerse en
> una casa, creerlos es comprometer todo lo que
> la habita.
>
> D. de Sade

El recuento de las diferentes maneras de quedar cautivado y de cautivar es uno de los ejes que guían este escrito. La conducta y gestualidad corporales de Maciel que lo hacían «parecer un santo» (Flora Garza) y en las cuales las miradas son una pieza importante, eran también apreciadas por quienes describen «estupenda corteza» (Sabino Arnaiz), «su aspecto espiritual» (J. Madrigal) y la «magnífica y admirable apariencia externa» (L. Rodrigo). Todos esos calificativos muestran que un buen número de hombres y mujeres sucumben en un primer momento al efecto seductor de Maciel. Este ser, inclinado según el padre Madrigal hacia «todo lo que es grande y deslumbrador», también «tiene el poder de deslumbrar a muchas gentes».[1]

Si a esta «magnífica apariencia» le añadimos la representación del perseguido, primero por el demonio que le turba el sueño en el ataúd –lo cual da la medida de la importancia del personaje–, luego por los comunistas y los jesuitas, y más tarde por algunos ex legionarios, persecuciones que son vistas como parte de las «necesarias pruebas» que le mandaba el Señor «para purificarlo», tendremos la otra cara de la imagen: «la magnífica persecución santificadora». También contribuía a la configuración de la imagen la devota manera de oficiar misa y caer casi en éxtasis durante la consagración: «parecía que se colgaba de la hostia», dirían algunos.

Pero, volviendo a las miradas, existe otro aspecto no suficientemente considerado aún: el supuesto poder de penetrar los más recónditos deseos y pecados con sólo dirigir la vista hacia el individuo elegido, lo que habla del triple estatuto que se le concede a su mirada –llevar al éxtasis, mostrar la espiritualidad y encarnar el poder del superyó. Este último aspecto, un día decidió escenificarlo.

---

[1] LCM, doc. 78, 9/V/53, 4213/46.

«En el verano de 1953, en Roma, el padre Maciel después de oficiar misa, se sentó dando la espalda al sagrario, muy desparpajado, y empezó diciendo: "obras son amores y no besos ni coscorrones". Lo dijo sonriendo. Y añadió: "¡Qué barbaridad! Ahora que estaban ustedes comulgando vi en la mirada de algunos que se estaban acercando indignamente a recibir a nuestro señor". Entonces, inmediatamente, se levantó un niño –Tijerina– que era toda inocencia y dijo: "Yo fui, *mon père*".[2] Todos nos quedamos asombrados. Él interrumpió la plática, se levantó y lo acarició. Después, nos llamó a un grupo y comentó que ya no quiso seguir la plática porque "ya vi que pipi Toño –así me decía a mí– también se iba a levantar a decir eso". Yo pensé: "qué malévolo es este señor, yo ni siquiera lo iba a hacer". Imagínese qué martillazos nos daba en la conciencia para volverla cuadrada. Solamente lo que él decía era verdad.»[3]

Creo que este ejemplo muestra bien a un público cautivo, aclimatado ya en el discurso que entremezclaba los sepulcros blanqueados con la pureza, y educado en la confesión de los pecados.[4] Para este público ya no hay salida posible; lo que se escapa en la confesión y dirección espiritual, Maciel lo termina de atrapar con su omnipenetrante mirada. José Barba recuerda al respecto:

«Los nítidos corredores de travestino del moderno edificio del Collegio Massimo de la Legión de Cristo, [así como] brillaban de Braso las perillas de las puertas. En ninguna parte había mancha alguna de moscas en los traslúcidos vidrios de las ventanas. [...] Un crucifijo limpio, blanco, en el ábside de la capilla minimalista, centraba sobre sí las miradas. El impecable Cristo de Salmann presidía, de perfil, la sala de conferencias, al lado de un enlucido piano negro de concierto, [y, entre tanta nitidez], el cordial "tú" castellano de nuestro viejo compañerismo quedó suprimido por el "carissime frater" [y] toda amistad "personal" (¿hay amistad que por su propia naturaleza no lo sea?)».[5]

---

[2] Manera en la que se dirigían al padre Maciel.
[3] Entrevista de FMG a José Antonio Pérez Olvera, México, DF, 8/XI/01.
[4] Este episodio se relaciona con el de Fernando Pérez Olvera.
[5] José Barba, *Prometeo*, pág. 9. Lo de amistad «personal» en otras congregaciones se denominaba «particular» y era una forma eufemística de referirse a la homosexualidad.

Como si la claridad impoluta de los edificios y las distancias en el trato buscaran hacer más evidente el corte con lo inconfesable que se vivía en la zona de la enfermería en Roma, casi siempre al amparo de la penumbra y cuya específica relación institucional estaba constituida por una «taxonomía de silencios» (Barba) y sobreentendidos. El Collegio Massimo podría mimetizar, siguiendo la imagen propuesta por el evangelio, una especie de mausoleo encalado.

José Antonio Pérez Olvera añade nueva información a este cuadro.

«Tal parece que nada más había una virtud, que era la pureza. Éramos muchachos sanos, pero nos metían lo de la pureza a tal grado que terminaron haciendo de ella una fijación. Todo para nosotros era pecado. La obsesión de ofender a Dios era tal que ni siquiera para ir al baño me tocaba el pene. Y me la pasaba yendo al monasterio trapense que estaba al lado para confesarme. Esto desde niño, desde los 11 años, cuando entré. Y quiero decirle que ya en Roma estábamos rodeados de pinturas de desnudos. Una virgen amamantando al niño era pecado. Era aberrante. Llegaban a la hipocresía que a los libros de arte les ponían un papelito para que no se vieran.[6] Yo vivía con angustia. Me acostaba con el temor de morir. Uno no estaba sereno. Como si Dios no hubiera creado el sexo. Y para colmo, el padre Marcial era una total hipocresía, no se vale que nos hubiera destrozado».[7]

En todo caso, el irresistible Maciel deja por donde pasa una estela de convencidos: a) Papas –mínimo tres–, sacerdotes o aspirantes a tales, fascinados por la bondades de su obra; b) padres de familia encantados por entregar los hijos a su cuidado para que les concediera el «don más preciado», de convertírselos en sacerdotes; c) mecenas dispuestos a ofrecerle dinero para sus obras en esos años de guerra fría y de anticomunismo elemental; d) mujeres al borde de un ataque de éxtasis, dispuestas a servirle; y e) infantes y púberes –ya entrados en fascinaciones– dispuestos a cederle sus ideales y el trasfondo de su subjetividad, compelidos a guardar un silencio culposo cuando hubo violentado sus cuerpos y su psiquismo en una relación francamente asimétrica, abusando de la transferencia que se ha encargado de construir alrededor de él.

---

[6] Con lo que producían el efecto contrario.
[7] Entrevista de FMG a José A. Pérez Olvera, *cit.*

Rostro de santo que fascina y que, como hemos visto, va acompañado de otro en el que se decanta poco a poco, de manera consistente, la imagen del perseguido, del difamado y víctima de complots sucesivos de los que en las sombras amenazan su obra y su reputación. Rostro de víctima inmolada que a su vez se desdobla en un tercero, más sombrío, de pederasta y morfinómano.

Maciel, como las muñecas rusas, no se muestra a la primera mirada: hay que saber armarse de paciencia y, por lo tanto, ir a contrapelo de uno de sus rasgos de carácter más significativos, la prisa compulsiva. Entre estas tres representaciones de Maciel no hay sutura posible, sólo pueden funcionar disociadas y en espacios y tiempos desacoplados. Las tres forman parte, sin embargo, del personaje; no es posible disociarlas sino para los fines del análisis. Una minoría tendrá acceso privilegiado a cada una –triste privilegio– y al inmanejable conjunto.

En todo caso, siempre se trata de representaciones contundentes, claramente recortadas unas de otras porque, si se juntan e interactúan, no se sabe bien qué hacer con ellas, dada la turbación que producen las facetas no disociadas de esa manifestación donde cada parte tiende a presentarse secuencialmente. Si se presentaran todas de forma simultánea, entonces se vería aparecer una especie de rostro compuesto, ambiguo y con cicatrices como las del monstruo del doctor Frankenstein. Como bien lo señalaba el ex sacerdote Alberto Athié:

«Lo más difícil es buscar la explicación de ese fenómeno. [Y más si lo relacionamos con el hecho] de que estamos frente a un gran estratega en gestión y manejo de recursos. Pero a su vez, ante un caso de increíble manipulación, de niños y también de personalidades en términos económicos. Por lo tanto, no estamos hablando de personas ingenuas en términos de negociación. Además, personas con poder político o de manejo de medios de comunicación [...] ¿Cómo explicarlo?»[8]

En la primera mitad de esa década de los cincuenta algunos de los que sufrirán abuso sexual por parte de MM vivirán experiencias disonantes que les marcarán el resto de su vida: desde la mezcla contradictoria de sentimientos y sensaciones, pasando por fidelidades a la congregación y al personaje en cuestión, lo que los llevará a sellar por

---

[8] Alberto Athié, en la presentación del libro *El círculo del poder y la espiral del silencio*, México, Grijalbo, 2004, en el Centro Universitario del Libro, UNAM, el 7/VII/04.

muchos años su pacto de silencio y complicidad con él y con la razón institucional; hasta que la *discordancia en diferido* –entre los ideales inculcados y los actos sucedidos– termine después de un prolongado trayecto que los lleva primeramente a comunicárselo entre ellos, una vez fuera de la institución legionaria, hasta pasar en algunos casos a la denuncia intrainstitucional eclesiástica y, posteriormente, a su exposición pública.

Y hablo de *discordancia en diferido* porque no basta que algo se haya quebrado en la intimidad de las víctimas de abuso cuando sufrieron esas experiencias, ya que la reverencia al personaje o el temor sacralizado –o ambos– a éste permanecieron de hecho por varios años para una buena parte de ellos, amparados en el convencimiento de que lo que se vivió fue de orden individual, o que si ocurrió en grupo fue demasiado como para ponerlo en palabras.

Doble protección jugando en simultáneo: la de Maciel y la de cada uno en relación con una experiencia por lo pronto no metabolizable, que había que ir domesticando a lo largo de los años por medio de la palabra compartida, lenta y confiadamente.

Lo que sí puedo hasta cierto punto afirmar es que ya al principio de la década citada –por más que *a posteriori* se afirme que en principio cada uno había sufrido de manera individual el abuso o el darse cuenta de la adicción de Maciel– existía una información que circulaba en pequeños grupos, aunque fuera bajo la paradójica manera de un silencio pactado sin palabras o como un rumor fugaz de que en la enfermería algo serio pasaba. Sobre todo, en el colegio de Roma. Por ejemplo, un ex legionario que prefiere no ser nominado pero sí brindar su testimonio –y que entró en 1952, cuando tenía diecisiete años–, afirma lo siguiente:

«Algo se coló, no sé cómo, de que el padre le pedía algo a los muchachos.[9] Tengo una gran laguna de quién me lo dijo, pero yo sabía algo casi después de entrar. El día que me llamaron a la enfermería, yo ya sabía "eso". Había adentro varios compañeros. Por ejemplo, recuerdo a Félix Alarcón. Estaba Maciel en la camilla, en camiseta, absolutamente drogado. Y en el brazo izquierdo un montón de piquetes. Yo permanecí en guardia. Me imagino que con el rostro rígido. Él algo captó y dijo: "llévenselo"».[10]

[9] Recuérdese el previo de «¿No te ha llamado *mon père* para que le sobes el estómago»?, de Fernando Pérez Olvera en Cóbreces.
[10] Entrevista de FMG con IF, Guadalajara, 3/X/03.

El «yo ya sabía eso» no lo induce a abandonar la congregación. Al parecer, no basta poseer una información que no se ha constatado por sí mismo. Porque, como dice una colega antropóloga de quien esto escribe, «una cosa es saber, y otra muy distinta saber saber».[11] En este caso preciso, sólo la constató precisamente porque no sucedió. Todo quedó, al parecer, en el sobreentendido, una manera como otras de establecer un pacto en donde de nueva cuenta ni siquiera hay que pronunciar palabras. Al parecer el testigo sí confirmó con el «saber saber» los piquetes en el brazo de Maciel; pero no necesariamente sacó las consecuencias.

7.1 Maneras de testimoniar

> Los recuerdos son así, impredecibles como la nitroglicerina. Uno nunca sabe que la encenderá. Es el problema con el pasado, siempre hay algo más en su origen.
>
> *Barrio Chino II*

Juan José Vaca

A Cóbreces llega Juan José Vaca en octubre de 1949. Expone que entre enero y abril de 1950, el único sacerdote que existía era Maciel, quien fungía como confesor y director espiritual. Por esas mismas fechas, relata que un día que ya estaba en su cama a punto de dormirse, uno de sus compañeros le avisa que MM necesita hablar con él. Vaca contaba entonces trece años. Acude rápidamente. Lo encuentra en su habitación y vislumbra su silueta en la oscuridad.

«Y todo quejumbroso, me dice: "tengo mucho dolor en el estómago, siéntate aquí". Y yo, lo hago con mucho miedo. Jamás me había sentado en la cama de nadie, menos de él. Para mí él era mi padre, mi madre, mi figura ideal. Lo tenía como un santo. Por la forma como nos trataba le teníamos un respeto y veneración máximos. La forma como decía las misas era una cosa impresionantísima, lo

[11] La doctora Cecilia Rabell.

veíamos que estaba ahí transfigurado. La impresión que yo tenía de él era la de un hombre extraordinario. Te estoy diciendo con palabras de adulto lo que yo sentía entonces.

»[Maciel continuó hablándole] "Yo a ti te tengo mucho cariño, yo a nadie puedo decirle que me dé masaje en el estómago". Me toma la mano y la pone en su estómago. Estaba cubierto con la sábana arriba del ombligo. Estaba en camiseta. Él me guía con su mano, yo estaba en choque. Luego me dice: "Más abajo, más abajo". Nada, yo no podía. Entonces me lleva con su mano a tocarle su pene. Y me dice: "frótamelo porque me da mucho dolor". Yo no sabía cómo hacerlo. "Mira, hazlo así" y comienza a masturbarse él mismo con mi mano debajo de la suya. Y me coge mi pene. Yo no recuerdo si tuve erección. El caso es que yo me choqueé, y me quedé completamente paralizado, física, mental y emocionalmente. Tengo idea de que sentí húmeda mi mano. Y luego me dijo: "Te puedes ir". Yo no podía, era la primera vez que yo hacía eso a alguien y que alguien me tocaba a mí. Me regresé a mi habitación, iba como un autómata. No pude dormir. Al día siguiente, después de la misa, fui con él y le dije:

»–Padre, ¿eso que usted hizo anoche no es pecado?

»–¿De qué estás hablando?

»–Pero usted me hizo "eso".

»–No, yo no me acuerdo.

»Luego me sentó en sus piernas. Sentí repugnancia. Y me dijo:

»–Mira, si algo hubo, tú no tienes de qué arrepentirte, porque tú hiciste una obra de caridad. Si yo estaba con dolor, tú me ayudaste a quitármelo.

»–Yo no quiero comulgar.

»–Tú no hiciste nada, pero para tu tranquilidad, te voy a dar la absolución.»[12]

De pronto, otra cosa irrumpe sin preparación y trastoca los parámetros de inteligibilidad de aquel que hasta ese momento vivía bajo la suave cobertura de un sentido común compartido sin sobresaltos. Eso es lo que está en la base de una situación traumática. A partir de ahí una demarcación se instaura entre un antes y un después.

Que el sujeto investido de sacralidad utilice su figura idealizada, primero para negar lo que pasó, luego para transformarlo en «un acto de caridad», y finalmente para intentar anularlo por medio de

[12] Entrevista de FMG a Juan José Vaca, México, DF, 6/XII/03.

la absolución, implica mantener, contra toda esperanza, las partes de pederasta y de sacerdote unidas. En su caso, es una especie de oxímoron: pederasta sacerdote, que atenta contra la representación que antes sostuvo, la del santo en vida.

Para Juan José Vaca éste será el inicio de un proceso en el que tratará de realizar una síntesis incompatible que lo atravesará psíquicamente, de un prolongado atrapamiento, ya que pasó a formar parte del grupo de los favoritos de Maciel.

Para él no habrá duda a partir de 1952 –ya en el noviciado en Roma– de que no será el único al que Maciel le puede «tener confianza para hablarle de sus malestares físicos». Pero esta desilusión de no ser el supuesto elegido será compensada con el dudoso privilegio de compartir el secreto nocturno del selecto grupo de los efebos del guía espiritual y fundador de la Legión.

Ese secreto y ese pacto implican que una parte de la institución legionaria jamás se entere de lo que pasa en la otra escena, lo que contradice radicalmente el discurso de la pureza y los rituales que la sostienen y la vuelven palpable; también implica que otra se entere a medias y que, finalmente, una tercera quede en reserva para ser elegida y sorprendida en la escena obscena en la cual Maciel les hará «perder el control del sentido» común.

Pero hay que añadir un plus a eso que Bensaïd considera como la escena obscena: el desnudamiento sorpresivo del objeto sacralizado. Maciel no concentrará plenamente en los actos y las palabras de la enfermería todo lo que supuestamente es, porque pronto reasumirá lo que también es en la escena obscena y sacralizada de la misa o en la absolución que repartirá entre los sorprendidos y roídos por la culpa, o en los señalamientos de quienes se acercan a comulgar sin sentirse plenamente purificados.

Es gracias a esta oscilación entre ambas escenas –en las que nunca se terminan de desagregar las representaciones y los actos contradictorios que contienen– que se sostiene la dramaturgia perversa de Maciel. Un poco a la manera de eso que trabaja Georges Didi-Huberman cuando distingue lo visual y lo visible: «Yo he nominado visual a esa cosa que en las imágenes pasa delante de nuestros ojos (eso entonces no es invisible) pero que no es espontáneamente reconocido como algo visible y todavía menos [como] legible».[13]

[13] Georges Didi-Huberman, «L'image par-delà le visible», *Sciences Humaines*, hors-serie, núm. 43, diciembre/enero-febrero, 2003, pág. 21.

El que ya ha vivido ambas escenas sabe que cada una, aislada, no totaliza la experiencia, que existe algo de orden visual vivido en cada una de ellas –si bien no presente tal cual en cada una, a diferencia de lo planteado por Didi-Huberman– en el recuerdo de los actores. Y por otra parte, el mensaje dado por Maciel es que cada una debe aspirar a cerrarse sobre sí misma. Una misa es una misa y un abuso sexual es un abuso sexual, habría dicho el sorprendente e irónico Magritte si le hubieran preguntado.

Pero cuando a alguien como a Juan José Vaca se le ocurre conectar lo que Maciel pretende dejar perfectamente disociado, las cosas se comienzan a complicar. Entonces, no le quedará a este último sino recurrir y hacer actuar a la representación condensada del *cura pederasta*, para tratar de conjurar la molesta interrogación que se le dirige, y al hacerlo va a terminar por desconfigurar el marco de inteligibilidad de su perplejo interrogador, que quedará atrapado en el oxímoron –como tal, insoluble– que Maciel le propone.

Juan José Vaca no parece relacionar lo que viene de actuar Maciel con él, con la experiencia previa de amago masturbatorio escenificada por el padre Ferreira. Al desarticular ambos casos, termina por mantener disociadas las acciones de los dos superiores de la Legión, y de esa manera puede describir lo ocurrido con Maciel como algo inédito y sorpresivo.

Pero la experiencia sexual de Vaca muestra no sólo la relación privilegiada y radializada con Maciel; introduce otros elementos que ya había descrito, por ejemplo, Fernando Pérez Olvera, es decir, la sexualidad entre los pares.

Vaca fue invitado en 1950 para ir a Roma al Jubileo, representando a los apostólicos. Después de la seducción, el privilegio. Maciel lo invita de vez en cuando a ir en su carro Chevrolet negro junto con algunos de los filósofos. Durante el viaje, relata que al pasar por Toulouse, Maciel tuvo buen cuidado de que no durmiera con los más grandes, dado que en cada cuarto se acomodaban entre cuatro y cinco.

«Yo era el único niño, y me tenía en un cuartito aparte en donde él dormía. Entonces yo de noche ya estoy durmiendo y siento una mano, no sentí que fuera la mano de Maciel, [la cual] ya la conocía. Sentía que era otra mano, y muy discretamente abro los ojos y veo que es el prefecto de los teólogos, Jorge Bernal, quien ahora es el obispo de Quintana Roo. Y cuando lo veo di una sacudida y corrió. Yo no se lo dije a Maciel. La primera vez que lo dije fue a un psiquiatra en Honolulú meses después de salir de la

Legión. [...] Llegamos a Roma, el colegio no estaba todavía terminado. Entonces tres o cuatro noches después, me llama Maciel otra vez. Ya comencé yo a sentir atractivo, y sentirme el privilegiado traído a Roma. Conmigo siempre fue de noche y con las luces apagadas, y nunca recordaba de día lo que había hecho de noche. Yo comencé a sentir una asociación no sólo emocional sino adictiva.»[14]

Maciel lo «protege» de los grandes pero en realidad lo quiere todo para él. Al mismo tiempo, Juan José Vaca mantiene silenciado ante Maciel el intento fallido del futuro obispo de Quintana Roo. En el reino de la información y los actos en estancos, se comienza desde pequeño. Vaca a esas alturas está doblemente enganchado, por el placer sexual y por sentirse privilegiado y halagado. Una manera de vivir una adicción amorosa.

Por otra parte, al parecer para Maciel lo que no ve, no existe, y pretende que no exista para los otros. Vaca aporta nuevas informaciones que apuntan a la práctica sexual en grupo.

«Pasamos al noviciado en Roma, ahí me di cuenta de que había otros como yo. Félix Alarcón, Jesús Martínez Penilla, Arturo Jurado y otros. Yo mismo los llamaba cuando me negaba a que Maciel me penetrara, siempre me negué. Maciel se enojaba y no me hablaba por tres o cuatro semanas. Yo estuve con Jurado y Penilla en la oscuridad. Maciel los masturbaba junto a mí y viceversa, y nos hacíamos los disimulados. Y de esto, no platicábamos jamás.»[15]

A diferencia del cuarto voto especial –aquí sí, aportación singular del «carisma legionario»–, que implicaba evitar en todo lo posible la crítica de cualquier superior, y que se hacía en la sacristía –después de pronunciar los clásicos de pobreza, castidad y obediencia–, al final del noviciado, no era necesario tematizar la complicidad vivida entre los comparsas sexuales de la enfermería. Se imponía como evidente. Y en general, al parecer tampoco circulaba profusamente por la aduana de la confesión realizada con alguien externo a la secta de los amigos de los placeres nocturnos.

---

[14] Entrevista de FMG con Juan José Vaca.
[15] *Idem.*

«Yo viví una situación de éstas con otros niños presentes. Cada uno haciendo sus cosas en la oscuridad. Aquello no era una cosa armonizada. Eso se hacía en silencio. Una cosa más bien disimulada desde su raíz. Y Maciel en medio de todos. Nosotros creíamos de buenísima fe que el padre estaba muy enfermo. Él sabía a quién podía llamar. Yo actuaba un poco a pesar mío. Yo me sentía dominado y a veces con mucho dolor por mi parte. Pero otras, pues me prestaba al juego. Yo creo que eso me causaba una situación tremenda de desasosiego.

»FMG: ¿Usted logró decirle esto a alguien adentro?

»HA: ¿Dentro? Qué va. Eso sí, lo llegué a decir fuera, en confesión, a un jesuita muy famoso y a un padre pasionista, pero no recibí mucha ayuda. Maciel nunca nos decía: "Vas a hacer esto conmigo", porque eso nos hubiera dado a muchos de nosotros la ocasión de decir que no.

»Nadie se abría. Sospechábamos que sabíamos, pero si queríamos ser sacerdotes era ponernos en la disyuntiva de que nos mandaran a la casa. Yo creo que eso estaba muy presente. A unos les recomendaban que se fueran. A otros los ponían en el tren de la noche,[16] y otros más, nos íbamos desagregando a nuestro aire.

»FMG: ¿Y cómo se dio la seducción?

»HA: Pues él nos tomaba la mano en silencio. Sí les dijo a algunos "dame masaje", pero más bien estaba como adormilado y lo atraía a uno hacia él. Éramos jovencitos, no teníamos criterios para saber que era disonante. Lo íbamos notando poco a poco en nuestra interioridad. Algunos tuvimos la suerte de ser fuertes y enérgicos [y nos salimos] cuando todavía era tiempo. Otros se salieron más tarde y pagaron un precio grande. Yo todavía sé la fórmula de la Dolantina como el padre nuestro. Salíamos a altas horas de la noche para encontrarla. La droga la conseguíamos con mentiras.

»Yo, francamente, de todo esto le pediría al Señor que lo asistiese para que, si está escribiendo cosas de éstas, lo haga de tal manera... el padre vive, el Vaticano yo estoy seguro, como le dije a José Barba, sabe quiénes somos las víctimas aquí. Ya ha tomado la decisión de saber quiénes iban a ser los perdedores. Para el

---

[16] Estas salidas o expulsiones expeditas recuerdan la expulsión de Maciel de Montezuma.

Vaticano es mucho más fácil no contestar una carta ni llamarnos a nosotros para decir nuestra verdad.

»FMG: Según usted, ¿por qué actúan así en el Vaticano?

»HA: ¿Usted es católico?

»FMG: Fui educado en una cultura católica, pero no soy creyente.

»HA: Pues eso: mi Iglesia dice con frecuencia cosas maravillosas, pero muchas veces no las pone en práctica. A veces la grandeza de Dios se manifiesta en la terrible debilidad de los hombres. Hay veces que el Señor se sirve de seres que están bastante rotos y dañados para hacer cosas muy grandes. Esto es a veces un misterio. Yo me pregunto cómo es posible que la Legión se haya extendido por todo el mundo. Hay un elemento de misterio en el que yo no tengo una respuesta clara. El padre a veces nos daba pruebas de una interioridad impresionante. Y hacía cosas que parecían imposibles.

»Yo quise mucho al padre y a su familia y a la Legión, pero cuando llegó la hora de la claridad y el tiempo de salvar un poco mi integridad psicológica, entonces... Su madre era una santa mujer, me enteré que había introducido su causa de beatificación. Eso me parece un poco increíble, pero muy factible dentro de la idiosincrasia de la Legión.

»Todas las instancias vaticanas integristas, los cardenales y los alineados a la derecha o ultraderecha lo veían con una enorme admiración. También los grandes magnates mexicanos como don Santiago Galas, Pablo Díez, y de Monterrey Celina de Santos, don Ignacio Santos, Josecita Gómez y Florita... no me acuerdo de su apellido.[17] Ahí se concentraban los esfuerzos de la obra. Cuando llegaban a Roma había que recibirlos, sacarlos y llevarlos a una audiencia con el Papa.[18]

El desgarramiento de este ex legionario es evidente en su manera de enfrentar lo ocurrido. Me concedió la entrevista bajo la presión de un sentimiento ambivalente, ya que se había prometido no volver a hablar más del tema, y al mismo tiempo aceptando que yo utilizara lo que me fue relatando pero sin que diera su nombre. El hecho de haber sido recomendado por José Barba me abrió las puertas. Me advirtió más de una vez acerca de su afecto por Maciel a pesar de todo,

[17] Barragán de Garza.
[18] Entrevista de FMG a HA, París, 9/X/00.

ese hombre que le dio pruebas tanto de «una interioridad impresionante», como de lo «roto y dañado» de su alma. Pero, recurriendo al misterio y al socorrido «Dios escribe derecho con renglones torcidos», algo de su desazón pudo mantenerse neutralizada.

Es significativo lo que expresa HA respecto a los placeres nocturnos que articulaban, según él, una atmósfera de penumbra, en la cual se actuaba de manera no necesariamente armónica y en la que sobraban las palabras: «si nos hubiera dicho lo que nos quería hacer, habría habido la posibilidad de negarse». Pero sin palabras, el pasaje al acto se tornaba al parecer aún más constringente. Y como remate, es como si la oscuridad contribuyera a volver irreal lo ocurrido. Ese pacto estaba sostenido, además, en el miedo a perder la posibilidad de ser ordenado sacerdote. El control total que tenía Marcial Maciel de este bien escaso contribuyó, en no pocos casos, al sometimiento y silencio de los implicados en este asunto.

José Antonio Pérez Olvera

Este ex legionario relata en una carta notariada del 18 de diciembre de 1994, dirigida a Jason Berry, que de los once niños que ingresaron en su generación sólo se ordenaron dos. Y añade que uno de sus compañeros, «víctima también de aberraciones sexuales, se suicidó en Moscú años después». Luego señala que del grupo que lo precedió, en el que estaba su hermano Fernando, compuesto por doce aspirantes, ninguno terminó por ordenarse.

Un día, en Roma, un compañero de Pérez Olvera, Alfredo Flores, fue a buscarlo a la capilla en donde estaba asistiendo a misa, y le dijo que lo buscaba el padre Maciel, quien lo esperaba en la enfermería acostado en una cama. Al legionario que lo condujo, Maciel le ordenó salir y cerrar con llave la puerta por fuera.

«Según el padre Maciel [...] mi hermano [que ya había abandonado la Legión] se masturbaba mucho.[19] Era urgente ayudarlo para sacarlo del pecado, incluso acudiendo a la ayuda de la medicina. [...] Todo esto me lo contaba acostado, yo estaba a su lado [de pie].

[19] Tratándose de su hermano Fernando, Maciel estaba rompiendo el secreto de confesión, si atendemos a lo que me relató Fernando Pérez en la entrevista ya citada.

»Había un famoso endocrinólogo en Madrid que se llamaba Gregorio Marañón [...]. Sólo él podría ayudar a mi hermano, me dijo el padre Maciel. Lo único que necesitaba el doctor Marañón para hacerle un tratamiento adecuado a la [supuesta] desenfrenada sexualidad de mi hermano y recetarle la medicina apropiada era una muestra de semen.

»Sin embargo, el padre Maciel no le tenía a mi hermano la suficiente confianza como para solicitarle la muestra requerida. Pensaba el padre Maciel que siendo yo su hermano y teniendo las mismas características genéticas, una cantidad de mi semen podría ayudarlo adecuadamente; lo arrancaría de su vicio [...] lo libraría de las garras del pecado y... casi casi, me convertiría a mí en un héroe anónimo.

»Me preguntó –el padre Maciel– que si yo podría estar dispuesto a sacrificarme por mi hermano. Le dije que no, que mi hermano me importaba mucho, pero que no tenía la intención de cometer un pecado por ayudarlo, que estaba prohibido por la Iglesia [...] que lo más que yo podía hacer [...] era estar pendiente para el momento en que yo tuviera una emisión nocturna y recoger el semen de la sábana, guardándolo en un frasquito.

»El padre Maciel me contestó que era una magnífica idea, pero que existía el inconveniente de que al derramarse el semen en la tela, no recogiera la cantidad suficiente para que el doctor lo pudiera analizar, y que, además, perdiera sus características de frescura. A estas alturas me encontraba excitado y rojo de vergüenza. [...]

»Cedí por fin. Ni tardo ni perezoso, el reverendo padre Maciel me bajó los pantalones, los calzoncillos y empezó a manipularme como si fuera un experto en esos menesteres [...] Cuando ya estaba eyaculando, sacó un frasquito para que lo llenara de semen. Incluso me hizo que le pegara en un papel la supuesta dirección del doctor Marañón.

»Todo había terminado. No sabía dónde meterme de vergüenza. Sin embargo, me sentía satisfecho de que, a pesar de mi humillación, iba a ayudar a mi hermano y me había puesto sumisamente a merced de la voluntad de un santo, como el padre Maciel, que estaba santificando con sus manos y dándole trascendencia y valor divino a un acto que los simples mortales (y la misma Iglesia) [...] consideraban un pecado.

»Una vez que concluyó el padre Maciel su obra maestra, me preguntó si iría a comulgar.[20] Le contesté que no sabía. Me dijo

---

[20] Pérez Olvera estaba oyendo misa cuando fue requerido por Maciel.

que toda vez que había hecho una obra buena, podía acercarme a comulgar. No sólo eso. Me hizo prometer que ese acto heroico no lo comentaría a nadie ni en confesión. Acto seguido me dijo que debía hacer mis votos, no obstante la decisión que había yo tomado de no hacerlos.»[21]

Fue necesario citar *in extenso* este relato para que no se perdiera una parte sustancial del proceso de seducción sufrido por José Antonio Pérez. La justificación para lograr masturbar a este joven formó parte de las tácticas de Marcial Maciel, las que –como veremos más adelante, en el testimonio de José Barba– variaban según las circunstancias.

En todo caso, en esa oportunidad Maciel logró combinar su deseo sexual con el hecho de que el seducido realizara –de nueva cuenta como en el caso de Vaca– una buena obra por el bien de su hermano, supuestamente masturbador desenfrenado. Y de paso, competía un poco con el auxiliar de medicina, el ya citado Luis Ferreira. Con preclara visión futurista y novelesca, Marcial Maciel lo convence de utilizar el semen fresco para que el gran endocrinólogo español pueda producir la vacuna que liberará al masturbador compulsivo en el que supuestamente se ha convertido su hermano.

Ya para entonces se vuelve manifiesto el retorcimiento del fundador de los legionarios para llevar a cabo su acto, el cual se podría describir así: «yo, que deseo masturbarte, necesito que me dejes hacerlo para que un tercero deje de hacerlo y se cure –vía Marañón– de lo que yo no puedo ni pretendo controlar».

Por cierto, en el relato falta la secuencia en la que Maciel le pidió a Pérez Olvera que lo dejara masturbarlo, y sólo aparece insistentemente aquella en la que deseaba desesperadamente el semen «fresco», que algo recuerda al relato de Drácula y su necesidad de la «sangre fresca» de las vírgenes.

Sin embargo, si se lee con atención, se podrá apreciar con bastante nitidez el paradójico trato de Maciel a su seducido, haciéndolo entrar en una situación insostenible en la que quedaría a su merced, y en la que pone en juego elementos sumamente contradictorios, por ejemplo: a) pedirle que cometa «pecado de impureza» –según los códigos de esa institución– para hacer una buena obra; b) después de masturbarlo, preguntarle si va a comulgar y despejar sus dudas; c) y finalmente mandarlo a comulgar. Y no sólo eso, además le ordena

---

[21] Tomado del artículo de Salvador Guerrero Chiprés, *La Jornada*, 15 de abril de 1997, pág. 38.

que haga los votos. José Antonio Pérez estaba en el periodo final del noviciado. La secuencia que ya he descrito respecto a lo ocurrido a Vaca se repite.

El juego de la disonancia cognoscitiva y afectiva es manejado por Maciel sin titubeos y con maestría, sabiendo que su persona estaba investida del discurso autorizado. Por ello –como el Dios de la Inmaculada Concepción–, podía pasar por encima de las normas que regían para todos, porque se concibe como un ser excepcional.

De otro lado, el *habitus* funciona casi a la perfección, aunque con desgarraduras, debido a la evidente asimetría de la relación y de las posiciones que se ocupan. En efecto, el joven, para ceder, necesitaba creer en el bien de su hermano, aunado al supuesto de la santidad del ser excepcional, para poder permitirse transgredir lo que tan insistentemente se le había inculcado. A pesar de todo, no dejó de sentir que su conducta era contradictoria:

«A esas alturas me encontraba excitado y rojo de vergüenza [...] no sabía dónde meterme de vergüenza. Sin embargo, me sentía satisfecho de que a pesar de mi humillación [...] me había puesto sumisamente a merced de la voluntad de un santo, que estaba santificando con sus manos y dándole trascendencia y valor divinos a un acto».

Como si esas manos que consagran la hostia sirvieran, de alguna manera, para hacer lo mismo con el semen. O, si se quiere, que también en la enfermería se había realizado una especie de «misa masturbatoria» con consagración incluida, el producto puesto en el frasco, y por ello Maciel lo mandó a comulgar.

José Barba Martín

Barba relata que la influencia que Marcial Maciel tenía sobre él era «enorme», que cada palabra suya «no se ponía en duda, de verdad creíamos que era santo».[22] Barba comienza su relato diciendo que un jueves de la primavera –10 o 17 de marzo– de 1955, en Roma, fue llamado por el padre Maciel a la enfermería. Cuando llegó, vio que salía de manera precipitada Ángel Saiz Sáez, un compañero español, y

---

[22] Estas palabras las tomé del programa sobre los actos de Marcial Maciel, que el Canal 40 de la televisión mexicana transmitió el lunes 12 de mayo de 1997.

al entrar a la casi completa oscuridad oyó que Maciel se dirigía a una tercera persona, que era Félix Alarcón, diciéndole: «¿Viste cómo salió enojado?»[23]

«Estaba otra persona dentro de la enfermería, y [Maciel] me empezó a hablar de sus problemas, y cómo tenía permiso del papa Pío XII para que unas religiosas le dieran masaje en sus partes viriles por un problema que dijo que tenía de interferencia entre las vías seminales y la vía de la orina. Yo me puse muy nervioso [...] y me pidió si yo podía darle masaje. Yo no había notado cuando entré sino la oscuridad y que estaba esta persona de pie. Pero cuando ya comenzó esto, me llamó la atención que esta persona no se fuera y que en presencia de él me pidiera esto. Entonces, tomó mi mano [que estaba] muy tensa y la llevó hacía sí, me di cuenta de que tenía su miembro excitado y eso me puso más nervioso. Entonces él notó que mi mano se resistía [...] y me la rechazó como con enojo, diciendo: "no sabes hacerlo". Entonces, [...] estuvimos platicando [un rato] todo el tiempo casi en una completa oscuridad, porque las persianas venecianas allá son de madera [...] entraba muy poca luz, esta otra persona estaba mirando hacia las canchas. [...] Y [Maciel] se acercó hacia mí y me dijo que quería explicarme en dónde le daban los dolores. Me puse mucho más nervioso, me encogí y traté de rechazar firmemente lo que quería hacer. Él insistió, insistió completamente y yo no pude, no pude vencerlo. Porque yo era un muchacho de poca edad y él tenía ya 34 o 35 años. La persona que estaba ahí no me ayudó, y eso siempre lo he resentido. Yo nunca había tenido una masturbación, por primera vez en mi vida me violentó de tal manera que me hizo sangrar el frenillo del miembro.[24] Y durante varios días yo tuve dolor porque no podía pedirle a nadie que me curara. Me sorprendió mucho que cuando yo sentí eso, me levanté desobedeciéndolo porque me insistía en que me quedara y me fui a mi cuarto caminando lentamente, y me senté en mi cama y lloré. Cuando regresé, porque no podía desobedecer a ese grado, él ya estaba preparándose para salir [...] a comer a la piscina. [...] Y caminamos, y me dijo: "no le vayas a decir nada de mi enfermedad, ni al padre

---

[23] José Barba, testimonio ante notario del 23/I/97.
[24] A partir de lo ocurrido con Maciel, se entiende en parte por qué José Barba no consideró que las manipulaciones de Ferreira fueran propiamente una masturbación.

(Antonio) Lagoa ni al padre [Rafael] Arumí", que eran los dos únicos sacerdotes que estaban en el colegio. Fue como si al cerrar la puerta, aquello no existiera más. Después él, de pie, bendijo la comida, y con muy buen humor comenzó a platicar.»[25]

La primera escena en donde alguien sale precipitadamente, y al parecer muy molesto, no deja de ser significativa para los que la leemos desde la información disponible ahora, pero ciertamente ése no era el caso de José Barba. ¿Se trató en ella de un intento de seducción fallido por parte de Maciel? Muy probablemente.

Nuevamente, se puede seguir una secuencia bastante semejante a la del caso anterior: desde la escenografía de la enfermería, pasando por la búsqueda del pretexto para masturbar y hacerse masturbar, y la excepcionalidad de la situación expuesta para llevarla a cabo,[26] hasta la disociación final entre el acto consumado y la acción posterior, que aparentemente anula o torna banal la primera. En lugar de Gregorio Marañón, Pío XII.

Y en el ínter, la rebeldía fallida de Barba que abandona el cuarto para irse a cambiar de ropa y a llorar por la humillación. Pero vuelve a la enfermería «porque no podía desobedecer a ese grado». Las órdenes emitidas por el santo-pederasta no es posible cuestionarlas de raíz sin correr el riesgo de consolidar el desamparo en que vivía.

En el caso de Barba, existe una variante importante: la del testigo que permanece presente, que escucha y sabe lo que está pasando, testigo que, al mismo tiempo, aparenta mirar a otra parte, como sugiriendo el tipo de complicidad deseada para esa situación. Si intentáramos poner en palabras el acto del testigo silencioso podríamos decir lo siguiente: «Haz como que no te das cuenta de esto en lo que participas de manera aparentemente pasiva, en la penumbra, pero sírvele de testigo mudo al sorprendido seducido, para que sepa que no tiene escapatoria, que tu silencio y celestinaje indiquen cómo se debe conservar lo que ahí sucedió».[27]

[25] Programa especial del Canal 40 acerca de Los Legionarios de Cristo, 12/V/97.
[26] En las declaraciones de Juan Fernández Amenábar –quien fue legionario y rector de la Universidad Anáhuac-Plantel Norte (México, DF)–, del 6 de enero de 1995, poco antes de morir, éste señala que Marcial Maciel «trató de justificar el uso de drogas y el abuso sexual de mi persona [...] diciendo que tenía una enfermedad y que tenía permiso directo del Papa». Citado por Salvador Guerrero Chiprés, *La Jornada*, 13/V/97.
[27] Sobre la función de ese testigo celestino, el doctor José Barba señala: «la impresión que me daba es que, por una parte, trataba de fingir que no estaba; la otra

A diferencia de lo que aportan Vaca y HA acerca del tipo de pacto silencioso entre pares y con Maciel en las masturbaciones colectivas, aquí el testigo cumple otra función ante el recién sorprendido y candidato en ciernes para tratar de que llegue, algún día, a formar parte de la cofradía, cosa que, en el caso de José Barba, no ocurrió.

Este círculo de atrapamiento sería completado por la actitud de Marcial Maciel después de terminar su acción masturbatoria, al dar vuelta a la página y provocar así un efecto de inverosimilitud. Pero, a diferencia de lo ocurrido con Vaca, esta vez dejó una leve pero significativa huella de lo ocurrido con las palabras que, efectivamente, le dirigió a José Barba en el camino que lo llevaba a la alberca: «No vayas a decirles nada de mi enfermedad a [...]». Insinuaba así que se trataba de un asunto entre él, el seducido, el testigo seducido-celestino, el Papa y las monjas virtuales.

Esto supone un agrupamiento fundado en la complicidad y la conciencia del carácter excepcional del personaje que los convocaba, donde todos los nombrados estarían de alguna manera en el mismo plano. Compartir un supuesto secreto con el Papa no era poca cosa; además, otros debían quedar fuera de esa información exclusiva.

Esta táctica repetida, que conforma a testigos-seducidos-celestinos y testigos-seducidos en compartimientos estancos, fue fundamental para mantener a cada uno creyendo que sólo él guardaba un secreto, cuando en realidad era colectivo. Lo único realmente «secreto» era no terminar de darse cuenta que demasiados lo sabían. José Barba expresa la experiencia así: «Éramos un archipiélago de soledades».

En síntesis, el secreto no estaba tanto en el contenido, como en los lazos, controlados y desconectados por Maciel, entre los celestinos seducidos y los seducidos puntuales. Incluso a José Barba, a pesar de que estuvo en presencia de un tercero no virtual, no se le ocurrió cuestionar este dispositivo del secreto compartido entre él, el

---

realidad muy clara, la veo ahora, es que estaba vigilando que no hubiera nadie que se acercara a la ventana. Cuestiono lo del testigo porque en aquel tiempo no se me ocurrió que la cosa fuera planeada, ni cuestionaba siquiera por qué el otro estaba ahí. Las cosas se daban como perfectamente naturales. Ahora, en cambio, yo llego a ver el esquema, el cual es éste: en palabras mexicanas, si uno de nosotros se rajaba e iba a contárselo a alguien y pudiera decir: estuvo ahí fulanito, ese tal podía ser un testigo en contra mía, diciendo: eso no es cierto. Entonces, este hombre [Maciel], que tenía ya ganados a varios, sabía el valor a futuro de un testimonio como el de ese testigo, por eso no era tan inocente la presencia de él. Pero, *honradamente, no se me ocurrió pensar que éramos más los que sabíamos.* El hablarnos del Papa lo ponía a uno en un secreto grandioso». Entrevista de FMG a José Barba, DF, 15/III/05.

Papa y Maciel. Como muchos otros, quedó atrapado en la desconexión colectiva.

Esto dio como resultado la institucionalización de una zona de ilegalidad, administrada y tolerada por el fundador-seductor, y supuestamente avalada por el *primus inter pares*, Eugenio Pacelli o Pío XII. Si así utilizaba al vicario de Cristo a sus espaldas, ¿que crédito darle entonces al testimonio de su famosa entrevista con él, en 1946?

En el testimonio del licenciado Pérez Olvera se aprecia más nítidamente el mecanismo que instituye compartimientos. En cambio, en el del doctor Barba se muestra un nivel de funcionamiento de la complicidad impuesta que ya no es estrictamente dual, y que apunta a que el seducido pueda inferir que más de dos participan de lo sucedido. Sin embargo, esta inferencia quedó en suspenso y tuvo los mismos efectos de desconexión que para el licenciado Pérez.

Pero aquella no fue la única vez en que fue violentado José Barba. Cuenta que el Sábado Santo de ese mismo año, cuando venía de trabajar en el jardín, se encontró en el segundo piso con Maciel, y que éste lo tomó del brazo y le pidió que lo acompañara a la enfermería porque supuestamente no se sentía bien. Éste se despojó del vestido talar y con la luz apagada se acostó. Después de un rato, y teniendo a Barba sentado en el borde de la cama, le pregunta si se había lavado los dientes. No era el caso, porque Barba no había tenido tiempo.

«[Y de pronto] sin decir una palabra, me tomó con sus manos por la nuca y forzó mi cabeza hasta su cara. Empezó a besarme en la boca. Yo cerré los labios. Él empezó a pasear su lengua por ellos y ayudándose de una mano, logró abrirme la boca y la penetró con su lengua: yo no sabía qué hacer ni qué pensar: ni siquiera en las películas había yo visto que alguien besara así a una mujer: Mucho menos a un hombre [...]. Más tarde, siempre en la oscuridad, esta vez total, aunque yo ya me había puesto de pie junto a la cama, el padre Maciel estuvo acariciándome los muslos, no obstante que habían entrado ya dos personas de los mayores, que le llevaron una inyección que él había solicitado.»[28]

Barba, después de lo ocurrido la primera vez, y además ahora sin terceros de por medio, supongo que no podía esperar sino un nuevo intento por parte de Maciel, pero jamás esperó que fuera de esa manera. Nuevamente quedó sin saber qué hacer ni pensar.

[28] José Barba, escrito notarial, *cit.*

Además, en esta segunda sesión del proceso de inducción, Maciel le da a Barba claramente el mensaje de que había alguien más que Félix Alarcón que estaba en el asunto. Me refiero al episodio del final en el cual entran los dos «enfermeros».[29] Pero tampoco esta vez pareció registrarlo. Por cierto: ¿la inyección era de Dolantina? A José Barba también le pasó de largo ese asunto. No tenía elementos para sospechar lo de la adicción a la morfina en Maciel. Se ve lo que se puede.

Hay todavía una tercera escena en la cual Barba es llamado por Maciel junto con Martínez Penilla y Jimmy Condreu –sobrino de doña Flora– para acompañarlo a la playa en un descanso de los ejercicios de mes dados por Ángel Zuquía –más tarde cardenal primado de España–. Maciel mandó extender una toalla en ese prolongado atardecer de junio de 1955, y les pidió que se sentaran a su lado. Los dos mencionados quedaron en un costado y Barba del otro.

A pesar de estar nosotros en ejercicios espirituales, en ningún momento pidió algún rezo o alguna forma de concentración. Hizo bromas acerca del nuevo matrimonio de la señora Consuelo Fernández viuda de Zertuche, benefactora de la Legión, con el señor Arcadio Rodríguez. [Y ya en plena oscuridad...] yo sentí, por el sonido de la frotación y por el movimiento, que probablemente Jesús Martínez Penilla, el enfermero, estaba masturbándolo.[30]

Los que habían sido enviados por Maciel para que le trajeran una inyección volvieron esta vez con las manos vacías, lo cual, según José Barba, irritó al citado. Tercer aviso para José Barba de que las cosas eran más colectivas de lo que a primera vista parecían. Y segundo de la inyección. Todos los elementos estaban ante sus ojos: la pederastia, la droga y lo colectivo. Y sin embargo, vio sin mirar. Disoció lo visible y lo visual.

Pero en el puro permanecer, «sintiendo la frotación» sin tener que constatarlo visualmente, «aceptaba», sin que de nueva cuenta mediaran las palabras: la inducción silenciosa y cómplice, a su pesar de un pacto, de mantener en secreto lo que ahí ocurría. «¿Y qué podía hacer en una playa italiana? ¿Para dónde me podía ir?»[31]

---

[29] Según José Barba, en la oscuridad no se dieron cuenta de las caricias que Maciel le hacía en los muslos. Entrevista con José Barba, 26/VI/06.
[30] José Barba, escrito notarial, *cit.*
[31] Entrevista de FMG a José Barba, México, DF, 15/III/05.

Con todo, la resistencia de José Barba, aunque fallida, hizo que Maciel decidiera no introducirlo en el grupo de los efebos celestinos, difícil que Barba hubiera aceptado; con esto se ahorró, junto con José Antonio Pérez Olvera, el formar parte del exclusivo grupo de los atrapados y sin salida. Pero de lo que no se libró ninguno de los dos fue del pacto del silencio cómplice, de la humillación y del dolor de una pubertad quebrada en sus ideales.

Félix Alarcón

Es conveniente presentar la carta del hombre que estaba cerca de la ventana cuando José Barba sufrió el acto violento, carta que el ahora sacerdote diocesano Félix Alarcón le dirigió muchos años después al doctor José Barba, cuando ya ambos se habían puesto de acuerdo para hacer público lo que había ocurrido en otros tiempos. En ella, Alarcón escribió:

«Salí de los legionarios en 1966, sin siquiera plantearme que algún día debiese romper mi silencio [...]. Éramos hermanos, nos unía un sufrimiento común, pero iríamos a caer todos a la fosa del silencio [...]. Ya era bastante valentía poder romper con aquello.

»Yo llegué queriendo ser sacerdote fiel y entregado, pero muy pronto el padre Maciel me forzaría a una dinámica opuesta a todo lo que yo creía, a una total confusión psicológica y espiritual.

»En mis años allá con todos vosotros, yo creo sinceramente que lo tuve peor que nadie [...]. Yo no sabía que el abuso era extensivo a muchos de vosotros. [...] El padre me llamó a la enfermería un día, fue en Roma, y ahí empezó todo. Aceptábamos su aparente sufrimiento urológico, su inconsciencia aparente o real y todo [lo que siguió] tocamientos, masturbaciones, sexo oral [...].

»Yo creo que ya para entonces, en los años de mi noviciado, el padre ya tenía una adicción claramente probada a la Dolantina [...]. Sexo y droga serían la [...] interacción de aquellos años. El drama era buscar la Dolantina [...]. Yo incluso llegué a hacer un viaje de Roma a Madrid en un Constellation de TWA para conseguir Dolantina. [...] La conseguíamos sólo para ayudar al padre que adorábamos y al que yo veía como parte del misterio de Dios [...]. Era santo y bueno y elegido y tenía este lado oscuro que empezaba a ser impenetrable y contradictorio [...]. Las estancias en los hoteles eran un drama [...]. De muchos sitios salimos corriendo [...].

»En la visitación apostólica [1956] mentimos todos para salvarle, de tal manera se había achicado nuestro mundo y nuestras opciones. Sin embargo, el sufrimiento acumulado y la claridad conquistada [...] nos llevarían a algunos a pedirle que cambiara. Yo lo hice varias veces, siempre por carta, y él que no toleraba que le cuestionásemos, nos fue apartando de forma cruel.[32]

»[...] No poder hablar de esto con nadie, el cuarto voto. [...] Yo hubiera preferido para mí el silencio, pero ahora es claro que mi único camino es la solidaridad con vuestro sufrimiento. Nuestras vidas pueden ser pequeñas e insignificantes, pero estamos diciendo la verdad».[33]

Parece no existir ninguna duda para este sacerdote sobre la adicción de Maciel, a diferencia de otros –cuyos nombres no me es permitido mencionar– que le conseguían la droga, aunque aparentemente no se daban cuenta de su dependencia y creían que se trataba de una medicina contra los diversos malestares que aquejaban, supuestamente, al citado fundador.

Félix Alarcón –uno de los discípulos cercanos a Maciel y quien participó con él en relaciones colectivas– le escribió incluso al profesor José Barba que no sabía que «el abuso era extensivo a muchos», como si hubiese olvidado que éste había sido seducido en su presencia. En cambio, reconocía que, en el momento en que vinieron los visitadores de Roma –1956-1957– a averiguar qué había sucedido, «todos mentimos».

Este momento clave selló, en buena medida, tanto la suerte de Marcial Maciel como la de los que mintieron, pues quedaron doblemente ligados a él: implicados en la relación erótica y en la mentira que lo protegió junto a los propios seducidos, aunque a éstos de otra manera.

Para Alarcón, Maciel, a quien «adoraba», tenía un lado «oscuro» y enigmático, del cual le costó mucho esfuerzo desprenderse. Y aunque alude al sufrimiento de MM, todavía habla de la inconsciencia «aparente o real» de éste. Finalmente parece todavía quedarle la duda de si todo se reducía a la escenificación de un puro simulacro.

---

[32] Se refiere a exilios que lo hicieron sufrir, enviándolo a otra ciudad o retrasando su ordenación.

[33] La carta de Félix Alarcón a José Barba Martín, del 4 de agosto de 1997, me fue proporcionada por este último.

Saúl Barrales

En este apartado es necesario citar también al profesor Saúl Barrales, quien en el programa televisivo del Canal 40 expresó algunas ideas que me parecen dignas de consideración. Además, en su testimonio se trasluce una relación con el fundador de los legionarios que diverge en ciertos aspectos de todos los anteriores.

«En términos generales [se trataba] de una persona con actitudes sexuales extrañas, pero reflexionadas a través del tiempo. Había una invitación a la virtud, a la verdad y, por otro lado, una velada invitación hábilmente manejada a auxiliarle, concretamente a que le sobara quizá el pecho, quizá el vientre, la cabeza. A veces llegué a permanecer tres o cuatro horas junto a él debajo de la cama, en la orilla. Nunca acepté entrar en una relación de ese tipo. Quizá yo atribuyo esto a una mayor maduración porque yo era de ciudad, y quizá la mayoría de los jóvenes eran de la provincia. Lástima que yo no me pude quedar con una carta en la que él me decía que me debía más que a su madre o tanto como a su madre, de su puño y letra. Yo le había auxiliado en muchas cosas, después de un tiempo me ahuyentó. Yo también fui [un tiempo] el ecónomo general.»[34]

En un testimonio notariado y dirigido a Gerald Renner abunda en el tema:

«Por un lado se te obliga a seguir como mandato divino, la limpieza de alma y cuerpo en todos los actos de tu vida; mientras por otro lado, te agreden hábil y diabólicamente, para romper con esos principios de limpieza moral. [...] Qué conflicto de conciencia nos ahogaba al tener una invitación del sacerdote Marcial Maciel, [...] a una práctica inconfesable que rompía todos esos principios. [...] A diario pedía fervientemente a Dios que no permitiera esa práctica, que bajo el pretexto de un auxilio caritativo, se le ayudara a calmarle un dolor en el bajo vientre, con mi mano, y a veces empujando con su mano la mía para que le tocara y acariciara su pene.

»Cuántas veces tuve que soportar dormir en el pie de la cama [...] para no dejar entrar a otros jóvenes que pudieran caer en esa

---

[34] Programa televisivo del Canal 40.

tentación. Esto también me permitía que él no me tocara [...] como fue varias veces su intención».[35]

Extraña relación la que se da entre este hombre, siempre en el límite de perder su virtud, y Maciel. Éste al parecer lo deja fungir de vigilante nocturno que de alguna manera le pone un límite a sus pulsiones. ¿Cuánto duró este *tour de force* y qué sentido tenía?

Aparentemente para Saúl Barrales no hubo sorpresa, como para los otros; sabe de qué se trata, cuál es el sentido del «juego» o de la «prueba», como finalmente parece tomar la situación. Maciel por su parte, por alguna razón, tolera que las caricias que le reclama no culminen en lo evidente.

¿Es que acaso este juego «histérico» entre ambos,[36] en el que alguien le ponía por fin a Maciel un límite, aunque fuera *in extremis*, les resultaba de alguna manera placentero? No sabría responder. Del lado de Barrales es más plausible entender, ya que –parece– se probaba en su virtud y aparentemente cada vez lograba salir victorioso.

Y, sin embargo, ¿cómo entender eso de que le pedía a Dios no permitir la práctica de Maciel, que con pretexto caritativo incluido «a veces empuja[ba] con su mano la mía para que le tocara y acariciara su pene con mi mano»? Parece que en los sucesivos testimonios emitidos por Saúl Barrales se trasluciera un intento desesperado por eufemizar las cosas. He afirmado que para él aparentemente no había duda de qué se trataba el asunto con Maciel, y sin embargo señala que no terminaba de dilucidar la situación y que no quería juzgarlo.

«Yo no me permitía enjuiciarlo, sentía que podía ser una imaginación. Yo ya sabía lo que era la masturbación. Pero no juzgaba. Yo no me confesaba de eso. Una vez que me confesé con él y le dije: "Padre, pasó 'esto' y me siento muy confundido", él me respondió: "Pues retírate de mí". Y luego me dio la absolución.»[37]

«Esto» se refería a que había experimentado «sensualidad» con los masajes que le hacía en el pecho, el vientre y más abajo. Pero irse a confesar precisamente con aquél que le provocaba la turbación era aumentar la confusión, traslapar los lugares. El que Maciel haya aceptado esta confesión-confusión obvia cualquier comentario. Esta

---

[35] Escrito firmado ante notario del 31/I/97, págs. 1-2.
[36] Dado que no culmina.
[37] Entrevista de FMG a Saúl Barrales, México, DF, 5/III/03.

oscilación denegativa –entre el «yo sabía de qué se trataba» y el «¿y si era mi imaginación?»–, aunada al tener simultáneamente como confesor y superior a Maciel, además de una profunda admiración por él, no le ayudaba mucho a aclararse las cosas.

Y a pesar de esta clara ambigüedad que se trasluce en su relato, por lo pronto puede testimoniar en 1997 marcando su diferencia respecto a sus demás compañeros, ya que él, finalmente, asegura que no cedió totalmente a los avances de Maciel. Si ése fue el caso, se puede deducir que de alguna manera se podía controlar al impulsivo Maciel. Su testimonio parece ser al mismo tiempo una muestra de solidaridad con sus pares y una crítica más o menos delicada a la debilidad de sus compañeros de «provincia» –y por eso supuestamente más vulnerables– que se dejaron sorprender.

Este hombre –apodado por sus compañeros «hermano caridad», por servicial– fue considerado por Marcial Maciel como una especie de madre. Y Barrales un buen día, de alguna manera, se comportó como tal[38] rompiendo las reglas del juego arriba descrito. Recuerda que él mismo tomó «un puñado de las ampolletas de una pulgada con líquido rojo que Maciel se inyectaba o pedía que le suministraran, y las estrelló contra el suelo delante de él para manifestar su desacuerdo con esa práctica de *mon père*, cuando se dio cuenta para qué las utilizaba».[39]

Esta vez, nada de poner a prueba su virtud. Y las consecuencias fueron que Barrales fue despedido por Maciel del fiel servicio de masajista selectivo de su cuerpo «sufriente», así como de velador materno de su pulsión pederasta.

Y si al parecer así se libró de lo que otros compañeros no pudieron –sexo y compra de la droga–, a cambio le dio a Maciel prolongadas sesiones de masajes, las cuales consideró más «maternales» que eróticas. Pero, paradójicamente, porque no lo masturbó, se quedó atrapado a su servicio más tiempo que sus dos colegas –Barba Martín y Pérez Olvera– que, como ya referí, no formaron parte del séquito.

Miguel Díaz Rivera

Lo significativo del ex legionario Miguel Díaz Rivera es que después de firmar ante notario su texto, el 14 de enero de 1997, se desdijo.

---

[38] O como algunas madres preocupadas por la drogadicción de su hijo.
[39] Citado por Salvador Guerrero Chiprés, *La Jornada*, 16 de abril de 1997, pág. 39.

Por eso conviene citarlo. ¿Qué pasó entre uno y otro momento? ¿Recibió presiones por parte de la Legión, o tenía deudas morales que pagar? Carezco de elementos suficientes para contestar a las interrogantes. Pero nada me impide analizar el texto citado y hacer algunas inferencias.

Si se lee con atención, se percibe una tensión en la escritura, aquélla de alguien que sabe lo mucho que le debe al sujeto que va a criticar y con el que, además, está ligado hasta la fecha de una específica manera que a continuación intentaré aclarar.

De entrada alude a lo doloroso que le resulta el tener que revivir hechos penosos de su adolescencia y juventud, porque «además versan sobre la conducta particular de una persona [...] el reverendísimo padre Marcial Maciel [...], de quien no niego muchos beneficios, así como en los últimos años de su vida mi difunta madre».

Díaz Rivera tiene un especial cuidado en aclarar que lo que en su carta consigna no busca ni una venganza, ni mucho menos «calumniar» al muy «reverendísimo» sacerdote multicitado, y que sólo pretende realizar una «manifestación de hechos y no una denuncia». Incluso en la crítica, permanece atrapado en el círculo de la reverencia al sacralizado.

Este ex legionario, que entró a los nueve años en el Seminario Conciliar de Tacámbaro, Michoacán, con el tiempo se enteró de la beca que Maciel le otorgó para que fuera a estudiar a Comillas. Y fue precisamente en ese lugar donde conoció al que ahora pretende cuestionar.

«Aleccionado por jóvenes de la Congregación, y por el mismo padre Maciel, quien desde que me conoció me manifestó especial estima y simpatía, ingresé al noviciado de la misma Congregación el 14 de septiembre de 1950, sin permiso de mi obispo ni de mis progenitores. Profesé [...] el 14 de septiembre de 1951 [...], la profesión perpetua en octubre de 1956 y fui ordenado sacerdote el 21 de abril de 1963. [...] En circunstancias muy difíciles, dada la reciente muerte de mi papá, y las incertidumbres sobre lo acertado de mi elección que ya no me dejaron hasta 1979.»

Todos los futuros seducidos, obviamente, en su momento se sintieron «especialmente estimados» por Maciel. El hecho de hacerlos sentir únicos es parte fundamental de la estrategia de seducción de Maciel. Pero ¿por qué ese ingreso clandestino? ¿Acaso se sintió en deuda con Maciel, o es que el arte de consumada piratería vocacional de éste logró un éxito planeado de antemano, además de los que logró convencer entre los propios estudiantes españoles de Comillas?

Este individuo, quien siendo un niño comenzó la profesión sacerdotal, señala que vivió una «prolongada y dolorosa crisis de identidad» después de su ordenación, y que además tuvo «abiertas divergencias acerca del perfil de la Congregación» (no aclara en qué consistieron ninguna de las dos). Y finalmente, según dice:

> «obtuve, personalmente del padre Maciel, mi salida definitiva [...] siendo apercibido personalmente [sic] por el padre Maciel en lo siguiente: debía abstenerme del trato con cualquier legionario de Cristo, estudiante o sacerdote, personalmente o por escrito; debía abstenerme de tratar bienhechores de la congregación que hubiera tratado en Europa o en México; también debería abstenerme de solicitar a la Santa Sede la dispensa de las obligaciones derivadas de la ordenación sacerdotal; debería abstenerme por último de cualquier trato con ex legionarios [...] al menos de los considerados como notorios enemigos del padre Maciel; debería procurar contraer matrimonio a la mayor brevedad, para estabilizarme emocionalmente, así fuera con una prostituta. El mismo año de 1979, ayudado inicialmente por la Congregación, me establecí en la ciudad de Oaxaca».

Díaz Rivera entra de manera clandestina a la Legión, o a lo que se denominaba todavía en esas fechas (1950), indistintamente, Misioneros del Sagrado Corazón o Legionarios del Papa; y sale del mismo modo, debiéndole todo a Maciel, en un pacto de palabra que hace que este último se atribuya funciones para las que no está autorizado. Y además, con la vida afectiva prescrita y plena de abstenciones.

El hecho es que finalmente logró contraer matrimonio en julio de 1994 –por lo que parece, no siguió la «sugerencia» de Maciel– y logró obtener la bendición nupcial en 1996, «gracias a un sacerdote de espíritu evangélico». Y añade que hasta el momento «vivo bajo la teórica responsabilidad de la Legión de Cristo, en virtud únicamente de un permiso oral de libertad otorgado por el mismo padre Maciel».

Resulta entonces muy explicable que Miguel Díaz, habiendo pactado de esta manera su relación con Maciel y su salida de la Legión, además de su vida adulta, finalmente haya dado marcha atrás en su testimonio.

Dejo de lado, por reiterativo, su testimonio de la vida sexual y adictiva de su protector, en donde de nueva cuenta se abunda en la famosa enfermedad de Maciel de retención de semen en las vías urinarias y de los «insufribles dolores», los cuales sólo se calmaban «con inyecciones de un específico llamado entonces Dolantín o Dolantina, o la masturbación». Dos adicciones articuladas.

Pero en su honor deja claro que Maciel «nunca me masturbó directamente». Al parecer, fue el único límite que logró ponerle. A Juan José Vaca «nunca lo penetró», y Saúl Barrales «nunca se dejó tocar». Cada uno va poniendo el límite de lo que considera como intolerable. Pero en los tres casos citados éste no coincide.

A los tres, Maciel les deja marcada con fuego su pulsión transgresora. Pero a muchos más les hizo vivir la experiencia límite de una barrera cuidadosamente exaltada, luego burlada y vuelta irrisoria: la barrera de la pureza.

Abundando en esta hipoteca vital de Miguel Díaz respecto a su mentor Marcial Maciel, quisiera citar el testimonio que ofrecen los periodistas Carmen Aristegui y Javier Solórzano en su entrevista sin cámaras con el citado. Ambos habían llevado a cabo un programa especial acerca de Maciel y la Legión en su programa televisivo denominado *Círculo Rojo* en Televisa, en mayo de 2002.[40]

Los dos se habían quedado con la interrogante de las razones de Miguel Díaz para desdecirse. Cuando por fin entraron en contacto con él en un viaje a Oaxaca, el ex legionario, después de algunos titubeos, les concedió una entrevista: eran los tiempos del Mundial de Futbol de 2002. Transcribo lo que me relató J. Solórzano al respecto:

«–Don Miguel, ¿y por qué firmó la carta?

»–Bueno, es que... para mí Maciel es un hombre tan relevante en mi vida.

»–Pues sí, pero entre los testimonios que nosotros tenemos me llama la atención que usted acusara de traidor a Juan José Vaca. El dio su vida por Maciel, fue su secretario, fue su monaguillo, y además de todo eso, fue el fundador de la Legión en Estados Unidos.

»–Sí, pero mire, para mí es tan difícil hablar de este tema, es que Marcial Maciel...

»–Don Miguel, ¿usted tuvo alguna experiencia... cómo la calificamos... fuerte?

»–Sí, pero es que mire... es que yo estaba.... Qué puedo pensar yo de Marcial Maciel. Yo soy periodista como ustedes, y en mi

---

[40] Programa en el que participaron José Barba, José Antonio Pérez, Sánchez Rossete, Juan José Vaca, Alberto Athié y Fernando M. González.

propio programa de TV yo estoy leyendo las llamadas del público, y de repente una de ellas dice: "Te felicito por lo bien que haces tu trabajo", y la firma era de Marcial Maciel. La guardé y pensé que el sistema de cable de Oaxaca llegaba a México.

»Salgo del estudio y de repente veo una limusina, y frente a ella, como caído del cielo, Marcial Maciel vestido de negro y con alzacuello. Lo veo y lo abrazo. Lo invito a cenar con mi mujer. Estuvimos la noche platicando y recordando. Además, Marcial Maciel me ayudó mucho con mi madre cuando estaba muy enferma.

»–Don Miguel, y eso ¿significa qué? Ayúdeme a entenderle. Perdóneme que se lo diga, ¿significa que lo están comprando, y que por eso usted no puede estar con sus ex compañeros que han vivido una situación tan fuerte como usted?

»–Es que Maciel... –y comenzaba de nuevo a llorar».[41]

Carmen Aristegui añade:

«Seguramente su cabeza, su alma, es un verdadero infierno. Eso que rodea su existencia actual. Recuerdo algunas de las expresiones que utilizaba constantemente cuando le preguntábamos "¿Ocurrió?" "¿No ocurrió?", y sus respuestas: "Entiéndanme, compréndanme", en un sí y en un no permanente, y en un sí ocurrió y en un no ocurrió permanente.

»Nosotros le dijimos: "Miguel, queremos saber si nos hemos equivocado al decir lo que dijimos en la televisión", y no tuvo una respuesta negativa a lo que *Círculo Rojo* había sostenido.[42]

Quizá este hombre atormentado sea uno de los casos más evidentes del daño ocasionado por el sometimiento, la devoción y la deuda con Marcial Maciel. Hombre bisagra, intenta salvar inútilmente a ambas partes en un conflicto que no admite síntesis complacientes, olvidos voluntarios o silencios que sólo sirvan para mantener la impunidad.

Cuando decide poner el agradecimiento por encima de la justicia y de la verdad, él, que también ha sido violentado por su *generoso abusador* –de nueva cuenta la figura paradójica de Maciel se hace presente–, sabe que no hay salida honorable posible. De ahí que sólo le queden como patético recurso las lágrimas, indicio del conflicto irresoluble y sustitutos de las palabras que no podrán pronunciarse.

---

[41] Entrevista de FMG a Javier Solórzano, México, DF, 30/VI/04.
[42] Carmen Aristegui, Casa Universitaria del Libro, UNAM, 7/VII/04.

Una convicción se puede extraer de la entrevista de ambos perio-distas: Miguel Díaz, enfrentado cara a cara con los que quieren saber las razones de su desdecirse, no pudo sostener que lo que afirmaban su compañeros era simplemente una mentira.

Francisco González Parga

Este testimonio, recabado a finales de abril de 2006, Francisco González me lo leyó en el apacible clima de Ajijic, Jalisco, a orillas del lago de Chapala. La manera de enfocar las cosas, introduce un cambio de perspectiva en la cuestión de encarar la propia implicación en la relación con Marcial Maciel. Francisco González se plantea dos interrogaciones articuladas que le permiten analizar los puntos de intersección con Maciel y su identificación con él, los que hicieron posible la instauración progresiva de una especie de pacto secreto.

«Poniéndome frente a mi abusador examiné mi respuesta ante las acciones de éste. ¿Qué es lo que más me dañó y qué es lo que más me duele?, me pregunté, ¿lo que él me hizo, o mi respuesta a lo que él hizo?

»Y mi respuesta fue: lo que él hizo me causó mucho daño, confusión, ambivalencia, violencia a mi masculinidad y a mi dignidad, por el engaño, la burla, el sarcasmo y la provocación. Por el riesgo y las presiones externas e internas sufridas, por el desgaste físico, emocional y moral; no tiene el hombre con qué resarcirme del daño físico, mental y espiritual que me causó, confundiéndome y hasta cierto punto destruyendo mi capacidad de amar y relacionarme con Dios y con mis semejantes, así como mi capacidad de tomar decisiones libres y responsabilidad de mis actos.

»Ahora bien, a mi segunda pregunta, es decir, ¿cuáles fueron mis reacciones a lo que él hizo, mi respuesta fue la siguiente:

»1. Aceptar relaciones sexuales bajo pretexto de ayuda para dis-minuir sus dolores por el temor de perder el privilegio de estar cer-cano al fundador.

»2. Valorar más el vano prestigio de ser de los que estaban cerca del fundador que la paz de mi conciencia. Esto quiere decir que, para todos los que estábamos en la congregación era un honor ser llamados a formar parte del grupo de los habituales y cercanos servi-dores del padre Maciel, que podían recibir encomiendas de parte de él, acompañarlo en sus diversos desplazamientos dentro del colegio o fuera del mismo, y ser recibidos en su habitación, o simplemente tener el honor de servirle la comida y ser conocidos por él, conviviendo con él e intercambiando palabras.

»3. Temer más al hombre y su rechazo que a Dios.

»4. Esperar y poner mi ilusión en sus vanas e imprecisas, aunque sugestivas y seductoras promesas o insinuaciones en el sentido de futuras distinciones y privilegios de estudio y de apostolado, en los que me daba a entender que esperaba que yo podría destacar en provecho y gloria para la Legión.

»5. Intentar lograr resultados positivos de cambio en él, con astucia, y de forma sinuosa, tratando de acorralarlo y cometiendo incluso actos pecaminosos para demostrarle que me subestimaba y mentía.

»6. Temer caer en desgracia y perder todos los privilegios y distinciones insinuados, así como a ser señalado y tenido por traidor y consiguientemente confinado a un puesto oscuro en el destierro, o inclusive a ser obligado a abandonar la Legión, como veía que le había ocurrido a otros, como a Juan José Vaca, Carlos Isla, Félix Alarcón, Penilla, Saúl Barrales, Salvador Ávila. Estos errores y temores, junto a la vana pretensión de lograr cambios en su conducta, me llevaron a actuar fingiendo que seguía creyendo ingenua y neciamente en sus palabras, y esto mismo me impedía romper con el juego, llamando a las cosas por su nombre, incluyéndolo a él, rompiendo el pacto de complicidad y silencio hacia el exterior. Nunca rompí con ese pacto al exterior, aunque al final, en los últimos dos años, sí le mostré que yo sabía que mentía y que no tenía ya ninguna confianza en él. Pienso que en el fondo durante todo el tiempo que ya sospechaba de su falta de integridad, había en mí una secreta esperanza como de ganarme una medalla de que había sido el único que lo habría hecho cambiar, rescatándolo a él de sus "enfermedades" y/o vicios, y rescatando a la Legión de su conducta nefasta. En este afán, sacrificándome según yo, para lograr un cambio, y para evitar que otros llegaran a ser engañados me llegué a pasar hasta quince días casi sin dormir y malpasándome en todas mis comidas, haciendo lo mismo que ahora me entero hacía también Saúl Barrales, jugando el papel de madre abnegada con Maciel y con los posibles candidatos a víctimas.

»7. Aceptar una inseguridad de juicio que me llevaba a dudar aún de lo que era obvio y que me mantenía aferrado a la ilusión de que por encima de todas mis evidencias, la primera versión de todo lo acontecido fuera verdad y yo estuviera ignorando la realidad profunda de los hechos y las intenciones.

»8. Cuando me di cuenta de todos estos errores, llegué al colmo de la desilusión y me sentí utilizado y creí haber echado a la basura los mejores años de mi vida.

»9. Y en ese momento decidí darme vacaciones morales, me hice cínico, comencé a rechazar permanecer por más tiempo en Roma.

»10. Empecé a escribir cartas violentas contra Maciel, a usar drogas, empecé a tener escapadas y a ir con prostitutas y luego, [...] en mi subsiguiente destierro en Irlanda, estuve escribiendo un libro que se titulaba: *La autoridad, esa blasfemia*, en el que trataba de restituirme a mí mismo el equilibrio mental, acusando a las autoridades espirituales de ignorancia y de abuso de poder y de abandono de sus funciones como maestros de la verdad. Ese libro, del que ya tenía escritas más de 300 hojas, finalmente un superior, a quien en un exceso de confianza lo confié, me lo hizo perdedizo. Dejé entrar en mi espíritu tanto resentimiento, espíritu crítico y amargura que solamente la experiencia de estar encontrando a través de todo eso la verdad, pudo mantenerme con vida y con deseos de mejorar, salir de toda aquella cloaca y hacer el bien.

»Todo esto me dice que me hicieron más daño mis reacciones al abuso, que el abuso que el padre Maciel cometió conmigo en sí mismo. Por lo tanto, ahora me digo, que soy tan inexcusable de mis propios pecados, como el padre Maciel de los suyos, pues cuando tenía suficientes elementos de juicio para apartarme de aquel pacto perverso, no lo hice, por consideraciones humanas. [...] Así que ahora pienso: yo también, como el padre Maciel, podría estar muerto y en el infierno. Si no fuera por la misericordia de Dios y Su perdón, yo podría estar muerto y no podría aspirar como ahora aspiro a ser mensajero e instrumento de Su amor. Yo, como Marcial Maciel, por las heridas recibidas en mi infancia y en mi adolescencia, me rebelé contra Dios y me entregué a mis pasiones, y luego luché por satisfacerlas conciliándolas con una supuesta santidad y entrega a la causa de Cristo. Fui capaz de vivir una doble vida por muchos años, dentro y también fuera de la Legión. Destruí personas siendo irresponsable y malagradecido. Me hice financiar y servir por mi apariencia de piedad y presuntuosas iniciativas fundacionales, finalmente, busqué los honores, los privilegios y las distinciones, y el poder y la autoridad. De manera indirecta, en la Legión, a través de mi cercanía con el padre Maciel, y fuera de la Legión, a través de una supuesta entrega a los intereses del Reino de Cristo. Así que, a mi nivel, hice lo mismo que el padre Maciel, buscar mi propia exaltación y encumbramiento, sacrificándole todo a ello.

»Ahora puedo ver que hasta el momento de mi nuevo nacimiento, y de mi verdadera conversión a Cristo, la diferencia entre Marcial Maciel y mi persona no estuvo en una mayor calidad moral y espiritual, sino en la diversidad de las circunstancias físicas, de tiempo, de carácter, de temperamento y luego, de tipo social. Y hasta ahora puedo ver, después de muchos años de vida cristiana, toda la urdimbre oculta de lo acontecido. Estoy convencido de que sólo el Espíritu Santo me pudo hacer ver estas cosas y enfrentarlas para corregirlas y perdonar más fácilmente a quienes abusaron de mí. Durante un buen tiempo cometí el error, al igual que Maciel, de pensar que entender y disertar sobre lo que era la virtud era ya tenerla. Pensé que el sentir indignación y deseos de venganza ante la injusticia, era ya ser justo, el sentir enojo ante el ser que engaña era ya ser veraz, el criticar a los demás era ya poseer todas las virtudes contrarias. Era un remedo de Maciel. Además, advertí que había aprendido a ser intolerante, autoritario y déspota. Pero ahora que me doy cuenta de todo eso por la gracia de Dios, me estoy arrepintiendo y dejando todas esas actitudes con las cuales vivía y que, aunque intentaba dejarlas, no podía. Y nunca pude hasta que recibí a Jesucristo en mi corazón como mi sanador, mi Señor y Salvador personal.

»De hecho, toda esta segunda reflexión que aquí aparece, no fui capaz de hacerla sino hasta muy recientemente, a raíz de un taller de sanidad interior que estuve haciendo durante ocho semanas y en el que en oración, con la ayuda palpable del Espíritu, pude ver la luz al leer Romanos, 2.1, donde San Pablo lanza esta pregunta: «¿Cómo juzgas a los otros si tú haces lo mismo?»[43]

En esta confesión de corte agustiniano, Francisco González parece tener ahora más claro el hecho de que no basta para romper un pacto perverso el solamente denunciar lo que el otro, el adulto, le hizo de manera violenta, trastocando sus referentes morales, inoculándole culpa y produciéndole una gran confusión y devaluación de su persona. Se dio cuenta de que sólo si es capaz de hurgar en los entresijos de su propia implicación y en el tipo de motivaciones con las

[43] Entrevista grabada con FGP, Ajijic, Jalisco, 21/IV/06.

que sirvió a Maciel, será capaz de romper el pacto y no seguirle levantando a su pesar un monumento de odio y amargura. Se pone delante de su vista la específica satisfacción que pensaba obtener en la sorda competencia por ser de los elegidos entre los elegidos, para seguir perteneciendo al círculo rojo del fundador de la Legión. Si ya no era posible ser el único que le ofrecía su cuerpo y su conciencia para que el superior general aliviara sus pulsiones, al menos aspiraba a ser aquél que lograra ponerles un límite y, finalmente, suprema corona, lograr la conversión del amado, odiado, temido dueño de su vida y su futuro.

Pero cuando también esto se revela infructuoso, entonces todavía queda el camino de la identificación con el idealizado y sacralizado. Identificación lo más cercana posible con algunas de sus características más significativas, como por ejemplo: ¿cómo logra honores y autoridad? Y, en el colmo de la identificación, descubre sólo la propia abyección, de haberse convertido, «a su nivel», en una especie de remedo del que pretendía denostar.

Francisco González, al haber puesto el énfasis de su análisis no en su diferencia con Maciel, ni en las injusticias que recibió de él, sino en sus propias reacciones a esas injusticias, descubre que en su ira y furor estuvo proyectando una semejanza con su abusador, más allá de lo que él mismo había podido imaginar. Por tanto, Francisco González nos presenta un modelo mediante el cual una persona abusada y con mentalidad de víctima puede ser liberada de parte de su dolor y del tipo de lazo perverso articulado a su abusador, al explicitar su parte activa en la relación y las motivaciones que traía aparejadas, por ocultas que éstas puedan estar y por doloroso que ello pueda ser, para apartarse de ellas. Sólo a ese precio parece posible el desprendimiento de la idealización del abusador sacralizado y detestado, así como de los propios proyectos obsesivos de resarcimiento y rehabilitación psicológica y social.

Esta relación institucional tiene efectos duraderos no sólo en los que finalmente abandonan la institución, sino sobre todo en aquellos que permanecen y deciden cerrar filas con su fundador, tratando de obturar por todos los medios cuanto allí ocurrió. Podemos pensar que los testimonios de que sigue ocurriendo pueden ser más que verosímiles.

Convendría señalar que la noción de víctima-cómplice no debe entenderse de manera unívoca ni necesariamente consciente; existe más de una manera de articulación entre el sujeto sometido a la violencia y el tipo de complicidades que pueden resultar de éstas.

221

En síntesis, la cuestión de la pederastia no comienza ni termina con Marcial Maciel, ni tampoco en las décadas citadas. Pues tuvo efectos posteriores en otros que permanecieron en la Legión[44] y, con el tiempo alcanzará incluso a algunos alumnos del Instituto Cumbres.

---

[44] Cabría aquí citar la expresión de «clonación transgeneracional» que monseñor Charles Scicluna, visitador enviado por la Sagrada Congregación de la Fe, utilizó con Juan José Vaca el sábado, Manhatan, NY, 2/IV/06.

8

El *decretum laudis*,[1] la primera denuncia y la adicción de Marcial Maciel. 1954

En el año 1954, en el ya conocido estilo de Maciel, se inicia una campaña para obtener el reconocimiento para que le sea otorgado a la Legión de Cristo el denominado *decretum laudis*. Entre otras cartas que arriban a la Sagrada Congregación de Religiosos está la del obispo de Santander, quien por petición del propio Maciel la envía a ese lugar.[2] El 2 de febrero de 1954, Maciel y su consejo presentan la solicitud formal para el *decreto laudis*.[3] El 23 del mismo, el obispo Frascati envía su apoyo al cardenal Valerio Valeri, titular de la Sagrada Congregación de Religiosos.[4] El 31 de marzo, el cardenal Ottaviani, encargado del Santo Oficio, envía al cardenal Valeri el *nihil obstat* para los Misioneros del Sagrado Corazón de Jesús.[5]

El 12 de noviembre de 1954, el padre Madrigal le escribe al cardenal Pizzardo y acoge el deseo de presentar a los legionarios para su aprobación.[6] Sin embargo, a pesar de las apariencias, el citado decreto no va a consolidarse, al menos en ese año.

Cuando todo parecía marchar sobre ruedas, de pronto, como un *lapsus* frío aparece una carta hipercrítica respecto a Marcial Maciel, el 24 de agosto de 1954. Escrita por su antiguo secretario, Federico Domínguez, y dirigida al «excelentísimo y reverendísimo señor doctor don Francisco Orozco Lomelí, vicario general de la arquidiócesis de México».

---

[1] Decreto de aprobación canónica de carácter pontificio.
[2] LCM, doc. 82, 14/I/54.
[3] LCM, doc. 84, H/7.
[4] LCM, doc. 86, 23/II/54, H/9.
[5] LCM, doc. 90, H/11, 255/46. Congregazione dei Santo Offizio. El 22 de junio de 1954, el propio Maciel le escribe a Arcadio Larraona una promemoria dando su razones para pedir el *dl*. LCM, doc. 93, H/13. El 17/VII/54, el cardenal Pizzardo le escribe a Larraona en el mismo sentido. LCM, doc. 94, H/15. El 21/VI/54, Arcadio Larraona le escribe a Valerio Valeri y le presenta las cartas de Pizzardo y el padre Madrigal para solicitar respuesta de Maciel a la aprobación de su obra. LCM, doc. 95, H/16.
[6] LCM, doc. 99.

Dice Domínguez en ella que la escribe obedeciendo al citatorio que aquél le hizo y al mandato de conciencia de manifestarse, bajo juramento de decir la verdad, respecto a la vida y actuación de Marcial Maciel. En ese momento Federico Domínguez tiene cerca de veintiocho años.[7]

Según Domínguez, en cuanto llegó la carta a las manos de Maciel, éste lo acusó de traidor a la Legión.[8] Recuérdese que la filtración de cartas a Maciel, vía la Sagrada Congregación o el obispo de Cuernavaca –monseñor Espino–, ya había sido corroborada por el padre Lucio Rodrigo y reconocida por el propio Maciel ante éste. Además existe el testimonio del legionario encargado del archivo secreto de la Legión, citado por el jesuita Rodrigo en una carta[9] del 7 de noviembre de 1950, que asegura tener acceso a los documentos que se envían a la Sagrada Congregación de Religiosos.[10] Ese texto se lo leí a Federico Domínguez y le pregunté si se trataba de un escrito de él; me respondió que no se reconocía en el estilo de redacción.[11]

Volviendo a la carta de Domínguez, éste desarrolla varios puntos respecto a Maciel, desde su falta de piedad –sólo en muy contadas ocasiones, asegura, hace meditaciones, lee el oficio o visita la capilla. Estas críticas ya habían aparecido antes por vía de Sergio Ramírez Degollado, pero Domínguez avanza en el camino iniciado por Lucio Rodrigo respecto a los usos del sigilo por parte de Maciel. Por ejemplo, afirma que la reserva de lo escuchado por Maciel en dirección de conciencia o cualquier otro tipo de secreto «es muy escasa». Y el propio Domínguez se pone como ejemplo de la falta de discreción de Maciel.

«Concretamente, una confesión general de toda su vida, incluyendo tentaciones, que hice en los ejercicios espirituales de mes,[12] fueron leídos conjuntamente por el padre Maciel y un hermano carnal

---

[7] Nació el 2/X/27. En su carta pone que tiene 28 años, aunque en realidad le falta alrededor de mes y medio para cumplirlos. Entrevista telefónica con el citado del 15/V/05, para corroborar la fecha de la carta, que tiene la del 24/VIII/54.

[8] *Idem.*

[9] Ya citada más arriba.

[10] «Teniendo ocasión de conocer desde las primeras hasta las recientísimas, enviadas hace pocos meses». Un alumno de Maciel le escribe a un teólogo de Comillas. Citada por Lucio Rodrigo en su carta a A. Larraona del 7/XI/50, LCM, doc. 60 F/4.

[11] Entrevista telefónica de FMG a FD del 15/V/05, *cit.* Se lo pregunté porque en la carta que estoy citando dice: «fui encargado del archivo secreto de la congregación durante dos años». LCM, doc. 110, 24/VIII/54.

[12] Se refiere a los ejercicios instituidos por Ignacio de Loyola.

del interesado, actualmente religioso en Roma. Según una ficha que el suscrito encontró dentro del cuaderno en el que estaba contenida dicha confesión y que más o menos rezaba así: «Nuestro padre, le devuelvo este cuaderno después de la ingrata lectura [que] conjuntamente hicimos de varios pasajes» [seguía la firma del hermano]. El que esto escribe, por delicadeza para con el padre Maciel y porque entonces –hace de esto aproximadamente un año– trataba de salvar la responsabilidad del padre Maciel en todos estos hechos que le inquietaban, rompió esa ficha. Pero la autenticidad del caso es fácil de comprobar acudiendo al hermano del suscrito.»[13]

Pero no termina la cuestión de los usos del sigilo ahí, ya que Domínguez afirma que Maciel le ha relatado «bajo secreto» hechos relacionados con otros religiosos, y añade que alrededor de un año antes incluso le mandó escribir cartas a todos los religiosos escolares de Roma y le iba diciendo lo que tenía que aconsejar «a cada uno nominalmente» en relación con las dificultades generales que tenían «en el terreno de la castidad» y de la vocación.[14] Y se pregunta: ¿cómo es posible revelar tales cuestiones sin «faltar al secreto de conciencia»?

Habla también de que las «mentiras, tergiversaciones, exageraciones y deformaciones» de los hechos son cosas habituales, que le constan en la medida en que él fue encargado de redactar una serie de documentos para la Sagrada Congregación de Religiosos, y que las veces que quiso hacer caer en la cuenta de ello a Maciel, éste le respondió que era «demasiado ingenuo».

«Al suscrito le constan [...] las argucias y turbios procedimientos de que se valió el padre Maciel para contestar una por una las acusaciones presentadas en Roma por el reverendo padre Lucio Rodrigo a nombre del padre Sergio Ramírez, y la forma también violentada y contrahecha en que presentó su informe sobre ciertos hechos el señor Rafael Cuena, entonces teólogo en la Universidad de Comillas. En realidad da la impresión de que el padre Maciel [...] sigue en la práctica el principio de que el fin justifica los medios».[15]

---

[13] LCM, doc. 110, 24/VIII/54. La carta me la autentificó el propio Federico Domínguez, quien a la letra dice: «ésta es la carta que yo escribí personalmente y que a pesar del paso del tiempo, bien recuerdo que dije la verdad, toda la verdad, y sólo la verdad.» México, DF, 10/IV/05. Sigue firma del citado.

[14] Cartas que, según dice, fueron en número aproximado de treinta.

[15] LCM, doc. 110, 24/VIII/54.

Pero Domínguez comienza a rasgar el velo que oculta lo que denomina la misteriosa enfermedad de Maciel. «Misteriosa –dice– porque el padre Maciel rehuía que le viesen los médicos y trataba de hacer creer que se trataba de una afección del hígado.»

Gracias a que en un principio Domínguez comenzó a buscar datos para escribir respecto a la vida de Maciel, hizo contacto con el doctor Ramón Suárez, de Morelia, quien lo puso en el camino de empezar a entender el posible sentido de la citada dolencia.

Lo que le dijo a Domínguez este médico fue que se trataba de «la enfermedad más humillante que podía sufrir un sacerdote», cosa que no lo sacó totalmente de dudas pero al menos le hizo pensar que en todo caso la complicación estaba situada más abajo del hígado. Y añade que el propio Maciel le completó la información en los siguientes términos:

«El urólogo de Nueva York [que es judío] me dijo que los católicos eran unos brutos y muy crueles [sic] al no permitir moralmente lo que sería sencillísimo remedio de su enfermedad. Bastaría –siguió diciendo el padre Maciel– con un acto contra la ley de Dios para poder curarme.

»Por todo ello, el que suscribe está en la creencia de que se trata de una afección de las glándulas sexuales».[16]

Esta vez no era Pío XII quien otorgaba el «permiso», sino un médico judío que ofrecía la solución. Presentada de esa manera ambigua, no termina de quedar claro el tipo de acto que atentaría contra la «ley de Dios». ¿Simple automasturbación? ¿O se trataba de las cosas que a Maciel le gustaba practicar en la enfermería? En todo caso, a Federico Domínguez le insinúa que su hígado goza de cabal salud, y que no es descargando la bilis acumulada en la vesícula lo que lo aliviará.

Domínguez, por lo pronto, desconocía que ya Maciel seguía muy fielmente los supuestos consejos del galeno de Nueva York. Pero esa información iba a comenzar a circular exactamente dos años después, gracias al informe que va a presentar el vicario general de la congregación, Luis Ferreira.

Federico Domínguez narra también que aunque Maciel le dice en múltiples ocasiones que la murmuración es una de las «mayores pestes» de la vida religiosa, no pierde oportunidad para comunicarle «bajo secreto hechos y criterios que incluyen grave detracción, especialmente

---

[16] *Idem.*

en relación con la Compañía de Jesús». Maciel no calibra que la crítica más devastadora estaba a punto de generarse dentro de sus propias filas, y que por lo tanto tendría que refuncionalizar la teoría del complot.

Aunado al incipiente pero prometedor avance respecto a la «misteriosa enfermedad», Domínguez aporta datos realmente novedosos en relación con la adicción de Marcial Maciel a la morfina.

«A sabiendas (porque puedo asegurar que varios doctores le han advertido de ello) de las graves consecuencias psicológicas y orgánicas que el hecho entraña, el padre Maciel en sus enfermedades se aplica (y muy frecuentemente, a lo que se puede conjeturar) inyecciones que contienen estupefacientes (inyecciones que se consiguen donde sea, al precio que sea y por los medios que sea). El suscrito, que no conocía entonces la naturaleza exacta de esas inyecciones, pudo darse cuenta de que en las diversas crisis de su enfermedad, estas drogas se le aplicaban cada cinco horas. Ha sido y es muy celoso el padre Maciel de que este hecho no llegue a conocimiento de los religiosos, pero ya son varios los que saben. Cuando no tiene quien lo haga, él mismo se aplica las inyecciones. Bajo el efecto de esas drogas, hace planes grandiosos de apostolado y dice a los circunstantes lo que piensa de él y de sus defectos internos públicamente. Esto es conceptualizado por los religiosos que no conocen el fondo de la cuestión, como una prueba de la "clarividencia espiritual" del padre Maciel».[17]

Todavía no se interrelaciona claramente la adicción pederasta con aquélla de la morfina, pero ya se comienza a vislumbrar que detrás del amor a «lo que brilla y deslumbra» como «clarividencia espiritual», algo más oscuro ha comenzado a hacer su camino. La alusión a proporcionarse la morfina[18] a cualquier precio indica que para esas fechas Maciel tenía ya una clara adicción.

Además, Domínguez diferencia claramente las supuestas «clarividencias» sobre las intimidades de sus interlocutores utilizando información privilegiada, de los estados de euforia producto de la droga. Al mismo tiempo, señala cómo se produce el control de la información y de la asistencia al «enfermo» entre los diferentes estamentos de los legionarios.

[17] LCM, doc. 110.
[18] Todavía sin ser nombrada como tal.

Por último, menciona el otro tipo de sustracciones y filtraciones de información que se juegan entre algunas sagradas congregaciones romanas. «La realidad es que por medio de algunas personas colocadas en algunas Sagradas Congregaciones y a quienes el padre Maciel cultiva con íntima amistad y con frecuentes regalos, se mantiene enterado de las acusaciones que llegan a la Santa Sede contra la obra.»[19] Y añade que le consta, por haber sido por un tiempo guardián del archivo secreto de la Legión.

En síntesis, también se puede leer esta carta igual que una descripción de las diferentes maneras como se trastoca y se rompe el sigilo: desde la utilización discrecional de los secretos de la confesión y la dirección espiritual, pasando por utilizar a testigos escribanos para ello, al manejo regulado de la información respecto a la droga y la «enfermedad», hasta la circulación e infiltración de la información de los archivos secretos vaticanos.

A la luz de todo lo anterior, pareciera que, por la manera de ser de Maciel y las consecuencias que convocan sus actos, la Legión se convierte rápidamente en una institución que necesita esa fatigante y poco ética forma de usar la información para protegerse, sostenerse y expandirse.

[19] LCM, doc. 110.

9

Mentir o traicionar. 1956

Yo no miento más que en lo fundamental.

Tito Fernández[1]

Quien tenga algo que decir, que se levante y calle.

Karl Kraus

Pregúntenme todo lo que quieran, yo responderé otra cosa.

Salvador Dalí

El año 1956 va a resultar clave tanto en el destino de Maciel y su institución, como en el de aquellos que sufrieron abusos sexuales y supieron de –o cooperaron con– la adicción a la morfina del fundador de los legionarios.

Una carta dirigida a la Sagrada Congregación de Religiosos, firmada por el padre Callisto Lopinot, franciscano,[2] de finales de enero de ese año se refiere a un serio problema de morfinomanía de Marcial Maciel. Hasta donde puedo comprobar, cuando menos en el archivo que comento, es la primera vez que esta droga se menciona con su nombre. Pero, sobre todo, es el propio Maciel el que aparece directamente señalado como morfinómano, concretando lo que la carta de Federico Domínguez denominaba «estupefacientes». A la letra dice lo siguiente:

«Un médico católico practicante y hombre concienzudo al que conozco de muchos años, ha venido a mí y me ha hecho una declaración que tiene que ver con el reverendo padre Marcial Maciel Degollado.

»[...] El médico declara que este sacerdote es morfinómano, y que ha tenido una fuerte crisis como efecto de la morfina que ha tomado y que sigue tratando de conseguirla para sí.

[1] Director del programa «Cuéntame como pasó», *El País*, 13/VII/03.
[2] Consultor de la Sagrada Congregación de Propaganda, Fide.

»[...] El padre Marcial es jefe de un Instituto recientemente fundado [...]; dicho sacerdote se encuentra en un puesto de gran responsabilidad. Por esta razón el médico se sentía obligado a comunicarme el estado del padre y el peligro para su persona y para el Instituto, y de pedirme que presentara yo la denuncia a las autoridades eclesiásticas competentes».[3]

Como se trata de un secreto profesional, dice el médico, no quisiera ser mencionado. Pero en un documento posterior del 28 de marzo de 1962, se afirma que se trata del doctor Walter Behrens, residente en Roma, Via Chiana 93, int. 15.[4]

Dos días después, el 30 de enero, el ya citado profesor Sabino Arnaiz, en una carta dirigida a la Sagrada Congregación de Religiosos, vuelve a la carga en sus críticas contra Maciel, y apunta en el mismo sentido que el padre Callisto, pero añadiendo que se trata sólo de una «fundada sospecha». Comienza diciendo que en la medida en que funge como la norma y la regla, etcétera, su gente está atrapada por la sugestión y en la adoración al personaje. Y decide calificarlo como «embaucador»; para ejemplificarlo, alude a la manera como se viven sus «enfermedades» en la casa de Roma.

«Se decía que estaba en cama medio moribundo y con misteriosos ataques y de repente salía de la casa con el mayor garbo. [...] en su cuarto se entraba con aire de misterio, se cuchicheaba, se montaba guardia con imposibilidad de hablar con él.
»[...] En la biblioteca hay un cuadro lleno de medallas que representan los viajes del padre Maciel en la sola compañía TWA. [...] No se nos quita la idea del desdoblamiento de la personalidad. A mi entender y sospechar el padre Maciel [...] vive otra vida contemporáneamente a su fundación.[5]
»[...] ¿Morfinómano...? Vamos a mencionar la acusación más grave para la que queremos sólo un carácter de fundada sospecha.»[6]

Y sí, Arnaiz apunta justo, pero le faltan datos. Por lo pronto, esa existencia paralela Maciel la vivía en el corazón de su propia funda-

[3] LCM, doc. 111, 28/I/56.
[4] LCM, doc. 168, 28/III/62. Prot. núm. 16249/56. Objeto: Procedimientos contra el fundador padre Marcial Maciel, (en italiano) foglio adjunto pág. 3.
[5] El memorioso doctor José Barba corrobora la justeza de esta información y sólo matiza que más que «medallas» se trata de *stickers*. Entrevista del 17/V/05.
[6] LCM, doc. 112, J/1, 30/I/56.

ción. Más aún, a juzgar por el cúmulo de testimonios, la propia fundación era la condición de posibilidad para hacerlo.

Mientras esto se decía, el cardenal Valerio Valeri, prefecto de la Sagrada Congregación de Religiosos, recomienda al padre Maciel cambiar el nombre de MSC a Legionarios de Cristo.[7] Esta carta recibe el apoyo de monseñor Luis María Martínez.[8] Y el 31 de julio de 1956, el ya cardenal Larraona declara que Los Legionarios de Cristo son canónicamente reconocidos.[9]

Pero en la accidentada carrera emprendida por Marcial Maciel no hay gozos sin inmediatos sobresaltos, y éstos vinieron primero por una carta enviada a la Sagrada Congregación de Religiosos por el VII obispo de Cuernavaca, Sergio Méndez Arceo, el 14 de agosto de 1956. En este escrito, Méndez Arceo daba un giro radical al apoyo que le habían brindado hasta entonces los dos anteriores obispos a Marcial Maciel. A ésta siguieron la del padre Luis Ferreira Correa, quien le entrega a monseñor Orozco Lomelí un carta de trece cuartillas para que la haga llegar a la SCR; antes del 31 de agosto, llega la del arzobispo primado de México, Miguel Darío Miranda, a la SCR, apuntando hacia la misma dirección.

Méndez Arceo previene al cardenal Larraona que el portador del escrito no tiene idea de lo que contiene y que debe permanecer en la ignorancia porque –asegura el obispo–, supo por uno de los testimoniantes que en el Santo Oficio uno de los «oficiales» le informa a Maciel de las denuncias en su contra: al parecer, alguien las filtra en la Sagrada Congregación de Religiosos, aunque se desconoce su nombre.

«Reverendísimo padre,
»En las tres ocasiones en que he hablado con vuestra reverencia ha recaído la plática sobre el padre Marcial Maciel y he visto y apreciado la delicadísima y justa reserva con que ha procedido; por esta razón me muevo a escribirle bajo el secreto más absoluto, [...] para informarlo debidamente.
»Por circunstancias que no es el caso referir, vine a quedar constituido en consejero de quienes tenían conocimiento de la vida íntima del padre Maciel y se sentían obligados en conciencia a remediar la situación, aunque con diferentes medios. Los encaucé, por no tener yo casa de la congregación, a que se hiciese la denuncia al excelentísimo señor arzobispo de México y hablé con él. Los

[7] LCM, doc. 115, j/4, 17/II/56.
[8] LCM, doc. 116, 13/V/56.
[9] LCM, doc. 117, j/6, r.g.171.

defectos de que se habla son: procedimientos tortuosos y mentirosos; uso de drogas heroicas; actos de sodomía con chicos de la
congregación.

»Yo recomendé y así lo hará el señor arzobispo, que sólo se in-
terrogue a los dos que ahora han hablado y que esto se envíe a
vuestra reverencia, para que, si lo juzga prudente, remueva al padre
Maciel y deje el paso libre a una investigación mayor, dada su ha-
bilidad sin escrúpulos [sigue firma del citado].»[10]

Por primera vez el cuadro estaba completo. Pero habría de pasar
mucho tiempo –unos cuarenta años– para que las relaciones entre la
droga y la pederastia se pudieran ver con más claridad. Federico Domínguez y Luis Ferreira lo iban a pagar caro. A pesar de la contundencia de lo que escribieron y dijeron, Maciel finalmente logró revertir a
mediano plazo la situación.

Si Méndez Arceo pudo enviar las primicias, es gracias a un personaje que no aparece en la carta pero que fue clave en el asunto; me
refiero al prior del convento de Santa María de la Resurrección, en
Morelos, el monje benedictino Gregorio Lemercier, quien fue el que
primero los escuchó y remitió al citado obispo.

Por su parte, el arzobispo de México le escribe al cardenal Larraona
comunicándole lo penoso y delicado del asunto que lo convoca. Le señala que Maciel es una persona muy conocida en las congregaciones
romanas, entre las cuales goza de gran simpatía, pero que juzga «necesaria la intervención inmediata» de la Sagrada Congregación de Religiosos para «evitar males mayores». Afirma que los denunciantes fueron primero con el obispo de Cuernavaca y luego con él para «cumplir
con un deber de conciencia», y que los remitió con su vicario general
Orozco Lomelí. Reitera los cargos: «faltas contra el *sextum* cometidas
con alumnos de la congregación; hábito de inyectarse enervantes, que
ya ha degenerado en vicio de difícil curación», y uso de la mentira para
lograr sus fines.[11] También emite juicios acerca de Maciel sin eufemismos. Maciel, al contar con tantas amistades encumbradas en Roma, e
incluso teniendo conocimiento de informaciones reservadas y un apoyo decidido del cardenal Mícara, hará lo posible para no enfrentar el
asunto. Y no se tienta el corazón para añadir que a Maciel, al percatarse de los cargos en su contra,

[10] LCM, doc. 118, J/5, 14/VIII/56.
[11] LCM, doc. 120, 31/VIII/56.

232

«no le resultaría difícil persuadir a los religiosos de su congregación de que declararan contra su propia conciencia, pues es cosa conocida el poder de persuasión de que está dotado. Tal vez fuera necesario aislarlo en alguna forma, antes de que pudiera percatarse de que se va a hacer una investigación, pues, de otra manera, encontraría el medio de salir bien librado [sigue firma del citado]».[12]

A juzgar por lo que siguió, el arzobispo no estaba especialmente errado en sus apreciaciones. Pero corresponde a Luis Ferreira explotar la bomba. Una vez que entró en crisis de conciencia, reveló la pederastia y la adicción a la morfina de Maciel, aunque evitó en esta ocasión hablar de sus propios actos pederastas.

La carta dirigida en primera instancia a monseñor Orozco Lomelí comienza por hacer un recuento de los sujetos que habían sido víctimas de abuso por parte de Marcial Maciel, que a él le constaba directamente, o casi. Cité el caso del joven aspirante a legionario que, hablando con sus padres, logró salir más o menos bien librado. Ferreira alude explícitamente al caso:

«ya desde los primeros años de mi colaboración en la obra del padre Maciel, se me presentó un hermano apostólico con inquietudes de conciencia, por ciertas maneras de tratarlo el padre Maciel cuando dicho padre se encontraba enfermo. Concretamente el muchacho se refería a tactos impúdicos [...]. Lo mismo, me refirió, le ocurrió a un hermano carnal de él».[13]

Pero Ferreira añade mínimo otros cuatro casos más que parecen constarle; y además menciona otros de los que dice no tener pruebas fehacientes. Se encontraba en una situación delicada al hacer estas denuncias, puesto que se veía en el predicamento de tener que silenciar su propia actuación. Así, relata el caso de un muchacho de la Escuela Apostólica que en el año 1950 –cuando fungía como rector– le vino a decir a lo que lo había obligado el padre Maciel:

«que le procurara la polución. Y entonces, yo le hablé al padre Maciel duramente, diciéndole que me separaba porque no estaba dispuesto a seguir colaborando en esa forma. [...] El padre Maciel me suplicó que no me fuera: que él no se daba cuenta de lo que

12 *Idem.*
13 LCM, doc. 119, 23/VIII/56.

hacía cuando estaba enfermo, pues eran muy fuertes sus dolores, y que sin duda lo que había hecho con ese muchacho había sido en estado de inconsciencia. En vista de la aparente sinceridad con la que me lo decía, yo me decidí a seguir colaborando. Este niño más tarde murió».[14]

Ferreira, en «los primeros años de la Legión», se había enterado de una parte de las actuaciones eróticas de Maciel, por lo que no deja de llamar la atención que después del cúmulo de casos que describe, todavía le haya creído a Maciel respecto de aquel muchacho: lo había hecho «en estado de inconsciencia». Si eran tan «fuertes sus dolores», ¿cómo era posible que además tuviera la capacidad y la energía para andar seduciendo infantes?

De lo dicho por el padre Ferreira, se deduce que aún haciendo la denuncia, había hecho con Maciel un pacto sin palabras: el aceptar pasar por estúpido. Y puede que haya sido el caso. Pero si no pretendemos concluir apresuradamente, tendremos que tomar en cuenta que el padre Ferreira estaba en buena medida inmerso en lo mismo que pretendía cuestionarle a Maciel, aunque en una posición subordinada con respecto a éste.

El ex legionario FGP, en su texto presentado ante el visitador Scicluna, cuenta que una de las tantas veces que conminaba a Marcial Maciel para que se internara en un hospital a tratar su adicción a la Dolantina éste le respondió con una variación inesperada respecto a la supuesta inconsciencia (variación que FGP califica como cínica): «Bueno, mira, sí estoy enfermo y no me doy cuenta de lo que pasa, y los que están conmigo para cuidarme abusan de mí, ¿qué quieres que yo haga? Eso ya no es culpa mía».[15]

Finalmente la «inconsciencia» parece estar habitada por un mecanismo que funciona en automático y que termina concluyendo de manera irremediable en el abuso. Aunque a veces con salidas inesperadas como la de arreglárselas para abusar del abusador.

Según Maciel, en la institución de su inspiración tanto el enfermo como los enfermeros estarían condicionados para aprovecharse a la menor provocación. Pero el punto no es ése, sino tratar de entender por qué si era evidente la forma como actuaba Maciel en su pretendida inconsciencia, nadie le ponía un límite. ¿Por qué tal sometimiento a un líder que, visto desde fuera, alcanza tal grado de abyección?

[14] LCM, doc. 119, 23/VIII/56.
[15] FGP, 4/IV/05, pág. 10.

FGP ofrece un episodio que, si no nos acerca a una explicación satisfactoria de esta cuestión, da una idea del cautiverio en el que se encontraban aquellos que habían pasado a formar parte da la corte de efebos de Maciel. FGP afirma que en los tiempos del Vaticano II, estando de prefecto en el noviciado de Irlanda, había pasado la noche con Maciel.[16] Al otro día, Maciel decidió oficiar misa a pesar de sentirse «enfermo», aunque después del desayuno «milagrosamente» se sintió muy bien y llevó a los novicios a dar un paseo. Estando en ello, de pronto hizo alto para decirles:

«"Yo no sé cómo algunos sacerdotes católicos ahora andan proponiendo que los sacerdotes se casen (se veía escandalizado). ¿Se imaginan? Yo no podría celebrar la misa y tomar en mis manos el cuerpo de Cristo, después de haber manoseado toda la noche a una mujer".

»En esa ocasión no pude evitar un movimiento de desaprobación y de juicio y pensé: "Ah, ¿pero sí puede usted haber manoseado a un hombre y tomar el cuerpo de Cristo en sus manos?" [...] Creo que él advirtió el gesto y la expresión en mi cara, y me retó con la mirada. Al día siguiente me retó delante de todos los religiosos en el comedor de huéspedes mientras se desayunaba, provocándome con la mirada y con las palabras para que yo hablara en contra suya y viera cómo nadie me creería lo que dijera.

»Mirándome fijamente [...] dijo algo así como: "Hay algunos religiosos en la Legión que ya no la aman, y que para justificar sus propias infidelidades acusan a sus superiores de no ser virtuosos, pero no tienen el valor de decirlo abiertamente, sólo hipócritamente los juzgan en su interior"».[17]

La escena es de una violencia extrema. Es evidente que a Maciel sólo lo podría haber enfrentado alguien que no estuviera atrapado en un pacto como el que tenía con FGP. Pero precisamente había tenido en general buen cuidado de nunca provocar a los que pudieran colocarse en esa posición. Maciel, como típico perverso, ya he dicho que hacía entrar a los terceros en la posición bien de testigos cómplices y mudos; bien de testigos que sospechan pero que no terminan de dilucidar lo que ocurre; o bien de testigos involuntarios, como en este caso,

---

[16] Este último había dicho al resto de los habitantes de la casa que sufría un nuevo episodio de su «enfermedad».
[17] FGP, *cit.*, págs. 21-22.

donde no sólo desconocen lo que se juega en la otra escena, sino que incluso ésta no se encuentra incluida dentro de lo pensable por ellos.

«Para el perverso –afirma el psicoanalista Jean Clavreul– en la medida en donde sólo el secreto frente a los terceros constituye el fundamento mismo del contrato, no será la infidelidad, ni el sufrimiento o la indiferencia de uno de los implicados, ni la usura del tiempo la que llevaría a la ruptura. Será [más bien] la denuncia del secreto, la puesta al corriente del tercero, y el escándalo lo que constituirá la ruptura.

»De esta manera, la pareja perversa soportará sin dificultad sufrimientos, mezquindades e infidelidades. Es suficiente que un cierto tipo de secreto se conserve. Pero la pareja se verá destrozada en el momento en el que una de las partes haya hecho una alusión pública a sus prácticas.»[18]

Este caso muestra que no basta hacer público ante terceros lo que ocurre en la otra escena, es necesario que resulte verosímil y creíble a los que lo escuchan. El ex legionario expone cómo el discurso emitido por Maciel ha construido un candado alrededor de la posible denuncia por parte de su súbdito. Desde el lugar privilegiado que ocupa en la jerarquía de la institución, se adelanta a cerrar todas las posibilidades de riesgo. Porque sabe que incluso si su subordinado sucumbiera a una crisis de conciencia y decidiera hablar, estaría perdido: no podría escaparse de las apreciaciones en las que previamente tuvo el buen cuidado de encerrarlo. Como el afectado señala, sólo podría salir de esa experiencia marcado casi como un loco, o al menos como hipócrita o difamador.

Inútil decir que este episodio retrata con nitidez la capacidad de manipulación utilizada por Marcial Maciel. Y muestra casi sin velos que una de las características centrales de esta perversión sexual vivida bajo signo religioso es el consumado uso de la inverosimilitud como arma de neutralización del posible denunciante.

¿Cómo es posible pensar en contigüidad salir de las caricias homosexuales y, casi en automático, tomar devotamente la hostia por parte de un sacerdote católico, que además se da el lujo de aludir a ello pero de una manera trastocada, usando a la mujer para volver inverosímil su acto? Como si Maciel dijera: «es precisamente juntando

[18] Jean Clavreul, «Le couple pervers», en padre Aulagnier, J. Clavreul, *Le désir et la perversion*, París, Seuil, 1967, pág. 98.

de manera explícita lo que la mayoría rechazaría como imposible, que mejor anularé lo que vengo de hacer y seguiré haciendo».

Como anotó en algún lugar el escritor Jorge Semprún: «No basta que una información sea verdadera, es necesario que sea verosímil». Y si además le añadimos que cada cual tiende a vivir y sufrir su pacto perverso con Maciel de manera individual, o en algunos casos bajo la ley del pequeño grupo y su *omertá* consiguiente, entonces nos podremos hacer una mejor idea de que no es posible reducir a la mera estupidez la cuestión del sometimiento. Con esto se entenderá mejor por qué la emisión del voto especial de no criticar al superior en la Legión sirvió para consolidar esa situación contextual marcada por la sensación de estar en un callejón sin salida.

Sólo faltaría sumarle la idealización sacralizada del personaje en cuestión, y tendremos el cuadro completo de las condiciones necesarias para volverse abyecto, en el sentido que expone Michel de Certeau.

En su carta de denuncia, el padre Luis Ferreira dice que Maciel, en el transcurso de los últimos seis años y desde el primero de ellos, se aplicaba inyecciones de Dolantina, Demerol y Sedol, aunque no se decidió a investigar el asunto hasta que entró en contacto con el doctor Ramón Suárez, de Morelia,[19] quien le expuso los peligros de las drogas para el organismo. Entre otros, que le iban a formar hábito, si no es que ya lo tenía. Afirma Ferreira que el citado doctor le había comunicado eso a Maciel, y que éste ya no había vuelto a establecer relación con él. Añade que Maciel trató de engañarlo al decirle que sus múltiples doctores, incluyendo al citado, le habían recomendado tales medicinas porque eran las únicas capaces de mitigarle sus dolencias. Pero Ferreira no parece caer en la cuenta de que la otra manera de mitigarlas era utilizando caricias de púberes, y que además se encargaba de enviar a sus discípulos a buscar las medicinas con gran riesgo de ser atrapados por la policía y sin que le avisaran a Ferreira.

Según esto, llegó a tal grado la adicción de Maciel que el 3 de enero de 1956 recibió del padre Rafael Arumí, maestro de novicios del Colegio de Roma, una llamada urgente a la residencia de Tlalpan para que saliera a la brevedad, lo cual Ferreira hizo. Cuando llegó, Arumí le comunicó el triste estado al que estaba reducido Maciel. «Habiéndolo hasta obligado a hacer un documento en que manifestaba su renuncia como superior general y proponía a la Santa Sede para que eligiera entre el padre Arumí y yo a sucederlo».

---

[19] Citado en la carta de Federico Domínguez.

Que acto seguido había salido de la residencia de Roma con rumbo desconocido, habiéndose llevado como ayuda al hermano Félix Alarcón, experto en conseguirle la droga y en calmarle sus «dolores» de otra manera. El día de su llegada –6 de enero– Maciel había reaparecido, pero que no lo quiso ver porque estaba «enfermo». Y al día siguiente, Maciel se levantó «totalmente bajo el influjo de la droga» y comenzó a divulgar que la Santa Sede supuestamente había llamado a Ferreira para que lo sustituyera. La estrategia era insidiosa y previsora, pues buscaba crear la imagen de que era Ferreira el que venía ya a desbancarlo (lo que en efecto ocurrió nueve meses después). Pero por esas fechas el citado no se había aún decidido a denunciarlo ante la Sagrada Congregación de Religiosos. Ferreira asegura que encaró a Maciel y le dijo que fuera más prudente, ya que su venida era para ayudarlo a internarse en una clínica para que se pudiera curar. Varios legionarios, entre otros Saúl Barrales, el propio Arumí y José Luis Barriga, asegura le pidieron que no regresara de Europa sin traerse a Maciel, que a esas alturas representaba un escándalo.[20] El propio Barrales le comunicó el número de dosis que por aquellos días se inyectaba, y alude a una cifra que suena francamente exagerada: «hasta cuarenta inyecciones en un mismo día».

La supuesta enfermedad la describe Ferreira como una inflamación del *verum montanum*, la cual le impedía la secreción normal del semen, o como, sin misterios ni latinajos, se la describió a FGP un médico en Roma que atendía a Maciel. Se trata, le dijo, de «caso normal de inflamación de la próstata». Pero como el señor de Cotija se consideraba –y lo consideraban– tan excepcional, necesitaba la ayuda de otros para aliviarla.

Se fueron a España, y dice Ferreira que Maciel, desesperado por conseguir la droga, comenzó a hablar a las farmacias diciendo que era el propio Ferreira quien sufría de un fuerte cólico, pero que logró atajarlo y quedarse con la receta. Le comunicó a Maciel que dejaba la Legión y se volvía a Morelia para incardinarse en esa diócesis. Ferreira tomó el avión a pesar de las súplicas de Maciel, pero al llegar a México decidió, para no escandalizar a los muchachos, decir que se iba a Michoacán a descansar. Entonces Maciel le habló al padre Pardo para que se comunicara con Ferreira y le dijera que salía para La Habana a hacerse una operación con la finalidad de que le bloquearan el famoso *verum montanum*, pero a los pocos días tuvieron que salir precipitada-

---

[20] Este periodo coincide con el de la carta del padre Callisto Lupino y con las sospechas de Sabino Arnaiz.

mente de la isla él y su acompañante, «casi perseguidos por la policía». Viene a México de incógnito y pronto desaparece, sigue hacia Guadalajara en donde supuestamente una hermana, Olivia, le consigue la droga. Y al fin, acompañado por el padre Cuena, sale para Nueva York, donde los esperaba el ya conocido doctor Ramón Suárez. Antes de que éste lograra internarlo, Maciel escapa de nuevo, hasta que por fin logran internarlo en una clínica especializada en adicciones. A los ocho días Maciel logra convencer a Cuena de que lo saque, a pesar de las protestas de los doctores que le habían pedido quedarse mínimo tres meses, para asegurarse de su plena desintoxicación.

Volvió a Cuernavaca e hicieron traer a un hermano suyo para que procurara ponerle un límite. Francisco Maciel le dijo que todo eso le ocurría por «soberbio». Marcial se fue pronto a Cotija, prometiendo quedarse un buen tiempo, pero a los cuatro días abandonó dicha población. Desde allí le envió una carta a Ferreira pidiéndole que «tomara inmediatamente las riendas de superior general», rápidamente neutralizada por otra en la que le decía que mejor se iba a Roma a preparar personalmente el terreno. Al mismo tiempo envió otras a las diferentes casas diciendo que se le estaba separando de la obra. Ferreira logró atajar algunas y, para evitar que se fuera a Roma, le escondió el pasaporte, lo cual no fue obstáculo porque pronto Maciel se hizo de otro.

Ante tal situación, Ferreira vuelve a amenazarlo con retirarse; era, mínimo, la tercera vez que lo hacía. Pero Maciel le escribe que no lo haga, que en Roma se sometería al Consejo General de la Legión y que acataría lo que le dijeran. Obviamente, tampoco cumplió esta promesa. Ferreira consulta la situación con el arzobispo de Yucatán, Ruiz Solórzano, quien le ordena que por ningún motivo abandone la institución, porque eso significaría «la desviación total de la obra sin que nadie opusiera un dique salvador».

Maciel vuelve a México y rehúye toda confrontación. El arzobispo de Yucatán promete ayudarle a Ferreira procurando buscar a Maciel, pero éste se escabulle y de nueva cuenta el arzobispo conmina a Ferreira a no abandonar el barco, añadiendo que es necesario «conjurar el escándalo que supondría para los bienhechores mi separación de la obra». Esta manera de utilizar a los terceros tiene la función en muchos casos, y éste es uno de ellos, de nunca terminar por encarar las cosas y de mantenerlas finalmente intocadas.

Maciel se fue a Cuernavaca, y ante las renovadas pero en buena medida patéticas presiones de Ferreira logró convencer a una serie de religiosos de que ya se había curado, aunque por las presiones, ahora del padre Faustino Pardo, aceptó ver a Ferreira el 17 de junio por la noche.

239

Dice Ferreira que en esa reunión Maciel, llorando, le suplicó que no lo abandonara en el momento «más difícil». Ferreira salió de ahí, de nueva cuenta, con la firme determinación de abandonar la obra, sumando con éste al menos cinco intentos similares. Al otro día se dirigió a monseñor Gregorio Araiza[21] para que lo ayudara a redactar su renuncia, pero éste lo convenció de dar marcha atrás. Le propuso que se retirara tres meses a Michoacán sin pedir la dispensa; que si Maciel se regeneraba, él volvería sin decir nada. Pero Ferreira calculó que si abandonaba la apostólica por tres meses Maciel podría dejarlo fuera de toda posibilidad de intervenir más tarde, y decidió esperar dentro de la institución el plazo prometido.

El mismo día que le comunicó a Maciel su determinación de darle la última oportunidad comprendió que no podría hacerse muchas ilusiones. Maciel le dijo al padre Pardo y a una bienhechora de nombre Trinidad Gómez que «el padre Ferreira por fin se había humillado y había reconocido su error». Al otro día le comunicó al aliado de Ferreira, Federico Domínguez, que no pensaba cambiar un ápice en su conducta.

Federico añade que Maciel comenzó a prohibir por «santa obediencia» que los hermanos se comunicaran con Ferreira. Había iniciado la *operación aislamiento* que poco más tarde se recrudecería.

De todo esto Ferreira dedujo que «en el fondo, el padre Maciel no estaba dispuesto a abstenerse de sus torcidas maneras de proceder». En este vertiginoso primer semestre de 1956, en el cual Ferreira intenta desesperadamente poner límites a Maciel, hace de doble casi perfecto de aquél, en el sentido de que ambos van rompiendo al unísono sus promesas, uno de salirse, y el otro de abandonar la droga (que no el otro tipo de alivios por procuración, que en la carta pasan de largo como si se tratara de cosas del pasado, cuando en realidad estaban en uno de sus momentos más intensos).

En la carta, el vicario general de la Legión alude a algo importante que conviene reproducir aquí: «al haber recibido el citatorio de vuestra excelencia relacionado con algunas acusaciones de personas *extrínsecas*[22] al Instituto y al haber sido obligado en conciencia a exponer a vuestra excelencia todo el desarrollo de esta triste historia, con profunda pena por una parte, pero con el sentimiento de cumplir un deber demasiado tiempo aplazado».[23]

[21] El que se había prestado para redactar el documento de la famosa erección canónica de 1948.

[22] Las cursivas son mías.

[23] LCM, doc. 119.

¿A quiénes se refería Ferreira? No queda claro, y en el archivo no hay datos que permitan precisarlo con pertinencia. ¿Estaba aludiendo a Gregorio Lemercier y Sergio Méndez Arceo? No lo puedo afirmar a ciencia cierta.

A partir de esta lectura tenemos un mejor idea de las posibles razones que llevaron al padre Luis Ferreira a escribir esa carta. Y también de cómo Maciel, de alguna manera, preveía con buena intuición la suspensión que se le venía encima. Es quizá por esta razón que realiza algunos ensayos apuntando aparentemente a que estaba dispuesto a dejar su lugar en manos del padre Ferreira. Pero a juzgar por lo ocurrido, no se lo tomó muy en serio, pues habría sido tanto como reconocer que, efectivamente, sus críticos tenían razón. Además, se habría privado de una de sus estrategias favoritas: el uso del complot para exaltar a su persona.

De todo este asunto pareciera haber estado exento informativamente el asistente, padre Joaquín Madrigal, al menos si juzgamos a partir de los documentos contenidos en el archivo LCM. Sólo una carta de noviembre de 1956 alude a la situación de marginación que parece sufrir.

«[Al] padre Maciel no lo he visto porque él no me visitó cuando vino a México repetidas veces, y yo no me animo mucho a ir a las dos casas o colegios que tienen aquí en México, mitad por mis achaques y mitad porque me da cierta desesperación que estos jovencitos no me digan la verdad de sus cosas ni me traten con sinceridad y sencillez.»[24]

---

[24] LCM, doc. 129, 27/X//56, J/25, carta dirigida a la Sagrada Congregación de Religiosos.

10
Gregorio Lemercier y el error de Maciel

Alrededor de junio de 1956, Federico Domínguez, en ese tiempo de 28 años de edad, licenciado en Filosofía por la Universidad de Comillas y con dos años de Teología en la Universidad Gregoriana, prefecto de estudios de la apostólica de Tlalpan, dice:

«Tuve un enfrentamiento con el padre Maciel hacia junio o julio de 1956. Sin duda el padre Maciel, de forma clandestina, había leído la carta que, obedeciendo las órdenes del arzobispo de México y por medio del vicario general de la arquidiócesis, doctor Francisco Orozco, había mandado yo con mis profundas inquietudes acerca de la conducta del padre Maciel, de quien yo había sido secretario particular mientras estábamos en Cóbreces y también en Roma. En tal enfrentamiento, el padre Maciel me atacó de traidor y con gran rabia trató de intimidarme, hasta tal punto que yo creí que iba a abalanzarse sobre mí. Entonces yo, sabiendo como sabía que en mi carta había jurado decir la verdad, toda la verdad y sólo la verdad y que todo lo que había escrito era cierto me enfurecí y le dije: usted me toca y yo lo toco, estamos aquí no de superior a inferior, sino de hombre a hombre. Entonces, él me mandó a Cuernavaca con el abad benedictino Gregorio Lemercier.[1] Yo le dije a éste que yo sospechaba de abusos a los chicos. No que yo lo sabía de seguro, pero que lo podía palpar. Lemercier me dijo: "Mire, es absolutamente indispensable que el padre Ferreira le escriba a la Sagrada Congregación de Religiosos y le dé cuenta de esto". Evidentemente,

---

[1] Gregorio Lemercier –monje belga– fue el prior del convento benedictino de Santa María de la Resurrección. Ya para ese tiempo, ese lugar comenzaba a estar a la vanguardia de los cambios litúrgicos que, una década más tarde, serían oficializados en la Iglesia católica. Hacia 1962 Lemercier introdujo el «psicoanálisis de grupo» en su convento, lo cual levantó una seria polémica en el mundo eclesiástico y rebasó sus fronteras. Todo esto terminó alrededor de 1967, con la exclaustración de Lemercier y con la disolución del convento.

Ferreira sabía de esto por cosas de confesión o de dirección espiritual de los chicos que habían sido abusados. Y entonces, Ferreira habló con Lemercier, y después me dictó una carta que mandamos creo que a monseñor Larraona, que estaba en la Congregación de Religiosos. Y fue entonces cuando al padre Maciel lo quitaron de superior general».[2]

Federico Domínguez me confirmó que él escribió la carta que le dictó Ferreira.[3] Pero ¿qué pasó en esa visita que Domínguez le hizo a Gregorio Lemercier? Para poder entender las condiciones en que se realizó este encuentro habría que señalar que fue precedido de una visita de Maciel al monje benedictino: tenía la intención de hacer que en la presentación de Domínguez, éste quedara mal parado. Desgraciadamente, Maciel no aquilató a quién tenía enfrente. Si en un primer momento el monje aceptó la versión de MM sobre su súbdito, cuando conoció a Domínguez y pudo establecer comparaciones, cambió su percepción radicalmente.

Lemercier, en una carta con documentación adjunta enviada a monseñor Larraona en octubre de 1959, le da cuenta de sus entrevistas con Domínguez y Ferreira. Este testimonio viene a corroborar lo que Domínguez afirma, aunque Lemercier parece tener las fechas trastocadas, ya que, por ejemplo, afirma que la visita de Maciel fue un «martes 25 de junio de 1957 (¿o 58?)». En realidad, lo más seguro es que haya sido en 1956, por el contexto y las fechas de las cartas y denuncias que de ahí se desprendieron, empezando por la carta de Sergio Méndez Arceo.

Lemercier relata que ese martes al mediodía se presentó Marcial Maciel. Hablaron alrededor de tres horas. Se trató del encuentro de dos personajes que muy pronto iban a dar de qué hablar por diferentes razones. No podían ser más dispares en su manera de pensar y un poco más tarde se acentuarían aún más sus diferencias ideológicas. Lemercier estaba muy cercano al psicoanálisis y Maciel lo rehuía como al demonio. Lemercier estaba por la renovación litúrgica y la lectura directa de las escrituras; Maciel apenas sabía oficiar misa. Uno

---

[2] Entrevista telefónica grabada el 28/II/02, de FMG a Federico Domínguez, *cit.*

[3] Del 23/VIII/56. De su puño y letra, Domínguez me escribió lo siguiente: «En cuanto a la carta del padre Ferreira que fue causa inmediata de retirar al padre Maciel de superior general, yo la escribí bajo la dirección del padre Ferreira porque muchos de los hechos que en la carta se incluyen eran completamente desconocidos por mí». Firmado en la ciudad de México ante FMG, el día 10 de abril de 2005. Frederick Domínguez [ahora es ciudadano estadounidense].

era gran lector, el otro prefería evitar lo más posible tener que pasar por lo escrito. El primero, muy pronto (1961) va a tener una crisis alucinatoria, pero en la medida en que se trata de un monje moderno que tenía una relación con el psicoanálisis, al otro día de ésta va a consultar a un psicoanalista y se somete a tratamiento.[4] En cambio Maciel, frente a las (dos) adicciones que le tienen tomado el cuerpo y el alma sólo atina a la negación y a colocarse en el lugar del martirio permanente aderezado por los «calumniadores».

No hay que olvidar que a su tierra de procedencia, Cotija, se le podría considerar una de las primeras productoras nacionales de mártires, sean éstos producto de guerras santas o de hechos tergiversados, como era su caso. Una teología de la cruz a cualquier precio y por cualquier medio parecía su divisa. En ese limitado y triste universo representacional se formó Maciel, y decidió no moverse un ápice en los siguientes cincuenta años, como puede ser fácilmente corroborado.

Pero algo tenían en común Lemercier y Maciel: eran autoridades. Maciel, además, era fundador de una nueva congregación; Lemercier ya se había plantado como uno de los renovadores más connotados de la vida conventual, y al poco tiempo sería un pionero al introducir el psicoanálisis de grupo en el convento, lo cual tendría una repercusión mundial.

Pero si Maciel no calculó con quién se las estaba viendo, tampoco terminó de entender que el VII obispo de Cuernavaca, Sergio Méndez Arceo, no tenía mucho que ver con sus dos predecesores. El padre Ángel Oñate, en 1945 lo describe de la siguiente manera: «Señor presbítero doctor don Sergio Méndez que se dedica[ba] con mucho celo a este apostolado [confesión semanal de los alumnos de la incipiente Legión de Cristo] y dirección espiritual con el rector del mismo plantel [MM]».[5] Esta descripción fue dedicada por el padre Oñate al V obispo de Cuernavaca y tío de Maciel, aquel que «estuvo *casi* decidido a extinguir la obra naciente», según la multicitada carta de Luis Ferreira, y que entre el *casi* del obispo y el *casi* del padre del primer legionario víctima de abuso, permitieron que continuara la citada obra.

El VII obispo se movía ya por entonces a partir de otras coordenadas. Maciel fue espontáneamente a introducirse en la boca del lobo, y éste, en lugar de cerrar las fauces, las abrió y comenzó a emitir palabras

---

[4] Al final resultó que la alucinación había sido producto de un cáncer en el ojo, el cual le fue extirpado, pero eso no fue obstáculo para que Lemercier hiciera la constatación de esa otra alteridad no sacralizada que lo constituía: el inconsciente.

[5] LCM, carta de Ángel Oñate, 8/X/45.

y cartas. Maciel, como creyó que estaba en confianza, usó sus tácticas de difamación habituales, pero esta vez se le revirtieron de manera vertiginosa.

Maciel le cuenta a Lemercier que Domínguez –quien ya había escrito su carta de agosto de 1954– había sido su secretario particular; que en Roma había hecho un retiro de 30 días con el padre Ángel Morta y que éste le había advertido a Maciel que «lo echara inmediatamente», pero que se decidió a conservarlo por sus grandes talentos, aunque tuvo que retrasarle la ordenación. Que ahora había comenzado a «atacar a varios compañeros hasta enfrentarse con Maciel»; entonces quiso despedirlo, pero como Domínguez «conoce muchas de las dificultades de la Congregación, quisiera retenerlo algún tiempo».

Es por esa razón que Maciel le demanda a Lemercier que «aconseje» a su súbdito, pero que no le diga que vino a verlo.

«La descripción que hizo el padre Maciel de Domínguez me llevó a la conclusión que se trataba de un neurótico y que lo mejor sería un tratamiento psiquiátrico. Se lo dije al padre M. quien quedó encantado con esta idea y la aprobó, pidiéndome que conociera a Domínguez.»[6]

Y cómo no iba a quedar encantado si a uno de sus principales críticos lo declaraban *carne de psiquiatra*, así como tiempo antes su tío, el obispo de Saltillo, había declarado «psicótico» al pariente de ambos, Sergio Ramírez Degollado. Esta vez el aprendiz de psiquiatra Gregorio Lemercier parecía que le facilitaba nuevamente el camino. Pero una vez que Domínguez le habló de lo que había escrito dos años antes, Lemercier decidió ensayar de nueva cuenta su capacidad diagnóstica, pero esta vez con el propio Maciel. Este diagnóstico resultó más certero.

La charla entre Gregorio Lemercier y Marcial Marciel versó, sobre las dificultades que el fundador de la Legión había tenido y seguía teniendo con los jesuitas, de quienes, según Maciel, procedía la mayor oposición. Resulta, por lo menos llamativo, porque en los dos archivos a los que he tenido acceso no se encuentran cartas de algún jesuita después de la de Lucio Rodrigo a principios de la década. Además, los citados perseguidores no le habían vedado la entrada a los discípulos de Maciel en la Universidad Gregoriana, en Roma, como se puede fácilmente comprobar.

[6] LCM, doc. 164, 15/X/59.

Es posible que Maciel haya apostado a unas supuestas diferencias del monje benedictino con los jesuitas. El hecho es que el monje, desde el año anterior, había viajado a Guadalajara para dar unas conferencias sobre la liturgia a un grupo de arquitectos tapatíos cercanos a los jesuitas, donde fue recibido en el auditorio de la Casa Loyola para exponer sus ideas sin ninguna cortapisa.[7]

Maciel le cuenta la oposición de los jesuitas de Comillas a que éste llevara a su congregación diecisiete alumnos que, supuestamente, ya estaban admitidos en la Compañía. Además, le contó que gracias al cardenal Pizzardo o Cannalli, no recuerda bien cuál de los dos, le daban acceso casi inmediato a las acusaciones que llegaban a la Sagrada Congregación de Religiosos. También le habló de los apoyos de los cardenales Cicognani, Mícara y Canali.

«Cuando pidió la erección de derecho pontificio, lo más difícil, el beneplácito del Santo Oficio, lo consiguió en tres meses. Al terminar todo en el Santo Oficio le dieron toda la documentación para que él mismo la llevara a la Congregación de Religiosos. Cuando en la Sagrada Congregación de Religiosos se dieron cuenta de esto, hubo un escándalo porque se le habían dado los documentos del Santo Oficio. La cosa tuvo que ir hasta su santidad el Papa. [...] En la Congregación de Religiosos, todos estuvieron a favor de la erección en congregación de derecho pontificio menos los padres jesuitas, que por fin encontraron que no había mínimo suficiente de religiosos. Entonces, el cardenal del Santo Oficio dijo que había que esperar, porque si se insistía los podrían tachar de imprudentes. La cosa está en suspenso.»[8]

Seguiría así, gracias a la suspensión que se le impuso a MM del puesto de superior general a partir de octubre de 1956. Es significativa la manera en que Maciel –según lo recuerda Lemercier– presenta la intervención de los jesuitas en el asunto de la erección de derecho pontificio, como si éstos estuvieran buscando cazarlo a la menor oportunidad. En cambio, para él la aplicación de la normatividad es algo que se puede negociar con los grandes de este mundo, a los que presenta como fácilmente corrompibles. Esta manera de encarar las cosas sólo añade un eslabón más a la larga cadena de episodios en

---

[7] Entrevista de FMG con Marimar de la Peña Topete, Guadalajara, Jalisco, 3/VIII/03.
[8] LCM, 15/X/59, *cit.*

los cuales Maciel está dispuesto a transgredir cuanta norma se le presente, pero sin olvidarse de emitir cada vez su puntual y humilde voto de total sumisión a las autoridades competentes. De nueva cuenta, como antes con el padre Lucio Rodrigo, Maciel presume sus contactos con la Sagrada Congregación de Religiosos y la permanente filtración de información a su favor.

Lemercier añade que cuando habló con el hermano Domínguez –el jueves 29 de junio de 1956–[9] estaba prevenido contra él, pero que a medida que éste fue desplegando su historia en relación con MM, se fue formando una opinión diferente. Entonces, afirma que le explicó a Domínguez una hipótesis acerca de la orientación sexual de Maciel, no sin antes preguntarle si en Maciel «no había cosa del sexto». A lo que Domínguez respondió que no.

> «A pesar de esto –continúa Lemercier–, le dije a Domínguez: el padre Maciel es un homosexual psicológico, no ha llegado a actos homosexuales pero toda su psicología, todo su carácter, todo su temperamento es de un homosexual: duplicidad, megalomanía, mentiras, mitomanía, el fin justifica los medios, el usar a las personas como instrumentos y rechazarlos cuando ya no sirven, ostentación de hechos preternaturales, poder «seductor», falta absoluta de conciencia. Todo esto era la reproducción exacta de otro religioso sacerdote, en cuya [compañía] había yo vivido varios años y que finalmente se había manifestado como un homosexual definido.»[10]

En efecto, Lemercier había sufrido una ruptura violenta con este monje de la alta burguesía mexicana, que era alcohólico y homosexual, lo cual le había llevado a trasladar el convento a otro lugar.[11] Pero, al parecer, este suceso traumático lo había hecho englobar rápidamente a todos los homosexuales en un tipo de representación altamente denigratoria y prejuiciosa. Digamos que Maciel sí entraba en la categoría de pederasta y en la serie de características que Lemercier le achaca, a juzgar por la información recabada, pero no es posible, si se tiene un mínimo de seriedad diagnóstica, volverlas parte consustancial de todos los homosexuales, ni suponer que todos los homo-

[9] Dice que hablaron por alrededor de cuatro horas.
[10] LCM, doc. 164, 15/X/59.
[11] Véase Gregorio Lemercier, *Diálogos con Cristo. Monjes en psicoanálisis*, Barcelona, Península, 1968; Giovanni Lucci, *Recuerdos de un monasterio*, Siglo XX, 2000, Col. Movimientos Sociales, Morelos.

sexuales sean pederastas. La mentira, la duplicidad, la mitomanía, el uso de las personas, etcétera, también se encuentran entre los heterosexuales. No son obligada cuestión de preferencia sexual.

En este punto, Lemercier todavía le rinde tributo a la profunda y ambivalente homofobia que cruza de cabo a rabo a la Iglesia católica de aquellos tiempos.[12] Pero de lo que no hay duda es de que era implacable en esa cuestión, más después del episodio citado. Y si por otra parte admitía candidatos homosexuales para el monacato –lo cual habla de que la brutal imagen que transmite de éstos no era tan coherente en su fuero interno–, para él era claro que los hetero y los homosexuales no debían pasar al acto si optaban por la vida monacal o religiosa. Así, cuando Domínguez le comunica que quiere abandonar la Legión, Lemercier afirma que le prohibió

«que lo hiciera y le dije que su deber era poner a las autoridades al tanto de la situación. Consideraba yo que un hombre de temperamento homosexual que se entrega a estupefacientes debería tarde o temprano llegar a actos homosexuales, como había sucedido con aquél sacerdote que yo había conocido, cuando había empezado a tomar bebidas embriagantes».[13]

Ciertamente no andaba errado, aunque en ese momento le faltaba el dato básico de que ya Maciel había pasado a acciones pederastas desde una década antes. Pero esa información fundamental se la iba a proporcionar muy pronto el padre Luis Ferreira. Maciel iba por lana y salió trasquilado.[14]

La cuestión era cómo hacer llegar la información sin que se enterara casi inmediatamente Maciel, dado que Domínguez le informa de la amistad de aquél con monseñor Giuseppe di Meglio en el Santo Oficio, además de sus relaciones cercanas con los cardenales Pizzardo, Tedeschini, Ciccogiani, etcétera; lo cual confirmaba a Lemercier la fuga de información constante de la que le había hablado Maciel, así como las razones por las cuales éste tenía acceso a ella.

Como para Lemercier esta delicadísima información proporcionada por Domínguez dependía de «la veracidad y equilibrio mental» de éste, quiso asegurarse al respecto y pidió hablar con el padre Ferreira.

---

[12] Y creo a juzgar por los hechos también de la actual.
[13] Gregorio Lemercier, *op. cit.*, doc. 164, 15/X/59.
[14] Domínguez le señaló a Lemercier que era el primero que enfocaba la cuestión desde el punto de vista de la homosexualidad y no desde los estupefacientes.

La primera pregunta que le hizo fue si el hermano Domínguez era «sincero y equilibrado». Ferreira se lo confirmó y entonces añadió Lemercier:

«Grande fue mi sorpresa cuando inmediatamente sin la menor presión de mi parte, el padre Ferreira me dijo que había habido actos homosexuales desde hace muchos años. Que el padre ZH[15] [le] había contado que cuando vivía el señor obispo González Arias[16] había ido con el padre Maciel y su hermano a Tecaltepec donde estaba descansando el señor González Arias [porque su hermano] se había quejado con su papá de que el padre Maciel había hecho algo malo con él. Que su papá se puso furioso [y dijo] que si el padre Maciel no fuera sacerdote sacaba su pistola. [Y] fue a hablar con el señor González Arias, el cual llamó al padre Maciel [...]. La cosa quedó en palabras.

»El padre Ferreira me dijo que cuando fue a Roma a principios de este año,[17] un novicio le había hablado, diciendo que el padre Maciel le había hecho cosas malas.[18] El padre Ferreira dijo al novicio que no se dejara, que él dijera que el padre Ferreira le había dicho esto. El padre Ferreira me dijo también que el padre Maciel tomaba inyecciones en cantidad hasta de 40 al día. El padre Ferreira me dijo que ya había hablado con los señores arzobispos de Morelia y de Yucatán, así como con el señor Araiza.[19] No especificó si había mencionado también el aspecto sexual o solamente los estupefacientes. Me dijo que había estado decidido a separarse de la Congregación, pero que su confesor se lo había prohibido.[20]

»Yo le dije que era obligación gravísima de conciencia el exponer la situación a las autoridades romanas. Quedó de acuerdo y me prometió hablar de todo con el señor de Yucatán.

[15] En realidad nunca se ordenó. Sólo cursó hasta teología.

[16] Recuérdese que el padre Ferreira asegura haber entrado a la Legión el 29/VII/49. Carta del citado al delegado apostólico en México, Luigi Raimondi del 20/XI/57, ALFC. El obispo Francisco González Arias había muerto el 20/VIII/46. Sin embargo, existen testimonios, como el emitido por el padre Rogelio Orozco, de que mínimo lo hizo desde 1944. Lo que sí se puede corroborar es una carta del padre Ferreira a Maciel del 23/XI/46, ya como integrante de la incipiente Legión. *Confer.*, LCM, doc. 23. Véase parte III:9, nota 210.

[17] Lo cual vuelve más plausible que el encuentro con Ferreira y Federico Domínguez fuera en el año de 1956, y no en 1957 como lo recuerda y escribe Lemercier.

[18] En una posterior entrevista con Ferreira, el 2 de julio de 1956, éste avanza y dice que «lo había obligado a someterse varias veces a actos de sodomía».

[19] El de la erección canónica de 1948.

[20] Que era el obispo de Yucatán.

»El viernes 29 de junio [1956] aproveché una visita al obispo de Cuernavaca para hablar del caso. A pesar de que el hermano Domínguez me había pedido no hablar con el señor de Cuernavaca. Domínguez estaba convencido de que el señor de Cuernavaca tenía prejuicios contra la congregación del padre Maciel. Pero yo consideré que los datos proporcionados por el padre Ferreira eran tan graves, que dejaban muy atrás los informes dados por Domínguez y me eximí de cumplir con esta prohibición.

»Ese mismo día volví a hablar con el hermano Domínguez y le pedí pusiera por escrito los cargos principales contra el padre Maciel lo que hizo el mismo día. Le dije también que había hablado con el señor de Cuernavaca».

O sea que a esas alturas de finales de junio de 1956, mínimo tres arzobispos y un obispo[21] sabían del problemático caso Maciel, aunque no se pueda asegurar que todos tuvieran acceso exactamente a la misma información. Y sabemos cómo reaccionaron prestos el señor de Cuernavaca y el de México el mes de agosto del año que nos ocupa. A su vez, tanto Ferreira como Domínguez fueron exhortados a hablar y a permanecer en su institución hasta nuevo aviso.

Ferreira, por lo pronto, tuvo buen cuidado de no revelar su actos pederastas ante Lemercier, y así se libró de ser etiquetado de «homosexual» por éste. Pero, sobre todo, logró evitar que el monje benedictino iniciara una lectura de tercer grado en la cual había que calcular las complicadas relaciones entre los abusadores y sus efectos con los discípulos de ambos dentro de la congregación que estaba bajo la lupa.

El 2 de julio, Gregorio Lemercier volvió a hablar con el padre Ferreira para precisar los datos. Saca en conclusión en qué consiste la famosa *enfermedad* de Maciel: «se le acumula el esperma en los testículos provocando dolores muy fuertes». Cualquier varón sabe que si se vive en estado de excitación y no hay descarga de semen se producen dolores agudos. Si todo el día estaba Maciel rodeado de púberes que le atraían, es fácil imaginar que, en efecto, *semen retentum, venenum est*. En esa segunda entrevista, Lemercier asegura que Ferreira le dijo que hacía como tres años (¿1953?) que se había enterado del primer caso de sodomía.

En cuanto a los estupefacientes, Ferreira le específica que se trata de Dolantina y Demerol. «Especialmente Dolantina, porque el Demerol

---

[21] Los de México, Morelia y Yucatán, y el obispo de Cuernavaca.

ya no le satisface.» Ferreira parece saber de qué sustancia específica se trata. Y esto es importante, por lo que un año más tarde va a escribir como respuesta el citado sacerdote a la pregunta específica del enviado por la Sagrada Congregación de Religiosos para investigar a Maciel, el padre visitador Polidoro van Vlierberghe.

A la pregunta de Lemercier de cómo Maciel convencía a los púberes para abusar de ellos, Ferreira respondió: «les decía que sólo así podía tener polución y aliviar sus cólicos». Sabemos con esta información, que Maciel tendía a combinar las dos adicciones que le servían de calmantes: la Dolantina y la masturbación o la penetración. Penetración en dos sentidos: con el pene y con la aguja. Para las dos tenía el pretexto de sus «terribles dolores». Ante las dos era incapaz de controlarse. Es más, estaban conformadas para implicar al personal de su institución de múltiples maneras, aparte de someter a la gente a un férreo pacto de silencio.

A partir de estos datos nos podemos hacer una idea más clara de por qué se aceleraron los acontecimientos. Y lo más llamativo es que la denuncia parte precisamente de la diócesis de Cuernavaca, lugar desde el que hasta entonces se había solapado a Marcial Maciel a ciencia y conciencia. El fundador de los legionarios, como ya lo señalamos, fue por su propio pie a introducirse en ese lugar, que resultó un avispero inesperado.

Veamos la progresión de los acontecimientos. A las cartas de monseñor Sergio Méndez Arceo (14/VIII/56) y de monseñor Miguel Darío Miranda (31/VIII/56), intercalada la de Luis Ferreira (23/VIII/56), sigue la que le envía monseñor Larraona al secretario de Estado de la Santa Sede, Doménico Tardini (20/IX/56) con la documentación sobre el caso Maciel, incluidas las causas, y en la que sugiere informar al Papa y pedir que Maciel dimita y se interne.[22]

El 21 de septiembre, monseñor Sapinelli, de la Sagrada Congregación de Religiosos, pide a monseñor Angelo Dell'Acqua, sustituto de la Secretaría de Estado, reenviar a la Delegación Apostólica de México la suspensión del padre Maciel como superior general, y la orden de que se retire para curarse en una clínica, sugiriendo que el padre Ferreira asuma el cargo. El documento que envía Sapinelli viene firmado por el cardenal Valerio Valeri.[23]

El 3 de octubre de 1956, Maciel le dirige una carta al cardenal Valeri, aceptando tanto su separación del cargo de superior general como

[22] LCM, doc. 121, 20/IX/56, J/8. 0929/55.
[23] LCM, doc. 122, 21/IX/56, Prot. núm. 0929/55, J/9.

su internamiento en una clínica para desintoxicarse. Aclara con un certificado médico[24] estar bien de salud y que se trata de una calumnia. Maciel había sido descubierto *in fraganti*, drogado, por Valeri. La estrategia de entonces, y hasta hoy, será la misma: negar los cargos contra toda evidencia. «¿A quien le creen, a mis palabras o a lo que ven?», será su divisa. Leamos la carta que le dirige Maciel al cardenal Valeri.

«Eminentísimo señor:
»Habiendo sido informado de la decisión adoptada por la Sagrada Congregación de Religiosos en relación con mi persona, deseo manifestar con todo respeto y humildad a vuestra eminencia reverendísima, mi absoluta sumisión e incondicional acatamiento a las órdenes recibidas de ir a una clínica, suspendiendo al mismo tiempo el ejercicio del cargo de superior general del Instituto de Misioneros del Sagrado Corazón.
»Creo, sin embargo, un deber elemental, de conciencia, hacer presente a esta Sagrada Congregación que mis condiciones de salud son, gracias a Dios, del todo satisfactorias como se puede comprobar por el certificado médico extendido, después de un minucioso y detallado examen clínico, por el profesor doctor Ricardo Galeazzi Lisi, arquiatra pontificio, que me permito adjuntar a la presente; y que por lo mismo, las informaciones recibidas por esa Sagrada Congregación no son otra cosa que una calumniosa acusación.[25]

Después ofrece un informe de la situación económica de la Legión. La carta está firmada por Maciel.

El 13 de octubre de 1956, el prepósito general de los carmelitas, Anastasio del Santísimo Rosario, es nombrado visitador,[26] con la encomienda de investigar las denuncias emitidas contra Marcial Maciel.

---

[24] El doctor que responde por la salud de Maciel, y que era médico personal de Pío XII, fue despedido poco tiempo después del servicio papal, ya que al parecer fotografió el cadáver de Pío XII en su lecho de muerte e hizo públicas las fotografías. La información me la proporcionó José Barba.
[25] LCM, doc. 124, 3/X/56, J/13.
[26] LCM, doc. 125, 13/X/56. Firmado por el cardenal Valeri. «Itaque haec Sacra Congregatio Reverendissimum padre Anastasium a SS. mo. Rosario, Praepositum Generalem O.C.D., praesentis Decreti tenore, Visitatorem Apostolicum ad inquirendum et referendum constituit por domibus praefati Instituti, eidemque facultates necessarias et opportunas ad providendum in iis quae moram non patiuntur confert [...] Datum Romae, die 13ª octobris 1956.»

11
El voto especial,
una especialidad de la Legión

Marcial Maciel, previendo quizá las acciones que se avecinaban contra él, le ordenó al hermano José Domínguez, hermano carnal de Federico Domínguez, en agosto o septiembre de ese año 1956, que redactara un texto en el cual se oficializara el denominado «voto privado de la Legión», el cual ya funcionaba desde mucho antes, aunque de manera oficiosa. Por ejemplo, el padre Lucio Rodrigo, en su carta del 7 de noviembre de 1950 a Arcadio Larraona, afirma lo siguiente:

«los suyos, como tienen el voto especial que hace sagrada su persona [la de Maciel] para cualquier juicio adverso, desde el momento que es superior y superior general, nada tiene de extraño que hasta la fecha nada apunten, siendo además el mismo padre Maciel el único que les explica el alcance de dicho voto protector de su prestigio y autoridad».[1]

Se trataba de un voto sin duda estratégico y cuya práctica, legitimada por un escrito, ciertamente le daría frutos en el momento en que aquél estuvo más en peligro de ser radicalmente cuestionado respecto a los abusos sexuales y a la adicción. El texto fue escrito en español y quedó, según el autor, incompleto. Además, señala éste que el padre Maciel le dijo que «lo más importante era que hiciera el voto, prometiera no criticar de ninguna manera al superior».[2]

La presentación del texto se hizo en Roma el 15 de septiembre de 1956, fiesta de la «santísima virgen Dolorosa, madre y patrona de la Legión», no así en la apostólica en México con los chicos que ahí moraban, ya que fundamentalmente estaba dirigida a los más grandes,

---

[1] LCM, doc. 60, 7/XI/50, F/4.
[2] A preguntas expresas mías por intermediación de Federico Domínguez, su hermano aceptó contestarlas. Entrevista telefónica con FD, 20/V/05.

de novicios para arriba.[3] En dicho texto se trata de fundamentar la necesidad de pronunciar el citado voto «inmediatamente después de la profesión religiosa (votos del final del noviciado), con la misma validez, temporal o perpetua de ésta»; es decir, como un añadido a los tradicionales votos de castidad, pobreza y obediencia.

En una institución plena de espacios estancos como la Legión, este cuarto voto se realizaba, según algunos testimonios, en la sacristía, después de la ceremonia oficial.

«El voto privado lo hacíamos al mismo tiempo que hacíamos nuestra profesión religiosa en la capilla, luego pasábamos a la sacristía terminada la misa de votos, y en privado hacíamos el cuarto voto. Los apostólicos no sabían que existía. Y los novicios comenzábamos a ser informados en el segundo año. Yo calculo que se estableció hacia el año 1952 o 1953.»[4]

Si los jesuitas instituyeron el cuarto voto de obediencia al Papa[5] en aquellos de sus sacerdotes denominados «profesos», los cuales son distinguidos (para ocupar puestos de dirección o por su cualidades intelectuales) de los llamados coadjutores espirituales, también sacerdotes, Maciel en su aportación (quizá más propia de lo que denomina su carisma) no tuvo mejor idea que instituir el voto «especial» contraído «ante Dios».

El propio Maciel responde, a pregunta de su colaborador hagiográfico, si se trata de votos secretos:

«No. Absolutamente nada de secretos. Se pronuncian cuando se pronuncian los votos que son más comunes en las congregaciones y órdenes [...] es decir, los de pobreza, castidad y obediencia. [...] Nosotros tenemos el voto de caridad y el de humildad. El voto de caridad quiere salvaguardar y respetar al máximo, con nuestras palabras y actitudes, a nuestros hermanos en la congregación y espe-

[3] Y carezco de testimonios para saber si en otras residencias de los legionarios en España se leyó tal cual o sólo se transmitieron los puntos centrales.
[4] Entrevista de FMG a Juan José Vaca.
[5] Voto que, como bien señala Émile Poulat, «no es un compromiso de sumisión ciega a las directivas del Papa, sino de disponibilidad a las misiones que él desea confiarles. [...] pero se puede constatar que la concepción de la obediencia varía de una orden religiosa a otra», Émile Poulat, prólogo al libro de George Passelecq y Bernard Suchecky, *L'encyclique cachée de Pie XI*, París, La Découverte, 1995, pág. 17.

cialmente a nuestros superiores.. Por él, el religioso se compromete a no criticar los actos del superior delante de aquel que no puede resolver un determinado conflicto. Pero se le invita a que, en caso de verlo conveniente, exprese sus puntos de vista sobre los actos de gobierno del superior con quien puede remediar la dificultad.

»[...] El segundo voto propio es el voto de humildad por el que nos comprometemos a mantener una actitud de servicio humilde a nuestros hermanos, a la Iglesia y a la congregación evitando desear y procurar cargos en la misma y viviendo alegremente en aquel puesto de trabajo que nos ha confiado la obediencia».[6]

Estar dispuesto a someterse voluntariamente a ese régimen que refuerza doblemente el voto de obediencia, buscando al mismo tiempo eufemizarlo, no deja de ser llamativo. ¿Cuál era la necesidad de añadir un plus, algo que otras congregaciones no consideran necesario?

El intento de salvaguardar el respeto, «sobre todo a los superiores», pero dejando aparentemente un margen a la crítica, ya hemos podido observar que fue metabolizado por la gran mayoría de los subordinados como callar, obedecer y someterse, y no tocar al superior, menos aún si es el general. Pero analicemos el texto y confrontémoslo con lo que sucedió en la práctica durante la intervención de los visitadores del Vaticano, para evitar quedar atrapados en la descripción de la letra que pretende cubrir el campo de su transmisión y, sobre todo, de su ejercicio concreto. En este sentido, puede referirse la presentación de una copia para México, fechada el 15 de agosto de 1956, en relación con el voto de «caridad»:

«A todos los legionarios del frente de México, mis carísimos hijos y hermanos en Cristo y la Legión.

»[...]

»Núm. 4. En primer lugar, no proferir externamente de ninguna manera sea oralmente, por escrito o a través de gestos exteriores, nada que pueda redundar en menoscabo de la persona particular y de la autoridad del superior.

»Núm. 5. Y en segundo lugar, de avisar al superior y tan pronto como pueda, siempre que sea consciente de que cualquier otro miembro del Instituto falta contra el voto así entendido».

---

[6] Jesús Colina, *op. cit.*, págs. 127-128.

Se trata, como se puede apreciar, de proteger el principio de autoridad a rajatabla, al buscar evitar toda crítica con la fórmula «de ninguna manera», al tiempo que fomenta la delación de los transgresores. La discrecionalidad que permite la palabra «en menoscabo» deja un amplio margen a la intervención autoritaria. Y por si hubiera dudas, en el apartado que puntualiza *Cuándo se falta al voto* se refuerzan las formulaciones contundentes:

«Teniendo como principio general que la Legión en el voto privado busca el arma para *omitir toda crítica*[7] contra la persona o autoridad del superior, la falta contra el mismo puede ser: a) formal, si se realiza con conocimiento y consentimiento; y b) material, si dicha falta se realiza inconscientemente».[8]

Esta arma para evitar *toda crítica* recuerda lo que sucede en las dictaduras,[9] es un homenaje nada despreciable a la jerarquía más autoritaria, aquella que en este caso se considera emanada directamente de Cristo, que «ha querido inspirar este medio providencial para su Legión». El contexto autoritario inspirado en la teología política del Vaticano I aquí se aprecia sin velos.

En esta concepción también la providencia parece inspirarse en la institución militar. A la citada arma se le conceden varios beneficios. Por ejemplo:

«A) Tiende en general a hacer perfecto al religioso legionario. [núm. 8. 1]

»B) y C) Persigue específicamente salvaguardar el criterio y principio de autoridad de la Legión y rendir más eficaz el gobierno por medio de la absoluta ADHESIÓN[10] al superior como autoridad, en orden a conseguir en último término, una compacta unión interna, como Cristo ardientemente deseó en la última cena. [núm. 8.2]

---

[7] Las cursivas son mías.

[8] Texto del 15 de septiembre, etcétera. Y ¿qué sentido se le da aquí a la noción de «inconsciente»? Y ¿cuáles serían los criterios para saberlo?

[9] Toda proporción guardada, Eduardo Galeano escribía a propósito del recrudecimiento de la represión en Cuba en abril de 2003, con las penas a los disidentes y los fusilamientos, lo siguiente: «son visibles, en Cuba, los signos de decadencia de un modelo de poder centralizado que convierte en mérito revolucionario la obediencia a las órdenes que bajan, «bajó la orientación», desde las cumbres.» «Cuba duele», *La Jornada*, México, 18/IV/03.

[10] Así está escrito en el original.

»D) La práctica de la caridad. El cumplimiento fiel del voto privado, hará que éste no sea tan sólo un freno, sino un auténtico estimulante de la caridad delicada y universal que nos prescriben las constituciones. [núm. 54]».

Perfección, compacta unión, *absoluta adhesión* y práctica de la caridad, he aquí el cuarteto que justifica a los frutos esperados, apoyándose en una interpretación harto libre de la última cena.

Sólo una persona en este intento de cobertura total queda sin emitirlo: «el superior general queda exento del voto» (núm. 26). Era fácil adivinarlo. Y también queda exento de no desear ocupar puestos (voto de humildad). Como no hay superior del superior general –a excepción del Papa–, en este modelo radicalmente piramidal éste último no tiene las facilidades que se le otorgan a los otros para practicar la caridad y la perfección. En esta primera redacción que parece cerrarse de manera solipsista en la Legión, sin incluirla en las jerarquías romanas, parece no haber escapatoria para el que guarda una posición subordinada.

Todavía el redactor del texto recurre a otros candados para que ayuden a reforzar la *adhesión absoluta* y el silenciamiento de toda crítica. Es así que inventa una especie de decálogo moral para uso legionario, que recuerda la categorización de los animales del emperador en un texto narrativo de Borges: el soberbio, el envidioso, el presuntuoso, el egoísta sensual, el naturalista, el suspicaz caviloso, el irónico, el sentimental, el indiscreto e imprudente, y finalmente el afectivo.

Este decálogo está estructurado para ser utilizado como un arma que se les ofrece a los superiores para que la apliquen discrecionalmente a los posibles críticos. No está de más citar alguna de las descripciones:

«1. El naturalista: prescindiendo de todo espíritu sobrenatural, todo lo ve y lo juzga con criterio humano [núm. 38].

»2. El sentimental: si el mandato o actuación del superior hiere sus sentimientos, se cree incomprendido, en estado de víctima y busca la confidencia [núm. 41].

»3. El egoísta sensual: desfigura fácilmente la voluntad del superior, y por tanto la de Dios, para acomodársela a sus gustos personales, esquivando todo lo que pueda significar abnegación en la obediencia [núm. 36]».

Basten estos ejemplos para hacerse una idea del grado de discrecionalidad que permiten.[11] Si alguien suficientemente temerario o ingenuo, después de saber que puede quedar comprendido y atrapado en cualquiera de estas categorías, se atreve a jugar su suerte creyendo que puede trascender estos filtros, entonces el redactor le ofrece lo que no sin ironía describe como una salida que deja la «puerta totalmente abierta» para presentar sus críticas.

Para ofrecer esto, el redactor aclara la cuestión obvia que se plantearía cualquiera que haya leído estas líneas y no participe todavía muy convencido de esta especie de servidumbre voluntaria radical a la que se le invita –se habla de *súbdito*. Esta servidumbre implica, como su otra cara, el ya citado autoritarismo exacerbado, que busca legitimarse en las Escrituras y en los escritos de algunos teólogos.

«El que el voto obligue a un silenciamiento absoluto de todo aspecto negativo del superior, ¿no supone presiones de una manera antihumana al súbdito...? [núm. 45].

»Respondemos que tal presión no existe para el súbdito que quiere cumplir su voto con fidelidad, porque le queda TOTALMENTE ABIERTA LA PUERTA PARA ACUDIR CUANDO GUSTE AL SUPERIOR INTERESADO O A LOS SUPERIORES MAYORES Y DECLARARLES CUANTO HAYA NOTADO O SIENTA [núm. 46].[12]

»[...] Incluso si los desaciertos son del superior general, tiene total libertad el súbdito para acudir al mismo superior general o a la Santa Sede [núm. 47].

»Pero siempre los avisos se han de hacer en el orden jerárquico ascendente indicado [núm. 48].

»[...] Lo que sí se pretende, es evitar la crítica tendenciosa y destructora, que aun bajo capa de conciencia, podría a la larga infiltrarse destruyendo el espíritu de unión y caridad en el que se ha de cifrar la mayor grandeza y eficacia de nuestra Legión [núm. 51].»

Pero ¿cómo compaginar las fórmulas de «omitir toda crítica», la «adhesión absoluta al superior» y el «silenciamiento absoluto de todo aspecto negativo del superior», para mantener el principio de autoridad controlado al máximo, con aquello de la «puerta totalmente

---

[11] Faltan las categorías psi, como la de «psicótico» que Maciel no se privó de utilizar contra su primo, el «disidente» Sergio Ramírez.
[12] Así está escrito en el texto.

abierta»?[13] Y más con el control de «la crítica tendenciosa que aun bajo capa de conciencia...», etcétera. No es, ciertamente, viable. Y menos aún porque a las fórmulas radicales en donde se juega el todo o nada las sigue una en la que cualquier crítica puede ser inmediatamente considerada «destructora».

Y por si hiciera falta, este voto privado –y en buena medida secreto para los de fuera–, exclusivo de la Legión, es visto como «inspirado directamente por Dios». Todo el texto descansa en el presupuesto de la perfección del superior general. Este texto, parafraseando el título de una película italiana se podría llamar «Un superior por encima de toda sospecha».

Es en este contexto, que configura a la institución como una secta, en el que van a prestar su declaración ante los visitadores de Roma los miembros de la Legión que serán invitados a hablar de los actos sexuales y adictivos de su fundador.

Pero ¿de dónde sacó Maciel esta notable inspiración? Probablemente habría escuchado de su tío, el general cristero Jesús Degollado Guízar, algún relato alusivo a la implicación de éste en la sociedad secreta denominada Unión del Espíritu Santo, conocida como la «U» y fundada en Morelia, alrededor de 1919, por el entonces rector del seminario Luis María Martínez y por el abogado Adalberto Abascal. Esta sociedad de juramentados, como ya señalé, tuvo una participación muy importante en el conflicto armado denominado la Cristiada (1926-1929). O probablemente se inspiró de las Legiones de Romo de Alba, o en la tradición jesuita de la denominada «obediencia ciega». No se puede precisar.

Se entiende entonces por qué Marcial Maciel se encontraba cómodo, por decir lo menos, en la dictadura franquista, con el nacional-catolicismo español. Los vasos comunicantes entre ambas concepciones de autoridad no encontraban obstáculos apreciables.

Sin embargo, es necesario añadir un contrapunto que permita contextualizar de manera más precisa cómo se vivía la cuestión de la obediencia y las jerarquías por esas épocas. Para esto, voy a utilizar el testimonio de un teólogo jesuita considerado uno de los más críticos y brillantes de su generación, quien entró en la citada congregación en México en 1942, un año después de fundada la Legión de Cristo.

---

[13] Recuérdense las fórmulas contundentes: «no proferir de ninguna manera»; «omitir toda crítica», «absoluta adhesión».

«Me encontré en una estructura de vida en la que todo estaba definido. Muy claras las relaciones de autoridad y la vida toda organizada en todos sus tiempos cada día y a través de las actividades que se iban desarrollando.

»Se nos decía, y lo vivíamos con toda naturalidad, que estábamos en la vida religiosa para cumplir la voluntad de Dios y que eso lo realizábamos continuamente dado que cumplíamos en todo momento con lo que él ha manifestado en las Constituciones, ordenaciones de los padres generales, orientaciones del provincial, órdenes del maestro de novicios; en las costumbres escritas y recibidas por tradición. Sabíamos –qué maravilla– en todo momento qué es lo que quería Dios que hiciéramos. Ni la menor duda.

»[...] precisamente San Juan Berchmans fue canonizado como quien no hizo nada más que cumplir fielmente con todo lo de la vida ordinaria.

»[...] Después de un tiempo, funcionó la otra vertiente de formación, divergente y en momentos opuesta [aquella que promovían los ejercicios de San Ignacio [...]. Dentro de mí chocaban las dos dinámicas: la de encontrar la voluntad de Dios en las leyes y reglamentos [...] Y la de ir descubriendo mi libertad en la de Dios.»[14]

Es alrededor de ese año, 1956, que Maciel pone a funcionar oficialmente sus votos especiales y privativos de la Legión, los que llevan a su máxima expresión la obediencia «ciega, pronta y alegre», cuando el citado teólogo jesuita –habiendo leído un texto de Estanislao Lyonnet, jesuita, titulado *Libertad cristiana y ley del Espíritu*, en el cual el autor propone que Cristo no sólo vino a liberar a los hombres de la ley judía sino de toda ley, aunado a uno de Karl Rahner, jesuita, «Marginales sobre la obediencia»– puede comenzar a cambiar de perspectiva y dejar «de buscar a Dios sólo mirando hacia arriba en el campo de la autoridad».[15]

Pero la comparación con lo que sucedía en la Legión resulta poco ventajosa para ésta. En ese tiempo no tenía ningún intelectual, ya no digamos de mediana envergadura. En cambio, la minoría intelectual jesuita ya estaba en plena preparación de algunas reflexiones teológicas que harían eclosión muy poco tiempo después, en el Concilio Vaticano II.

---

[14] Luis del Valle, jesuita, «Por supuesto que he cambiado. Jesuita y teólogo: mi persona y mi actividad», *Christus*, enero-febrero 2004, págs. 45-46.
[15] *Ibidem*, pág. 47.

En ese punto, la Legión de Cristo no tenía nada que ofrecer. Sólo la astucia y la paciencia para, en su momento, volver a explicitar, desde una lógica digna del príncipe Salina, aquello que había resistido incólume del antiguo orden instituido por el Vaticano I a los fuegos de artificio y a las notables transformaciones que propuso el Vaticano II. Bajo la consigna de «si no tienes con qué pensar lo nuevo, conserva cuidadosamente lo que copiaste de otros y ofrécelo cuando los innovadores estén reposando de sus «excesos», como si se tratara del justo medio», Juan Pablo II aceptará agradecido la tradición custodiada por Maciel.

12
El voto de «caridad» torna invisibles la pulsión y la adicción

El 1 de octubre de 1956, monseñor Sapinelli informa (¿al cardenal Valeri?) de la llegada de Marcial Maciel a Roma. Añade que el padre Maciel ha sido suspendido del oficio de superior general, puesto que ha sido asumido por el vicario general, y que la orden fue enviada por telegrama a la Delegación Apostólica de México. Dice, además, que en acuerdo con el padre Larraona le había informado de manera «secretísima del asunto al citado cardenal Pizzardo, quien en el pasado había mostrado simpatía por la obra del padre Maciel.

Dice que poco después de las cinco de la tarde de ese día le telefoneó el cardenal Pizzardo, diciéndole que Maciel venía acompañado de un obispo, y «me pregunta qué cosa debo decirle». «Quien esto escribe ha contestado al eminentísimo cardenal que dijera a Maciel que él [Maciel] debía saber bien el porqué de tal toma de decisión y que ésta tenía por objeto obligarlo a curarse».[1]

Ya cité que el 3 de octubre de 1956 Marcial Maciel le dirige una carta al cardenal Valeri «aceptando humildemente» lo prescrito por la Sagrada Congregación de Religiosos. El 13 del mismo mes es nombrado visitador el prepósito general de los carmelitas, Anastasio del Santísimo Rosario. En su informe de la visita, enviado al cardenal Valerio Valeri el 11 de febrero de 1957, afirma que fue el día 19 de octubre de 1956, cuando dio inicio en Roma a la vista de «la casa general que es al mismo tiempo noviciado y estudio de humanidades de filosofía y teología».[2]

Y la visita continuó del 20 al 24 de octubre, con la escucha de los religiosos y el examen del archivo. La escucha de los religiosos de la casa de Roma «ha sido hecha en parte por el suscrito [Anastasio] y en parte por el muy reverendo padre Beniamino de la Santa Trinidad delegado para esto».[3]

[1] LCM, doc. 123, 1/X/56, minuta J/11.
[2] LCM, doc. 136, 11/II/57.
[3] *Idem.*

Añade que el 24 de octubre de 1956 le dio a Maciel la orden escrita de partir para España y permanecer allá. Que una vez que se obtuvo el consenso del eminentísimo cardenal prefecto Valerio Valeri y fue leída la orden por el interesado, el 25 de octubre éste partió por vía aérea para España. Que del 2 al 6 de diciembre de ese año la visita a la casa de Ontaneda (España) fue realizada por un religioso delegado por el padre Anastasio para ello, el padre Ippolito de la Santa Familia (Orden de los Carmelitas Descalzos.)[4]

Según quien testimonie, varían los datos respecto a la duración de la suspensión y la separación de MM mientras se llevaron a cabo los interrogatorios y se preparaban las conclusiones de éstos. Para algunos ex legionarios duró más o menos del 11 de octubre de 1956 a febrero de 1958. Pero el propio Maciel declara que no fue sino hasta un año después que retomó su cargo. «En el año 1959, después de casi tres años, los visitadores de la Santa Sede encontraron ampliamente probada la falsedad de todas las acusaciones y finalmente el 6 de febrero de 1959 fui restituido plenamente en mis funciones como superior general.»[5]

Por su parte, el texto multicitado de la historia oficial de los legionarios termina ofreciendo algunas fechas significativas, pero evita mencionar la suspensión de la que fue objeto el fundador. Podría haber sido un timbre de gloria para la novela fundacional legionaria y para el titular de ésta, ya que dicha suspensión perfectamente podría ser interpretada como la culminación de las «calumnias de todo género» y de «acusaciones infamantes» que fueron puestas en su lugar. Y más aún que salió fortalecido. Pero recuérdese que cuando se escribió este texto en 1991, aún no se habían hecho públicas las denuncias en su contra, por lo tanto muy probablemente consideraron que no era prudente aludir a este episodio. Con todo, en su hagiobiografía Maciel no puede evitar referir la suspensión. Y lo hace así:

«Las calumnias que llegaban a los dicasterios romanos contra mi persona, que repetían las de 1948, a las que se añadía otra nueva, gravísima de toxicomanía, hizo que se dispusiera una serie de visitas canónicas. No me llegó ningún documento escrito oficial informándome de lo que ocurría ni dándome instrucciones. Se me hicieron llegar las indicaciones oralmente a través de terceros, y se me impidió toda posibilidad de defensa. Simplemente me llegó el

[4] *Idem.*
[5] Jesús Colina, *op. cit.*, pág. 79.

266

aviso de que conservaba el cargo de superior general, pero se me retiraban las facultades de gobierno. [...] Mientras las visitas canónicas se llevaban a cabo, se me prohibió tomar contacto con los legionarios y se me desterró de Roma a España a partir de los últimos meses del año 1956».[6]

Resulta llamativo que Maciel, quien se preciaba de tener una relación tan cercana con Pío XII y Giovanni B. Montini, no hubiera logrado hacer funcionar sus influencias en ese momento. Le aplican restricciones que él después intentará aplicarles a aquellos que abandonan las filas de la Legión; restricciones que, a juzgar por algunos testimonios, tampoco cumplió muy estrictamente.[7]

Por otra parte, igual que en la descripción de las calumnias de 1948, Maciel evita incluir entre ellas la pederastia. Pero introduce la cuestión de la toxicomanía. ¿Por qué razón? Si atendemos al testimonio de Juan José Vaca al respecto, quizá podamos entender algo de este asunto.

«Yo ya soy filósofo, regresamos de nuestras vacaciones en España a finales de agosto [1956] a Roma. Y nos damos cuenta de que está sumamente preocupado *mon père,* y me llama y me dice: "los enemigos de la Legión han logrado hacernos daño. Yo voy a estar ausente pero quiero que tú y Cristóforo y Samaniego queden al frente de las comunidades. (En Roma estábamos novicios, júniores, filósofos y teólogos). Tú te vas a quedar de asistente de novicios junto con Cristóforo, Alfonso [Samaniego] de prefecto de filósofos, y Bernal [Jorge] de los teólogos. Van a venir algunas personas del Vaticano a preguntarles. Ya tú sabes, ellos son enemigos, el demonio ha logrado meterse incluso en el Vaticano para destruir a la Legión. Si nos destruyen, destruyen la obra de Dios y tu vocación."

[6] *Ibidem,* págs. 78, 79.
[7] Si nos atenemos a la manera de intervenir del Santo Oficio en relación con la suspensión de los teólogos disidentes, que muchos meses después sabían que estaban siendo investigados, o incluso a veces sólo gracias a una publicación se enteraban de que ya habían sido condenados, lo que le sucedió a Maciel no se sale de la costumbre. Más aún, el asunto de la suspensión lo supo casi simultáneamente al inicio del proceso en su contra. La diferencia con los teólogos es que se trataba del fundador de la institución que iba a ser investigada, y que él era el principal implicado en el juicio. Para comparar el caso Maciel con uno de teólogos, véase Edward Schillebecky, *Soy un teólogo feliz. Entrevista con Francesco Strazzari,* 2ª ed., Madrid, Sociedad de Educación Atenas, 1994. Sobre todo el capítulo 3, «Los procesos».

»Antes de la visita, yo había ido a visitar al padre Maciel al hospital Salvator Mundi, a donde acudía para limpiarse de la droga. Llevaba como siete días. Y solamente estábamos con él Ramiro Fernández y yo, y nos turnábamos. Él seguía drogándose. Yo personalmente conseguía y le inyectaba la Dolantina. Estaba despeinado y con los mocos colgando. [Un día] Como a las siete de la mañana yo estaba con él y tocan a la puerta. Y pregunto quién es; era el cardenal Valerio Valeri, el prefecto de la Congregación de Religiosos que llegó con su secretario. Me mira airado y me dice de salir. Vino a cerciorarse personalmente de lo que estaba ocurriendo. [...] Y como a la media hora salió y me dijo: "¡Váyase inmediatamente a su colegio y no regrese aquí". Sería alrededor de septiembre de 1956. Cuatro días después vino la orden de los visitadores.»[8]

Si las fechas no son del todo exactas, al menos están enmarcadas en ese mes de septiembre y principios de octubre de 1956. La imagen de Maciel en plena crisis adictiva y descubierto *in fraganti* por Valerio Valeri no deja de ser sorprendente. Entre tantos cerrojos, de pronto algo se muestra a plena luz. A diferencia de los actos masturbatorios en compañía que se pueden ocultar más fácilmente, aquéllos de la droga lo dejan en un grado de indefensión y dependencia más difícil de ocultar, empezando por los piquetes de las inyecciones. Este testimonio es reforzado por FGP en su escrito firmado el 4 de abril de 2005, entregado al enviado de la Sagrada Congregación de la Fe, el visitador Charles J. Scicluna.[9]

***

[8] Entrevista de FMG a Juan José Vaca. El memorioso José Barba cree que Vaca se equivoca de mes, y para él esto ocurrió antes del verano.

[9] El citado monseñor llegó al Distrito Federal el 3 de abril de 2005, y se entrevistó con algo más de 20 testimoniantes. FGP escribe lo siguiente: «en otra ocasión, no recuerdo la fecha, en que se vio acorralado por otros religiosos [...] accedió a irse a tratar a la clínica Salvator Mundi. Estando ahí se seguía drogando con Dolantina (derivado de la morfina) que los religiosos de confianza le traían de fuera. Yo estuve con él muchos días, mientras estuve ahí, con frecuencia la religiosa a cargo se daba cuenta de su estado beodo y llegó a quitarle las inyecciones, aunque después, al saber quién era, se arrepintió y le pidió perdón y hasta le concedía algunas inyecciones de más, pensando que Dios le estaba probando y humillando, como a san Pablo, para que no se ensoberbeciera, dado la misión tan grande que le había encomendado. [...] No estoy seguro si fue en esa misma ocasión, un día en que yo no estaba, en que el cardenal Valeri lo fue a visitar y lo encontró drogado y de ahí se derivó la visita apostólica de 1956». FGP, «Mis vivencias en la Legión de Cristo», 4/IV/05, págs. 10, 11 (39 págs.).

Miguel Díaz Rivera, en el texto (del que luego se desdice) aporta respecto a la droga y al verano de 1956 una anécdota que me parece significativa.

«Quiero aludir a un viaje que hicimos con el mismo padre, por carretera desde Turín, Italia, hasta Ontaneda, España. Ello fue en el año de 1956, creo que en el mes de julio, durante el [...] viaje prácticamente por todas las ciudades más o menos grandes del recorrido teníamos que conseguir las mencionadas inyecciones [de Dolantina]. Aquí sí hago mención de los religiosos que en ese viaje lo acompañábamos: Alfonso y Tarcisio Samaniego, quien conducía un coche Citroën obsequiado por la familia Sada Gómez de Monterrey, NL, México; José Bustamante García, Félix Alarcón Hoyos y quien declara. Al respecto conviene hacer también mención del ahora ex religioso de la Legión, Valente Velázquez Camarena, quien seguramente es quien sabe más sobre lo mismo.»[10]

Díaz Rivera prefiere no mencionar los nombres de los que, según él, fueron sujetos de abuso sexual, pero en cambio se muestra generoso en ofrecer los de aquellos que participaban en la obtención de la Dolantina. Probablemente porque considera la adicción de Maciel menos grave que la pederastia.

12.1 La preparación para el interrogatorio

Otilio Sosa,[11] uno de los interrogados en Roma por los visitadores carmelitas a finales de octubre de 1956 –y que no fue de los jóvenes víctimas de abuso sexual de Maciel– recuerda el contexto de los días previos al interrogatorio.

«Previamente ya habíamos sido advertidos de que la Legión y el padre Maciel estaban siendo perseguidos, que iban a llegar unos padres del Vaticano para hacernos algunas preguntas. Lógicamente nos prepararon para hacernos sentir ese clima persecutorio, los

---

[10] Miguel Díaz, declaración notarial del 14/I/97.
[11] De Soria, Guanajuato. Ingresó a los trece años a la Legión en 1950 y viajó a Roma en octubre de 1955.

padres Lagoa y Arumí, que eran prácticamente los que manejaban las riendas del Colegio de Roma. Nos habían llamado en conjunto para decirnos lo que iba a suceder. El día en el que nos informaron que el padre Maciel tuvo que abandonar Roma por las persecuciones de que estaba siendo objeto se ordenó exponer el Santísimo e ir en parejas, no sé si cada media o una hora día y noche, durante varios días. No teníamos idea de quiénes eran los enemigos que perseguían a la Legión.»[12]

Por su parte, José Barba relata que lo de la adoración en la capilla comenzó desde principios de octubre porque la noticia de que Maciel iba a ser suspendido la recibió el padre Rafael Arumí antes de que aquél regresara de la vacaciones en España el día 7 de octubre.[13] Y esto lo deduce porque unos seis días antes Arumí los reunió en la capilla y les comunicó que la Legión estaba en un «grave predicamento».

Señala que el viaje de España a Roma duraba mínimo cinco días y era difícil en aquel tiempo comunicarse en el trayecto. Cuando llegó Maciel de España, por la tarde del 7, antes de quitarse el guardapolvo se fue directo hacia la iglesia de Nuestra Señora de Guadalupe para constatar el avance de la construcción. José Barba, que estaba situado detrás de Maciel, vio cómo Arumí, que era más bajo que Maciel, se acercó nerviosamente a éste para informarle –supuso– sobre el asunto de la suspensión, aunque no escuchó concretamente lo que le comunicaba. En realidad, si nos atenemos a lo expuesto en el archivo LCM, Maciel lo supo desde el 1 de octubre, y el 3 mandó su carta al cardenal Valerio Valeri, junto con el acuse de recibo y su aceptación de la suspensión.

Durante los siguientes tres días hubo un ajetreo silencioso y tenso entre los miembros de la Legión, el que se manifestó, entre otras cosas, en un ir y venir incesante al cuarto de Maciel, que esta vez no se

[12] Según José Barba, eran alrededor de noventa miembros. Entrevista de FMG a José Barba y Otilio Sosa, México, DF, 2/II/03. Sosa añade que nunca supo si MM hacía ejercicios espirituales o si se retiraba para orar en algún convento, pero sí de sus frecuentes viajes, a Caracas, Nueva York, etcétera, buscando dinero «para el reino». «Y sus cartas tenían el logotipo del Astoria, e incluso era un orgullo para la Legión que nuestro padre se alojara en el mejor hotel del mundo.»

[13] El recuerdo de José Barba coincide con el mes y el año pero no con el día que proporciona en su carta, citada más arriba, monseñor Sapinelli, quien asegura que Maciel llegó a Roma el 1 de octubre. Barba asegura que Maciel se presentó en el colegio de los legionarios, el 7 de octubre. ¿Acaso Maciel no se presentó en el colegio hasta el 7? ¿O Barba se equivoca en su recuerdo y se presentó el mismo 1 de octubre? No sabría decirlo.

guardó en la enfermería sino en un cuarto que tenía en el segundo piso que miraba hacia la Vía Aurelia.

El día 10 de octubre fue citada toda la comunidad, alrededor de noventa integrantes, en el salón de actos del segundo piso, como a las 8 de la noche. Esperaron de pie cerca de una hora, con los brazos cruzados, el arribo de Maciel. Por fin éste llegó y subió los dos escalones de la tarima; el rostro de treinta y seis años se le veía desencajado. Dirigió la palabra a los presentes. Esto fue lo que José Barba recuerda que dijo:

«Hermanos, la Legión está pasando por un momento muy difícil de su historia. Yo he sido atacado y estoy sujeto a una gran prueba por parte de mis enemigos. Se me ataca por cosas que no se me dicen y, una vez más, de tantas otras. Y se nos dice que la Legión es una obra buena, pero, qué casualidad que la Legión, el árbol, las ramas y los frutos son buenos, pero en cambio yo, el tronco, soy malo. ¿Qué sentido tiene eso? Sin embargo, aunque me están exiliando, yo, que he predicado siempre la obediencia ciega, pronta, alegre y heroica, tengo que aceptar en este momento. Me dicen que me dedique a seguir consiguiendo los medios económicos para sacar adelante a la Legión, pero me quieren quitar lo más importante para mí, que es formar a mis hombres».[14]

Al decir esto, según Barba y Sosa, lloró. Añade Barba: «Lloraba, debo decirlo, con rabia. Su actitud facial negaba la actitud de sumisión que predicaba». De nueva cuenta, alude a un complot en su contra pero no aclara la naturaleza de las acusaciones. Para los que no estaban al tanto de la situación, ésta debe de haberles resultado desconcertante; en cambio, para los que habían sido víctimas de abuso y no eran complacientes respecto de esta conducta, era angustiante; para los que sabían de la adicción a la Dolantina, podían poner nombre y apellido a alguna de las acusaciones; finalmente, para los del círculo de los íntimos era la hora de cerrar filas. Al día siguiente Maciel abandonó el Colegio de Roma.

Esta impregnación simbiótica entre el fundador y la institución, aunada al sentido de propiedad que manifiesta en relación con los candidatos a la Legión –«mis hombres»–, jugado a través del culto a su persona, hacían las cosas extremadamente difíciles de dilucidar para aquellos que tuvieran algún agravio, alguna crítica o duda sobre su

[14] Entrevista de FMG a José Barba y Otilio Sosa.

persona. Y todo eso va a pesar al final de ese mes, cuando los jóvenes enfrenten a los visitadores enviados por Roma.

En ese momento la brecha con el Vaticano –o con una parte de él– es clara, pero cuando pase el juicio y quede exonerado, entonces el encadenamiento simbiótico quedará firmemente constituido. Cuestionar a Maciel significará inmediatamente hacerlo no sólo con la Legión, sino con el Papa y la Iglesia. Pero para llegar a esto último habría de pasar algún tiempo.

Justo es decirlo, la impregnación simbiótica entre el fundador y la institución no es exclusiva de la institución creada por Maciel, sino de un buen número de instituciones católicas que se configuran alrededor del culto a la personalidad de su líder carismático. Y más generalmente puede ser comprendida en el modelo sociológico de las sectas. Pero, obviamente, no todas tienen un fundador con estas características psicopáticas y perversas. Además, en el caso de la Legión, el hecho de haberse constituido entre un adulto joven y un conjunto de niños y púberes crea condiciones propicias para que prospere este tipo de situaciones, si el fundador tiene una estructura psíquica como la descrita y cuenta con la graciosa complicidad de tantas personas, como fue el caso.

13

El interrogatorio de 1956

El problema no es cómo fabricar la nada, sino cómo distribuirla [...].
No basta con no tener nada que decir; hay que disponer de tribunas desde las que no decirlo.

Juan José Millás[1]

Dos días antes de que arribaran los visitadores enviados por la Sagrada Congregación de Religiosos, el rector del Colegio de Roma, Antonio Lagoa, volvió a citar a la comunidad en el salón de actos y, según los testimonios de José Barba, Otilio Sosa, José Antonio Pérez Olvera y Saúl Barrales, escuetamente les informó que iban a venir unos sacerdotes a realizar una investigación, enviados por las autoridades vaticanas, y que no venían con buenas intenciones.[2] De nueva cuenta, no informó a quién venían a investigar ni sobre qué. Pero cuando menos lo primero, lo de a quién, caía por su propio peso. Por su parte, HA dice:

«Y llegaron las visitaciones del Vaticano y se nos decía de ser prudentes, de callarnos, de ser fieles, que eran los enemigos de la Iglesia los que atentaban contra nosotros. Esto cuando eres pequeño y te tragas todo. Para mí lo más terrible fue el control psicológico. El no poder criticar al superior de la Legión. Se nos predicaba constantemente la gracia de estado. Aquello fue una agonía terrorífica. Yo entré idolatrando mi propia vocación y veía en Maciel a un santo».[3]

Alejandro Espinosa añade:

«El 11 de octubre de 1956, el Vaticano instauró la averiguación por denuncias sobre prácticas de drogadicción. [Maciel], desterrado de Roma y separado de la dirección en cuyo lugar pusieron al padre Luis Ferreira, me llamó y entre abrazos y lloriqueos me pidió:

---

[1] «Nada», *El País*, 13/V/05.
[2] Respecto a la última frase, a excepción de Saúl Barrales, los otros tres coinciden.
[3] Entrevista de FMG a HA.

»–No hables de mi enfermedad ni de las medicinas, mucho menos de las inyecciones. Recuerda, ¡ni viste, ni sabes, ni oyes!

»Y habló de lo más explosivo, los masajes:

»–¡Tú sabes!

»Le aseguré mi lealtad hasta la muerte, impotente para meter mano en el jaleo.

»–Eres muy noble, don Alejo, te salvará tu nobleza.

»[...] El cortejo lo sigue hasta el Citroën negro que lo llevaría a Villa Linda, en las afueras de Roma, casa de asistencia dirigida por las monjas clarisas.

»[...] Soy de los primeros llamados por el comillense Arumí:

»–No hable sobre las enfermedades de *mon père*, ¡usted nunca ha visto que se inyecte!

»[...] Aunque esta providencia era innecesaria; la mordaza de la gratitud es más que suficiente. [...] ¿Por qué me instruye por separado? ¿Sabrá que pertenezco al harén? [...] Evidentemente, Arumí está al tanto del rejuego de sexo y droga».[4]

Es importante aclarar que los visitadores tenían más pistas de la adicción de Maciel a la Dolantina –la visita de Valerio Valeri, por ejemplo– y no muchas acerca de los abusos sexuales. Juan José Vaca afirma al respecto:

«Federico Domínguez y Carlos de la Isla[5] sí sabían lo de la droga, pero no lo del sexo. Éramos los más jóvenes los que sabíamos. Mexicanos y españoles. De filósofos para abajo. Quizá exceptuando a Andrés García Vega. Él fue el que en Roma nos llamaba algunas veces a la habitación con Maciel. [...] Cuando Maciel estaba con alguno, el que estaba de vigía estaba en el otro cuartito. Me acuerdo una noche Maciel con Andrés, y yo cuidando por fuera. Por los ruidos supe que Andrés tenía relaciones».[6]

FGP ofrece un valioso testimonio respecto a la preparación para el interrogatorio, la que recibió del propio Maciel.

«Días antes de que se presentaran los visitadores en el colegio [de Roma], el padre Maciel, aunque ya se le había prohibido estar en

[4] Alejandro Espinosa, *op. cit.*, pág. 212.
[5] Este último no está de acuerdo en este punto con lo afirmado por Juan Vaca. Entrevista de FMG a Carlos de la Isla, DF, 20/IV/05.
[6] Entrevista de FMG a Juan José Vaca.

Roma y tener contacto con nosotros, estuvo varios días (una semana o más) en una clínica de la periferia de Roma,[7] y ahí nos estuvo citando personalmente a muchos hermanos religiosos y novicios, entre los cuales estuve yo, para darnos indicaciones directas de lo que debíamos decir y no decir a los visitadores.

»Todo se hacía en absoluto secreto [...]. Se nos iba llamando y se nos llevaba de uno en uno a ver al padre Maciel, y por este motivo quien no estuviera en el lugar de la cita, no se podía dar cuenta de quiénes habían acudido a esa cita. Sólo recuerdo haber visto ahí al padre Félix [Alarcón] y al padre Valente [Velázquez] entre otros [...]. A mí me llevó personalmente el padre Arumí. [...] Tengo la impresión que era una clínica para tratar personas con adicciones y trastornos mentales [...]. Se nos daba a entender que algunos religiosos legionarios, «malévolos y mal intencionados", habían ido a acusar a nuestro padre con las más altas autoridades eclesiásticas, en concreto con el cardenal Valerio Valeri y el cardenal Larraona, quienes eran acérrimos e injustificados enemigos de nuestro padre y de la Legión.

»Al padre Maciel se le veía preocupado, irritado, lloroso y se le oía lamentarse y explotar amargamente contra los «traidores» (padre Isla, padre Domínguez, y padre Saúl Barrales, hombres mal agradecidos y orgullosos, resentidos por no haber obtenido puestos de gobierno en la Congregación que ellos anhelaban y a quienes se había unido por ambición y por ignorancia e ingenuidad el padre Ferreira [...]. Lo habían acusado de ser un adicto a las drogas, cuando los que estábamos cerca de él, sabíamos muy bien que no las usaba sino por necesidad debido a su enfermedad. [...] Yo me tragué fácilmente la píldora, sintiéndome halagado por ser uno de sus hombres de confianza que tenían acceso a sus secretos. Me juraba que yo nunca lo traicionaría).

»Después de comentar un poco las cosas en grupo, el padre Maciel me llamó a solas y me dijo: "seguramente los visitadores van a llamar a cada uno y [te van a preguntar] si hay cosas en la Legión que hayas visto que sean contra la moral. No vayas a contarles nada que ellos no puedan comprender y vayan a malinterpretar, porque lo único que quieren es encontrar un pretexto para destruir a la Legión. [...]Pero sí diles cómo el padre Ferreira cuando eras niño abusó de ti frotándote los genitales y cómo luego él

[7] De ahí se entiende la conminación del padre visitador Anastasio el 24/X/56, para salir para España y permanecer en aquel país hasta nuevo aviso.

te confesaba." Ya en una ocasión el padre Maciel me había contado que el padre Ferreira había abusado de otros apostólicos, y entonces yo le conté lo que también a mí me había ocurrido con él; entonces me dijo que aquello no estaba bien y que él le había dado muy fuerte represión y las cosas ahí habían quedado.[8]

»[...] Ni por un momento capté incongruencia en aquel entonces, puesto que yo daba por descontado que los actos del padre Maciel no eran pecaminosos, pero sí capté que con falsedad él estaba añadiendo al delito del abuso el de la absolución del cómplice [...]; me sentí mal que me sugiriera mentir en algo tan grave y le dije con franqueza que no lo haría, puesto que yo nunca me había dado cuenta de que el padre Ferreira lo hiciera con otros, ni tampoco me había confesado nunca de aquello, ya que había sido sólo breves tocamientos yo nunca lo había considerado pecado, pues me imaginaba que podía ser una parte a veces necesaria de la dirección espiritual[9] [...]. El hecho es que no acusé al padre Ferreira de haberlo hecho con otros ni de *absolutio complicis*.

»[...] De manera que cuando finalmente llegaron los visitadores, todos estábamos perfectamente adoctrinados para rehuir las preguntas comprometedoras y responder generalidades, añadiendo elogios a la Legión y a los superiores, con excepción, en mi caso, del padre Ferreira que ...sí había abusado de mí cuando era apostólico [también Maciel y por años, pero esto no entró en lo dicho a los visitadores por FGP].»[10]

Recuérdese que tanto FGP como Juan José Vaca y Alejandro Espinosa pertenecían al selecto grupo de efebos de Maciel. ¿Pero con Ferreira sólo fueron «breves tocamientos» o sí hubo abuso? En el testimonio salta esa discordancia. Por su parte, Maciel sabía a quién debía devaluar ante los ojos de los visitadores, y era precisamente a Luis Ferreira, testigo estratégico. Hacia éste intenta desviar la acusación de pederastia dirigida contra él por Ferreira en su carta de agosto de 1956. ¿Qué podría valer el testimonio de un pederasta convertido en acusador del otro? Ferreira va a quedar al descubierto y va a tener que asumir la parte que hasta ese momento había logrado dejar de lado en su testimonio escrito. Incluso va a asumir lo de la absolución del cóm-

---

[8] Como se podrá apreciar, los dos adultos pederastas acostumbraban «reprenderse mutuamente» y hacer ostentación de ellos ante algunos de sus fieles colocando en el de enfrente lo que hacían con los efebos de su propio séquito.

[9] Lo mismo que en su momento pensó José Barba.

[10] Testimonio de FGP, *cit.*, págs. 33-35.

plice, como más adelante veremos. En cambio, Maciel no se moverá un ápice de su estrategia de que con él todo era cuestión de calumnias. Y por cierto, a los que no podía a su vez acusar de pederastas o atrapados por la adicción, les imprimiría el estigma de «traidores a la Legión». Una vez más, en ese discurso asfixiante y negador no existe el más leve resquicio.

Los visitadores de Roma, como ya indiqué, pertenecían a la orden de los carmelitas. Fueron dos, el prepósito general de esta congregación y su vicario. El padre Camilo Maccise, en su momento también prepósito general, lo corrobora en una carta enviada al profesor José Barba y fechada en Roma el 1 de mayo de 2002.

«Recibí su atenta del 26 de abril en la que me pregunta si nos consta que entre 1956-1958, los reverendos padres Anastasio Ballestero (del Santísimo Rosario) italiano, entonces prepósito general de la orden de los Carmelitas Descalzos, y Benjamín Lachaert (de la Santísima Trinidad), belga, entonces vicario general de la misma orden, fueron encargados por la Santa Sede de realizar una visita apostólica a la Congregación Religiosa de Los Legionarios de Cristo en su Colegio de Roma.

»La respuesta es positiva: nos consta con toda certeza,[11] fueron ellos los que realizaron esa visita apostólica, al final de la cual informaron a la Santa Sede y tomaron algunas decisiones aprobadas por ella.»[12]

Cuando los visitadores del Vaticano comenzaron su encuesta para dar cuenta de las denuncias, Federico Domínguez viajó a Roma, donde fue entrevistado. Ahí reafirmó que él «sólo tenía sospechas»[13] respecto de lo que pasaba con las encerronas de la enfermería. Por su parte, Otilio Sosa comenta así su interrogatorio:

«A mí me tocaron dos frailes carmelitas que simultáneamente me interrogaron. Entré con el instinto de apoyar a la Legión y a nuestro padre. A mí me parecieron muy simples las preguntas. Me dijeron si juraba yo ante un Cristo y una Biblia que tenían ahí, de decir la verdad. Me preguntaron si conocía al padre Maciel, y si sabía de algún problema de éste, así en general, yo no respondí,

[11] Así está en el original.
[12] Sigue firma: fray Camilo Maccise, OCD, prepósito general, Roma, 1/V/02.
[13] Entrevista de FMG a Federico Domínguez, *cit.*

y que si sabía que estaba enfermo. Yo dije que sí. "De qué enfermedad." Yo no sabía, porque siempre nos decían que estaba enfermo, pero no nos decían de qué. Algunos quizá sí sabían, pero en el resto de la comunidad, en lo que era la tropa, no teníamos información. La entrevista no duró ni diez minutos. Fuimos entrevistados todos los de la comunidad».[14]

Los tiempos, según José Barba, fueron distintos, ya que él duró alrededor de media hora, y añade que estuvo esperando que saliera Federico Domínguez, que duró aún más. Asegura que no todos fueron interrogados, y concretamente recuerda que el hermano de Federico –el autor del escrito de los votos– fue sacado previamente y enviado a un pueblito cerca de Nápoles denominado Massalubrense, durante todo el tiempo de la investigación, para que no presentara testimonio.[15]

José Barba afirma que el hermano Antenógenes de la Torre fue a avisarle que ya le tocaba testimoniar, y que en el camino se encontró con el padre Arumí y éste le dijo: «Usted bien sabe que vienen con malas intenciones».[16] Barba estaba perplejo y le preguntó que cómo era posible eso, ya que en las constituciones decían que el Papa era el jefe supremo de la Legión, por lo tanto, ¿por qué tendría que mandar enemigos contra ésta? Arumí quedó sin respuesta y sólo atinó a decir: «obre conforme a su conciencia». Pero, añade Barba, «la mía estaba ya deformada».[17] Y mintió ante las preguntas de los visitadores.[18] Barba añade que después de escribir su nombre en una libreta de tipo notarial,

«el investigador me hizo jurar sobre un crucifijo que yo diría sólo la verdad. [...] aunque el investigador no me hizo preguntas directamente acerca de abusos sexuales ni de uso de drogas por parte

[14] Entrevista de FMG a José Barba y Otilio Sosa.
[15] Entrevista con Federico Domínguez, abril de 2005.
[16] José Barba, documento notarial.
[17] Entrevista de FMG a José Barba y Otilio Sosa.
[18] Según Barba y Sosa, algunos de los que les consta que testimoniaron fueron los siguientes. José Antonio Pérez Olvera (en Roma), Andrés García Vega (en México), Arturo Jurado (en Roma), Armando Arias (en Roma), Valente Velázquez Camarena (en Roma), Javier Orozco Camarena (en Roma), Mario Lucatero (en Roma), el hermano de éste (en Roma), Ángel de la Torre (en Roma), Jesús Martínez (en Roma), Alfonso Valencia Castellanos (en Roma). Desconocen cómo fue la situación en España y tienen poca información de lo ocurrido en México. Jesús Espinosa, al que entrevisté, me dijo que a él, que en ese momento estaba en México, no le tocó testimoniar. Muy probablemente porque estaba en la Escuela Apostólica y, por lo tanto, todavía no era novicio.

del padre Marcial Maciel, yo advertí prontamente que, en cuanto mencioné la palabra "enfermería" por razón del tiempo que el padre Maciel pasaba en ella «a causa de sus enfermedades y fatigas», el interés del interrogador se acrecentó de modo notable. Y yo sentí que estaba pisando terreno peligroso. Y empecé a mentir diciendo que "de sus enfermedades yo he oído". Y sin mencionar de ahí en adelante, para nada, la referencia a la enfermería ni nada referente al abuso sexual o uso de drogas».[19]

En el testimonio dado a Canal 40 en mayo de 1997, José Barba introduce un matiz que es importante no dejar de lado.

«Y cuando me preguntaron qué pensaba yo del padre Maciel, yo respondí que era un santo. Y preguntó por qué creía yo que era un santo. Y le dije que porque sufría mucho, tenía grandes dolores y los llevaba con esfuerzo. Y ¿cómo sabía yo esto?, me preguntó. Entonces yo le dije: lo he visto, lo tienen que inyectar, sufre mucho en la enfermería. Y en cuanto mencioné la palabra enfermería vi el interés que esto le provocaba. Pensé que ya tenía alguna información y en ese momento empecé con mi testimonio a echarme hacia atrás, a mentir.»[20]

Esta mentira, enmarcada en el constrictivo contexto que he tratado de describir –aunado a una idealización a pesar de todo del personaje Maciel–, la lamentaría José Barba para el resto de su vida. Barba alude a los «grandes dolores» y al propio tiempo los elude, evitando cuidadosamente referir la otra manera de calmárselos por parte de sus pupilos. Se los pone ante los ojos al visitador, pero para mejor sustraerle lo que en la enfermería realmente se jugaba. En ese dispositivo de palabra constituido de parte a parte por la fidelidad o la traición no hay medias tintas; a lo más, alusiones eufemizadas.

José Antonio Pérez Olvera relata su encuentro con los visitadores:

«Mi entrevista con el sacerdote que me asignaron fue breve y escueta. "¿Sabes [me dijo] a las penas que estás expuesto si no dices la verdad en lo que yo te voy a preguntar?" A mi contestación negativa, respondió que la excomunión era, ni más ni menos, lo que me esperaba si no le decía la verdad.

[19] José Barba, documento notarial.
[20] José Barba, Canal 40, 12/V/97.

»Después de extender solemnemente la mano ante un crucifijo y después de protestar que diría la verdad, solamente como por arte de magia, como si ya supiera algo de antemano, el padre visitador me hizo una sola pregunta. ¿Alguna vez el padre Maciel te hizo alguna cosa indebida y te dijo que no se lo dijeras a nadie, ni en confesión? La respuesta escueta y seca de mi parte fue un rotundo no. Me sentía orgulloso de mi fidelidad al padre Maciel. Él estaba por encima del derecho canónico, por encima de la Iglesia, de sus preceptos, de su magisterio: él se desayunaba diariamente con el Sagrado Corazón [...]. Sin embargo, mi conciencia, implacable, no me dejaba dormir. Algo andaba mal. Canónicamente yo ya estaba excomulgado».[21]

Como se puede observar, al parecer los visitadores utilizaron diferentes tácticas en sus entrevistas. Y probablemente algo sabían respecto a los abusos, si nos atenemos a los testimonios escritos que hicieron llegar a la Sagrada Congregación de Religiosos un poco antes Domínguez y Ferreira. En lo que todos coinciden es en el ritual de jurar ante la Biblia. Sólo que Pérez Olvera añade lo de la amenaza previa de excomunión, que no mencionan los otros.

Pérez Olvera quiso salirse y no pudo por varios años, porque aceptó a pie juntillas las palabras de Maciel que, según dice, afirmaba que aquél que abandonaba la vocación se condenaba. Fue años después que José Antonio en España, cuando hacía los ejercicios ignacianos de mes –con don Ángel Morta Figuls, figura del clero español–, a la tercera semana lo consultó acerca de sus dudas vocacionales y le explicó sus temores. Este sacerdote le dijo que le permitiera hablar con Maciel y a los tres días se comunicó con Pérez Olvera para decirle que podía abandonar la Legión.

Maciel lo mandó llamar y le preguntó cuánto tiempo había permanecido en la institución. Éste le respondió que dieciséis años. Entonces –afirma–, MM sacó las cuentas y dijo que "le debía más de 200,000 dólares por todo lo que había gastado en mi formación. [...] Me prohibió que una vez que regresara a México hablara con mis compañeros, que aún permanecían en el seminario".[22] Alejandro Espinosa da también cuenta de su testimonio ante los visitadores.

«El general carmelita me hizo jurar ante la Biblia.[...]

[21] José A. Pérez Olvera, documento notarial del 18/XII/94.
[22] Entrevista de FMG a José A. Pérez Olvera, cit.

»–¿Sabe por qué estamos aquí?

»–No.

»–La endeble salud del padre Maciel. ¿Ha visto algo que debiera comunicar?

»–No.

»–¿Tiene idea de qué sería mejor para la obra?

»–Lo más saludable para la Legión será la vuelta inmediata de nuestro padre.

»–¿Ha visto algo anormal de lo que en conciencia deba informar?

»–No.

»–¿Tiene problemas de salud el padre Marcial?

»–No, es muy saludable. ¡Va a la playa con nosotros!

»[...] La obediencia al jefe me obliga a mentir; la obediencia a los frailes, a decir la verdad. ¿Cuál obediencia obedezco?»[23]

Paradójicamente, si una serie de límites habían sido transgredidos y se habían vuelto irrisorios, hubo uno que se erigió en compensación como barrera infranqueable. Aquél que se constituyó para proteger al fundador. En éste pudo apoyarse el simulacro de la verdad cubierto con los ropajes de un complot contra el fundador y su obra. La fidelidad al fundador y a la congregación por encima de la conciencia fue la moneda de cambio ofrecida. Quizá habían pensado que guardar silencio y ser íntegros eran una y la misma cosa.

Y desde el lado de los visitadores, ¿qué resintieron y percibieron? Veamos por lo pronto lo que describe Anastasio del Santísimo Rosario, quien expone que los interrogatorios estuvieron marcados por la

«2: Desconfianza y reticencia a responder en casi todos [los interrogados]. Especialmente en los más jóvenes, [ya] que han sido advertidos con antelación. Imposible recabar observaciones directas de relieve, ya que para todos, todas las cosas están bien, los superiores perfectos, el fundador [es un] santo, la observancia absoluta. Ningún religioso ha dicho algo relevante.

»[...] Más graves fueron las declaraciones del fundador del Consejo y del procurador general de la inexistencia de otros documentos[24] [ya que] sólo se encontraron poquísimos en el archivo.

[23] Alejandro Espinosa, *op. cit.*, pág. 214.
[24] José Barba asegura haber escuchado que el padre Arumí se los había llevado a esconder en un convento de religiosas mientras pasaba la tormenta.

«3: En conclusión, no estamos convencidos que en el interrogatorio hayamos revelado la plena verdad. Después de haber hecho partir al padre Maciel he querido esperar unos dos meses para volver a proceder por intermedio del reverendo padre Beniamino a un nuevo interrogatorio de todos los profesos.[25] Pero [...] sin un resultado satisfactorio».[26]

En síntesis, el visitador principal captó bien el pacto operado entre los fieles a Maciel y a la Legión y por lo tanto quedó sin poder probar nada, ni siquiera respecto a la toxicomanía. En cambio, uno de sus principales testigos, el padre Luis Ferreira, quedó señalado como pederasta, y además en una posición extremadamente vulnerable para sostener el cargo de vicario general. En síntesis, de este interrogatorio fallido se puede decir que se recabó el resonar de varios tipos de silencios.

[25] José Barba recuerda que no sólo los profesos fueron interrogados esa segunda vez.
[26] LCM, doc. 136, 19/II/57, K/2.

14
¿Por qué mintieron?

> Yo pienso que pocas personas son capaces de
> escapar a una presión cultural que aporta tan-
> tos beneficios: el afecto de los suyos, la estima
> de sí, la embriaguez de la pertenencia y la no-
> bleza de un proyecto moral purificador fundado
> sobre la creencia en una supra humanidad. Es
> delicioso el ser gobernado por un semidiós,
> eso desresponsabiliza, eso suprime la angustia.
> Cuando el «yo» es frágil, el «nosotros» sirve de
> prótesis [...]. La sumisión triunfante no se pien-
> sa como una persona sino como un engranaje,
> lo cual provoca orgullo.
>
> Boris Cyrulnik[1]

Otilio Sosa afirma que les hacían sentir un gran respeto y veneración por Maciel, y que los de la tropa sentían envidia por aquéllos
que estaban más cerca de él, de quienes

«suponíamos [que] por intelectuales o por sus virtudes lograban
ese lugar. Hasta se hablaba de los milagros de nuestro padre. Por
ejemplo, se decía que una vez en misa faltaban hostias para el número de comulgantes que había, pero que finalmente, nadie dejó
de comulgar. También que una vez diciendo misa al partir la hostia, ésta sangró, y que el corporal en donde cayó la sangre se conservaba en algún lugar».[2]

Marciel, revestido de nuevo Cristo, en lugar de panes multiplica
hostias y las estigmatiza, «hecho» que para algunos será una muestra
más de la predilección de Dios por el ministro que celebra la misa;
estos «milagros» vienen a insertarse en la cadena de los «contactos»
que se establecen entre ambos personajes y que comenzaron con la
ya citada voz interior e imperativa, una anécdota más –de las que ya

---

[1] «Les anges exterminateurs», *Le Nouvel Observateur,* núm. 2097, 13-19 enero de
2004. Se trata de las reflexiones decantadas y desencantadas de este psiquiatra judío a propósito de sus experiencias de niño de seis años, cuando fue arrestado por
policías franceses para ser entregado a los soldados nazis en Bordeaux.
[2] Entrevista de FMG a José Barba y Otilio Sosa.

he citado múltiples referencias– que contribuye a la cuidadosa construcción del personaje.

Si no se toman en cuenta este respeto y esta veneración a Maciel, aunados de manera inextricable al voto de no criticar al superior y al tipo de relación institucional que establece, con el añadido –en algunos casos– de la implicación sexual con el fundador y la ayuda para obtener la droga, no es entendible que la casi totalidad de los interrogados callaran en su momento los hechos que podrían haber redundado en contra de él y de la Legión, pero a favor de su conciencia.

Aunque también es necesario señalar nuevamente que la existencia de este marco constringente, vertical, vivido por algunos de manera culposa –por su implicación directa– y desde el temor reverencial, no era del todo coherente, puesto que otros mensajes repetidos machaconamente –en primer lugar por el propio Maciel– en buena medida lo contradecían de manera flagrante, como el de la pureza. Existía la posibilidad de establecer comparaciones, y por lo tanto que se manifestaran dichas contradicciones. En síntesis, no había un determinismo tal que hubiera vuelto necesariamente fatal la conducta seguida por la mayoría.[3] Cerca de cuarenta años más tarde –en el año 1997–, algunos de ellos decidieron hacer pública la calidad falsa de su testimonio y corregirlo para denunciar lo que les ocurrió en aquella época.

Sin embargo, si intentáramos sintetizar la cuestión del silencio que terminó por otorgarle a Maciel una patente de corso, se podría pensar que fue el producto de la combinación en dosis variables de los siguientes elementos: 1) la existencia del famoso voto de caridad que implicaba el control de la crítica a los superiores; 2) la clara consigna dada a algunos de los más implicados, de evitar a toda costa hablar del asunto de las drogas y del abuso sexual; 3) el haber mandado fuera de Roma a algunos testigos clave;[4] 4) el apoyo otorgado a Maciel, sin necesariamente quererlo, por el grupo de los que efectivamente estaban fuera de lo que ocurría o que apenas tenían barruntos de sospecha; 5) la ayuda dada por los propios investigadores-visitadores al no interrogar directamente a una parte de los implicados acerca del sexo

---

[3] Y que se podría pensar en parte de la manera como lo hace el historiador Giovanni Levi: «Ciertamente, existen reglas y normas vinculantes; pero se trata de una selva de reglas y normas que son contradictorias entre sí, que se plantean más bien como un cuadro elástico que exige estrategias y elecciones continuas, personales, de grupo, colectivas». «Un problema de escala», *Contrahistorias*, año I, núm. 2, marzo-agosto de 2004, pág. 67.

[4] Por ejemplo, a José Domínguez a Nápoles y a Saúl Barrales a Salamanca.

y las drogas, fuese por no sugerir o violentar, o porque no tenían realmente muy claro lo que ahí se jugaba; y 6) la estrategia urdida por Marcial Maciel para procurar que se acusara al padre Ferreira de pederastia y con eso devaluar su denuncia y quedar exento de toda sospecha.

En cuanto al punto 5, se puede pensar que probablemente algo les habría contado el cardenal Valerio Valeri respecto a su encuentro en la clínica con un Marcial Maciel sorprendido en la crisis adictiva aguda, o que habrían tenido acceso aunque fuera a parte de los documentos del caso Maciel, *dossier* que a esas alturas constaba mínimamente de 120 documentos de diferentes tamaños, o al menos a las cartas de Federico Domínguez y Luis Ferreira, que centraban sin eufemismos las cuestiones a ser investigadas y debatidas.

En resumen, se trata de un silencio polisémico, en el que una vez más se articula una serie de variables que no necesariamente alguien maneja desde un solo lugar.

15

También el destierro puede ser transgredido

Transcurrieron dos años y medio antes de que
pudiera volver a la Ciudad Eterna.

Marcial Maciel[1]

Este hombre desterrado, que de pronto habla como guía de turistas, al parecer no sufrió una separación de sus discípulos tan radical como él la hace suponer. Alejandro Espinosa relata:

«El destierro transcurre entre la ausencia y la presencia pícara [...] No está dispuesto a cumplir la finalidad del destierro, es decir, evitar su influencia en la comunidad: al menos una vez al mes nos cita en la periferia de Roma.[...]
»–Me desterraron de Roma, no de que los viera –repite burlón.
»Decide llevar a cabo una entrevista en el autobús, dentro de la ciudad prohibida, para ser observado; sospecha de espías en el interior de la Legión [...].
»–Estoy sobre el autobús, no sobre el suelo romano. ¡No estoy desobedeciendo!
»Festejamos el ingenio, a grandes carcajadas».[2]

Fiel a su perfil de transgresor, Maciel reconoce la norma para volverla irrisoria y provocar las carcajadas de los discípulos devotos. Aquí es donde se manifiestan sin velos los equívocos a los que puede llevar la fórmula «obre según su conciencia».

José Barba aporta otros aspectos de esa época del destierro parcial de Maciel. Dice que el 16 de octubre de 1956 se negaba a hacer la profesión de los votos temporales (final del noviciado) y se lo dijo al padre Arumí. La razón era que él (Barba) estaba desconcertado ante la situación en que se hallaba la Legión. Dice que todavía no llegaban los visitadores.[3] Le dijo a Arumí que en esas condiciones no se sabía hacia dónde iba la Legión, y que sólo se quedaría si pudiera hablar

---

[1] Jesús Colina, *Mi vida es Cristo...*, *op. cit.*, pag. 79.
[2] Alejandro Espinosa, *El legionario, op. cit.*, págs. 215-216.
[3] Recuérdese que, según el padre Anastasio, la visita comenzó el 19 de ese mes. LCM, doc. 136, 11/II/57.

con Maciel, pero que había oído que éste había viajado a Venezuela. Arumí tomó el teléfono y dio orden al cocinero y chofer, Cesare, de esperarlo con el Citroën en la puerta principal. Llevó a Barba a Roma; hizo que el chofer se detuviera y lo tuvo paseando a lo largo del Tíber durante unos veinte minutos:

«–Usted es cobarde, usted no ama suficientemente a la Legión, su madre. Ahora que está en dificultades, es cuando hace falta demostrar el cariño.

»Yo resistía y decía no. Entonces, nos vamos a la librería San Pablo a comprar unos crucifijos y todavía me dice:

»–¿Entonces, no va a querer?

»Le repito que no. Entonces pide once crucifijos. Éramos doce. Que los iba a entregar a cada uno al día siguiente. Yo no sabía a dónde me llevaba. Suponía que íbamos a regresar al colegio. Cesare sale a una vía de Roma desconocida para mí, a un descampado. Fueron unos 10 kilómetros y llegamos a un casa de dos pisos en donde había monjas. Subimos y estuvimos esperando en ese *hall*. Arumí se paseaba muy nerviosamente. Y de pronto, para enorme sorpresa mía, empezó a golpearse en la cabeza con la mano derecha. Lo hizo cuando pasó el tiempo, más de una hora. Yo no entendía qué pasaba. Ya había oscurecido. Cuando vi salir al padre Cuena, que se suponía que estaba en México, y luego a Pepe Domínguez, entonces deduje que ahí estaba Maciel.

»Arumí me dijo entonces que pasara a ver a nuestro padre. Maciel estaba con la mano en la frente como reflexionando. Yo me quedé de pie esperando ser introducido, como era la costumbre. Él levanta la cara, se me queda mirando como reconociéndome. Se levanta súbitamente y me dice «hijo». Y me abraza y me besa en la mejilla. Y me invita a sentarme. Y comienza a contarme –muy típico en él, que necesitaba un escuchador de sus proezas– que esa misma mañana habían estado los tres cardenales, Mícara, Pizardo, y el tercero era el gobernador del Vaticano, Canali. Que los tres juntos habían ido a verlo.

»Y luego habló de la persecución de que era objeto y añadió:

»–Pero fíjate hijo, lo único que me han respetado es mi castidad.

»Fíjese qué astuto, era como decirme: «No vayas a decir nada, porque serías el único que dijera algo de esto».

»Después de decirme que la Legión pasaba momentos difíciles, pero que era de Dios, y que era normal que las buenas órdenes fueran perseguidas, pero que si los cardenales más importantes estaban con él, qué me podía preocupar. Recuerdo muy bien que me dijo que eso iba a pasar, que era sólo temporal.

Y luego, me demandó que cuál era mi problema. Yo le seguí creyendo. Qué iba yo a decir al lado de ese sufrimiento por el que él estaba pasando. Sólo atiné a decirle que no me sentía a gusto. Que tenía dificultades de obediencia, que tenía escrúpulos muy continuos de castidad. Que sufría y me confesaba muchas veces. Y que el padre Arumí me decía que era muy escrupuloso.

Y entonces, él me preguntó que ahora que iba a volver a los estudios, qué pensaba. Y añadí que probablemente me ayudarían. Al día siguiente hice los votos».[4]

Tres días después, el 19, los novicios profesos fueron a ver a Maciel al mismo lugar, que se denominaba Villa Linda. Y entonces Barba cuenta que lo abrazó con el típico saludo legionario –sacando el pecho de un lado y la cabeza del otro–, y le dijo: «Bueno, ahora por lo menos ya fuiste legionario».

Juan José Vaca también tiene algo que decir respecto a cómo Maciel se las arregló para seguirlos viendo en casas de religiosas o en hostales de los alrededores de Roma. Relata que en 1958 lo llamó a Madrid, porque se le estaba complicando conseguir la droga, y que volaron juntos a Ceuta y Melilla para obtenerla. En ese último lugar se dio una situación complicada:

«Entró a la bañera y pasó más de media hora y no se oía nada. Le toco y no hay respuesta. Fuerzo la puerta y lo encuentro inconsciente, con el agua ya casi llegándole a la boca. Se le pasó la dosis. Lo tuve que sacar de la bañera y acostarlo. No sabía qué hacer. No podía llamar a ningún médico. Volvió como a la hora».[5]

FGP abunda en el tema:

«El padre Maciel estuvo «oficialmente» desterrado e incomunicado con los religiosos y novicios, creo que bajo juramento y bajo pecado reservado [...] durante dos años; sin embargo, en dos ocasiones se reunió con todos los hermanos, y a los íntimos nos iba llamando en secreto para que lo fuéramos a acompañar y a «atender en sus enfermedades». Un buen día el padre Rafael Arumí, que

[4] Entrevista de FMG a José Barba, del 10/VI/04.
[5] Entrevista de FMG a Juan José Vaca, *cit.*

era entonces mi superior inmediato, llegó a mi celda con un boleto de avión diciéndome que nuestro padre me había llamado y quería que estuviera con él un tiempo en Madrid. Como buen soldado de Cristo, tenía media hora para arreglar las maletas.

»Ahí estuve acompañando a Maciel como un mes [...]. Lo único que recuerdo de ese viaje es que viajé en TWA [...] me acuerdo también del nombre del hotel: un Ritz [...] no recuerdo haber tenido contacto con nadie, haber salido a ningún lado [...]. Tengo la vaga idea que el padre J. José Vaca [fue] a sustituirme».[6]

En pleno exilio, Maciel también se comunica por carta con sus fieles discípulos, pero en algunos casos se cuida para no dejar su firma; es el caso de una dirigida desde Nueva York a Alfonso Samaniego y José Bustamante, cercana a la Navidad de 1957. De esa manera, no lo podrían acusar de seguir en contacto e influyendo a su gente.[7] En la citada les muestra su manera de «pensar» los acontecimientos que aquejan a la Legión.

«En estos momentos en que el poder de las tinieblas se ha desatado contra nuestra Legión, en que un análisis desapasionado y objetivo me permite enumerar: un gran número de enemigos externos unidos para segarla en plena adolescencia; la traición y la infidelidad de parte de algunos de los más queridos hijos; el abandono y la desconfianza, la reserva y la reticencia en muchos de los que hasta ahora confiaban y se sentían seguros con mi consejo y orientación, no han faltado y son muchos los hijos fieles y buenos que ayudan con sus pensamientos y su amor.

»[...] Cada dolor es un dedo de Dios que viene a moldearme, y son tantos, tantos (me refiero especialmente a los morales) [...]. Mi salud regular; es raro el día [en] que no me acomete algún dolor que [por] momentos me parece intolerable. [...] Mi enfermedad me humilla y también me humilla el tener que esconderme para sufrirla y el abandono en que tengo que sufrirla. Pero, la vida del alma minuto a minuto es siempre bella. [...] Ningún precio es suficiente para pagar la intimidad con Cristo».[8]

---

[6] Manuscrito de FGP, *cit.*
[7] En cambio, una carta dirigida a doña Flora, 19/XII/57, tiene claramente su firma. La envía desde Ontaneda, AFB.
[8] Carta de Marcial Maciel a Alfonso Samaniego y José Bustamante, 23/XI/57, ALFC.

Maestro de los usos dicotómicos de las categorías con las que pretende dar cuenta de lo que le acontece a su obra y a él, Maciel no atina a ir más allá de la lucha entre los hijos de las tinieblas y de la luz o de los traidores y los fieles. Y leal nuevamente a sus clichés retóricos, pasa de los enormes sufrimientos que atraviesan su alma a las alegrías que se hacen presentes minuto a minuto también en ella, y que los compensan. Pero cuando hace presente su «enfermedad», ésa que lo «humilla», es difícil no pensar en aquéllos con los cuales la «compartió» de manera tan generosa, pero ciertamente cuidando de no mostrar a cielo abierto los caminos elegidos para «curarla». Y ahora alude al abandono en «que tengo que sufrirla». Siempre sufriente, utiliza este sufrimiento para recrear la convicción de ser sin lugar a dudas elegido de Dios. En una carta a Félix Alarcón quien muchos años después lo iba a exponer públicamente, da rienda suelta a una retórica que entremezcla el sacrificio con una especie de teatralidad existencial de pacotilla.

«Soy consciente de mi miseria como hombre solo, y de mi grandeza como hombre unido a mi Señor Jesucristo. [...] Soy un pobre iluso, casi nada en la vida, lo que larga el pirata en la playa, lo que queda arrojado de la herida que sangra, pero siempre en medio de mi lucha lleno de esperanza.[9] Me perdona que le hable así a mi carísimo hermano Félix, pero *concidero* [*sic*][10] que usted puede comprender, mi alma, que usted puede comprender toda la pasión que Dios Nuestro Señor ha querido regalarme. ¿Y *por qué* lo hago *partícipe*, siquiera sabedor de estas penas? Únicamente mi carísimo para que usted me tenga presente en sus oraciones.

»[...] Yo sé mi carísimo hermano que todos los amores de este mundo son efímeros,[11] y son nada, sé que son sombras que se van

[9] Estas palabras recuerdan de alguna manera los versos del lugarteniente de la mujer pirata llamada Ching Shih, cuando en sus arrebatos «poéticos» se soltaba parrafadas del siguiente tenor: «Nosotros somos como los vapores que el viento dispersa. Semejantes a las olas del mar que el torbellino levanta. Como bambúes quebrados sobre el mar, flotamos y nos hundimos alternativamente». Citado por Ángela Valley, *Los piratas del mar de China*, EPS, núm. 1504, pág. 98.

[10] Dejo las faltas de ortografía como una manifestación de la escritura de Maciel.

[11] Y podríamos decir que también algunos besos lo son, como el que Marcial Maciel le propinó a EO, joven postulante que había entrado a la Legión –a los 11 años–, en el verano de 1956 a la Quinta Pacelli, en Tlalpan, sede de la Escuela Apostólica. EO relata que, por lo pronto, nunca se enteró, mientras estuvo, que poco después de su ingreso habían suspendido a MM. Y sólo lo supo hasta 1997.

[...] Me dirá que los tengo a ustedes y yo contestaré que no los tengo, no siento tenerlos, porque no siento tener nada, ni a nadie sino a Dios. Sí a ustedes clavados en medio de Dios [...]. Y por eso también, sus *incorrepondencias*, sus infidelidades nacidas quizá muchas veces de mis negligencias y descuidos, vienen a herir tan profundamente mi alma. Pero no es hora de quejarnos.[12]

Curiosa oscilación, dejarse caer en el abismo de lo insignificante para luego autoexaltarse en la grandeza de Dios; o entre la nada que habita en los amores humanos y la inoculación de la culpa sobre aquellos que no están a la altura de las exigencias de quien se considera *resto de pirata*. Apenas se insinúa un amago de autocrítica, pero queda inmediatamente anulado al mostrar su resentimiento hacia los amores efímeros que no le corresponden ni le son fieles.

«Yo viví una infancia feliz en la Quinta Pacelli. Me gustó mucho el deporte y el grupo de amigos que hice, porque jugábamos a los policías y a los ladrones. Estudiábamos mucho, me gustó mucho el latín y el griego, la gramática y la oratoria. Yo no decidí mi separación, ellos me separaron porque no sabía obedecer. Así fue el alegato que recibió mi padre. Me gustó la Legión y el orden, y, sobre todo, tuve la sensación de que el proyecto [de la Legión] era un proyecto muy aceptable y digno de ser abrazado para siempre. Es algo que me ha orientado en mi vida personal. Con sus asegunes. Tengo muy buena opinión de mis formadores con excepción de Jorge Bernal. Mis formadores fueron los padres Gregorio López –un tipazo–, el padre [Amado] Barriga, el padre [Mario] Lucatero y el padre [Luis] Ferreira, pocas intervenciones. Jorge Bernal no acompañaba a los niños. Subrayó mucho las decurias y eso del *Heil Christus*. Las decurias de la organización romana. El decurión era el que levantaba su mano. De Ferrerira sólo supe que había viajado a Roma en la segunda parte de 1956 y luego que había sido llamado por su obispo. Vi a Maciel en los tres años que permanecí, unas tres veces. Generalmente iba acompañado por bienechores, una señora Flora [Barragán] y los Galas [Santiago]. Y una vez lo vi en forma personal porque nos mandó llamar a varios. Debe haber sido en 1958 o 1959 [durante la suspensión o inmediatamente después de ésta], no recuerdo de qué hablamos, sólo recuerdo que se despidió con un abrazo y un beso en la boca. Me sorprendió y no me importó. Después lo pensé y se lo comenté al padre José Guadalupe Padilla, secretario del cardenal Garibi Rivera, y él me dijo que lo comentaría debidamente con quien correspondía. Y eso fue todo. Nunca más me volví a acordar de eso ni siento que me haya afectado.» Entrevista de FMG con EO, Guadalajara, 21/IV/06. Como se apreciará, Maciel no estaba dispuesto a dejar reposar sus pulsiones pederastas. Ni Jorge Bernal a renunciar a un tipo de orden con rasgos militaristas. Las mencionadas Decurias, según José Barba comenzaron en el verano de 1953 en Ontaneda, Santander. Entrevista con EO, 29/IV/06.
    [12] Carta de Marcial Maciel a Félix Alarcón, del 14/I/55. Archivo de José Barba Martín.

No deja de sorprender esa intimidad calculada dedicada precisamente a Félix Alarcón, fiel y efectivo testigo de un tipo específico de «pasiones» de Maciel; la intimidad despliega una queja sostenida que paradójicamente se interrumpe con la frase «pero no es hora de quejarnos»: discurso discordante que nunca se detiene en un solo punto, en su infatigable oscilación plena de mensajes cifrados.

16

Parte de la correspondencia cruzada entre Ferreira y Maciel

> Más de un hombre de Iglesia ha reconocido que el abuso sexual ha operado allí como argamasa, como cohesionador y aglutinante. Se trataría de algo que a menudo transforma a las víctimas en verdadero y seguro cómplice [...]. La fidelidad que en la mafia otorga el bautismo de fuego la podría dar aquí el bautismo de pederastia. Si esto es cierto, el mayor pecado de esta Iglesia no habría sido tan sólo disimular el crimen «deslocalizando» a los curas predadores y mandándolos a otros calderos donde era verosímil que siguieran pecando. No, su gran pecado no consistiría en haber escondido el crimen, sino haberlo eventualmente administrado. E incluso, dirán algunos, de haberlo estimulado.
>
> Xavier Rubert de Ventós[1]

El padre Ferreira había quedado muy debilitado como superior general después de aparecer como denunciante del padre Maciel. Y lo estaba a tal grado, que lo único en que pensaba era en renunciar e irse a la Diócesis de Morelia como sacerdote diocesano. Y cuando hablamos de debilidad tendríamos que incluir también la de su cuerpo, cuando menos si nos atenemos a lo que escribe Alejandro Espinosa al respecto:

«A Luis Ferreira, superior temporal de la Legión, se le rodeó de espías dobles entre los que destacó Juan José Vaca,[2] quien subrepticiamente le administraba purgas para impedirle actividades en la curia romana, a donde debería acudir todos los días. La intensa diarrea [...] puso su salud en estado crítico [...] (Años después Vaca confesó que actuaba bajo instrucciones directas de Marcial.) Francisco González Parga buscó entrar en contacto con Ferreira y comenzó un doble enlace [...] Parga la hizo de delator y servidor leal al mismo tiempo. [Esto lo niega González Parga.]

---

[1] «De curas y niños», *El País*, 27/IV/05. Las cursivas son de Xavier Ventós.
[2] Dato corroborado por el propio Juan Vaca en la entrevista que le hice, *cit.*

»Después de tres meses en Roma, el superior temporal, cansado de no ser tomado en cuenta, decidió emprender el regreso a México, [y confesó en] la intimidad de la dirección espiritual:

»–Estoy aquí por obediencia, pero sé que muchos me culpan de traición.

»[...] Al abandonar su puesto quedó Antonio Lagoa al frente de la rectoría, sin cabeza generalicia; el trono esperaba a Maciel».[3]

Adelantándose de esta manera patética a la trama del envenenamiento de la novela de Umberto Eco *El nombre de la rosa*, la Legión y su líder, siempre al borde de la parodia[4] deciden casi «eliminar» a golpes de diarrea al considerado como suplantador. La manera legionaria de deshacerse del enemigo, si buscáramos ponerla en palabras, sería algo de este tenor: «como habló demasiado, se le receta como castigo la descarga total».

La primera carta de la correspondencia que se encuentra en el archivo de Luis Ferreira Correa[5] se la dirige MM en diciembre de 1956, ya en plena suspensión de éste. Por lo pronto, Ferreira ya se encuentra en México y a salvo de los ataques frontales a su intestino. Todo en la carta transcurre de manera muy formal y respetuosa. Empieza con un «carísimo padre en Cristo». En ella Maciel le dice lo que ha pensado acerca del que debería ocupar el puesto de ¿rector? del Cumbres. Le habla como una posibilidad del padre Ávila, quien se vería obligado a abandonar Ontaneda, y le menciona a Saúl Barrales para acompañar al padre escribano en Ontaneda. Se despide quedando como «su afectísimo en Cristo».[6]

Pero el 4 de enero de 1957 Ferreira recibe una contestación del visitador Anastasio del Santísimo Rosario, a una del superior sustituto del 30 de diciembre de 1956, en la que se dice sorprendido por las noticias que le cuenta respecto al comportamiento de Marcial Maciel.

«Es cierto que el padre Maciel me telefoneó pidiéndome permiso para ir a México a visitar a un bienhechor enfermo,[7] pero mi res-

---

[3] Alejandro Espinosa, *op. cit.*, págs. 217, 218.

[4] Pensar en utilizar la lectura para envenenar al curioso lector, como es el caso de la novela de Eco, estaba descartado en la Legión.

[5] En adelante ALFC.

[6] ALFC, 20/XII/56. Macial siguió interviniendo en el gobierno a pesar de la suspensión.

[7] En una carta de MM al padre Anastasio del 21/I/57, Maciel le informa de su viaje a México y Venezuela y le pide disculpas por no haberle escrito desde México

puesta fue exactamente ésta: «haga lo que le diga el padre Ferreira». En el mismo sentido le contesté a propósito de hablar o no con los religiosos.

»Ahora me entero con sorpresa de que el padre Maciel ha emprendido el viaje sin hablar con vuestra reverencia y de que el padre Pardo se ha tomado arbitrariamente la libertad de interpretar la voluntad de vuestra reverencia.

»2. [...] El padre Maciel debe pedir a vuestra reverencia todos los permisos como a su legítimo superior. [...] 4. Si el padre Maciel se encuentra actualmente en México [...] haga que le entregue aun en virtud de obediencia, el pasaporte o todos los pasaportes que pueda poseer tomando notas y fechas de los visados y lugares de entrada y salida.

»5. [...] De aquí en adelante vuestra reverencia no tenga nada como dicho por mí o dispuesto si no ha recibido documento firmado por mí o por el reverendo padre Benjamín, mi delegado. [...] Renueve de todos modos también en nombre mío la prohibición absoluta dada al padre Maciel de emprender viajes cualesquiera sin la autorización explícita mía.

»[Y añade un *post scriptum*]: Si lo cree oportuno puede leer la presente al propio padre Maciel.»[8]

No hay duda de que el visitador carmelita está dispuesto a dar todo su apoyo al vituperado superior sustituto. Pero éste no tiene las posibilidades de asumir realmente el puesto de pleno derecho, y esto por varias razones: 1) además de sentirse usurpador, desprestigiado y minado desde dentro por saberse partícipe de una parte de los actos de los que se acusa a Maciel; 2) porque Ferreira carece casi por completo del arte de pedir donativos y del trato que Maciel sabe dispensar a los bienhechores. Esto será un excelente pretexto para que continúen los viajes de MM a lo largo y ancho del mundo occidental, con o sin permisos expresos, además de los otros viajes con su corte de elegidos para auxiliarlo en sus «enfermedades». Mientras, los visitadores carmelitas se esforzarán inútilmente por encontrar más elementos de juicio, y Maciel

---

«por haber estado todo el tiempo ocupado al lado del enfermo que fui a atender. A mi llegada hablé con el padre Ferreira y le supliqué que me permitiese estar únicamente atendiendo el asunto del enfermo». LCM, doc. 135. Descrito tal cual el viaje a México, y fuera de todo conocimiento previo del personaje en cuestión, pudo parecerle al padre visitador muy edificante. Pero a juzgar por la posición que éste tomó respecto a Maciel, ciertamente no fue el caso.

[8] ALFC, 4/I/57.

logrará mientras tanto convencer al visitador para México, el padre Polidoro van Vlierberghe, del «complot» que se había armado en su contra.

La complicada situación de Ferreira la describe el delegado apostólico de México, Luigi Raimondi en una carta al prefecto de la Sagrada Congregación de Religiosos, cuando alude a que la posición del citado frente a sus hermanos de congregación *é molto delicada* y angustiosa por ser considerado

> «como calumniador del padre Maciel y traidor al Instituto. No pudiendo salvar la disciplina y la unidad de los miembros de su congregación piensa dejarla. [...] La visita canónica a la casa de México se vuelve por lo tanto necesaria y urgente».[9]

El 19 de marzo de 1957, el padre Anastasio vuelve a colocar en Ferreira la decisión de hacer uso de los dones empresariales de Maciel:

> «Para los asuntos económicos disponga vuestra reverencia libremente del padre Maciel y le autorice los viajes que crea convenientes excluida sólo su venida a Roma.
> »[...] Comprendo su situación violenta y espero que muy pronto se tendrá solución definitiva de todo [...]. Sabrá que no diga nada más por un deber de extrema reserva, pero créame que no tardarán en llegar decisiones».[10]

¿A qué decisiones se refería en su «extrema reserva», el padre visitador? ¿A la próxima entrega de las dimisorias para el padre Ferreira, o a la del informe que venía de entregar a la Sagrada Congregación de Religiosos? Podrían ser ambas.

Si nos remitimos al archivo LMC encontraremos parte de la respuesta: el 11 de febrero de 1957 el padre Anastasio envía a la SCR su informe de las visitas a las casas de Roma y España. Decía, entre otras cosas: «en mi modesto parecer es necesario que se nomine lo más pronto posible un superior o cuando menos, un asistente que pueda con asiduidad y continuidad seguir de cerca el Instituto y en particular la persona y la actividad del fundador».[11] Veremos cómo el citado informe apuntaba a medidas mucho más radicales.

El 20 de marzo Maciel contesta una carta de Ferreira. Pero tiene buen cuidado de citar literalmente lo que el superior sustituto le es-

---

[9] LCM, doc. 137, ref. 223, 23/II/57.
[10] ALFC, 19/III/57.
[11] LCM, doc. 136, 11/II/57.

cribió en la anterior: «entienda vuestra reverencia [Maciel] o por lo menos yo así lo entiendo, que el campo de la economía queda en sus manos para sacar a la Legión de estos tremendos aprietos en que se encuentra. [...] De mi parte puede decir al visitador que por escrito le he permitido y que no tengo ninguna dificultad de que incluso marche a Roma si él lo juzga también prudente para arreglar esos asuntos».[12]

Como se podrá apreciar, Ferreira está dispuesto a ceder demasiado. Por ejemplo, que Maciel pueda incluso viajar a Roma, cuando ese punto preciso el padre Anastasio lo puso como límite aparentemente infranqueable. Y además, coloca la responsabilidad de poder o no hacerlo en manos del propio padre visitador. Darle esas posibilidades a Maciel, maestro del pedir y del viajar, era, por decir lo menos, muy arriesgado. Pretextos no le faltarían a Maciel para tratar de llevarlo a cabo.

Maciel le responde a Ferreira que no hay un supuesto caos en la economía de la Legión. Después de aceptar humildemente la demanda de hacerse cargo de la economía –nada más y nada menos–, se permite pasar al ataque, aprovechando al vuelo la oportunidad de disparar sus dardos y simultáneamente autoelogiarse en la virtud.

«Con toda la estima y el respeto que vuestra reverencia me merece como cristiano y sacerdote, me permito expresarle lo siguiente. Ya vuestra reverencia conoce clara y profundamente cuánto se ha provocado en contra de mi persona; conoce la trama de difamación llevada contra mí ante seglares y eclesiásticos, ante propios y extraños.

»Todo ello me ha causado una pena mortal; pero mi Señor Jesucristo me ha ayudado dándome fuerzas para aceptar llevar la nueva cruz sin lamentaciones ni comedias. Sé que si Él no lo ha querido, por lo menos lo ha permitido. Y por asemejarme más a Él en todas las vejaciones sufridas, lo alabo desde el fondo de mi alma y beso con amor la mano de cuantos me han herido y me hieren.

»Pero ahora, RP Ferreira, hay algo que viene a colmar el cáliz. Tengo noticias de que vuestra reverencia ha comenzado a lamentarse con eclesiásticos y con "alguna persona seglar" del mal espíritu de nuestros religiosos. Ellos son para mí la fibra más delicada de mi alma, algo que soy todo yo, y que no soy yo mismo, porque en honor de la verdad de ellos son dignos, nobles y santos. [...]. No puedo hacer más que suplicarle de rodillas que no mate ni merme su fama y buen nombre [el de los religiosos legionarios].»[13]

[12] ALFC, 20/III/57.
[13] *Idem.*

Maciel puede permitirse seguir colocando a Ferreira en el lugar del denigrador, pero no de cualquier manera, ya que simultáneamente, y «sin comedia» de por medio, se declara lo más cercano a los sufrimientos de Cristo, del que sabe a ciencia cierta que no quiso lo que a él le ocurre, aunque en su infinita sabiduría lo permitió, muy seguramente para la purificación y santificación de su alma. Se podría pensar que una «difamación» más, y casi se podría hacer la apuesta de que sería canonizado en vida.

Y en efecto, vendrán más acusaciones en el futuro contra Maciel, pero éste, sin moverse un milímetro de esta posición –hasta el día de hoy–, las trastocará de nueva cuenta en calumnias. A su vez, los múltiples «calumniadores» de las diferentes etapas tendrán la seguridad plena de que siempre recibirán su perdón, y en esta ocasión incluso amorosos besos «en la mano».

Hasta aquí repite puntualmente la misma estrategia narrativa que ya utilizó con Félix Alarcón con el matiz de que esta vez, al dirigirse al padre Ferreira, hace hincapié en la específica posición que éste ocupa como jefe de fila de los calumniadores. No sólo lo calumnia a él que puede soportar casi todo, sino a los que para Maciel forman parte de «la fibra más delicada de su alma», y que están casi fundidos en él sin ser totalmente él mismo. Tocarlos a ellos que son «dignos, nobles y santos», eso sí no tiene nombre, eso sí rebasa todos los límites.

En el juego de espejos de los frutos perfectos que parece engendrar sin descanso la institución legionaria, Maciel le rinde un sentido tributo a sus discípulos que en su momento dijeron lo mismo de su fundador y de la Legión ante los interrogadores externos. Recuérdese al padre Anastasio en su informe. Dijeron que «los superiores son perfectos, el fundador es un santo, y la observancia es absoluta».

No hay escapatoria para el discurso producido y sostenido por un pacto de fidelidad con código paranoico incluido. No hay exterioridad posible, sino sólo una circularidad perfecta y asfixiante remisión de reflejos. A quien no participa beatamente de este englobante y constringente discurso, sólo le queda resignarse a formar parte del elenco de los perseguidores.

Al amalgamar Maciel en su persona a los que conforman «las fibras más delicadas de su alma» y a la institución de la que es fundador y dueño, cualquiera que se atreva a realizar alguna crítica tocará simultáneamente los tres elementos. Extraña «trinidad» legionaria producida por alguien que a todas luces no era un teólogo, sino un sintetizador de elementos heterogéneos, muy poco riguroso.

Maciel, en la carta que comento, añade que no ve otra manera de ayudar a las fibras de su alma sino con oraciones, «ya que como vuestra reverencia sabe tengo prohibido de comunicarme con ellos». Y sin embargo está al día de los rumores, como lo prueba la carta.

Hay que dejar claras las características de la suspensión de Maciel, ya que si bien está expulsado de Roma y bajo la prohibición de no comunicarse con su gente, el solo hecho de tener a su cargo la base económica de la Legión lo coloca en una posición de fuerza y con francas posibilidades de seguir manteniendo el grueso de la comunicación y la sumisión de la mayoría de los fieles que lo consideran objeto de una acción injusta, y más aun con Ferreira de vuelta en México.

El 23 de marzo el padre Ferreira le escribe a Maciel para «otorgarle» el permiso de viajar a América del Sur con la finalidad de solucionar los problemas económicos, y le informa de la muerte de la esposa de un bienhechor. Y vuelve a quedar «su afectísimo y seguro servidor en Cristo». Pero en un *post scriptum* escrito a mano, el superior sustituto –que viene de recibir la carta de Maciel del 20 de febrero de 1957– se queja amargamente del padre Rafael Cuena, quien no cumple con las misiones que se le encomiendan y, en cambio, viaja sin permiso de Roma a España. Con ello muestra una vez más el triste papel jugado como superior sustituto. Además en el *post scriptum* Ferreira enfrenta a Maciel:

«En su carta [...] me habla con una certeza matemática de que le he difamado a vuestra reverencia y a los religiosos, mi primera reacción fue callarme, pero gracias a que mandó vuestra reverencia estas cartas que se den cuenta [¿quiénes?] que todo esto no es más que intriga de los mismos elementos con quienes niega tener toda correspondencia y está sumiso a la prohibición de la incomunicabilidad con ellos.

»[...] No deje de encomendarme [en sus oraciones] como lo hago yo».[14]

El 3 de abril, Ferreira se dirige de nueva cuenta al «carísimo en Cristo» padre Maciel. Y lo interroga sobre una información dada por el propio Maciel acerca de la deuda de la Iglesia de Guadalupe en Roma, deuda que le parece contradictoria ya que, por una parte, Maciel le habría dicho que el constructor se había excedido en los gastos pero que no era problema, y en un cable posterior, que sólo esperaría al

---

[14] ALFC, 23/III/57.

día primero para cobrar. Le sugiere que si no hay fondos se retrase la obra, pero muy probablemente hace la sugerencia sin muchas esperanzas de que sea atendida, sabiendo que Maciel, una vez que se propone algo, no puede retrasar su ejecución, se trate de droga, sexo, fundación o construcción de un edificio. Habla de un «desfalco» en las tres casas de México, Roma y Ontaneda de 15,000 pesos, y añade:

«Desde hace dos años ya se veía venir este problema y era de esperarse desde que vuestra reverencia se pasó también enfermo más de un año hasta que en el mes de julio y agosto del año pasado se propuso remediar la situación.

»[...] Pero desgraciadamente pasaron las cosas que estamos sufriendo y por eso nos encontramos en este momento doblemente difícil. [...] Lástima que todo esto lo entendimos tan tarde y después de tantos golpes, si VR recuerda, cuántas veces le hablé claro y le expuse mi manera de pensar y de sentir y [...] llegaba al ver que no se resolvía el problema a la conclusión de separarme [...] y ya VR había consentido en que en octubre me separaría o por lo menos me quedaría en Pátzcuaro con un grupo de los más pequeños».[15]

Este escrito parece un homenaje al sobreentendido y al eufemismo. Por lo pronto responsabiliza a Maciel de la situación económica, que en el texto traslapa con la enfermedad, a la que por fin después de un año Maciel decidió poner remedio. Ferreira, como veía que no se «resolvía» –¿la situación económica, o la enfermedad?– decidió salirse en octubre de 1956. Pero «desgraciadamente pasaron las cosas que estamos sufriendo y...». Lo dice como si él no tuviera nada que ver en el asunto. Era una magnífica oportunidad para llamar a las cosas por su nombre y dejarlas constatadas no sólo ante terceros, sino ante el propio implicado.

Pero Maciel sí entendió claramente a qué se refería, y le responde el 24 de abril de 1957 con su modo habitual, es decir, colocando de nuevo a Ferreira en el lugar de calumniador total y a él en el de la víctima inmolada. Primero le anuncia que probablemente no le podrá escribir por algún tiempo, y por esa causa le envía estas letras,

«ellas no tienen carácter oficial. Son de un sacerdote para otro sacerdote. De la auténtica verdad de su contenido solamente Dios, usted y yo, podemos estar seguros.

[15] ALFC, 3/IV/57.

»a) El padre Maciel no ha sido y no es un morfinómano. Lo que usted ha propagado es una calumnia.

»b) El padre Maciel; no es ese monstruo que usted ha dibujado; las últimas acusaciones que usted ha hecho en materia tan delicada son también una calumnia.

»c) A mí no me toca juzgar las intenciones verdaderas que le han guiado por este camino. Es Dios quien todo lo conoce a quien le corresponde este derecho

»d) Las consecuencias de esta actuación no podrán ser más dolorosas para la Iglesia, para el sacerdocio católico y para las almas. Quizá aún usted no vea hasta dónde es posible llegar; pero no pasará mucho tiempo sin que se lo pueda palpar.

»f) *Usted no debe temer que yo descubra sus inmensas miserias sacerdotales y humanas.*[16] No puedo hacerlo porque soy cristiano. Porque tengo que «amar a mis enemigos...»

»g) La Legión es una obra de Dios. Todas estas pruebas la reducirán al fracazo [*sic*] aparente, pero ella no puede morir. Un día saldrá de sus catacumbas para proclamar la verdad y continuar su lucha por el Reino de Cristo, en la Paz, en la justicia y en amor».[17]

Como dato curioso, Marcial Maciel pone debajo de su firma la abreviatura «*Sup. Gen.*»: ¿como para que quedara claro quién tenía el poder efectivo?

Si en una primera lectura los argumentos manejados en la carta resultan reiterativos –«usted es un calumniador», y «yo por cierto no soy un monstruo»; las consecuencias de su conducta «le harán un enorme daño a la Iglesia, al sacerdocio y a las almas» (a lo que se podría perfectamente añadir «al papado, a Maciel»), a los «que componen la fibra más delicada de mi alma» y a la Legión, etcétera–, contiene, sin embargo, un elemento «novedoso»: Maciel, al tiempo que se autoexculpa radicalmente, pasa sin el menor titubeo a afirmar que Ferreira, su «enemigo» al que tiene la obligación de amar, no debe temer que él les descubra a terceros «sus inmensas miserias sacerdotales». La dicotomía es perfecta. De un lado el calumniado y santo, del otro, el calumniador con miserias inmensas, pero que será protegido por el calumniado. Y Maciel se coloca entonces como aquel que posee la vara de la justicia que sabe darle a cada cual su verdadera dimensión.

[16] Las cursivas son mías.
[17] ALFC, 24/IV/57.

Y remata con la exaltación de la Legión saliendo cual Lázaro de su tumba, fortalecida, para proclamar nada menos que la verdad y la justicia. Porque argumento reiterativo mediante, las acusaciones no tienen ninguna validez, sólo son pruebas que permite el señor. Pero ¿qué se jugaba en esa sibilina amenaza a Ferreira hecha por Maciel, recubierta en el mandamiento de amar a los enemigos?

El 26 de abril de 1957 Ferreira le escribe al padre Anastasio para quejarse de nuevo de Maciel. Esta vez porque se había ausentado de México sin avisarle, aunque sí lo hizo con el padre Faustino Pardo, su superior inmediato: lo justo para no ser cuestionado sin apelación en ese régimen jerárquico análogo al militar. El padre Pardo le informa a Ferreira que Maciel había tenido que salir de urgencia del país «porque le habían denunciado en Gobernación de su estancia ilegal, y que saldría por veintidós días».[18]

Maciel tenía así un nuevo pretexto para escaparse del débil control de Ferreira, y de paso jugar con la precaria y negociable legalidad mexicana. ¿Por qué había ingresado de manera ilegal?

El 1 de septiembre, Ferreira le envía una carta al «recordado» padre Maciel. Se trata de un ajuste de cuentas pero también de una autocrítica. En ella muestra cómo el enfrentamiento se da sin atenuantes, y manifiesta con lucidez cómo los dos caminan solidariamente hacia el abismo.

Comienza diciéndole que está enterado de «su determinación» y que proceda de la manera que le dicte su conciencia, ya que por su parte él ya tiene «todo arreglado». Hasta aquí, las cosas resultan más bien enigmáticas.

«Sólo me permito decirle que tenga en cuenta su historial que es largo y desgraciadamente no es el de un santo fundador, pues en lugar de dar el buen ejemplo a sus súbditos con la docilidad y sumisión a las órdenes de los superiores, les ha comunicado [...] rebeldía y falta de espíritu religioso.

»[Y pasa a cargar a fondo...] Se ha escogido el medio más torpe para defenderse, el espionaje y lo que es peor, emplear a los mismos religiosos para poderse hacer del documento del que habla en su carta.

»Creo que de usar ese medio seré el que menos salga perdiendo porque tengo hechos concretos que citarle al Santo Oficio y si en mí es una falta tan imperdonable, creo que en un fundador no

---

[18] LCM, doc. 144, 3/V/57.

tiene calificativo y por lo menos se nos tendrán que aplicar los mismos cánones. [...] Nos hemos puesto en el peor de los planos y creo desgraciadamente que es el que nos va a llevar a la peor de las soluciones y a la ruina de nuestro sacerdocio y al fracaso de tantas vocaciones.

»Por todo lo que está pasando y lo que pasará una y mil veces me arrepiento de haberme metido a colaborar y a ser por tanto tiempo tapadera de tantas cosas. [...] Recordará que los mismos religiosos que ahora se lavan las manos [...] como Cuena, el padre Pardo etcétera [y que...] fueron los que me llamaron a Roma [principios de 1956] para poner remedio a todos aquellos escándalos que ellos y vuestra reverencia recuerda se repitieron en Madrid, en México y en EU [...] son ahora los que [...] han culpado de esto al que menos culpa ha tenido [al propio Ferreira] como puede declararlo el señor arzobispo de Yucatán.

»Sólo le digo que si seguimos en este plan le prometo que les hablaré claro a todos los sacerdotes de la Legión para que se den cuenta de lo que en realidad defiende la Santa Sede y que ya no sigan criticando engañados por un falso pietismo y sensacionalismo.

»[...] Ya termino y le suplico una oración para que nuestro señor aplaque estas pasiones que son las que en estos momentos nos están haciendo hablar y decir cosas con toda crudeza y desgraciadamente esto no dará la solución más satisfactoria. [...] Confío en que será la última vez que tenga que hablar de este tema y en este tono tan desagradable.»[19]

La ruptura estaba consumada, pero aún no finiquitada. Esta vez, Ferreira alude más específicamente a los actos pederastas de ambos y a la adicción a la morfina de parte de Maciel. Pero además, él también intenta amedrentar a su rival para que no crea que lo tiene a su merced, si lo acusa de actos contra el sexto.

Pero Ferreira todavía guarda un cierto pudor frente a ciertos legionarios y pretende protegerlos tratando de conservarles su supuesta inocencia. Pero, ¿a qué documento se refiere, que supuestamente le fue sustraído por los enviados de Maciel? Todavía el 30 de septiembre de 1957 el padre Ferreira le vuelve a escribir al «estimado» padre Maciel, y le comunica que tiene en su poder su atenta carta del 25 del presente;[20] dice sentir en el alma que lo considere uno de sus «enemigos»

[19] ALFC, 1/IX/57.
[20] La cual desgraciadamente no se encuentra en el archivo ALFC.

y que es una lástima que Maciel tenga esas «ideas fijas de persecución» con todas las personas que se atreven a hablarle claro, pero que confía que todo eso terminará por pasar y que Dios le dará a cada quien lo que merece. Le adelanta que tiene la plena seguridad de que pronto le concederán su separación.

Supuestamente Maciel le habría cuestionado que la economía de México Ferreira la había dejado en una situación «desastrosa». Ferreira se defiende y afirma que Maciel puede estar seguro de que él no «ha tomado un solo centavo». Y termina con esta despedida: «me despido y hasta la eternidad, pues confío que ya no tengamos en este mundo que tratar ningunos problemas».[21]

Pero la eternidad todavía tendría que esperar. El 11 de septiembre, el padre Ferreira le escribe al delegado apostólico de México, Luigi Raimondi, para decirle que ya está todo arreglado para la ordenación de Jorge Bernal, pero que ni siquiera se le pidió autorización, sólo oraciones. Y alude que al hermano Saúl Barrales le tocaría hacer sus votos perpetuos el día 15 del mes, «pero en la medida que fue uno de los religiosos que hablaron a otros para impedir que se le siguiera poniendo la droga, y aquellos con quienes habló fueron con el padre Maciel, esto fue motivo para que se le tuviera en menos por todos y para que ahora a una pidan el que ni siquiera renueve sus votos».[22]

El espíritu de cuerpo muestra de nuevo su eficacia. Los disidentes, en la medida en que no están unidos en una minoría activa y compacta, van sufriendo individualmente las feroces y eficaces respuestas a sus tímidas mini rebeliones. Ferreira todavía intenta defender desde su pírrico poder a Saúl Barrales y le ordena al padre Antonio Lagoa que el citado sea admitido a renovar por un año sus votos; advierte que se opone de manera tajante a que se le retire de la Legión, puesto que se trata de un religioso ejemplar.

«Con esto se enfadó el hermano que me habló y colgó el teléfono. Así que no me pude informar quién haría la ordenación.»[23]

Y Ferreira añade, en el límite de su resistencia:

«Por todo lo visto comprenderá vuestra reverencia la situación en que me encuentro y el papel ridículo que estoy haciendo como su-

[21] ALFC, 30/IX/57.
[22] LCM, doc. 147, k/43, 11/IX/57.
[23] *Idem.*

perior. [...] Estoy deshecho y no puedo más. Ruego a vuestra excelencia me consiga mi separación inmediata. Si he aguantado es por obedecer las órdenes del señor cardenal [Valeri] y del padre Larraona. Pero ahora me dejan sólo y [mi] autoridad se pisotea. Y parece que la mentira y la diplomacia triunfan.

»[...] Se me ha anunciado por el padre Maciel una *suspensión in sacris* [del sacerdocio]. [...] Me despido y por caridad ya no me exijan permanecer más tiempo en este puesto tan difícil».[24]

Los días de Luis Ferreira, para su descanso, están contados en la Legión. El 20 de septiembre Federico Domínguez, la otra punta de lanza de la disidencia, envía una carta a la Sagrada Congregación de Religiosos pidiendo su dispensa de votos, desde Dublín, prometiendo «guardar reserva acerca de todo lo ocurrido en la congregación del padre Maciel».[25] Ferreira se quedaba aun más solo, y Marcial Maciel podía respirar un poco mejor.

Pero es en esa carta al delegado apostólico de México que Ferreira alude a la presión ejercida por Maciel para que se le suspenda como sacerdote, con lo cual se demuestra que el cristiano Maciel parece no haber cumplido su promesa de no hacer explícitas ante terceros las «inmensas miserias sacerdotales y humanas» de Ferreira.

Para entender esto, retrocedamos un poco, al 31 de agosto en que Luis Ferreira le envía a Arcadio Larraona un escrito en el que le habla de una carta de Maciel que «tiene el gusto de remitirle también». Y le ofrece además su propia interpretación de ésta. Según él, está inspirada –la de Maciel– en alguien que se siente ya separado del puesto y no se resigna definitivamente con su suerte. Puede que fuera el caso, pero Ferreira se equivocó a mediano plazo. Ahí el único que sí terminó abandonando la Legión fue él, y no Maciel, ya que el fundador salió de este trance fortalecido y sin enemigos internos peligrosos al frente.

Ferreira le recuerda a Larraona lo del «asunto» del que ya les había hablado tanto a él como al cardenal Valeri, y que era por esa razón que no quería aceptar sustituir a Maciel, conociendo la manera de actuar de éste, ya que sabía que tarde o temprano su rival utilizaría la información que tenía acerca de su vida sexual. Y entonces alude con más precisión al famoso documento sustraído de la siguiente manera:

[24] *Idem.*
[25] LCM, doc. 150, k/18. 20/IX/57.

«A tal grado han llegado [las cosas] que esas mis faltas las ha dado a conocer a los religiosos. Y mandó a uno de ellos a que sacaran de mi escritorio este documento a que hace mención en su carta de la sagrada penitenciaría y por el contenido y su carta descubrirá lo que piensa de mí y del padre Domínguez. [...] Con mis faltas de ninguna manera me sentía tranquilo, él ignora que les he descubierto todo al señor cardenal y a vuestra reverencia. Pero conste que yo he procurado proceder siempre con sinceridad. Ahora no dudo que quiera el padre Maciel obtener una suspensión [del sacerdocio de Ferreira] tal como lo enuncia, pues tiene a todos los religiosos de su parte y si él lo pide o lo desea son capaces [sic] de fastidiarme jurando en falso.

»Sólo ustedes podrían salvarme dándome en la mayor brevedad mi separación y una recomendación para mi ordinario.[26] [...] Yo no he querido hablar a él con la claridad y rudeza con que él me habla, pero tengo casos que si los muchachos procedieran con plena libertad dirían lo de *la absolución del cómplice*[27] y otras muchas cosas. »[...] Me siento deshecho y no sé qué hacer».[28]

Es en la cuestión de la «confesión del cómplice» que los antiguos ex legionarios han apoyado su denuncia e iniciado un juicio a finales del siglo XX contra Marcial Maciel. Precisamente porque es el único delito que no ha prescrito.

[26] Así se define al obispo que gobierna una determinada diócesis.

[27] Eduardo Regatillo, jesuita, experto en derecho canónico y teología moral, al que en su momento consultó el padre Lucio Rodrigo, jesuita, a propósito de las confidencias que le hizo Marcial Maciel respecto a la falsificación de la firma del cardenal Spellman, describe así la citada absolución: núm. 526: «–¿Incurre en excomunión *specialissimo modo* reservada a la Santa Sede el sacerdote que absuelve a su cómplice en el pecado ignorando la censura? Respuesta: –Incurre si la ignorancia es afectada, es decir, si de intento ha procurado el no enterarse, para excusarse de la ley (Canon .2229/1). Igualmente incurre, si la ignorancia es crasa o supina, esto es tal, que ningún o muy poco cuidado se tomó de saber estas cosas que ningún confesor debe ignorar. [...] –¿Y si el penitente se calla el pecado de complicidad? Respuesta: –Si se la calla porque a ello le induce el confesor directa o indirectamente, diciendo, *v.gr.*, "no es menester que confieses tal pecado, pues ya lo sé." O "no es tan grave que deba inquietarte"; entonces no se libra de la censura. Mas si se calla sin ser a ello inducido por el sacerdote, éste peca por administrar mal el sacramento pero no queda sujeto a excomunión». Eduardo F. Regatillo, *Casos canónicos y morales*, 2ª ed., Sacramentos, Santander, Sal Terrae, 1958, t. II, pág. 439. En este último caso me surge una duda: ¿Quién es el que no queda sujeto a excomunión? Si fuera el sacerdote, aunque no lo haya pedido por el hecho de administrarla, sea por ignorancia «afectada» o «crasa», ¿no incurre en excomunión?

[28] ALFC, 31/VIII/57.

Ferreira tenía al menos una ventaja sobre Maciel: ya había confesado sus culpas ante las autoridades de la Sagrada Congregación de Religiosos, y además aquél no lo sabía, es decir, ya no podía «denigrarlo» más ni devaluar su testimonio. En todo caso, se trataba de la pugna entre dos hombres que tenían algo en común. Con la diferencia de que uno de ellos ya no soportó más cargar con lo propio ni con lo ajeno.

Pero es en una carta posterior al propio monseñor Larraona, donde Luis Ferreira expone las cosas de una manera abierta y desgarradora. Probablemente porque el citado monseñor Larraona no respondió a la anterior. Ésta fue escrita el 6 de noviembre de 1957, y en la circunstancia de tener que responder al interrogatorio del visitador para México y España, Polidoro van Vlierberghe, quien había recibido el nombramiento por parte del cardenal Valeri el 10 de julio de 1957.[29] Este visitador será un factor determinante para la exculpación de MM, y muchos años después hará de nuevo su aparición a través de unas cartas que los ex legionarios denunciantes considerarán apócrifas.

Ferreira describe que fue desde su llegada a Roma a finales de 1956, para franquearse con el visitador principal Anastasio del Santísimo Rosario, que confesó a los dos citados de la Sagrada Congregación de Religiosos su propia implicación sexual y su complicidad en el asunto Maciel. Probablemente lo hizo también con el superior de los carmelitas. «Las faltas que había tenido con algunos muchachos y grupos, [de] eso mi conciencia me acusaba y no tenía tranquilidad ni para estar dentro del Instituto Cumbres, menos para ser el superior».[30]

Ferreira, minado desde dentro de su alma, se convertía así en presa fácil de sus rivales y estaba claramente incapacitado para ejercer la autoridad una vez que se decidió a romper el pacto de complicidad con Maciel.

Por otra parte, ¿qué significa esa alusión a sus «faltas con grupos»? Si, hasta donde sabemos, Maciel armaba actos sexuales grupales, ¿qué hacía Ferreira? Todos los testimonios que pude recabar sólo aluden a sus famosas revisiones del pene y en ciertos casos a masturbaciones. E incluso en esta carta que cito, él mismo, al aludir al robo del documento por parte de gente enviada por Maciel, habla de que también practicó la *absolución del cómplice*.

[29] ALFC, 10/VII/57.
[30] LCM, doc. 152, 6/XI/57. Carta manuscrita, enviada desde Pátzcuaro, Michoacán.

«El padre Maciel ha seguido amenazándome de que si no digo que a mí no me consta de sus actos con los muchachos él promoverá un juicio para que me suspendan.

»[...] les comuniqué también, [a Valeri y Larraona] que había acudido por medio del señor Gregorio Araiza[31] para pedir la dispensa por la absolución del cómplice, y teniendo yo este documento (copia) me lo mandó sacar el padre Maciel y con todo eso me amenazó ahora que el reverendo padre visitador [Polidoro] me mandó que le contestara una serie de preguntas. Preguntas de las que el mismo padre Maciel me habló la víspera de recibir el interrogatorio. [...] Antes de leer la carta me di cuenta de que había sido violada [...] Y además, después de tenida la conversación con él [Maciel], no creo que el reverendo padre visitador le haya comunicado [...] lo que me preguntaría por escrito.

»pág. 2. [...] El padre Maciel me ha jurado que si contesto de una manera ambigua, se arreglará todo y usará mis faltas para bien de mi sacerdocio. [...] Ante todo esto estuve titubeando pero mi conciencia no me deja mentir. Sólo vengo a rogar una ayuda en este caso.»[32]

Ferreira parece sentirse colocado en total desventaja ante Maciel, como si el único vulnerable fuera él. Además, continúa percibiéndolo con pleno poder para disponer de su vida y de las de los demás. Resulta llamativo, pero no descabellado, y más por lo que ocurrió después con Maciel.

Una primera cuestión que se trasluce en esta carta es que Ferreira va con monseñor Araiza para pedir la dispensa por la «absolución del cómplice», y que es precisamente la copia de este escrito la que le manda sustraer Marcial Maciel. ¿Quién le informó a Maciel que la había hecho y que la tenía? ¿Fue acaso el propio monseñor Araiza, que años antes había sido su aliado? ¿Fueron sus filtradores de la Sagrada Congregación de Religiosos? Ninguna indicación ofrece al respecto.

Lo que tampoco resulta claro es cómo se las arregló Maciel para enterarse de la carta enviada a Ferreira por el padre visitador y para, presumiblemente, abrir el sobre y saber de su contenido. ¿Había establecido contacto con el visitador previamente? De nueva cuenta, ¿sus contactos en la Sagrada Congregación de Religiosos le habían informado? ¿Se la dio el propio visitador a Maciel para que se la entregara

---

[31] El notario de la erección canónica de junio de 1948.
[32] LCM, doc. 152, *cit.*

a Ferreira? No queda claramente establecido. Lo único que sí asegura Ferreira es que la carta fue violada, y también se puede constatar que este escrito, que obra en el archivo de Ferreira, parece enviado desde México el 4 de noviembre de 1957.[33] El hecho es que Maciel parece saber perfectamente el contenido de las preguntas del interrogatorio, pero también, por otra parte, no se necesitaba ser muy sagaz para saber por dónde podían ir a esas alturas, más aún tratándose del propio MM.

Por su lado, Ferreira confiesa que estuvo titubeando ante el ofrecimiento de Maciel, pero que su conciencia no lo dejaría mentir. Sin embargo, si analizamos cómo contestó al citado interrogatorio siete días después, se mantuvo algo más que ambiguo.

Como ya señalé, el interrogatorio se lo envía desde México el padre visitador al padre Ferreira el 4 de noviembre de 1957. Al día siguiente, 5 de noviembre –un día antes de recibir la carta del padre Polidoro–, Ferreira recibe una carta de Marcial Maciel escrita desde Morelia. Ese 5 de noviembre es cuando Ferreira asegura que Maciel lo conminó a callar acerca del asunto de las drogas y la pederastia. Pero, además, Maciel reforzó sus dichos cara a cara con una nueva carta manuscrita y firmada, en cual se lee lo siguiente: «bajo juramento delante de Dios NS por el buen nombre del sacerdocio que representa, por el bien de los alumnos y de la Iglesia, le prometo nunca llegar a hacer uso del conocimiento del problema que VR y yo conocemos».[34]

Era entonces explicable la desconfianza de Ferreira si atendemos a todo lo que venimos de citar. Se trataba de nueva cuenta de la promesa de no hacer uso de la información contenida en la carta sustraída, negando consistentemente la propia implicación en ese asunto. La carta continuaba la misma línea que Maciel desplegaba en la ya citada del 24 de abril de 1957: «no debe temer que descubra...».

Siguiendo la lectura de la carta de Ferreira a Larraona entenderemos parte de sus titubeos, que tienen que ver con la conservación de dos de sus bienes más preciados: el sacerdocio y su fama.

«Vuestra reverencia puede y confío en que querrá ayudarme [...], estoy dispuesto a corregirme, pero que no me quiten las celebraciones de la santa misa y de oír confesiones. Es con lo poquísimo que puedo ahora en estos momentos y en mi futuro consolarme. Y no ser procesado para el tiempo y la eternidad. [...] Confío en que ahora no me abandonen. [...] En estos días me concederán mi

---

[33] ALFC.
[34] ALFC, 5/XI/57.

dispensa y pasaré a la diócesis de Morelia. Estoy en una tortura humana, mi señor arzobispo me estima y tiene confianza en mí. Y [si] luego me mandan una suspensión, qué hago, dígame por caridad sólo dos palabras. ¿Le comunico a él mi situación personal? O ¿puedo estar tranquilo que el eminentísimo señor cardenal Valeri y vuestra reverencia sacarán la cara en mi defensa? Pues confieso una y mil veces que soy culpable.

»[...] Vuestra reverencia hable con el padre visitador de mi asunto, yo no me atrevo a tocarle esa materia, es tan penoso que no se qué hacer. Pero yo hablaré con toda verdad si vuestra reverencia me manda sólo dos letras pidiéndome que lo haga. [...Pero] mi amor propio y mi naturaleza se resisten a esa difamación tan penosa yo no sabría qué hacer ni a dónde marcharme.

»[...] Quiero sobre todo antes de contestar, algo de vuestra reverencia. Siempre me han castigado con un absoluto silencio, ahora sí por caridad.

»[...] Yo no tengo defensor más que a vuestra reverencia.»[35]

Y a juzgar por la respuesta que dio al interrogatorio, se quedó sin que nadie de la Sagrada Congregación de Religiosos le contestara. Esa experiencia de deberle todo a la institución eclesiástica y a sus eminentísimas reverencias lo colocaba en una posición extremadamente vulnerable. En todo caso, a juzgar por lo que siguió, el trato que recibe este sacerdote culpabilizado, apesadumbrado y dispuesto a cambiar su vida es menos deferente que el que se le dedicó a mediano y largo plazo a MM. Pero ¿qué preguntas le había hecho el padre Polidoro?

«Primera pregunta: Si le consta personalmente que MM se droga con morfina frecuentemente.

»Respondo negativamente por no haber nunca visto las fórmulas de las inyecciones que se le administraban y por esto digo que no me consta personalmente.

»Respecto a los miembros del Instituto, no me consta que ellos se hayan dado cuenta de que el reverendo padre Maciel haya usado drogas, porque no sé, personalmente, si hayan conocido la fórmula de las inyecciones que se aplicaba.

»Segunda pregunta: ¿Le consta personalmente que el padre Maciel en estado inconsciente de droga haya realizado tactos ilícitos procaces en partes deshonestas *corporis* de algunos alumnos?

[35] LCM, doc. 152, *cit.*

»Respondo: No me consta personalmente porque nunca lo vi.
»Tercera pregunta: ¿Le consta que el reverendo padre Maciel obligase a los alumnos y religiosos a guardar secreto [o confidencia]?
»Respondo: No me consta personalmente».[36]

Hay que hacer notar la manera en como están redactadas las preguntas y el tipo de constreñimientos que induce el contestarlas. Por ejemplo, ¿por qué presupone la pregunta 2 que Maciel, al utilizar la droga, estaba en estado «inconsciente» o de inconsciencia? Esto es aceptar sin espíritu crítico lo que el propio Maciel decía que le ocurría.[37] Y también, descuida los posibles testimonios de los que sufrieron su supuesta inconsciencia. Y en caso de haber carecido de este contrapunto, bastaba preguntarse: ¿cómo era posible que si estaba sujeto a tan fuertes dolores como decía, e «inconsciente» todavía se las arreglara para seducir infantes?

Además, planteada de esa manera la pregunta eliminaba, o cuando menos dejaba de lado, otra posibilidad, a saber: «¿Le consta que Maciel en sus cinco sentidos ha realizado...?», como sí sucedió, por cierto, en muchas ocasiones, como posteriormente se supo. Y utilizar la palabra «personalmente» puede implicar tanto si estuvo asistiendo a la escena o si se enteró por testimonio directísimo. Hasta donde se sabe, en cuanto a la primera opción, ambos practicantes de la pederastia tuvieron buen cuidado de no invitarse a comprobar «personalmente» sus respectivos actos con terceros. En cuanto al abuso de alguno de los candidatos, Ferreira, en su carta a monseñor Orozco Lomelí dice que le consta más de un caso. Respecto a la droga, afirma sin titubeos en la citada carta al vicario del arzobispo de México que «ya desde entonces [1950] el padre Maciel se aplicaba inyecciones estupefacientes de Dolantina, Sedesol y Demerol»; en otra[38] habla específicamente de Saúl Barrales, quien había sido apartado de los votos perpetuos por haberse opuesto a que Maciel siguiera inyectándose.

En todo caso, lo que salta a la vista es que el padre visitador de México no iba a ciegas en su interrogatorio; conocía la información

---

[36] ALFC, 13/XI/57; LCM, doc. 154. El texto venía en latín y Ferreira lo traduce.
[37] Recuérdese, por ejemplo, la carta de Luis Ferreira del 23 de agosto de 1956 (LCM, doc. 119 y ALFC) a monseñor Orozco, donde éste escribe (pág. 2) que Maciel «me suplicó que no me fuera: que él no se daba cuenta de lo que hacía cuando estaba enfermo, pues eran muy fuertes sus dolores, y que sin duda lo que había hecho con ese niño había sido en estado de inconsciencia». Y existen más testimonios al respecto.
[38] LCM, doc. 147.

que corría respecto a la morfina y a los actos pederastas de MM, pero al parecer aún no lo que Ferreira había hecho en cuanto a sus inclinaciones sexuales.

Tanto en el archivo LCM como en el del propio Ferreira hay coincidencia en las respuestas que aparecen en lo que vengo de citar. Sin embargo, en el archivo personal de Ferreira existe una hoja manuscrita en la cual las respuestas divergen sustancialmente. Pero a todas luces, no es la que llegó a la Sagrada Congregación de Religiosos.

Pero veamos ahora la hoja manuscrita que al parecer coincide con la afirmación emitida por Ferreira de que su conciencia no lo dejaría mentir. A la primera pregunta acerca de la franca adicción de MM a la morfina responde: «contesto que es cierto». Y sobre la segunda cuestión, de los «actos ilícitos con alumnos», escribió lo siguiente:

«No puedo decir que el acto haya sido sodomita en sentido estricto. Pero sí le amonesté de esos tocamientos y traté de separarme y me prometió que pondría remedio a todo porque no se daba cuenta por estar tan enfermo. [Argumento de la supuesta inconsciencia.]

»Creo que sí son algunos [alumnos y religiosos] pero no puedo afirmar que el padre Cuena, [Félix] Alarcón; Andrés G[arcía]. Neftalí S[ánchez][39] hayan sido víctimas de este acto. Sólo puedo afirmar que ellos conseguían a como diera lugar las ampolletas. [Y luego añade la frase:] Esto es afirmativo».

En cuanto a lo que parece ser su respuesta –por la manera en como está colocada en la hoja– a la tercera cuestión de si Maciel «obligaba guardar secreto», escribió lo siguiente: «Muy cierto».[40] La hoja, manuscrita y firmada, carece de fecha.

Como se podrá apreciar, Ferreira con esas respuestas se acerca más a su carta de agosto de 1956, aunque dice que no le consta enteramente de cuatro personas que hayan sido sujetos de actos pederastas. En cambio, en la versión que llegó a la Sagrada Congregación de Religiosos se coloca en una posición tal que claramente contradice lo

---

[39] Se trata del mismo Neftalí Sánchez al que aludí anteriormente, cuando relato la discusión que supuestamente escuchó un legionario entre el obispo hermano de Sánchez y Maciel acerca de la expulsión de este último del seminario de Montezuma. Recuérdese que el padre Neftalí me respondió que él estaba «tan ensimismado en sus estudios», que en los casi veinte años de pertenencia a la Legión no se enteró de nada en relación con las drogas o la pederastia de Maciel.
[40] ALFC.

que había sostenido en su carta a monseñor Orozco Lomelí, ante Gregorio Lemercier, y posteriormente con monseñor Larraona (agosto y noviembre de 1957).

Estas dos versiones quizá dieron lugar a que circulara la voz de que el padre Ferreira se había retractado. Por ejemplo, en un informe de abril de 1958, que se encuentra en el archivo LCM, probablemente de monseñor Orozco Lomelí a Miguel Darío Miranda, o del vicario de la arquidiócesis de Morelia al arzobispo del lugar, se encuentra escrito lo siguiente:

«Excelentísimo y reverendísimo padre:
»Compareció ante mí hace unos días el señor presbítero Luis Ferreira que fuera vicario general y después segundo superior general de Los Legionarios de Cristo. Confirma en todas sus partes lo que ha dicho y escrito [...]. No sabe a quién se debe el rumor de que se haya retractado aun en parte.

»[...] No le extraña la falsificación de documentos pues todo se movía en un ambiente de ficción. Y se emplean medios muy humanos para hacerse de amigos y protectores. Se tiene ganados con regalos aun a algunos señores de la Sagrada Congregación de Religiosos.

»Lo más triste es lo del vicio de la droga que se inyectaba el padre Maciel. Era notorio a casi todos los religiosos.

»[...] Efecto de la droga o desequilibrio mental, pero lo cierto es, dice Ferreira, que el padre Maciel tiene una obsesión constante de persecución, ve enemigos en todas partes».[41]

El 13 de noviembre de 1957, el padre Ferreira contesta el interrogatorio del padre Polidoro, y casi un mes después, el 12 de diciembre de 1957, este último envía un informe de su visita a México al prefecto de la Sagrada Congregación de Religiosos, cardenal Valerio Valeri. En su resumen decía: «Encomiendo a la bondad paternal de vuestra eminencia esta nueva congregación que aprecio de corazón y de quien me he compadecido mucho porque realmente ha sufrido mucho, pero ha sufrido resignada y con espíritu de fe».[42]

El padre Polidoro había hecho suya la causa de Marcial Maciel, y por esta razón va a entrar en contradicción con la percepción que tiene

---

[41] LCM, doc. 159, L/14. 5/IV/58.
[42] LCM, doc. 155, L/8. No. 0929/25. 12/XII/57.

del asunto el superior general de los carmelitas. Sin embargo, antes de consagrarme a esta cuestión creo conveniente citar una carta del padre Anastasio a monseñor Larraona, fechada en enero de 1958, para saber lo que piensa el carmelita de las respuestas que le dio el padre Ferreira al interrogatorio formulado por el franciscano Polidoro.

«Debo señalar la respuesta extremadamente equívoca dada por el padre Ferreira a algunas preguntas hechas por el reverendísimo padre visitador de México acerca del uso de la morfina y los hechos contra el VI [mandamiento].

»No logro entender cómo tales respuestas hayan sido retenidas como probatorias, ya que es transparente el recurso al equívoco y a la evasión».[43]

El padre Anastasio sabía o intuía las cosas en su justa medida. La amenaza de Marcial Maciel, aunada quizá a la no respuesta expedita que reclamaba de la cúpula de la Sagrada Congregación de Religiosos, provocaron esa respuesta de Ferreira.

Finalmente, el 23 de noviembre de 1957 el padre Luis Ferreira recibe dos cartas del delegado apostólico de México, monseñor Luigi Raimondi, en las que éste le anuncia «la dispensa de los votos religiosos», y lo deja en libertad para integrarse en la diócesis que quiera recibirlo.[44] Pero en la otra, con la misma fecha, al anunciarle lo de la dispensa añade que el padre visitador desea que permanezca todavía un tiempo en sus funciones mientras regresa de España.[45]

El 4 de diciembre, el arzobispo de Morelia, Luis María Altamirano y Bulnes, recibe *pure et simpliciter* al padre Ferreira en su arquidiócesis, después de haber «tomado informes a cerca de su vida y costumbres».[46] MM había logrado que Ferreira contestara el interrogatorio del visitador de manera ambigua y había, a su muy especial manera, «cumplido su promesa» de no hablar del «problema» que ambos compartían a ciencia y conciencia, pero que para Maciel sólo parecía correr a cargo del padre Ferreira. A su vez, éste había logrado conservar su sacerdocio a un precio que, visto desde fuera, puede parecer muy alto.

[43] LCM, doc. 156, 15/I/58.
[44] ALFC, 23/XI/57. Delegación Apostólica México, núm. 2746. Protoc. núm. 0929/55, 9/IX/57.
[45] ALFC, misma fecha, núm. 2747. En el mismo archivo existen dos cartas de monseñor Polidoro al padre Ferreira, una de noviembre enviada desde Veracruz, y otra de principios de diciembre escrita ya desde Ontaneda.
[46] ALFC, 4/XII71957, No. 3956/57. Con sello y firma del citado arzobispo.

17

Los informes de los visitadores

> La burocracia es un laberinto en el cual yacen
> los huesos blanqueados de millones de proce-
> dimientos que no tienen la posibilidad de salir.
>
> Andrea Camilleri,
> *El miedo de Montalbano*

La burocracia del Vaticano está cruzada por dos «santos» principios: 1) ante todo, proteger a la institución; 2) reforzar dicha protección enarbolando como razón principal la salvaguardia de las siempre
frágiles «almas de los fieles» del escándalo, incluso al precio de ampa-
rar a los que violentan y escandalizan con actos efectivos a individuos
concretos, y no tanto a las almas virtuales. A partir de esta visión política, moralizante y proteccionista, se eufemizan los mecanismos de
control sobre la información y la defensa efectiva a las carreras de ciertos eclesiásticos. Sin embargo, en esta investigación hemos podido
constatar cómo han circulado con generosidad las filtraciones y deriva-
ciones de la información. Más aun, el hecho de que yo pueda escribir
sobre esta cuestión es resultado de una filtración de alguien que decidió que se trataba de algo muy grave que se debía ventilar por el bien
de la Iglesia.

Y de los huesos aparentemente ya blanqueados –el archivo LCM–
surgió poco a poco algo muy diferente de un esqueleto: entre otras
cosas, un haz de relaciones sociales y políticas; una voluntad de fundar, pasional y sin miramientos; un buen número de ideales masacra-
dos; pactos de complicidad armados como un complejo rompeca-bezas
entre múltiples actores; una relación completamente dislocada entre
el decir y el hacer; sujetos adoloridos que se cuestionan cómo fue posible que todo aquello sucediera con su colaboración; latencias institucionales sufrientes, y actos de denuncia, de resistencia o de valentía
que terminaron por ser ahogados en la razón de Iglesia, hasta nuevo
aviso, el cual surgió como erupción volcánica casi medio siglo después y desde entonces arroja su lava parlante.

Pero vayamos al fondo del volcán para tratar de escuchar las voces
que en un primer momento, hace medio siglo, circularon mediatiza-
das mayormente por la voluntad de salvar a toda costa a la Legión de
Cristo y a su fundador. Se trata de los ecos de esas voces mediatiza-
das por los diferentes filtros aplicados, entre otros, primero por los

visitadores-inquisidores, enviados por la Sagrada Congregación de Religiosos para indagar lo ocurrido en la Legión.[1] Dichos visitadores, como se verá a continuación, resultaron todo menos un grupo homogéneo. A su vez, hay que hacer alusión a los filtros aplicados por los consultores que revisarán los informes de los primeros y, coronando la operación, los de los superiores de todos ellos.

Si no se entiende esta complicada operación de articulación y filtraje, polifónica y contradictoria, se perderá una parte sustancial de la operación emprendida. Veamos cómo se armó el informe a varias voces y sus consecuencias a largo plazo sobre las vidas de muchas personas y de la institución legionaria.

17.1 El informe del padre Anastasio Ballestero del Santísimo Rosario

Recordemos que el 13 de octubre de 1956 le otorgan al padre Anastasio Ballestero del Santísimo Rosario su nominación como visitador para las residencias de Roma y España. En su reseña del 11 de febrero de 1957, el padre Ballestero, prepósito general de los Carmelitas Descalzos, señala que el 19 de octubre dio inicio a la vista del Colegio de Roma, al mismo tiempo noviciado y estudio de Humanidades de Filosofía y Teología. Afirma que la visita continuó del 20 al 24, además realizó la auscultación del archivo con la ayuda de su vicario general, el padre Benjamín Lachaert (de la Santísima Trinidad). Expone que el 24 de ese mes, después de haber obtenido el acuerdo del cardenal Valeri, le dio una orden escrita a Marcial Maciel de partir lo antes posible para España por vía aérea, cosa que éste hizo el 25. Esta orden venía, al parecer, precedida de informaciones referentes a los manejos de Maciel con sus subordinados desde la clínica en la que estaba internado.

Añade que durante el mes de noviembre tuvo frecuentes contactos con la institución y que analizó las constituciones, el epistolario del fundador y otros múltiples documentos. Consigna que del 2 al 6 de diciembre, el padre Ippolito de la Sagrada Familia visitó la casa de On-

---

[1] Doy por descontados los filtros previos que permitieron mantener silenciadas las pocas pero firmes voces que se atrevieron a explicitar tanto la pederastia como la adicción y las mentiras y suplantaciones operadas por MM.

taneda; que después de haber hablado con el cardenal Valeri concedió al padre Ferreira regresar a México en ese mes, y añade que el 2 de febrero de 1957 realizó un nuevo interrogatorio a todos los religiosos profesos de Roma.[2]

Ya se ha mencionado aquí que la percepción del padre Anastasio es que los interrogatorios habían estado conformados en un clima de reticencia y desconfianza «en todos los religiosos, especialmente en los más jóvenes». Sospecha que los interrogados habían sido «advertidos con anterioridad», lo cual hizo «imposible el recabar observaciones directas de relieve [Ya que para todos ellos] los superiores eran perfectos, el fundador un santo y la observancia absoluta. [...] En conclusión, no estamos convencidos que en el interrogatorio hayamos revelado la plena verdad».[3]

En efecto, se les había escapado algo sustancial, aunque el prepósito y su vicario sabían, por los testimonios de Ferreira y Domínguez, lo que ahí se jugaba. Además, pudieron darse cuenta de que habían sido sustraídos del archivo varios documentos.[4] El visitador sabía del legajo existente en la Sagrada Congregación de Religiosos, pero habría pecado de optimismo si hubiera supuesto que en una institución fundamentalmente organizada alrededor de un personaje con las características descritas, y tratándose de las cuestiones aludidas, sus jóvenes miembros pudieran entregarse, sin más, a los extraños que venían a cuestionarlos acerca de su admirado fundador, quien había sido separado de su institución por los mandatarios de esos recién llegados.

Cuando el padre Anastasio alude al estado jurídico de la institución, señala que existen al menos dos textos de las constituciones, el que se presentó a la Santa Sede y otro «efectivamente en uso» (pág. 4). Agrega que Maciel le había comunicado que él personalmente había redactado el texto.

«[pág. 5] Pero consta bajo juramento escrito también en secreto, [que] se hizo ayudar por otros dos jovencísimos religiosos. Las constituciones actualmente en uso son un caos jurídico. [En ellas], muchas funciones están en contra del código. Y de otra parte, se

[2] LCM, doc. 136, 11/II/57.
[3] *Idem.*
[4] «Más grave fue la declaración del fundador, del consejero y del procurador general de la inexistencia de otros documentos además de los poquísimos encontrados en el archivo. Que considero sin duda un falso evidente a partir del análisis del envoltorio del paquete que existe en la Sagrada Congregación [de Religiosos].» LCM, doc. 136, 11/II/57, pág. 3.

ignoran no pocas normas del derecho común, como por ejemplo: el resguardo de la clausura, [o...] el tiempo del gobierno del superior, casos de moral, lo referente a las deudas, etcétera. [pág. 7] Cinco de los ocho sacerdotes profesos han sido ordenados sacerdotes siendo todavía profesos temporales recurriendo a su provisoria incardinación en la diócesis de España».[5]

Este juramento escrito en secreto por alguno de los jóvenes al que alude el padre Anastasio fue quizá la única información jurada generada en el interrogatorio[6] que se le revirtió a Maciel. La otra información jurada que salió de los interrogatorios fue dirigida a ciencia y conciencia contra el padre Ferreira.

En cuanto a las denuncias de los padres Luis Ferreira y Federico Domínguez, así como la forma en que son percibidos por el padre visitador, señala lo siguiente:

«[pág. 15]. El padre Ferreira aparece tímido y adolorido sinceramente. Y F. Domínguez parece más peleador y polémico.

»[Sin embargo] La exposición muy pormenorizada de nombres, lugares y tiempos, inclina a considerarla y a tenerla por objetivamente fundada en lo esencial, pero no excluiría un discreto margen de interpretación subjetiva de los hechos».

Respecto del padre Marcial Maciel, el visitador opina lo siguiente:

«[Pág. 15]. El padre Maciel, apenas me presenté a él, comenzó sin que siquiera le mencionara las acusaciones, a defenderse animadamente, mostrándose informado de todo y acusando a su vez al padre Ferreira, y especialmente a Domínguez de falsedad y de ambición [...].

»[Pág. 16]. Particularmente en *cuanto a la acusación contra el VI nada me ha sido confirmado.*[7] Pero merece ser subrayado el hecho ya referido de que el fundador se reserva la dirección acerca de la pureza y señalar la declaración no pedida que me hizo, asegurándome que ninguno de sus religiosos había cometido un solo pecado en esta materia.

»[Pág. 18]. Conclusiones:

---

[5] *Idem.*
[6] Supongo que fue durante este proceso.
[7] *Idem.* Las cursivas son mías.

»1. El Instituto en causa, no obstante la apariencia de esplendor y de grandiosidad, es en realidad muy frágil en su estructura jurídica y espiritual. Además, carece de personal maduro y experimentado que pueda garantizar un desarrollo de lo que le ha sido confiado.

»2. El conjunto de los jóvenes novicios y estudiantes que forman las nueve décimas partes del instituto, resulta fanatizado por el padre fundador y su obra. Pero es sustancialmente sano y de buena voluntad y ofrece una buena esperanza en la medida en que se logre liberarlo del fanatismo. Lo cual, parece dudoso».

Sugerencias y remedios:

«1. Para reducir la apariencia a los justos límites de la/realidad

»A). [instalar] La sede de la casa generalicia en/México.

»B). La Escuela Apostólica y [el] noviciado exclusivamente en México.

»C). Prohibición *ad nutum* S. Sedis de recibir nuevos alumnos en la Escuela Apostólica y noviciado.

»D). Prohibición [...] de nuevas fundaciones.

»2. Para garantizar un control más eficiente sobre el Instituto

»A). Confiar a algún miembro del episcopado mexicano un especial mandato de sobrevigilancia y de asistencia.

»B). Nombrar un superior general exterior a la institución, pero que pertenezca a una institución moderna y afín por estructura y espiritualidad. [...]

» 3. *El padre Maciel debería ser depuesto de su oficio con base en la única y sola responsabilidad de las múltiples graves irregularidades jurídicas y de los abusos debidos en materia administrativa. El silencio para todo el resto parece prudente por razones internas y externas, al menos, en un primer momento.*[8] Por lo demás, las irregularidades y los abusos son por sí solos títulos jurídicos suficientes para proceder [pág. 19].

»4. Por lo demás, el mismo padre, privado de voz activa y pasiva, después de la pena de un mes de ejercicios,[9] debería ser obligado a residir en una casa en México bajo vigilancia especial del obispo designado por la Santa Sede y el superior general

---

[8] Las cursivas son mías.

[9] Me imagino que el padre visitador se está refiriendo a los ejercicios de mes instituidos por Ignacio de Loyola, fundador de los jesuitas. Resulta extraño que el padre visitador vea los citados ejercicios de mes como una «pena».

prohibirle realizar viajes de cualquier tipo y de interferir en las cosas del Instituto.[10]

»5. Las constituciones actuales, deberán ser radicalmente modificadas con particular atención a los fines del Instituto, y a la abolición de tres votos.[11]

»6. Finalmente, sería deseable en documentos reservados informar oportunamente al episcopado mexicano y algunos ordinarios [obispos] de España interesados y a otros eventuales prelados. Más delicado [resulta] el juicio acerca de la oportunidad de informar de alguna manera al gobierno español.

»7. En cuanto a conceder la secularización [al] actual vicario, el padre Ferreira, creo oportuno concederla [...] considerando la prácticamente nula posibilidad de gobernar o volverse útil al Instituto.

»Roma, 11, febrero de 1957».

Como se comprenderá, el padre Anastasio optó por la solución radical respecto a MM si nos atenemos a los puntos 3 y 4.[12] Reconoce implícitamente que si sólo hubiera basado su informe en el abruma-

---

[10] Pareciera que el padre Anastasio hubiera optado por la política más severa que se puede constatar en un documento posterior del Santo Oficio, titulado «Instrucción sobre la manera de proceder en los casos de delito de solicitación». La solicitación está fundamentalmente enmarcada en el sacramento de la confesión. Y entiende por ésta lo siguiente: es «solicitar o inducir [al penitente] a situaciones impuras y obscenas, ya sea mediante palabras o señales o asintiendo con la cabeza, o ya sea mediante el tacto o escribiendo, ya sea en ese momento o después [de que la nota haya sido leída] o ya sea que el sacerdote haya tenido con [ese penitente] una conversación o actividad prohibida e inapropiada, con imprudente osadía» (*Constitucion sacrum poenitentiae 1*). Este texto fue corroborado por Juan XXIII, en la audiencia del 16/III/62. Véase Carlos Fazio, *En el nombre del padre. Depredadores sexuales en la Iglesia*, Océano, 2004, Anexo, págs. 445 y 459.

[11] Si bien parece referirse a los ya citados de «caridad» y «humildad», desconozco cuál sería el tercer voto al que alude.

[12] Y en cuanto al inciso *a* del punto 2, de que un obispo se encargara de vigilar a Maciel, por razones de fundación le tocaba al de Cuernavaca, pero, como bien lo señala el delegado apostólico de México en una carta dirigida al cardenal Valeri, iba a resultar francamente difícil lograrlo, porque señala que a partir de una charla con el arzobispo de México, monseñor Darío Miranda, éste hizo «algunas consideraciones sobre la persona del padre Maciel, [acerca] de la gran influencia personal que mantiene sobre los miembros de su Instituto y sobre su carácter extremadamente hábil e intrigante [...]. El arzobispo [cree] difícil encontrar a alguien que sea «visitador apostólico y superior interno» [el Arzobispo Miranda considera que el obispo de Cuernavaca no esté muy dispuesto a asumir el cargo en la medida] en que es considerado especialmente por el fundador como el mayor enemigo del Instituto. Una tal acusación había sido hecha [también] contra monseñor Miranda». LCM, doc. 141, 25/III/57, núm. 496, L/10.

dor consenso que registró entre todos los entrevistados excepción hecha de Ferreira y Domínguez, no habría podido comprobar nada respecto al VI mandamiento y a la toxicomanía. Sin embargo, en el informe parece compensar esta deficiencia precisamente aceptando como bueno en general el testimonio de los únicos dos disidentes que cargaron con todo el peso y las consecuencias de su posición, contraria al resto de la complaciente tropa. Y probablemente sabiendo, además, que uno de sus testigos privilegiados había formado parte de aquello que ahora cuestionaba, «adolorido sinceramente».

Y el término «probablemente» se transforma en «seguramente» alrededor de once meses después, cuando el citado carmelita le escribe de nuevo a monseñor Larraona criticando el informe presentado por el visitador de México, el padre Polidoro van Vlierberghe, O.F.M. Recuérdese que el propio Ferreira, en su dos cartas al multicitado monseñor Larraona,[13] alude a cómo le había confesado a éste y al cardenal Valerio Valeri sus actos individuales y de grupo contra «el VI», y de haber incurrido en la «confesión del cómplice». También le pedía a Larraona que se lo comunicara al padre Polidoro. Con la documentación disponible no se puede asegurar si Ferreira también se lo había dicho en octubre o noviembre de 1956 al padre Anastasio. Pero en el documento que voy a citar, del 15 de enero de 1958, la cuestión se vuelve nítida.

«[Pág. 3. IX]. Grave me parece un hecho salido a la luz del informe del reverendo padre visitador de México [Polidoro],[14] el padre Ferreira ofrece declaraciones extra sacramentales de por lo menos seis alumnos del Instituto, volviéndose reo en el pasado de culpas contra el sexto. Estos hechos conocidos por el padre Maciel y por uno de sus consejeros don Á[ngel] Morta, no han impedido que el padre Ferreira haya siempre tenido los encargos más importantes del Instituto y que haya permanecido siempre con responsabilidades directas sobre la educación de los niños y los jóvenes ¿cómo es posible y por qué? ¿Por qué el padre Maciel sin preguntarle nada me ha expresamente declarado que ninguno de sus religiosos ha cometido jamás un solo pecado en esta materia? También *sin dar peso a la afirmación reciente* del padre Ferreira según la cual el silencio complaciente del padre Maciel sería la contraparte para que se desista de acusarle a él, hay aquí algo poco

[13] 31/VIII/57 y 6/XI/57.
[14] Nombrado visitador el 10/VII/57. Carta firmada por Valerius Card. Valeri, Praefectus. ALFC.

claro, pero para mí extremadamente grave ¿competencia del Santo Oficio?[15]

El padre Anastasio cerca la cuestión de la mutua complicidad entre Maciel y Ferreira rota por este último en agosto de 1956 y después ante monseñor Larraona, rompimiento que se puede apreciar con mayor fuerza en el capítulo 14, a partir de la correspondencia privada cruzada entre ambos superiores de la Legión.

El pacto está a la vista, y más si se lo enfoca desde el lado del confeso y arrepentido Ferreira. Si Maciel sabía cómo se comportaba con algunos de los niños, ¿por qué lo dejó seguir, y más aun en puestos tales como el de director de la apostólica? En todo caso, el superior carmelita a esas alturas tiene acceso a la información que deja a la vista la actividad pederasta de Ferreira, pero le resulta algo menos que imposible desligarla de la relación con Maciel y, como mínimo, de uno de los consejeros de este último, Ángel Morta. Pero el padre Anastasio da un paso más cuando, a la luz de esta información, reconsidera los testimonios de los jóvenes legionarios.

«[Pág. 3. X]. El episodio del número precedente me obliga a ser mucho más severo en el juicio de los jóvenes estudiantes del Colegio de Roma. En mi anterior relación, creí poderlos juzgar fanatizados sin su culpa y por lo tanto, todavía sanos y recuperables. Ahora, sabiendo que entre ellos hay protagonistas del episodio arriba referido y que nada ha sido revelado no obstante el juramento hecho por cada alumno de decir toda la verdad y no obstante la explícita pregunta dirigida a cada uno acerca del sexto mandamiento, debo concluir que la ya denunciada reticencia de todos esconde una insinceridad específica por lo cual se hace obvia la gravedad ya sea en cuanto al hecho en sí mismo, o ya sea en cuanto síntoma del ambiente.»[16]

¿Maciel sólo queda como cómplice de los actos pederastas del que fuera su vicario general? Y los jóvenes legionarios, ¿sólo habrían mentido para salvar la cara a la Legión y la complicidad de su fundador frente a los actos del padre Ferreira? En una lectura rápida de los dos textos del padre Anastasio se podría deducir esto. El testimonio de Ferreira respecto a los actos pederastas de Maciel, ¿habría que-

---

[15] LCM, doc. 156, 15/I/58. Las cursivas son mías.
[16] LCM, doc. 156.

dado devaluado a los oídos del carmelita por la propia confesión de los suyos? Algo parece haber de eso. Sin embargo, en una lectura más pausada se puede deducir que el padre Anastasio es extremadamente cuidadoso en no adelantar juicios acerca de lo que no puede probar: para el caso, los actos de MM «contra el sexto». Necesitaba el testimonio de los jóvenes y no lo pudo obtener: «en cuanto a la acusación contra el VI, nada me ha sido confirmado», había escrito en su informe de febrero de 1957. Pero lo que sí afirma es que esos jóvenes son capaces de pasar por encima del juramento de decir la verdad, aunque no ignora, por lo que ya describí más arriba, el famoso voto de no hablar mal del superior, que en su carta precedente había sugerido radicalmente borrar de las constituciones.

La cuestión aparece entonces más complicada, pues se trata de dos promesas con juramento incluido que entran en conflagración, y del hecho que los jóvenes se inclinaron claramente por una de ellas.

Además, arremete contra el socorrido argumento de que el árbol se conoce por sus frutos, utilizado a su manera por Maciel. Esta vez, puede confirmar que un buen número de los jóvenes entrevistados son el fruto maduro del pacto con su fundador, quien les pidió mentir y guardar silencio por encima de cualquier consideración de verdad, aun en detrimento de ellos mismos.

Pero el padre carmelita despliega todavía más recursos críticos al respecto, cuando enfrenta el informe de Polidoro sin contemplaciones. Afirma por ejemplo que el informe del reverendo padre visitador le parece «una defensa polémica del padre Maciel».

«Una acusación violenta contra cualquiera que se muestre menos entusiasta de él. [A...] mi parecer el problema de esta visita [es] precisamente de [tratar de] huir de la pasión en pro o en contra [...] al menos por ahora es necesario prescindir de las personas y juzgar los hechos con criterio estrictamente jurídico.»[17]

En efecto, el padre Anastasio trata de mantenerse fuera de la pasión personalizada, a pesar de que en esas condiciones resulta extremadamente difícil, porque la propia posición de ser enviados para juzgar una causa induce el a favor o en contra; pero el cuidado por juzgar los hechos puede adquirir diferentes matices.

En cambio, como veremos, no es una cuestión que se plantee de manera acuciante el visitador franciscano, el padre Polidoro. La lectura

[17] LCM, doc. 156, *cit.*

crítica del carmelita al informe del franciscano –informe al que no tuve acceso directo– me permite hacerme una idea, aunque sea mediante el filtro del padre Anastasio de lo que el visitador de México escribió respecto a Maciel y a la Legión. Por ejemplo, el superior carmelita alude a las críticas que MM dirige contra la Compañía de Jesús. El contexto de los desencuentros y francos enfrentamientos entre Maciel y los jesuitas lo he descrito a lo largo de estas páginas, pero también la ayuda inapreciable para la Legión que esta congregación religiosa había prestado y prestaba aún en ese momento a la institución de Maciel, por medio de su Universidad Gregoriana de Roma.

«[Pág. 2, VI]. La insinuación muy hábil hecha por el padre Maciel con toda insistencia (y que el reverendísimo padre visitador parece hacer suya) acerca de un complot de la Compañía de Jesús contra Los Legionarios de Cristo me parece tan grave de hacer evidente como justo y necesario dar a la Compañía misma el modo de defenderse y aclarar las cosas.»[18]

¿Desconocía el padre Anastasio el *dossier* de Lucio Rodrigo y Francisco J. Baeza acerca de las actividades de Marcial Maciel en Comillas y del deslinde de los jesuitas respecto a toda colaboración con él? No lo sé a ciencia cierta. En todo caso, no alude a ello. De todas maneras, el que Marcial Maciel haya jugado esa carta con el padre Polidoro no dejaba de ser arriesgado, dado que monseñor Larraona sabía pormenorizadamente de las vicisitudes de este asunto, y no sólo de éste.

Pero lo que Anastasio ciertamente no comparte con el «reverendo padre visitador de México» es la premisa de un supuesto complot contra MM que el citado, dice, «parece hacer propio». En ese punto, como en tantos otros, las diferencias de percepción y apreciación entre ambos visitadores saltan a la vista.

«[Pág. 1, III]. Mientras más examino el caso, más me convence que en realidad nos encontramos de frente no ya ante la organización de la guerra al padre Maciel, sino exactamente lo contrario, o sea [ante] la organización muy hábil de «una campaña a favor» y de una defensa muy astuta. Sólo así logro explicarme las proporciones y las complicaciones increíbles que estos hechos están tomando.»[19]

[18] *Idem.*
[19] LCM, doc. 156, *cit.*

En todo caso, al superior de los carmelitas descalzos no le queda ninguna duda de que MM debía ser retirado de su cargo y sustituido por un externo, aunque no hubiera podido comprobar de manera fehaciente con los directamente implicados ni los abusos sexuales ni la toxicomanía. Esta operación de silenciamiento fue plenamente corroborada por el grupo de ex legionarios que cuarenta años después se decidieron a abrir las cartas.

Este silencio tan costoso para los entonces jóvenes ideologizados y violentados sirvió como el eslabón más débil de la cadena que finalmente llevó a la exculpación de Maciel en esos años. Pero se trató de una exculpación con más de un pliegue.

17.2 Polidoro van Vlierberghe y Alfredo Bontempi

El 4 de noviembre de 1957, el padre Alfredo Bontempi envía a la Sagrada Congregación de Religiosos un informe acerca de la Casa de Roma.[20] Afirma que fue nombrado visitador por el cardenal Valeri en un decreto emitido el 10 de julio de ese año en sustitución del padre Anastasio, que había pedido ser apartado del cargo en carta que acompañaba a su informe de febrero de 1957. Por cierto, los decretos de los nuevos visitadores para México y España, el padre Polidoro, y para la Casa de Roma, el padre Bontempi, fueron expedidos el mismo día.[21]

Lo que sostuvo el padre Polidoro

Citaré el resumen que del informe del padre Polidoro hace Agostino Pugliesse[22] para la SCR, y después el texto síntesis escrito por el propio Polidoro. Desgraciadamente tengo que pasar por esta mediación, pues no tuve acceso al informe en directo, del cual ya tuvimos un primer vislumbre al citar la crítica que hace de éste el padre Anastasio.

[20] LCM, doc. 151, 4/XI/57.

[21] En una carta del 27/IX/57, el padre Polidoro le envía el decreto firmado por el cardenal Valeri al padre Luis Ferreira. ALFC.

[22] En el *Anuario Pontificio* de 1957, el padre Agostino Doménico Pugliesse, sacerdote salesiano, aparece a cargo de la oficina de Formación de Religiosos (dentro de la Sagrada Congregación de Religiosos), *op. cit.*, pág. 689. Y en el *Anuario Pontificio* de 1958, en la oficina de Disciplina y Sanciones Religiosas, pág. 962.

Pugliesse corrobora lo que ya había adelantado el superior carmelita, a saber:

«manda un [...] amplio informe en sentido decididamente favorable al padre Maciel.

»Según el visitador, la persona del padre Maciel e indirectamente su obra, ha sido objeto de la más necia calumnia, propaganda [e] insidia [...]. El visitador busca responder y desmentir las acusaciones mismas demostrando inconsistencias, sea por la fuente contaminada de donde provienen (padre Ferreira y Domínguez), sea por las mismas intrigas infundadas, sea por exageradas en su valor e interpretación».[23]

La divergencia con la perspectiva sostenida por Anastasio quedaba nítidamente corroborada. Añade Pugliesse que Polidoro define al primer disidente, el padre Sergio Ramírez, como alguien «fantasioso».[24] Ferreira es presentado como la principal fuente de la acusación, como

«falaz [...] por lo demás, ciertamente vicioso en base a la acusación jurada de seis personas [...] Ferreira habría actuado porque estaba obligado por el obispo de Cuernavaca y presionado por un miembro influyente de la Sagrada Congregación de Religiosos que habría permitido de sostenerlo hasta el final.[25] Así él [se lo] habría dicho confidencialmente a monseñor Diego Bugallo de la nunciatura de Madrid».

Conviene destacar que el «diagnóstico» sobre ambos disidentes coincide en todas sus piezas con la posición de Marcial Maciel. No había mucha escapatoria para los críticos: o ambiciosos o falaces, por lo tanto pasaban a la categoría de «fuentes contaminadas». En ese violento contexto, ¿era posible encontrar fuentes incontaminadas?
Destaca que el informe alude a la «viciosa» vida de Ferreira con base en la «acusación jurada de seis personas». La operación emprendida por MM con algunos de sus fieles, para que testimoniaran en contra de Ferreira y silenciaran lo que les ocurría con él, había tenido éxito.[26]

---

[23] LCM, doc. 155, sin fecha.
[24] ¿Lo entrevistó? Muy probablemente no, por la manera en como se constata su partida y alejamiento de la Legión.
[25] ¿Monseñor Larraona?
[26] En cuanto a la acusación de que Ferreira estaba obligado por el obispo de Cuernavaca, sabemos ya el contexto y las circunstancias en que esta declaración se

Incluso todavía en un testimonio de abril de 2005 el citado FGP afirma: «no me había confesado nunca de aquello, ya que habían sido breves tocamientos que nunca había considerado pecado», y casi a continuación dice: «con excepción de mi caso, del padre Ferreira que sí había abusado de mí», con lo cual alude a que fue uno de los seis que testimoniaron en contra, pero no a favor de la «confesión del cómplice».

La versión de los seis que declararon contra Ferreira permite reconsiderar aquella de la que nadie habló durante los interrogatorios, excepto Ferreira y Domínguez. Por lo pronto, la inmensa mayoría mintió, pero algunos de los jóvenes dijeron parte de la verdad, cuando menos respecto de Ferreira,[27] sin duda para mejor silenciar lo ocurrido con su admirado fundador.

Por lo tanto, en ese texto se puede observar cómo la operación preparada por Maciel y reforzada por Rafael Arumí y Antonio Lagoa –según FGP– logró finalmente triunfar, ello aunado a la sustracción que hicieron los enviados por Maciel del texto de la confesión de sus faltas que el propio Ferreira había escrito para presentarla ante la Sagrada Congregación de Religiosos. Todo ello provocó, entre otras cosas, la ambigua respuesta del vicario general –constatada por Anastasio– al cuestionario que le había enviado el padre Polidoro.

Vistas las cosas desde esta perspectiva, en el caso del citado visitador franciscano se puede afirmar, con poco margen de error, que el testimonio de Ferreira contra Maciel quedó perfectamente neutralizado, y que el padre Polidoro lo percibió más como una insidiosa acción para tratar de lavar sus propias culpas.

Respecto de Federico Domínguez, el informe añade:

«El padre Domínguez habría obrado por una ambición desenfrenada. [...] Ambos [F y D], son definidos con colores muy oscuros

---

dio. Por otra parte, en cuanto al apoyo de monseñor Larraona, también he citado las cartas en las cuales el padre Ferreira, desesperado, le pide apoyo. Se puede deducir que éste no fue incondicional, y a las pruebas me remito, ya que finalmente MM salió exculpado del asunto. Y qué mejor para la causa de Maciel, que a Luis Ferreira se le hayan concedido las dimisorias para alejarlo definitivamente como testigo principal. Aunque justo es señalar que esta petición había sido requerida muchas veces por el propio padre Ferreira en razón de su propia confesión de sus faltas y de la situación insostenible en la que había quedado, primero como arrepentido cómplice de Maciel, y después como «traidor» al fundador y a su obra, como ya lo describí ampliamente en el capítulo 14.

[27] ¿Cuantos le endilgaron la «absolución del cómplice»? No sabría decirlo, pero hay que recordar que el propio padre Ferreira reconoció haberla dado en algunas ocasiones.

con el fin de demostrar su mala fe, su falsedad, su ambición, su maldad. Habían sido ellos el medio por el cual la Compañía de Jesús, o mejor algunos jesuitas se habrían [aliado] para destruir la "providencial" obra del padre Maciel. Ellos habrían puesto contra la obra al obispo de Cuernavaca y a los arzobispos de México y de Puebla. [...] Donde el visitador no logra encontrar el debido fundamento a las acusaciones recurre a la exageración, por ejemplo afirma [...] que el padre Maciel no recitaba el breviario porque en vista de su continuo dolor de cabeza, el santo padre en una audiencia privada se lo ha cambiado por la recitación del rosario [...] etcétera».

He aquí otro nuevo privilegio otorgado en directo por Pío XII. Sin testigos, sólo tiene su palabra. Cuando menos esta vez no sirvió para violentar a ningún humano. Se comprenderá por qué Anastasio recomendaba, después de leer este informe, que habría que tratar de atenerse a los hechos y evitar el personalizar y calificar.

De otro lado, por lo que se puede deducir de los archivos, fue el propio Marcial Maciel el que, sin proponérselo directamente, terminó por poner sobre aviso al VII obispo de Cuernavaca, vía el prior benedictino del convento de Santa María de la Resurrección, Gregorio Lemercier, al ir a quejarse de Federico Domínguez.[28] En cuanto al anterior arzobispo de México, Luis María Martínez, ya había sido puesto en antecedentes por la carta de Domínguez de agosto de 1954. Este prelado falleció el 9 de febrero de 1956.[29] En cuanto al nuevo arzobispo de México, Miguel Darío Miranda, al parecer fue el obispo de Cuernavaca el que directamente le informó, o cuando menos el que encaminó a Domínguez y Ferreira –por si hubiera sido necesario– para que hablaran con él.[30] Respecto del arzobispo de Puebla, es la

[28] Y de esto no se puede deducir que los benedictinos estuvieron en contra de Maciel, porque el padre Lemercier era un marginal en su propia institución benedictina.

[29] Pedro Fernández Rodríguez, dominico, *Monseñor Luis María Martínez, biografía de un hombre providencial*, México, Seminario Conciliar de México, 2003, pág. 498.

[30] Lo deduzco por las cartas que salen para Roma casi juntas y sobre todo por la carta del propio arzobispo primado al padre Arcadio Larraona, cuando le escribe lo siguiente: «el padre Luis Ferreira, vicario de la congregación y el hermano Domínguez, que durante algún tiempo fue secretario del padre Maciel, movidos por inquietudes de conciencia fáciles de comprender, consultaron con sacerdotes de probada prudencia, los cuales gravaron la conciencia de estas personas para manifestar a las autoridades eclesiásticas competentes lo que sabían a ciencia cierta de la vida del padre Maciel. Así pues, recurrieron en primer lugar al obispo de Cuernavaca, diócesis a la cual pertenecía el padre Maciel, y después a mí, no para lanzar

primera noticia que se encuentra en el archivo de que estuviera informado por «algunos jesuitas» del caso Maciel. En cambio, el arzobispo de Yucatán sí tuvo acceso a una parte de la información por medio de Ferreira, pero en el documento del franciscano no aparece nombrado. Así que el supuesto complot jesuita, por lo pronto, habría que contextualizarlo en sus justos límites. Y éstas eran las pruebas que se presentaban contra ellos: a) los jesuitas habían agitado el ánimo de los bienhechores pensando en atraer para sí los beneficios; b) había sido Lucio Rodrigo el primero en dirigir las acusaciones hacia la Sagrada Congregación de Religiosos; c) había sido Francisco Javier Baeza el que había esparcido la «calumnia» de que Maciel estuvo recluido en una clínica para adictos morfinómanos, «diciendo haberlo sabido a través de un miembro influyente de la Sagrada Congregación de Religiosos durante el Congreso de Madrid»; d) por obra de los jesuitas se había expandido la noticia de que los legionarios estaban a punto de ser suprimidos, que el Instituto Cumbres había pasado a los propios jesuitas y la Escuela Apostólica a la arquidiócesis; e) una revista de México dirigida por los jesuitas publicó la noticia de que Maciel había sido suspendido del oficio de superior general; f) los jesuitas habían obstaculizado al Opus Dei.

Ahora entendemos también la petición del padre Anastasio a monseñor Larraona de que, dado el tenor de las acusaciones, los jesuitas supuestamente involucrados debían tener la posibilidad de defenderse. Si se lee con atención, se verá que las «acusaciones» no tienen necesariamente el mismo estatuto. Por ejemplo, la b; sabemos por la información disponible en qué circunstancias prosperó la denuncia hecha por Lucio Rodrigo, pero al parecer el visitador hace una amalgama en la cual todo se reduce a un grupo de jesuitas chismosos y ambiciosos, dispuestos a denigrar a Maciel y a quedarse con parte de sus bienes y bienhechores, como si los necesitaran ardientemente. ¿Por qué, si éste fue el caso, no bloquearon por ejemplo el acceso de los estudiantes legionarios a la Universidad Gregoriana? Por otra parte, si ya poseían en el DF el Colegio Patria, en el cual, hasta donde se puede saber, no les iba nada mal ¿para qué querrían quedarse con otro más? Y no sólo el Patria, sino que ya tenían colegios en Puebla, Torreón, León, Chihuahua y Guadalajara, además de su propia red de bienhechores.

acusaciones, sino para cumplir con un deber de conciencia». LCM, doc. 120, 31/VIII/56. Con firma y sellos del arzobispo de México.

Por otra parte, la Compañía de Jesús no había sido fundada en 1941 sino en 1540. No era, pues, una institución en vías de consolidación como sí lo era la legionaria. No sé si los jesuitas respondieron a estas acusaciones, porque en el archivo que tuve a mi disposición nada hay al respecto.

Pugliesse termina su resumen diciendo: «El informe concluye declarando que la obra del padre Maciel está bien implantada.» Y esto va en la línea de lo que el propio Polidoro escribe al cardenal Valerio Valeri: «encomiendo a la bondad paterna de vuestra eminencia esta nueva congregación que aprecio de corazón y de quien me he compadecido mucho porque realmente he sufrido mucho, pero [lo ha] sufrido resignada y con espíritu de fe».[31]

La versión defendida a capa y espada por Marcial Maciel del gran complot jesuita y la descalificación total de los disidentes articulados supuestamente a aquéllos, había sido hecha propia sin ninguna reticencia por el padre Polidoro.

Lo que suscribe el padre Alfredo Bontempi

En su relación del 4 de noviembre de 1957, Bontempi afirma que el 14 de julio de ese año le había llegado la corroboración del decreto emitido el 10 del mismo mes, mediante el cual había sido nombrado superior de la Casa de Roma, con el mandato de realizar la «visita canónica» de las personas y los asuntos de tal casa. Que se había presentado al día siguiente, y que Rafael Arumí se hizo esperar media hora para tomar conocimiento del decreto.[32] El 24 de enero de 1958, Bontempi escribe a la Sagrada Congregación de Religiosos que al principio su visita al Colegio de Roma fue fría y reservada, pero había llegado a ser «progresivamente cordial».[33]

Cruzaré este dato con aquel que proporciona el citado Arumí, que fungía como maestro de novicios del Colegio de Roma, en una carta dirigida a Luis Ferreira informándole de la llegada del citado visitador:

«Quería manifestarle que en los últimos días de julio, después de que habían salido ya de vacaciones los hermanos escolares, se pre-

[31] LCM, doc. 155, L/8, núm. 0929/35, Ontaneda, 12/XII/57. No tiene sellos ni membrete de ningún tipo.
[32] LCM, doc. 151, L/4. 4/XI/57.
[33] LCM, doc. 157, 24/I/58. L/13.

sentó en el colegio un monseñor con el nombramiento, por parte de la Sagrada Congregación de Religiosos, como superior local para el Colegio de Roma.

»Según lo entendí [...] su nombramiento prácticamente era de visitador apostólico con la obligación de informar a la Santa Sede.

»Comprendí en seguida que la misión del reverendísimo padre General de los carmelitas había ya terminado y que ahora comenzaba un nuevo periodo en esta cruz que el Señor ha permitido a la Legión.

»Quedé muy bien impresionado [...]. Como primer acto [...] confirmó en sus puestos a todos los actuales superiores del colegio.

»[...] Considera que su labor se podría coronar con la concesión a la Legión del *decretum laudis*. Me decía que todos los institutos han pasado por pruebas, pero que ésta era una señal inequívoca de que Dios los había suscitado por medio de su fundador y de que estaban destinados a grandes empresas dentro de la Iglesia a favor de las almas.

»Me dijo también que su informe si era favorable como él espera, sería también un informe indirectamente favorable al fundador: "el árbol se conoce por sus frutos"».[34]

De ser justas estas apreciaciones del padre Arumí, Maciel podía respirar tranquilo. La complacencia que se advierte hacia la Legión por parte del nuevo visitador del Colegio de Roma, parecía ir de la mano de aquélla mostrada por el visitador para México y España. Y qué mejor si el muy crítico Anastasio parecía haber quedado fuera del caso en cuestión.

Por otra parte, el que las denominadas «pruebas» a la institución y al fundador sólo sean vistas como las necesarias «señales» que la bondad de un Dios –concebido como alguien especialmente tortuoso– impone a los elegidos para «las grandes empresas», cierra el camino para cualquier autocrítica, y lo abre para la autoexaltación al sentirse identificado con un Cristo perseguido y crucificado. Pero tampoco en este punto la Legión inventa nada, sólo sigue dócilmente la lectura «sobrenatural» vigente en la época para este tipo de sucesos.[35] Tampoco falta en la misiva del padre Arumí lo del famoso árbol y sus frutos.

[34] ALFC, 28/VIII/57, con el membrete del Colegio Máximo Legionarios de Cristo, Roma. La cita del evangelio del «árbol» está en latín.
[35] Y a juzgar por lo que sigue produciendo, esta visión continúa vigente.

Volvamos a la carta del visitador del 24 de enero. Añade que «el espíritu de piedad inviste e influencia toda la jornada de los alumnos» y que algunos estudiantes asisten a la Gregoriana. Parecería que estuviéramos asistiendo de nueva cuenta a los informes del padre Madrigal cuando hablaba del «árbol» Maciel y decía que poseía «un espíritu sobrenatural que lo ha caracterizado siempre», o a los primeros informes del padre Lucio Rodrigo, que hablaban de una «apariencia externa admirable» de los jóvenes estudiantes legionarios.

Bontempi añade, entre otras cosas, un dato «curioso»: que no había encontrado en la biblioteca ninguna publicación de Ives Congar, dominico, Henri de Lubac, jesuita y J. Maritaín. Y eran más que obvias la razones de la ausencia. Cuando menos en el caso de los dos primeros, algunos de sus escritos estaban por ese entonces bajo la mirada del Santo Oficio, el cual los consideró como teólogos heterodoxos y peligrosos. Fue Juan XXIII el que los acogió de nuevo en el seno de los pensadores permitidos, otorgándoles un lugar como teólogos conciliares.

El visitador termina su carta hablando en términos positivos del multicitado voto de «caridad».

Un comentarista crítico: fray LM Berti

A propósito del voto de caridad, un documento dirigido a la Sagrada Congregación de Religiosos por fray LM Berti, argumenta que el peligro mayor respecto a la Legión podría anidarse en los siguientes puntos: 1) que a todas las responsabilidades mayores no pueden ser elegidos sino aquellos consagrados por el cuarto voto, cuya emisión «es a juicio del prepósito general»; 2) que el citado prepósito es vitalicio; 3) que se «fulminan terribles penas» contra quien haga críticas a la manera de obrar de los superiores. Y añade:

«Todo esto en teoría es bellísimo, sin embargo, podría suceder que se formase en el Instituto una *turris ebuernea* [torre de marfil] de los ligados por el cuarto voto que retengan a perpetuidad los poderes, mientras los demás ¡ay de ellos si critican! Aunque puedan recurrir fraternalmente a los superiores. Eso podrá ser agravado por el hecho de no ambicionar puestos: quien lo tiene este quinto voto permanece (humildemente) por toda la vida».[36]

[36] LCM, doc. 158, L/14, 24/I/58.

El citado fraile no podría haber captado mejor esta consagración al sometimiento total que proponía –y propone– la institución legionaria, y que termina por confundir lo que se denomina fuero interno y fuero externo: lo que corresponde a la conciencia y aquello que tiene que ver con la normatividad institucional. Pero no hay que olvidar que para que pueda imponerse y funcionar, unos tienen que ser menos iguales que otros. Por cierto, Bontempi sólo veía en el cuarto voto la posibilidad de «comprometer con mayor vínculo al espíritu de caridad, evitando poner en evidencia los defectos de otros de cuya corrección se ocupan los superiores».[37]

La posición del padre Mozzicarelli

El texto de Domenico Mozzicarelli (10 de septiembre de 1958), de la oficina de la visita apostólica,[38] al parecer encargado de sintetizar tanto los informes de los visitadores como el del consultor Giuseppe Rousseau, que había presentado en latín un extenso estudio del caso, permite hacernos una idea aproximada de por qué no prosperó la destitución definitiva de Marcial Maciel ni la disolución de la Legión de Cristo.

En el punto 2 de su texto señala que, dado que en las indagaciones de los hechos no se han logrado resultados «siempre positivos»,[39] el padre consultor Rousseau ha debido distinguir entre los hechos: 1) los que no son probados; 2) los que no son debidamente probados; y 3) los que son suficientemente probados.

En una promemoria muy posterior que data del 14 de julio de 1964, y en la que alguien vuelve a resumir los informes de los tres visitadores y la propuesta del padre Mozzicarelli, se dice que éste retiene que «las conclusiones no parecen corresponder a la lógica de los hechos».[40]

En cuanto a lo afirmado por Federico Domínguez, éste nunca pudo adelantar pruebas contundentes respecto a la vida sexual de Maciel, aunque algo sospechaba, y así lo refiere. Además, afirma que desco-

---

[37] LCM, doc. 157, *cit.*
[38] En el *Anuario Pontificio*, de 1958, pág. 962, el padre Mozzicarelli, redentorista, aparece como encargado del *Officio Aggiornamento e gobierno y addeto per la visite apostoliche*, en la Sagrada Congregación de Religiosos.
[39] LCM, doc. 161, Núm. 16249/56, 10/IX/58.
[40] LCM, doc. 174, 19/IX/64.

nocía los actos pederastas del padre Ferreira.[41] Lo que sí describe, entre otras cosas, es la transgresión del secreto de confesión por parte de Maciel, del cual él mismo fue víctima, y de la adicción a las drogas del fundador de la Legión. Pero el texto del padre Mozzicarelli, resultará clave para la solución que se le dio al asunto Maciel. En los puntos 4 y 5 señala:

«Núm. 4. Ahora bien, si en el estado de las cosas puede parecer oportuno el alejar definitivamente al padre Maciel de la responsabilidad del gobierno del Instituto por él fundado (como opina el padre visitador apostólico ANASTASIO del Santísimo Rosario, sea el padre Giuseppe Rousseau, consultor) prácticamente esto no parece aconsejable por dos sustanciales y fuertes dificultades, que se presentarán –con evidente preocupación– del mismo padre consultor (Cfr. *Votum*: págs. 77-78) y que le reporto por comodidad:

»a) Por una parte, se teme no poco la reacción de parte de los alumnos, que ellos lo tienen en alta estimación y esperan vehementemente de él.

»b) Por otra parte, ¿cómo podría sostenerse el Instituto sin la acción de Maciel? Con los réditos de los bienhechores no se puede subsidiar. ¿Cuánto dinero es necesario conseguir para sustituir al padre Maciel? ÉSTA ES UNA GRAVE CUESTIÓN, a la que no tengo una respuesta adecuada.

»Núm. 5. No obstante estas dificultades de tanto peso, el padre consultor hace suya la propuesta del visitador apostólico padre Anastasio del Santísimo Rosario (Cfr. *Votum*: pág. 10): el NOMBRAR POR UN SEXENIO un SUPERIOR GENERAL AJENO al Instituto pero que pertenezca a un instituto MODERNO Y AFÍN por estructura y espiritualidad.

»Pero, aunque se admita que pueda encontrar esta hipotética «institución moderna y afín por estructura y espiritualidad», tal propuesta choca contra otra dificultad no indiferente y para mí insuperable, se puede decir, admito también que es posible encontrar a alguno que tenga las cualidades necesarias y las debidas disposiciones para sustituir la "PERSONA" del padre Maciel, no me parece posible sustituir la "PERSONALIDAD" compleja y misteriosa, pero ciertamente original en toda su multiforme actividad del instituto y obra suya que mucho se resiente demasiado de su personalidad ecléctica, y digámoslo, ¡extraña! "El misticismo

---

[41] Entrevista de FMG a FD, México, DF, /IV/05, *cit.*

heroico" un poco militar y en eso se podría decir, [que] difícilmente puede ser transmitido por adopción.

»Por lo tanto: según mi modesto parecer, como primera conclusión».[42]

Pero dejemos la conclusión en suspenso por un momento.

Para el padre Mozzicarelli no parece existir ninguna duda de que Maciel es una personalidad tan original y «misteriosa» que sencillamente es insustituible. Y si además es el sostén económico indiscutido de la institución, gracias a su trato personalizado con sus redes de bienhechores que sólo de él dependen, no parece existir un mínimo margen de maniobra para su sustitución, si se quiere mantener a la Legión; con ello se corrobora que la institución legionaria está literalmente adherida a la persona de Maciel, y que hacen un solo cuerpo con su personalidad, aunque no queda claro si también con su «persona».

Si añade, para reforzar su argumento, la «vehemente» pasión con la cual sus discípulos están a su vez adheridos a la persona de Maciel –¿y a su personalidad?–, tanto más «original» cuanto más «misteriosa», entonces, a pesar de lo que se haya encontrado o sospechado del personaje personalizado, hay que mantener a Marcial Maciel. Es por eso que afirma que no habría ni que «alejarlo ni sustituirlo». Toda la dificultad se concentrará entonces en el tipo de cercanía adecuado que debe tener Maciel con su institución. Utilizando esta manera de argumentar del padre redentorista, casi se podría avanzar que, con tal de mantener la institución en vida y a aquél que se la daba, se estaba dispuesto a dejar intocado el marco instituido por él, es decir: a) culto a su persona con todas las consecuencias de que continuara en la dirección espiritual y en la confesión de sus vehementes admiradores; b) control de la infraestructura económica.

Sin embargo, en la medida en que Mozzicarelli no podía obviar tan fácilmente lo sugerido por los padres Anastasio y Giuseppe Rousseau, no le queda sino tratar de negociar entre las proposiciones de éstos y sus propias soluciones. Por otra parte, tampoco puede dejar de lado lo sugerido por el padre Polidoro, por ejemplo, la continuación de la Legión y el no retirar a Maciel de su cargo. Es por eso que termina proponiendo lo siguiente:

---

[42] Doc. 161, *cit.*, pág. 2.

«Propuestas de solución:

»De acuerdo a lo dicho:

»La SC de Religiosos tienen en posesión todos los elementos necesarios para la solución de un problema que amenaza en convertirse en crónico.

»Que tanto la remoción como la sustitución del padre Maciel no parecen oportunas por las razones enunciadas.

»Está bien, por convicción común, que el Instituto continúe su existencia porque no obstante se encuentre en él «mucho bueno mezclado con malo», no parece oportuno extinguir el «leño humeante» (Cfr. *Votum*: págs. 103-104, número 228/11).

»Propondría bajo forma de compromiso:

»En relación al padre Maciel:

»1. Mandar al eminentísimo cardenal vicario[43] «*pro suo arbitrio et prudentia*» toda decisión acerca de la eventual reintegración del padre Marcial Maciel en el pleno ejercicio de su oficio de superior general de la congregación de Los Legionarios de Cristo fundada por él mismo.

»2. La SC de Religiosos se reserva el nombramiento de un visitador apostólico (y de un asistente religioso) en cuanto lo considere oportuno para el control y la vigilancia sobre toda la actividad del padre Marcial Maciel en el ámbito del instituto de Los Legionarios de Cristo.

»3. Constituir un consejo general y nombrar un ecónomo general de la congregación a norma del canon 516.1, 2, 3.

»4. Prohibición absoluta al padre Marcial Maciel de asumir la dirección espiritual y mucho menos el oficio de confesor, de los miembros de la congregación, y en general toda indebida intromisión en «el fuero interno» de los mismos, a norma del canon 530.[44]

»B. En cuanto a la Congregación Legionarios de Cristo. Premisa jurídica (Cfr. *Votum*: págs. 82-85).[45]

»La congregación de los Misioneros del Sagrado Corazón de Jesús y de la virgen María de los Dolores: «Legionarios de Cristo», fue erigida como congregación diocesana por decreto del obispo de Cuernavaca el 12 de junio de 1948, después de obtener el *nihil obstat* la congregación de religiosos fechado el 25 de mayo de 1948.

---

[43] Valerio Valeri.
[44] Prohibición absoluta que rápidamente se volvió muy relativa.
[45] Se refiere al extenso informe presentado por el padre Rousseau.

»La nueva congregación erigida por el excelentísimo obispo de Cuernavaca no tiene ninguna casa de su instituto en su diócesis de origen. Entre tanto se han fundado la Escuela Apostólica de Tlalpan en la diócesis mexicana y el colegio de la Universidad de Comillas en España.

»La congregación fundó una casa romana (Via Aurelia 643), cuyo título oficial es COLEGIO ECLESIÁSTICO LEGIONARIOS DE CRISTO; esta casa romana fue constituida también como CASA GENERAL reconocida por la SC de Religiosos mediante decreto del 18 de diciembre de 1952».

Así las cosas, añadía:

«1. Hay que sanear de raíz la erección canónica diocesana, por lo menos como medida cautelar, dados los datos conocidos de invalidez que se tienen de ella, especialmente por lo que concierne a las profesiones religiosas.[46]

»2. Lo mismo hay que decir también acerca de las casas establecidas fuera de la jurisdicción mexicana, según la norma del Cannon 495.[47]

»3. Queda bajo voto: lo referente al reclutamiento vocacional, lo tocante a la vida de disciplina y lo que atañe a los asuntos económicos.

»Roma 10 de septiembre de 1958.

»P. [Domenico] Mozzicarelli».[48]

---

[46] Es decir, que finalmente las cartas del padre Lucio Rodrigo tuvieron un relativo efecto en cuanto a desenmascarar la versión humana de aquella sotenida por Maciel en su momento.

[47] Canon 495: «Una congregación religiosa de derecho diocesano no puede fundar en otra diócesis sin el consentimiento de ambos ordinarios, tanto de aquel en cuya diócesis radica la casa principal, como del otro en cuya diócesis pretende erigir la nueva casa; más el primero de dichos ordinarios no debe negar su consentimiento sin causa grave». En el canon 492.1 está escrito lo siguiente: Los obispos, mas no el vicario capitular ni el vicario, pueden fundar congregaciones religiosas; pero ni las funden ellos ni permitan a otros fundarlas, sin consultar antes con la Santa Sede Apostólica [...] 492.2. Aun cuando una congregación de derecho diocesano, con el transcurso del tiempo se extienda por muchas diócesis, mientras carezca de la aprobación pontificia o del decreto laudatorio, continúa siendo diocesana, plenamente sometida a la jurisdicción de los ordinarios conforme a derecho. *Código de derecho canónico*, Madrid, BAC, 1954, págs. 197-198.

[48] LCM, doc. 161, *cit.*

Estas sugerencias fueron en principio aceptadas por la Sagrada Congregación de Religiosos, si nos atenemos a lo que afirma la ya citada promemoria del 14 de julio de 1964, firmada por un tal padre Ravasi. En los números 5 y 6 se lee lo siguiente:

«Núm. 5.

»10 de septiembre de 1958. Parecer del reverendísimo padre Mozzicarelli de la oficina de las visitas apostólicas. La S. Congregación hace suyo sustancialmente este parecer, como aparece de una confrontación del mismo con la carta enviada de la misma congregación al eminentísimo cardenal Clemente Mícara[49] con fecha 13 de octubre 1958.

»Núm 6.

»[La] carta arriba citada al eminentísimo cardenal Mícara es importante porque en ella están contenidas las previsiones de la Sagrada Congregación sobre el padre Maciel y su Instituto. En seguida de esta carta el padre Maciel fue rehabilitado pero se [le] hizo la prohibición de asumir la dirección espiritual y el oficio de confesor de los miembros del Instituto. Así resulta de la hoja *pro audiencia* de la cual se ha hecho mención.[50]

Fueron hechas suyas por la Sagrada Congregación de Religiosos, pero no necesariamnete llevadas a cabo tal cual, como veremos pormenorizadamente más adelante. Por lo pronto, citemos un párrafo de la promemoria que se hizo en marzo de 1962 a raíz de un suceso escenificado por Marcial Maciel en la ciudad de San Sebastián, España, en el que se ve acusado de toxicomanía por el presidente de los farmacéuticos de ese lugar. En dicha promemoria, que hace una síntesis de su caso, se lee en una *nota bene* que hace alusión a las recomendaciones del padre Mozzicarelli de septiembre de 1958: «es de notar que en esta circunstancia la Sagrada Congregación de Religiosos no pudo proceder más allá en relación al padre Maciel por motivo de recomendaciones e intervenciones de altas personalidades».[51]

No se aclara específicamente quiénes son esas «altas personalidades». Se puede especular que el cardenal Mícara o el propio Valerio Valeri, pero no hay datos en el archivo que permitan hacer nin-

---

[49] Clemente Mícara aparece en el *Anuario Pontificio* de 1958, como «Vicario General de su santidad para la ciudad de Roma», pág. 40.
[50] LCM, doc. 175, 14/VII/64, 0929/55R.111.
[51] LCM, doc. 168, 28/III/62, Prot. núm. 6249/56. Las cursivas son mías.

guna constatación al respecto. El hecho comprobable es que Marcial Maciel retornó al mando y siguió confesando y haciéndose cargo a plenitud de su institución. También se hizo patente, de nueva cuenta, el capital de relaciones con las que contaba el hombre de Cotija en las altas esferas romanas. Y, sobre todo, se mostró sin velos una de las maneras habituales de manejar el poder discrecional y jerárquico en la Iglesia católica de esa época que implicaba el fin del pontificado de Pío XII.

Dicho poder discrecional seguirá mostrándose a lo largo del caso Maciel, por ejemplo, cuando el cardenal Ratzinger decide mandar al limbo las denuncias de los ex legionarios en las postrimerías del siglo, y luego también discrecionalmente relanzará las investigaciones poco antes de la muerte de Juan Pablo II.

18
El regreso a Roma de Marcial Maciel

«Y ya cuando Maciel regresó a Roma, siguieron los abusos sexuales. Ya no fueron en la enfermería sino en el cuarto principal enfrente de la capilla. Allí ya fueron "orgías", éramos dos o tres con él. Lo inyectábamos. Una vez en plena misa la suspendió un momento para ir a la sacristía a inyectarse.»[1]

Al parecer, pasado el filtro de los visitadores, Maciel pudo retomar casi a cielo abierto sus dos adicciones con la seguridad de que esta vez ya no prosperarían las denuncias.

Ya restituido en sus funciones y en plena posesión de su cargo, también sabe imponer su autoridad y su capacidad de humillar a los subordinados que, si bien le fueron «fieles» ante los visitadores, no por eso callaron ante él lo que pensaban de sus adicciones. Uno de ellos fue el antes «carísimo hermano Félix», su puntual confidente.

Desgraciadamente no tuve acceso a las cartas de éste a Maciel, para poder calibrar más finamente las estrategias mutuas puestas en juego, pero algo dejan ver de la manera de operar del superior general de los legionarios.

«He leído con detención e interés su última carta. Unida a mi personal observación a las impresiones que sobre usted me dio el Reverendo Padre Lagoa en Roma, y el reverendo padre Arumí en Salamanca últimamente, me parece estar ciertamente ante el caso de un religioso desorientado en puntos básicos de la vida religiosa en la Legión.

»[...] El tipo de religioso que solamente es capaz de actuar aquellos ministerios que le complacen y que pueden acarrear alguna satisfacción a su vanidad, no es el que le conviene a la Legión y, muchísimo menos, después de la prueba que acaba de sufrir.

[1] Entrevista de FMG a Juan José Vaca, *cit.*

»[...] En la vida, mi querido padre Félix, se encuentran psicologías que con un trabajo positivo y continuado se pueden rectificar y encauzar; pero sin esto, y puestos por otra parte en circunstancias que pueden agravar los aspectos negativos de su temperamento, llegan a desorientaciones de carácter alarmante.

»Supuesto todo esto, yo lo invito cordialmente a considerar con toda detención, delante de Dios, si no sería el caso de que usted abandonase el estado de vida religiosa, que le exige humildad profunda unida a una obediencia *pronta, ciega, alegre y heroica*.»[2]

Se trataba, para el carísimo Félix, de una «invitación cordial» a abandonar la plaza. No quiero imaginar lo que serían las que prescindían de esta cordialidad. La crueldad de las despedidas Maciel mismo las había probado con creces en su momento, pero al parecer esto no le hizo reflexionar al respecto. Hay ejemplos posteriores de algunos legionarios despedidos en la noche con lujo de frialdad y hasta de crueldad.

Por otra parte, la obediencia que pide Maciel ya he señalado que no es exclusiva de dicha congregación, sino producto de esa época. Él, como fiel repetidor acrítico, sólo la reproduce de la manera más elemental y crispada. En una carta inmediatamente posterior, Maciel le aconseja a Félix Alarcón, después de enterarse de que su «decisión» es la de abandonar la Legión pero sin abandonar el sacerdocio, que

«dado el ambiente que existe en los países latinoamericanos, yo considero que de ninguna manera le convendría ir como sacerdote secular y ordenarse allá bajo el patrocinio de algún obispo: quizá no fuese del todo imposible encontrar aquí mismo en España un obispo que le aceptase en su diócesis [...].

»Como nuestros religiosos llegarán a Salamanca hacia el día 25 del presente, quizá a usted le resultase menos costoso hacer los trámites necesarios para no coincidir con ellos».[3]

¿Cuál ambiente reinaba en América Latina que no le convenía al casi ex legionario? Y, por sorprendente que parezca, el citado continuó un tiempo, porque todavía en una carta enviada desde Roma en

---

[2] Carta de Marcial Maciel a Félix Alarcón, 13/VIII/59, AJB. Las cursivas son mías.
[3] Carta del 17/VIII/59, AJB.

junio de 1961, escrita casi seguramente por Maciel, sin firma pero plena de faltas de ortografía –otra manera de firmar–,[4] dice lo siguiente:

«No trataré, mi querido hermano, de apartarle ni un milímetro de sus *apresiaciones* y juicios expresados de palabra y por escrito sobre mi persona ni trataré de recriminar su solidaridad con los juicios y actuaciones de otras personas pasadas y presentes; solamente quiero decirle que está usted muy equivocado al empezar su carta suponiendo que yo puedo tomar actitudes de represalia... *Cuánto-tiempo* he estado con vosotros, a vuestro entero servicio, dejando mi vida para que la *tengais* vosotros y ¡no me *reconoceis* sino bajo los aspectos tenebrosos de la más profunda maldad! Todo lo contrario, mi querido hijo, yo no puedo odiarle ni aborrecerle y mucho menos tratar de vengarme.[5]

»[...] Yo me he constituido como dogma de fe el acallar la sensibilidad sangrante ante la bellísima esperanza de la *posecion* eterna de Dios a través de una mayor identificación con el Cristo redentor [...]. Por otra parte el dolor no es nada nuevo ni extraño en mi vida, nací en él, en él pasé mi *niñes*, mi *adolecencia* y mi juventud y estoy convencido que en él he de morir.

»[...] Le diré que tiene usted una interpretación muy tergiversada sobre mis palabras de París, con ellas quise decir y significar a una persona íntima que cuando acaecía mi *dolaci* física no podía resistir a dejar de tomar la medicina por la fuerza del dolor, que me ayudaran al llegar el cólico, no dándome la medicina a ver si podía salir adelante y no quise decir lo otro que usted tan categóricamente afirma.

»[...] Yo considero carísimo hijo, que un ser humano a quien se llama y se tiene por vicioso sin serlo, el encuentro con las personas que así lo llaman no puede serle humillante sino todo lo contrario, pues la paz y la seguridad que dan el saberse en la verdad se aumentan con la frescura del recuerdo de todo lo sufrido por Cristo.[6]

[4] Junto con la manera de manejar los márgenes en las cartas, que contradicen todo lo que se les enseñaba en esos tiempos a los legionarios. En esta carta la escritura llega hasta el borde derecho de la hoja y también, poco le falta para tocar el borde inferior. Otra manera de detectar, según José Barba, de cuando Maciel se ponía personalmente a redactar. Conservo en cursivas las faltas de ortografía para ofrecer una muestra de la escritura de Maciel.
[5] Recuérdese que lo mismo le había expresado al padre Ferreira, y sabemos cuáles fueron las consecuencias.
[6] Carta de Marcial Maciel a Félix Alarcón, 6/VI/61.

En esta carta, que Maciel tuvo buen cuidado en no firmar, se puede detectar nítidamente la coraza inquebrantable de alguien convencido de estar en la verdad y de que cada crítica sólo sirve para identificarlo aún más con Cristo y el «fresco recuerdo» de todo lo sufrido por él. Y más allá: si su propia «sensibilidad sangrante» se constituyó en el sufrimiento desde su más tierna infancia, imposible competir en este punto con él. En todo caso, recuerda a otras cartas que ya he tenido oportunidad de citar ampliamente.

Él, que sólo se mira como el que ha entregado su vida por sus discípulos, no puede escuchar ninguna crítica sino como deslealtad. Y Félix había cometido el «error» de solidarizarse con «los juicios y actuaciones» de personas pasadas y presentes. Lo que pugna por salir, lo hace por la vía que Maciel puede controlar y revertir.

Esta irreductibilidad frente a la crítica permanece, hasta el momento en que escribo estas líneas, amparada en el convencimiento de que no se trata sino de tergiversaciones, ingratitudes, complots y maledicencias de los otros, pero con el dulce consuelo de parecerse cada vez más a Cristo y siempre en el supuesto de que aquellos que resisten plenos de ambivalencia, terminan tarde o temprano por apoyar con sus críticas la santificación del cuestionado.

Es interesante cómo la famosa «enfermedad» aparece aludida y eludida en el equívoco que siempre será de los otros. Esta eludida alusión no termina de nombrar plenamente lo que los testimoniantes sufrieron como acto violento. Pero sólo a la luz de dichos testimonios se puede medianamente «entender» de qué están hablando.

Ante el fuerte dolor producido por el supuesto cólico, Maciel habla de no poder «resistir de tomar la medicina», que por sus críticos sabemos que tenía un doble estatuto: masturbaciones, coitos e inyecciones, a elegir o a mezclar, según los casos.

Marcial Maciel y su «mal». 1962

19.1 La bienhechora y el urólogo

El 15 de septiembre de 1955, el padre Maciel le escribe una breve carta desde La Habana a la todavía por entonces «madre de la Legión», doña Flora Barragán de Garza. En ella le comunica lo siguiente:

«Aquí me tiene enviándole un saludo desde la cama. Es la primera que escribo y quisiera que sea para usted. [...] Aquí en La Habana *se agudizó mi mal*[1] y fue preciso hospitalizarme con urgencia. He pasado por momentos de mucho dolor.

»[...] ¡Cuánto quisiera verla y saludarla! Nos tiene un poquito olvidados. Ya termino porque el doctor no me permite escribir».[2]

Casi siete años después, el 24 de abril de 1962, desde el hospital Salvatore Mundi, ahí donde lo había descubierto drogado el cardenal Valerio Valeri, según los testimonios de Juan José Vaca y FGP, Maciel le envía otra carta a doña Flora, en la cual le dice lo siguiente:

«Dios N.S. me ha hecho pasar una cuaresma y una Semana Santa como solamente Él sabe hacer pasar a quienes tenemos que pagar cuentas para que haya más sacerdotes santos para nuestra América Latina.

»Con la reserva y la intimidad que sólo a la madre se le puede comunicar, le diré que el profesor de urología de la Universidad de Roma se determinó a operarme en vista de que el cólico se me había fijado de una manera insospechable.

---

[1] Las cursivas son mías.
[2] Viene en un sobre con sellos de La Habana, AFBG, 15/IX/55.

»La operación duró cerca de hora y media. Estando presentes el profesor que la dirigía, el director de la clínica que la realizaba, el subdirector que controlaba y el anestesista.

»Ya se puede imaginar, señora Florita, los días que me he pasado en la cruz, pero todo ha salido bien.

»Vinieron a visitarme el cardenal Mícara, vicario de Roma; el cardenal Valeri, prefecto de la Sagrada Congregación de Religiosos, y el cardenal Cicognani, secretario de Estado.[3] Estas vistas siempre me consolaron porque son de superiores y de almas muy buenas.

»[...] Es mi primera carta que escribo después de estos días de tantos dolores. La otra la escribiré a mi madre a Cotija.

»[...] Se me pasaba decirle que los doctores me preguntaron quien era esa señora Florita porque mientras estaba bajo los efectos de la anestesia no hacía más que llamar a mi mamá y decirle a la Sra. Florita: señora Florita, no abandone a los legionarios. [...] No se preocupe por mi salud pues ya estoy fuera de peligro.

»[...] Le recomiendo reserva de todo para evitarme posibles interpretaciones.[4]

Como se podrá apreciar MM, experto en moverse entre diversos segmentos de público, también sabe presentar su *mal* de diferentes maneras. A sus muchachos elegidos para aliviarlo, lo hace diciéndoles que se trata de una prueba del Señor que sirve para santificarlo y para mostrarles la especial predilección del papa Pío XII hacia él.[5] A las bienhechoras de confianza, para enseñarles cómo una supuesta o real operación de las vías seminales sirve, gracias a una curiosa «transfiguración», para elevar el número de santos sacerdotes para América Latina y para recibir vistas eclesiásticas de primer nivel, en las que sólo faltó el Papa.

Por otra parte, eminentes doctores dedican su tiempo a operar o vigilar la operación de alguien tan connotado que, sin estar en peligro de muerte, parece vivir la operación como si fueran sus últimos

---

[3] Se refiere al cardenal Amleto Giovanni, hermano del cardenal Gaetano. En efecto, el cardenal Amleto era en esas fechas el secretario de Estado. *Anuario Pontificio*, 1962, pág. 909. No siempre Maciel miente. Y más en un caso así, que parecía que le vestía tanto. En cuanto a Gaetano Cicognani, éste había muerto el 5 de febrero de 1962. Había ocupado hasta esa fecha el cargo de prefecto de la Sagrada Congragación de los Ritos (*Anuario Pontificio*, 1962, pág. 88). Antes, en 1958, había sido prefecto de la Signatura Apostólica y también de la de los Ritos.

[4] AFBG, 24/IV/62.

[5] Porque hasta donde puedo saber, no comunicó su mal a los siguientes pontífices.

momentos. Y es quizá por esa razón que en su «inconsciencia» le encarga la Legión a doña Flora en la carta que nuevamente, como la de 1955, es «la primera que escribe» y de nuevo «desde la cama», incluso antes que a su madre. En la primera aprovecha para recordarle que «nos tiene un poquito olvidados», aunque doña Flora en esa época acababa de pagar el Cumbres.

Hay de inconsciencias a inconsciencias; en unas, ante el «tremendo dolor» decide rodearse de infantes y jóvenes que se lo calmen de una manera tal que evite el sufrimiento. Y por tanto que evite el envío de santos sacerdotes hacia América Latina. En ninguna de las dos inconsciencias afirma que no se dé cuenta de lo que dice o hace, pero ambas están encaminadas a seducir. No sé si la señora Flora a esas alturas se creía lo que en las cartas –con guión incluido– Maciel le decía.

Lo que resulta llamativo es la advertencia final de la segunda carta acerca de «guardar reserva para evitar posibles interpretaciones». ¿Cuáles interpretaciones, y de quiénes? ¿Temía, por ejemplo, que se supiera que no hubo tal operación?; ¿temía que, en el remoto caso de que la hubiera habido, se supiera que alguna de las citadas eminencias no fueron realmente a visitarlo?; ¿o temía que pensaran que la operación no tuvo éxito?[6]

El lector se preguntará por qué motivo se incluye aquí esto de las cartas. La razón es que un poco antes de lo relatado en la segunda carta se dio un suceso protagonizado por Marcial Maciel en San Sebastián, el que alude directamente a su *mal* de una manera sustancialmente diferente a como se hace presente en las cartas citadas.[7]

Esta vez se va tratar de un tercer tipo de público, que no es ni el de sus efebos incondicionales, ni el de gente como doña Flora. Se trata más bien de un público poco dispuesto a dejarse fascinar, aunque hay que señalar que en el suceso que a continuación voy a relatar se podrá apreciar muy nítidamente el *modus operandi* de Maciel, que incluye el hacerse acompañar de una parte de sus efebos para obtener la morfina.

---

[6] Para este último caso se cuenta con el testimonio de FGP, en el cual relata su experiencia sexual en Irlanda alrededor de 1964. Es decir, si hubiera sido cierta la operación de las vías seminales, resultó un fracaso, porque Maciel seguía requiriendo los servicios de otro para calmar sus dolores, aunque, por otro lado, la operación no tenía por objeto volver autónomo a Maciel en la cuestión de calmar sus dolores. Esto implicaba otro tipo de operación.

[7] Recuérdese, por otra parte, lo que relatan tanto el padre Ferreira como Federico Domínguez respecto del estado de adicción agudo de Maciel en los años 1955 y 1956, para tener el contexto del episodio cubano de la primera carta.

19.2 Un farmacéutico émulo de Sherlock Holmes

Si el primer craso error que cometió Marcial Maciel fue ir a visitar no a un jesuita, sino a un benedictino, el segundo fue haberse cruzado con un farmacéutico que, desgraciadamente para Maciel, tampoco participaba de las premisas morales del cotijense. Se trata de don Manuel Castro Pérez, vicepresidente del Colegio Oficial de Farmacéuticos de San Sebastián. Este individuo le envía al secretario de la Congregación de Religiosos[8] un informe pormenorizado de los hechos ocurridos entre el 18 y el 23 de marzo de 1962, es decir, un mes antes de la dolorosa «operación» sufrida por Marcial Maciel en el Salvatore Mundi. En ese informe, la cuestión de la relación entre la Dolantina y Maciel se muestra sin tapujos.

Para introducir un poco de suspenso comencemos por la promemoria que hace el secretario del recién fallecido cardenal Gaetano Cicognani del citado informe. Afirma que el 18 de abril de 1962 –seis días antes de la carta de Maciel desde Roma a doña Flora– se comunicó con él el obispo de San Sebastián para decirle confidencialmente que el padre Maciel

«había dado un grave espectáculo en el hotel Continental. El señor obispo recibió una comunicación telefónica del auditor asesor de la nunciatura apostólica de Madrid,[9] que le refiere que el padre Maciel se encuentra en gravísima dificultad con la policía de San Sebastián: el auditor le rogaba al obispo de dar incondicionalmente su apoyo al padre Maciel, tratándose de un excelente religioso a fin de que éste pueda sin dificultad dejar España.

»El padre Maciel se presentó al señor obispo, rogándole de no comunicar nada al arzobispo de México; hablando en los mismos términos, se presentó también el padre Arumí, maestro de novicios del noviciado de Salamanca.

»Su excelencia quedó muy impresionado de la oferta de una suma elevadísima (70,000 duros) por parte del padre Maciel con el fin de hacer callar a la policía española.

[8] Según el *Anuario Pontificio* de 1962, se trata del padre Paolo Philippe, dominico, pág. 877.
[9] Según el *Anuario Pontificio* de 1962, el nuncio era Ildebrando Antoniutti, quien había sido puesto en el cargo el 21/X/53. Pág. 921. Fue sustituido en el cargo por monseñor Antonio Riberi, nombrado el 28/IV/62. *Anuario Pontificio*, 1963, pág. 947.

»[...] Vinieron a visitarme en mi residencia de San Sebastián el presidente de los farmacéuticos de la capital y el jefe de la policía de San Sebastián. El jefe de la policía me informó que ya en *septiembre de 1957*[10] el mismo había denunciado al vicario general [del obispo de S. Sebastián] en ausencia del excelentísimo prelado [...] graves hechos de la misma índole. El vicario general, promete informar al prelado, pero por circunstancias que ignoramos, [el obispo] no tuvo conocimiento del hecho, sino con ocasión del último grave escándalo del mes de marzo pasado.

»El presidente de los farmacéuticos pone en mi mano un reporte detallado de los hechos ocurridos durante el pasado mes de marzo y una letra escrita [para] el eminentísimo cardenal de México [José Garibi Rivera].

»[...] El presidente de los farmacéuticos y el jefe de la policía habían recibido la promesa de una fuerte suma de dinero para guardar silencio sobre los hechos ocurridos».[11]

Este documento es importante porque permite observar a cielo abierto algunas de las acciones puestas en juego por Marcial Maciel –sin duda reiterativas a estas alturas–, muy poco tiempo antes de su «operación» de las vías seminales. Pero, sobre todo, muestra el comportamiento de algunas autoridades eclesiásticas para tratar de librar a Maciel del trance, y su contraste con lo que hacen tanto el vicepresidente de los farmacéuticos como el jefe de la policía y el citado secretario del cardenal Cicognani, aunque los tres personajes tienen también sus límites. Si bien el farmacéutico pone sobre aviso a la policía, todos parecen estar de acuerdo en que el asunto termine contenido dentro de los canales eclesiásticos y sus fueros correspondientes. La Iglesia del nacionalcatolicismo franquista muestra así su capacidad para que este asunto cause el menor escándalo posible.

Que Maciel ofrezca dinero en el mejor estilo de la corrupción «a la mexicana» no es sorpresa, pero que la policía española no lo reciba, al parecer sí lo fue para el fundador de la Legión. Que intente controlar el flujo de información hacia el arzobispo de México tampoco es sorpresa, y menos sabiendo la opinión que tiene de él a esas alturas monseñor Miguel Darío Miranda. Pero sí que desde la nunciatura de Madrid se busque protegerlo a toda costa, o que un vicario se guarde la información, sólo habla de los importantes apoyos institucionales con

---

[10] Cursivas mías.
[11] LCM, doc. 169, 27/IV/62.

los que sigue –y seguirá– contando el fundador, además del ambiente de corrupción que reina en una parte de la Iglesia católica.

Por otra parte, la fecha (septiembre de 1957) que da el jefe de la policía como aquella en que realizó su primera denuncia –la cual fue sustraída por el vicario del obispo de San Sebastián– no deja de ser significativa, pues se sitúa en el corazón del periodo de la suspensión a Marcial Maciel, y permite corroborar lo dicho por algunos de su ex colaboradores respecto a cómo continuó drogándose mientras se revisaba su caso.

También el hecho de que Maciel haya ofrecido tal espectáculo en el hotel en aquella fecha –o en los días previos–[12] permite colocar los reflectores de otra manera en relación con la carta enviada a doña Flora desde el Salvator Mundi. Porque si tuvo que salir a las volandas de España «perseguido» por la policía, nos podemos hacer una mejor idea de que muy probablemente trató de conjurar con su carta el rumor que pudiera llegarle a la bienhechora, utilizando la carnada de la supuesta operación y desplegando de manera grandilocuente sus protecciones romanas, comenzando por la del cardenal Valeri.

Pero aun hay más en la carta del secretario del cardenal Cicognani; por ejemplo, dice que el jefe de la policía le había relatado que uno de los religiosos que acompañaba al padre Maciel le pidió una cita para hablarle confidencialmente de la crisis de conciencia que sufría. Aunque suene paradójico, no parece haber sufrido una confusión respecto al lugar correcto para descargar su conciencia voluntariamente. El legionario explica ante el policía la angustiosa disyuntiva en la que se encontraba. Por una parte, veía

«el terrible vicio de droga en el cual había caído el propio fundador, y por la otra tenía gracias al voto de obediencia la obligación de continuar callando estos gravísimos hechos por orden expresa del propio superior general. El funcionario le responde que no lo eximía el voto religioso del hecho de informar debidamente a la Santa Sede.

»[A su vez] la disposición del prelado [de San Sebastián] era aquella de observar un completo silencio en tanto que no fuese interrogado por alguna autoridad superior. Esta disposición del prelado se debe al consejo recibido telefónicamente del auditor de la nunciatura apostólica de Madrid.[13]

---

[12] Juan José Vaca y Félix Alarcón dan testimonio de otros casos análogos.
[13] Doc. 169, *cit*.

De nueva cuenta se muestra la diferencia de criterio entre el jefe de la policía y el prelado de San Sebastián, éste está atrapado en la lógica de la obediencia jerárquica y de lo que un buen número de clérigos entiende por «prudencia». En cuanto al legionario, por si faltaran ejemplos, manifiesta en acto la eficacia del famoso voto de caridad.

El secretario del cardenal Cicognani termina su carta diciendo que le comunicó al prelado de San Sebastián que él conocía el instituto de los legionarios y a Maciel desde la época de sus estudios en la Universidad de Comillas, pero que además, como secretario del citado cardenal, estaba perfectamente al corriente del *dossier* del caso Maciel que existía en la Sagrada Congregación de Religiosos, y que consideraba un «deber de conciencia» el informarle al secretario de la Sagrada Congregación de Religiosos de

«los graves hechos ocurridos en S. Sebastián. Puesto que la evidencia de estos hechos podría hacer una luz más completa acerca de toda la situación pasada. Y fue quizá porque faltó una evidencia similar que se había resuelto con mucha benevolencia el delicado problema.

»He redactado esta promemoria a petición del reverendísimo padre secretario de la SCR».[14]

Lo de la *benevolencia* fue por razones menos confesables, como se verá un poco más adelante. Por lo pronto, una parte de las «pruebas» que había estado buscando el padre Anastasio estaba finalmente servida. El citado secretario de Gaetano Cicognani, como antiguo alumno de los jesuitas de Comillas, parece estar muy al tanto del asunto Maciel, y es probable que hubiera escuchado del conflicto habido entre algunos miembros de la citada compañía y Marcial Maciel.

Pero aún falta sumergirnos en el informe del farmacéutico, que no se ahorra nada en la narración de los hechos. El comparar lo que éste dice con lo que en su momento había presentado Ferreira permite apreciar que lo que el ex vicario de la Legión había adelantado no eran meras fantasías ni lo hacía por «vicioso», como lo consideró el padre Polidoro.

En dos breves cartas al secretario de la Sagrada Congregación de Religiosos que intentan sintetizar la cuestión, el farmacéutico describe, entre otras cuestiones, las características de prescripción y aplicación de la Dolantina que, según informa, exigen mucho cuidado.

[14] *Idem.*

Afirma que dado que Maciel usa la vía venosa, lo cual requiere que otros la pongan, «habría que colocarla muy lentamente para inyectar dos centímetros cúbicos», teniendo necesidad el paciente de estar acostado; «sería un suicidio si es la misma persona la que se inyecta o [...] un crimen por colaboración si es otra persona que lo [hace]» y no siguiera estas estrictas recomendaciones.

Afirma que podría haber obligado o persuadido a inyectarle a otros. «¿Hasta dónde se ha llegado, si esto viene sucediendo, según manifiestan, desde 1957?»[15] Y apunta más lejos cuando señala que

«Hay una negación de personalidad, ya que el padre Maciel nos manifestó que él no se hacía responsable de los falseamientos de nombres y de la petición de recetas, que habían efectuado los otros "seminaristas". Cosa lógica, pues en la toxicomanía uno de los datos externos es la negación de la personalidad, y la ocultación obstinada. Por último, monseñor, quiero hacerle notar el ofrecimiento tan raro de indemnizarme, caso repetido, y que me induce a pensar si en otros casos se hubieran encontrado en las mismas circunstancias, y que por medio de indemnización o soborno pudo quedar zanjado,[16] así como también las manifestaciones últimas que me hicieron al salir del obispado. Una de ellas, y creo recordar textualmente las palabras, "que ponían sobre mi conciencia el silenciarlo, ya que conocía [que] ellos estaban en una institución religiosa y además arruinaría sus vidas"».[17]

Entonces, al parecer hubo una reunión entre el obispo y algunos de los legionarios –no queda claro si asistió Maciel– además del farmacéutico. En esta cita se puede ver de nueva cuenta confirmado el catálogo de las conductas habituales de Maciel y algunos de sus discípulos respecto a la permanente negación de sus actos y al intento de hacer callar a los testigos incómodos, ya con dinero, ya con votos de «caridad» o con dudosas conminaciones a la conciencia, frutos todos del tronco del fundador de la Legión.

El problema es que esta vez los testigos no responden a la lógica intrainstitucional cotidiana de la Legión, porque no han sido adoctrinados en ella ni le deben nada. Y, hasta donde se puede saber, tampoco hay un jesuita «complotando» detrás del farmacéutico. Éste

---

[15] En la fecha se equivoca, pero al parecer el farmacéutico sólo contaba con los datos proporcionados por el jefe de la policía de San Sebastián.

[16] Así lo atestiguan A. Espinosa, Juan José Vaca y Francisco González, entre otros.

[17] LCM, doc. 167, 25/III/62.

se convierte en un nuevo enemigo de la Legión, ganado sin duda a pulso.

Y añade el farmacéutico que con posterioridad a estos hechos, y habiéndole prometido al obispo el salir hacia Madrid para ingresar en la clínica de La Milagrosa a Maciel, se fueron al hotel María Cristina de San Sebastián y continuaron varios días las peticiones de tóxicos. Y que enterados los organismos, decidieron intervenir firmemente. Asegura que la cuenta abonada en el citado hotel fue 15,000 pesetas por cinco días de estancia, cantidad que compara con el sueldo de su auxiliar en la farmacia, que es de 2,500 pesetas.

Pero el farmacéutico tenía ganas de explayarse y escribe un informe aún más pormenorizado. Gracias a esto nos enteramos de que los que participaron en las diferentes peticiones del tóxico durante esos días que consigna –que van del 18 al 23 de marzo– fueron cuatro, tres de ellos mexicanos y un español. Ofrece los números de pasaporte o tarjeta de residencia de los cuatro implicados, comenzando por Marcial Maciel, número de pasaporte 25/59-126813; Javier Guadalupe García González (mexicano), tarjeta de residencia 27/IV/60, Salamanca 23/V/60; José Guillermo Adame (mexicano), y Félix Alarcón Hoyos, nacido en Madrid.

Con la acuciosidad requerida para el caso, el farmacéutico narra que la primera petición de la Dolantina la realizaron por medio de la dueña del hotel en el que se hospedaban a la farmacia Soltillo (calle Urbieta 24); se les hicieron ver las recomendaciones pertinentes respecto a la regulación de estupefacientes en la ley española, pero

«en consideración a que eran sacerdotes y extranjeros, que alegaban encontrarse en viaje de peregrinación al santuario de Lourdes, y que era un padre de la peregrinación [el] que padecía un cólico nefrítico, se le facilitaron. Teniéndose que molestarse mucho la señorita farmacéutica para poder recuperar la receta correspondiente, ya que no se prestaron a llevársela como habían prometido ni ese día ni el siguiente. Esa misma operación la realizaron en la farmacia de doña María Rizola presentándose en ella el padre Maciel acompañado de Javier Guadalupe García, logrando el auxiliar de la farmacia al día siguiente recuperar la caja de Dolantina.

»El mismo día 17 después de cenar se trasladaron al hotel Continental (Calle Zubieta No. 22) [...] Según manifestaron [los de conserjería de ese hotel] salían a veces a las doce de la noche y hasta las dos de la madrugada [...] para tratar de conseguir en las farmacias de guardia la Dolantina. Implicando toda clase de trucos y artimañas, trataron y consiguieron burlar las disposiciones españolas con relación a la venta de estupefacientes sorprendiendo el sentido católico y deferente hacia unos sacerdotes extranjeros.

»[...] A las consultas [con los médicos para pedir las recetas] se presentaban siempre Javier Guadalupe García y José Guillermo Adame. Cuando las peticiones las hacían en la farmacia sin receta los datos que tenemos es de que siempre fueron el padre Maciel acompañado de Javier Guadalupe García.[18]

Manuel Castro continuaba relatando que dieron nombres falsos, como los de Guillermo Izquierdo y Francisco Orozco. Consta que el primero efectivamente era legionario pero no había participado en este asunto. También ofrecieron domicilios o cuartos de hotel falsos, y rastreando hacia atrás, el detectivesco farmacéutico descubrió que tanto el 23 de febrero de 1961 como el 27 de febrero de 1962, Guillermo Adame había pedido Dolantina a nombre de un tal padre Bustamante, nombre que se volvió a utilizar falsamente entre el 17 y el 23 de marzo de 1962.[19]

Pero esta vez Marcial y sus muchachos, desesperados por conseguir la Dolantina, habían topado con alguien cuyo «sentido católico y deferente» se apartaba de la media estadística. El *mal* de Maciel, esta vez presentado como «cólico nefrítico», fue detectado por Manuel Castro como lo que era: una adicción galopante que no se detenía ante nada.[20] Es en este contexto que de nueva cuenta podremos releer la carta a doña Flora de un mes después.

A la luz de estos hechos se comprueban las complicaciones que se presentan cuando se intenta penetrar el secreto que envuelve los actos pederastas ocurridos entre cuatro paredes y la dificultad para probarlos, a diferencia de la toxicomanía, la adicción plenamente instalada, en la cual se produce una ansiedad que obliga al sujeto a salir a la calle sin cuidarse demasiado, para tratar de evitar el llamado «síndrome de abstinencia»; así su actos terminan por perder toda privacidad y se disemina toda clase de indicios, como en el caso que me ocupa.

[18] Doc. 167, «Exposición de los hechos que se citan».
[19] Todavía detecta otras a nombre de P. Pedro Martín, Pedro Domínguez y de nueva cuenta Guillermo Izquierdo, con lo cual muestra que esos días estuvieron pidiendo Dolantina a destajo.
[20] Droga que es descrita por Manuel Castro como Dolantina inyectable, de Bayer, caja con 5 ampolletas de 2c (100 mgs por ampolla).

19.3 Las secuelas del asunto de San Sebastián en la rehabilitación de Marcial Maciel

Gracias a lo ocurrido en San Sebastián nos podemos enterar de cómo había terminado la cuestión de los informes presentados por los visitadores. En una reacción aún más rápida que la que llevó a la suspensión de Marcial Maciel en septiembre de 1956, la Sagrada Congregación de Religiosos promueve una apertura del *dossier* Maciel el 28 de marzo de 1962, muy probablemente animada por el secretario del cardenal Cicognani y gracias, sobre todo, al informe de Manuel Castro del 25 de marzo de ese año.

Voy a recordar los dos párrafos ya citados de esta promemoria de 1962, para poder articularla mejor a la de 1964 y así entender mejor cómo en esta nueva revisión del caso se repitió el bloqueo de 1958.

«Después de dos años, o sea en septiembre de 1958, la Sagrada Congregación de Religiosos, que entretanto había ordenado una visita apostólica al Instituto, remitía al eminentísimo cardenal vicario toda decisión acerca de la eventual reintegración del padre Maciel en el pleno ejercicio de su tarea como superior general.[21] Reservándose el control y la vigilancia sobre toda la actividad del padre Maciel a quien, además, se había hecho prohibición absoluta de asumir la dirección espiritual y mucho menos la tarea de confesar a los miembros de la congregación fundada por él.»[22]

Pero a esta descripción, que pone todo en manos del cardenal vicario para que éste decida la plena rehabilitación de MM, sin dejar de recomendar que la prohibición hecha a Maciel de hacerse cargo de la dirección espiritual y de la confesión continúe, acompaña esta recomendación de una nota que dice: «es de notar que en esta circunstancia, *la Sagrada Congregación de Religiosos no pudo proceder más allá en relación al padre Maciel por motivo de recomendaciones e intervenciones de altas personalidades.*»[23]

Ya señalé que en este documento no se especifica de qué «altas autoridades» se trata, pero en uno posterior de la misma Sagrada

---

[21] Recuérdese lo que había escrito el padre Mozzicarelli y que coincide con esto.
[22] LCM, doc. 168, 28/III/62, prot. núm. 16249/56.
[23] *Cit.* Las cursivas son mías.

Congregación de Religiosos, del 14 de julio de 1964, se aclara en parte esta cuestión.

«Núm. 7.

En la primavera de 1962 nuevas graves acusaciones fueron presentadas a la S. Congregación contra el padre Maciel. Los hechos, de los cuales fue incriminado el padre, serían acaecidos los días 18-23 de marzo del mencionado año en la ciudad de San Sebastián, España. Tienen por objeto todavía la morfina. La policía local estaría en conocimiento de esto. (Ver brevemente la hoja proaudiencia).

»Núm. 8.

»La Sagrada Congregación decide: deponer al padre Maciel de su cargo de superior de su congregación y su exclaustración *Ad nutum sedis*, además, nombrar otro superior tomado fuera del instituto. Se encuentran los procedimientos propuestos para presentar al santo padre la audiencia, que debería haber tenido lugar el 18 de mayo de 1962 pero que, a cuanto parece, no se realizó, porque en el entretiempo *hubo una intervención de la secretaría de Estado*.[24]

»Núm. 9.

»17 de mayo de 1962. Es la fecha de los dos reportes llegados a la secretaría de Estado de la nunciatura apostólica de Madrid y reenviados a la sagrada congregación con fecha 24 de mayo. Estos dos reportes son muy favorables al instituto de los Misioneros del Sagrado Corazón y de la virgen Dolorosa, como también a su fundador el padre Maciel, que hicieron, así me parece a mí, examinando los documentos de la *positio*[25] suspender todo paso ulterior contra el padre Maciel. Y por lo tanto a este punto se paró toda acción y por eso hemos buscado señalar en este promemoria sus principales fases.

»Roma, 14 de julio de 1964.

»Firmado: Ravasi.»[26]

Entonces, este nuevo amago promovido por la Sagrada Congregación de Religiosos en la primavera de 1962, de separar definitivamente de su cargo a Maciel, tampoco dio resultado, al ser bloqueadas las

[24] Las cursivas son mías.
[25] Término en latín que significa tomar una posición determinada frente a algo.
[26] LCM, doc. 175, 0929/55R.111. 14/VII/64.

resoluciones, una vez más, por otra «alta autoridad». Sólo que esta vez se especifica más claramente que fue hecha desde la secretaría de Estado, y además con el decidido apoyo de la nunciatura de Madrid. ¿Se trata directamente del cardenal secretario de Estado Amleto Cicognani? Es más que probable. Recuérdese que Maciel, en su carta del 24 de abril de 1962 a doña Flora Barragán, afirma que a su lecho de enfermo lo fue a visitar, entre otros, el cardenal Amleto Cicognani, secretario de Estado.[27]

Una vez más, los contactos y las influencias de Marcial Maciel con los señores del poder eclesiástico lo libraron de ser expulsado del puesto de superior general, sin importar que ahora las pruebas respecto a su toxicomanía parecían contundentes.

El Concilio Vaticano podía hacer su camino de reformas, y los que resistirían a éstas con uñas y dientes también podían hacer lo suyo. Una de las cuestiones que dejará intactas dicho Concilio será la referente a la cuestión sexual, así como sus tortuosas maneras de proteger ante todo a la institución, su legalidad paralela, sus fueros y secretos. Un buen ejemplo de ello es el documento ya citado acerca de los *Delitos de solicitación*, firmado por Juan XXIII en la audiencia del 16 de marzo de 1962, un día antes de que Marcial Maciel llegara a San Sebastián para iniciar su ronda en las farmacias buscando proveerse de Dolantina –y muy probablemente, también para aliviarse a fuerza de «solicitaciones» con sus tres efebos de compañía.

Para terminar esta parte hay que aclarar que en el archivo consultado no se encuentra ningún documento oficial de la rehabilitación de Marcial Maciel en septiembre de 1958, o algún otro posterior.

---

[27] Que fue nombrado secretario de Estado a la muerte del cardenal Doménico Tardini, acaecida el 30 de julio de 1961. Cfr. Hans Küng, *Libertad conquistada, Memorias*, Madrid, Trotta, 2003, págs. 233-234. Como se señaló, al cardenal Amleto no hay que confundirlo con su hermano el cardenal Gaetano.

20

Juan José Vaca, la ruptura con Maciel

Para enero de 1962 Maciel, quien quería presentar al Vaticano las candidaturas de sus futuros sacerdotes –diez teólogos–, le pide a Juan José Vaca que le redacte en latín un documento al respecto.[1]

Vaca comienza a pensar que podía aprovechar la cercanía de los obispos para plantearles algunas dudas y tormentos que lo aquejaban respecto a su relación con Maciel y la Legión. Sobre todo, con don Luis Guízar, obispo de Saltillo[2] con el que se había sentido –según dice– en mucha confianza cuando una vez conversó con él. Se decidió pues a escribirle una carta aprovechando sus ratos libres mientras sus compañeros iban a estudiar a la Gregoriana.

Preparó un escrito de alrededor de doce páginas y lo escondió en su cuarto. El día que se lo iba a entregar al obispo, cuando volvía de la comida, descubrió que le había sido sustraído.

«Yo después pensé que José Manuel Fernández Amenábar me había estado observando desde días antes y se dio cuenta de que estaba escribiendo. Me entró miedo de que el documento hubiera ido a parar a las manos de Maciel. Como a las cinco de la tarde José Manuel, que en ese tiempo estaba muy íntimo con Maciel, viene a verme y me mira de una forma muy peculiar y me dice: «nuestro padre quiere hablar con usted». Bajo, y en ese momento, Maciel venía saliendo de la enfermería y por primera vez en mi vida, a mis 24 años, lo veo con esos ojos fríos llenos de rabia y de odio, él, que siempre me había querido, y me dice: "He pensado que usted no está preparado para ordenarse. Se va usted a ir a

---

[1] Lengua que Maciel no dominaba.

[2] Del mismo que habla Maciel cuando señala que ayudó a disipar las dudas de doña Flora Barragán respecto a «infundios» contra la Legión en la anterior década. Luis Guízar era pariente –otro más– de Maciel, el mismo que calificó de psicótico al primo de Maciel, Sergio Ramírez Degollado. Cfr. Jesús Colina, *Marcial Maciel..., op. cit.*, pág. 75.

Ontaneda, va a ayudar en la disciplina de los apostólicos y ya veremos después".

»Yo ya les había escrito a mis padres que en enero nos íbamos a ordenar. Al día siguiente a las 5 de la mañana me llevaron al tren y me tuvo ahí por seis años desterrado.»[3]

El arte de los exilios y las expulsiones expeditas, si bien no puede considerarse una exclusividad de la Legión, cuando menos en esa congregación sí resulta una práctica muy socorrida. Juan José Vaca iba a tardar otros quince años en poder liberarse de su apego a Maciel, y otros tantos más en atreverse a hacerlo público. Por lo pronto, pudo comprobar el otro lado de Maciel: después de la flexibilidad, el garrote.

El poder discrecional del superior para controlar uno de los dones más preciados en una orden religiosa, el del acceso a la ordenación sacerdotal, fue utilizado puntualmente como arma.

Faltar al voto de «caridad» contra el superior de los superiores tuvo, una vez más, consecuencias no despreciables, y esta vez sin esperanzas de llamar la atención de la Congregación de Religiosos. Además, no sólo Ferreira sufrió la sustracción de uno de sus escritos.

Alrededor de siete años después, Maciel le permitió a Vaca presentar sus exámenes de Teología en la Gregoriana, lo cual lo hacía viajar de Ontaneda a Roma. El 24 de noviembre de 1969, víspera del vigécimo quinto aniversario de ordenación de Marcial Maciel, éste le pregunta si está preparado para el sacerdocio, y Vaca, remiso a medias, le responde:

«No, no quiero ordenarme porque usted nunca me ha dado explicaciones de lo que por años le he preguntado. Usted me ha hecho esto.

»Por primera vez me le encaré.

»FMG: ¿A qué te refieres con el "usted me hizo *esto*"?

»JJV: Posiblemente no usé los términos de masturbación, pero sí le mencioné lo sexual. Yo le recriminé, además, el porqué siempre viajaba en primera clase y de incógnito. Y también, dos incidentes que se los volví a mencionar entonces: en uno de los viajes me había contado que le habían encomendado que trajera a una señorita de Monterrey, sobrina de doña Flora y que en Nueva York había hecho el amor con ella. ¿Me lo contó para excitarme?, no lo sé. Si fue o no verdad, tampoco lo sé.

---

[3] Entrevista a Juan José Vaca, *cit.*

»El otro incidente sucedió en Roma. Los jueves salíamos a visitar museos y una vez me dijo: "Tú te vas a quedar, porque va a venir a visitarme una persona y la vas a recibir en la portería y me la traes a la enfermería. Pero antes veme a comprar una pijama buena de seda".

»Él no usaba pijamas. Se la puso, se afeitó y perfumó, y luego se metió en la cama porque sentía "dolores". Y añadió:

»"Se trata de una señorita que necesito atender espiritualmente, ya que pase te quedas en la puerta".

»Llega la aludida [también] de Monterrey,[4] la llevo a la enfermería, pasan como dos horas y luego sale.

»Yo le digo que no me puedo ordenar mientras él no me conteste todo eso. [Y Maciel, imperturbable le responde aludiendo a sus estados "crepusculares"]: "Ya te he dicho que no tengo conciencia de lo que haya ocurrido. Mira, Juan, tú vas a ser un muy buen sacerdote, la Legión te necesita, Dios te necesita"».

¿Por qué tal necesidad de Vaca para que le cuente qué pasó con la señorita regiomontana mientras él monta guardia sumisamente a las puertas de la enfermería, si ya él sabía lo que en general ocurría allí? ¿Crítica y al mismo tiempo curiosidad? No lo sé. Pero sin duda el ser colocado en el lugar del tercero excluido-incluido no era un papel agradable en ese tipo de socialidad perversa instituida entre Maciel y sus elegidos.

Por cierto, los padres de Juan José Vaca ya estaban en Roma para asistir a la ordenación del día siguiente; era el segundo intento. La presión de la presencia y expectativa de los padres, me imagino, hizo su efecto, y termina por ceder en lo que parecía «una condición» *sine qua non* para ordenarse. Pero en su segunda misa, oficiada en las catacumbas, le sucede un incidente que habla de la contradicción que lo cruzaba.

Relata que antes de la consagración tuvo una laguna mental, de esas en las que uno «no sabe qué ocurre», y se le olvidó la fórmula de la consagración. El padre Arumí que lo acompañaba

«me repite la fórmula y yo no contesto. Veo a mi padre que se comienza a asustar. Duró esto como dos o tres minutos y por fin reaccioné. Arumí, él sabía que había abuso sexual. Años atrás, cuando él era prefecto de novicios y yo su asistente, un día en la

---

[4] No se trata de la misma mujer del primer suceso.

noche ya casi para acostarme entra a mi habitación y me dice: "Ay, hermano Juan, yo tengo un dolor aquí en el pecho" y me pide que le dé masaje. Y yo le digo que de ninguna manera.[5] Me acuerdo que cuando yo era novicio y estaba a punto de bañarme vi que por la mirilla de la puerta él me estaba observando. Me visto rápido y salgo, y él salió disparado.

»Después de la misa, Arumí me preguntó qué me había pasado. Yo no le quise decir nada. Por cierto, a Maciel nunca le mencioné lo de Arumí».

Los pactos que instauran el tabú de la explicitación prosperan en los silencios calculados y los sobreentendidos. Pero tanto tener que callar tenía finalmente que encontrar alguna salida, aunque fuera por desplazamiento (Freud *dixit*). Y el retorno de lo suprimido, que no de lo reprimido, hizo su aparición en el punto preciso en donde el recién investido de la sacralidad sacerdotal se resiste a serlo de manera total, aunque sea por sólo un momento harto fugaz, mientras no obtenga las explicaciones que siente que se le deben. Y dicho «retorno» se realiza por medio de un acto sintomático digno de figurar en el texto freudiano de la *Psicopatología de la vida cotidiana*. Pero en este caso, el acto sintomático no sólo habla de un conflicto en el sujeto

---

[5] Como dato «curioso», un ex monje del primer intento del convento benedictino de Gregorio Lemercier en San Benito del Mar, en Guaymas, relata un incidente ocurrido entre dos postulantes, que en mucho recuerdan los dolores de Maciel y los de su imitador Arumí.

«Una noche el hermano Saldaña tocó la puerta del cuarto del hermano Gutiérrez:
»–Hermano Gutiérrez, hermano Gutiérrez.
»–Qué pasa, hermano.
»–Me siento muy mal del estómago: tengo un dolor muy fuerte aquí, mire, tiénteme.
»El hermano Gutiérrez inocentemente puso su mano sobre el vientre del hermano Saldaña, que al sentirla reaccionó favorablemente, la tomó entre las propias y presionándola trató de bajarla un poco más, hacia la pelvis. Ante lo cual, el hermano Gutiérrez reaccionó y comprendió el significado de aquella actitud, retirando rápido la mano y en tono burlón expresó:
»–No es nada, hermano, no tiene nada, seguramente [es] un [gas] atorado que quedó por ahí, vaya a su cuarto y descanse. Y cerró la puerta.»

Giovanni Lucci, *Recuerdos de un monasterio*, Cuernavaca, Colección Movimientos Sociales Morelos Siglo XX, 2000, págs. 25-26. Como se comprenderá, existen diferentes formas de encarar los «dolores» de ciertos religiosos. En este caso lo fue entre pares.

que lo sufre precisamente frente a la mirada angustiada de sus padres, y sobre todo del padre, que nunca supo bien a bien a qué se debió –mirada que pudo haber remitido a aquella otra más fiera de Marcial Maciel seis años antes–; también alude a una situación institucional que trasciende con creces el caso personal.

Un humilde *lapsus* o acto sintomático bien escuchado, sabiendo el contexto en el que se produce y contando con la imprescindible colaboración de quien lo sufre, puede aportar valiosos indicios de una relación institucional violenta, como era el caso. Maciel, Arumí, etcétera. Y Juan José Vaca colabora con su parte manteniendo silenciado con ambos lo que vivió con cada uno, pero sin dejar de explicitar que en el permitir que abusaran de él también tenía sus preferencias, y Arumí, por cierto, no estaba entre ellas.

Este acto sintomático rápidamente suturado le permitió seguir colaborando todavía por seis años con la Legión, en la operación del silenciamiento del abuso sexual que ya para esas fechas empezaba a ser actuado por algunos miembros violentados por Maciel. Este problema con el tiempo no hizo sino aumentar, como se verá más adelante. Sin embargo, la colaboración de Vaca comenzó a cambiar su ángulo de incidencia.

El testimonio de Juan José Vaca resulta uno de los más dramáticos, ya que muestra en carne viva el cautiverio al que estuvo sujeto, y puede servir de ejemplo para otros casos en que la relación de sometimiento resulta menos visible, pero no por ello menos efectiva. Por lo pronto, sus rebeldías espasmódicas de 1962 y 1969 no habían prosperado, pero a cambio, finalmente había accedido al sacerdocio, pagando un precio excesivamente caro.

Después de la ordenación, Maciel lo nombra vicerrector en Ontaneda y, generoso, le concede tres semanas para que acompañe a sus padres por Europa. La dialéctica de la zanahoria y el garrote hacía de nueva cuenta su puntual aparición.

En Ontaneda funge como vicerrector, director espiritual y confesor. Otra vez, el modelo del sacerdote total para una institución total, modelo atrapatodo, muy adecuado para cercar y controlar sujetos; a veces, y contra lo previsible, sirviendo para establecer puntos de mínima resistencia, aunque sin tocar a fondo el sistema institucional, como en el siguiente caso.

«y en mis funciones de director espiritual y confesor, cuatro niños vinieron a decirme que el padre [Martínez] Penilla, que era el rector, se los había llevado a la cama y los había masturbado. Y posiblemente ya llevaba como dos o tres meses así. Llamo a Maciel que estaba en Roma para informarle y éste me dice:

»"No te preocupes, habla con los apostólicos y procura tranquilizarlos, diles que no le digan nada a sus papás. Y ahora mismo le voy a hablar a Rafael Arumí" [que era el superior regional].»

Arumí llega en auto de Salamanca en cinco horas; el tren salía de Torre la Vega a Madrid tres horas después, y de manera fulminante manda a Penilla a Madrid, de ahí en avión a México y luego a Chetumal, para que se ponga a las órdenes de Jorge Bernal. Un ejemplo más de exilio expedito. Continúa Vaca:

«Yo hablé con los niños y los tranquilicé, eran como de catorce años; Maciel me dijo que si había algo más fuera a hablar con el obispo. Le arreglé pues a Maciel ese trabajo de encubrimiento. Tapar y solucionar. Y en premio, me nombró superior del centro de Connecticut que en ese momento, 1970, era el único que existía en Estados Unidos. Los cuatro niños siguieron, habían sido reclutados por mí. Yo me sentí con una tremenda responsabilidad de haberlos sacado de sus hogares. Una vez que pasaron el noviciado, le dije a Arumí: "cuídelos mucho, porque si algo les pasa usted va a saberlo." Ya para ese entonces, yo estaba en paridad de jerarquía con él.

»FMG: ¿Pero cómo podías confiar todavía en Arumí a esas alturas?

»–No, no me estás entendiendo. Yo estaba todavía mentalizado al grupo, a la fidelidad a los legionarios, a serle leal a Maciel. Todavía no había pensado salirme de la Legión. Me quedo dentro pero tratando de proteger a quienes pueden ser afectados. En 70, 71 y 72 regreso a España al reclutamiento vocacional, y aprovecho para vigilar a mis protegidos, y los dejo de júniores.[6] Es a partir de 1975 que empiezo a pensar en dejar la Legión».

De nueva cuenta, el encubrimiento como política recomendada: «que no se enteren los padres», dice Maciel. Pero eso no es todo, hay que proceder rápido con el abusador y ponerlo a muchas millas de distancia antes de que los padres o el obispo del lugar se enteren y

---

[6] El juniorado constituye en muchas congregaciones religiosas la etapa siguiente del noviciado. Antes del Concilio Vaticano II, en general se estudiaban las humanidades en dicho periodo.

puedan reaccionar. Ante todo, hay que salvar la cara de la institución y del abusador, por encima de la de las víctimas.

En esta lógica institucional, a los pederastas no hay que ponerles un alto radical, sólo tratar de controlar el escándalo y desplazarlos a otro sitio: estrategia de deslocalización, para que tenga la oportunidad de abusar de otros niños. De nuevo se aplica el socorrido modelo del «pederasta itinerante». Veremos en el capítulo siguiente, analizando el caso del Instituto Cumbres de México, cómo esa política no sólo legionaria, sino muy eclesiástica, se va a aplicar una vez más.

Juan José Vaca, a estas alturas de su testimonio –diciembre de 2003–, habla sin protección, está dispuesto a mostrar sus contradicciones y a no edulcorar su actuación. Pero, justo es decirlo, no comienza en la fecha citada, ya que su autocrítica la empezó a practicar desde 1962, en su primer escrito «sustraído» y luego, ya más específicamente, a partir de 1976.

Es por eso que, al tiempo que buscó proteger a los cuatro púberes, ya en aquellos inicios de los setenta, en una carta de ajuste de cuentas con Maciel –20 de octubre de 1976, inicio claro del proceso de ruptura con su vida anterior– afirma que en su primera estancia en Ontaneda, puede dolorosamente reconocer que

«era muy de esperar que, tarde o temprano, me sintiera tentado a poner en práctica alguna de las actividades impuras que usted me enseñó. Tardé y resistí por algún tiempo; pero la tentación, los malos recuerdos de usted y la situación penosa de la vida de Ontaneda me hicieron caer: fue como una válvula de escape, para no perder la razón. Sí, caí, padre; pero usted bien sabe, que jamás abusé de ningún adolescente, en la forma que usted abusó de nosotros: ni remotamente, con la gravedad y extensión de usted. Recuerde que todo fue meros tocamientos ligeros, mientras ellos estaban dormidos; jamás en estado de vigilia y sin causarles ningún daño mayor. Esto sólo duró unos meses y, desde aquel entonces, nunca jamás volví a poner en práctica lo que usted me había enseñado. Me causó tal repugnancia desde entonces que...».[7]

Por entonces es todavía tal la idealización de Maciel, que aquél resulta también incomparable en el abuso. Juan José Vaca parece estar muy seguro del dulce sueño de los púberes y de que, por lo tanto,

[7] Carta de Juan José Vaca a Marcial Maciel del 20/X/76, escrita desde Nueva York, St. Christopher's Rectory, 11 Gale Avenue, Baldwin, pág. 6.

«no se dieron cuenta».[8] Si Maciel alega sus estados «crepusculares disociativos» para actuar con toda impunidad, su discípulo espera la noche y, procurando no despertar a los infantes, practica por un tiempo el modelo «bello durmiente», una recreación del patrimonio que le enseñó su mentor. Pero lo hace cruzado por la contradicción, ya que a todas luces carece de vocación para ser cínico. Y sobre todo, si quiso experimentar lo que se sentía el tener al otro a su merced, pronto entendió la violencia que implica el obtener satisfacción ocupando ese lugar y de esa manera, y comprobó quizá que el placer era inferior a la culpa. Es probablemente por eso que en el retorno a Ontaneda la necesidad de reparación se hace presente con tal fuerza con sus cuatro «protegidos».

Vaca se encarga de extender el reino legionario por Estados Unidos, y para eso necesita dinero. Rápidamente descubre que el «camino más fácil» es el del «Programa de Propagación de la Fe», mediante el cual los obispos «dan» anualmente un determinado número de parroquias para que los religiosos recojan dinero para los misioneros al final del programa de predicaciones.

«Cada diócesis guarda el total recolectado, y te dan el 20%. Maciel me da la orden de enviárselo a él directamente. Y me empiezo a dar cuenta que ese dinero que da la gente de buena voluntad, es para que Maciel siga viviendo su vida de Rajá aseglarada. Cuando venía a Nueva York, yo tenía que buscarle el mejor hotel, por ejemplo el Astoria. Siempre lo hacía de incógnito, y yo lo registraba con mi nombre. Hasta 1976 que estuve en la Legión, todo era al contado. Siempre traía en su poder cinco o diez mil dólares. Comencé cada vez más a decepcionarme de su vida y sus mentiras. Me decía que buscara los lugares en donde habitaba la gente más pudiente, Detroit, Maryland, etcétera, yo comencé a trabajar a *contre coeur*.»[9]

Juan José Vaca, si bien seguía atrapado por el recuerdo abrumador de lo sexualmente vivido con el fundador de la Legión, comienza a ver de otra manera el comportamiento «aseglarado» y la pasión por el secreto –y el ir por la vida de incógnito–[10] por parte de Maciel. Pero

---

[8] Como él sí se dio cuenta cuando Jorge Bernal, quien fuera obispo de Chetumal recibe a Jesús Martínez Penilla, lo quiso toquetear en aquella noche de 1950. Véase capítulo 7.

[9] Entrevista de FMG a Juan Vaca.

[10] Un hecho interesante relatado por el padre Antonio Roqueñí a José Barba, Antonio Pérez Olvera y a quien esto escribe, a finales de 2001, es el siguiente:

sobre todo, lo que comienza a desilusionarlo más es ver cómo se aprovechaba de los donativos y de la buena voluntad de algunos católicos estadounidenses, utilizando los recursos de un modo tal que aquéllos no hubieran deseado.

Pero al mismo tiempo estaba aterrado con Maciel, porque no sólo había participado tanto en los desfogues sexuales como en limpiar las huellas de los desfogues de otros compañeros, o en conseguirle la droga y servirles de prestanombres, e incluso en desviar donativos para usos muy personales, etcétera, sino que también había contribuido a engañar a un legionario que pretendía salirse y que le había «robado» dinero a la Legión para, al parecer, dotarse de una especie de seguro, dado el desamparo en el que quedaba quien se atrevía a abandonar la institución después de años. Vaca asegura que él contribuyó al «rapto» planeado por Maciel. Y temía que algún día a él le pudiera pasar lo mismo.

«Siendo yo superior –alrededor de 1972–, Maciel me habla de Madrid y me dice:

»"Mira he mandado llamar al padre Pedro Martín de Monterrey, cuando llegue a Nueva York lo pones sin que sospeche, en el vuelo hacia Madrid. Yo le dije que iba a estar en Nueva York para esperarlo, pero no me va a ser posible. Procura que se haga de la forma más discreta."

»Dos semanas antes, me había hablado Maciel de que iba a pasar un señor en el vuelo x, y que le diera 2,000 dólares al contado. Se los di. Después supe que era un investigador privado de Barcelona. Pedro Martín cometió el error de mandar dinero a sus padres, ya que pensaba salirse y quería tener un ahorro. Maciel se enteró de esto y mandó al policía a Monterrey para hacerle un *dossier* y acusarlo a la policía en Madrid por robo a la Legión.

»Yo, un hijo de la obediencia, tenía mis contactos con las líneas aéreas. Hablé con las autoridades y por la misma pista lo pasé al otro avión.»[11]

Cuenta que un amigo de él venía de encontrarse a MM en el aeropuerto de México, con alzacuellos y rodeado de legionarios más jóvenes. Lo saluda y le pregunta a dónde viaja, Maciel le responde que a Acapulco; entonces él se ofrece a llevarlo del aeropuerto de ese lugar a su casa, ya que él lleva el mismo destino. Maciel le agradece, y le dice que a él también lo esperan para llevarlo. En el avión coinciden en la misma línea y descubre que el religioso se ha quitado el alzacuello y que tiene una camisa muy de vacaciones. A la salida del aeropuerto de Acapulco, el amigo del padre Roqueñí ve desde su vehículo que unos adolescentes en traje de baño invitan a Maciel a pasar a un auto poco lujoso. Fin del relato.

[11] Entrevista de FMG a Juan José Vaca, *cit.*

Vaca comienza a pensar en salirse hacia finales de 1975. Cuenta que su preocupación mayor era el cargo de conciencia de haber llevado a la Legión un buen número de candidatos. En Irlanda había sido asistente de novicios, y muchos lo veían como su modelo de sacerdote, cosa por demás lógica en esas circunstancias.

Su ex compañero Félix Alarcón se encuentra en Long Island, como sacerdote, bajo las órdenes del obispo del lugar, platica con él y le pide que le sirva de mediador con el obispo. Félix accede y Juan José tiene una entrevista con el representante del obispo. Explica su deseo de abandonar la Legión, y le ofrecen facilidades para insertarse[12] en esa diócesis.

Entonces, decide viajar a México para hablar con Maciel, exponerle que abandona la Legión y pedirle las «dimisorias».[13] Lo busca en Tlalpan, y Alfonso Samaniego le responde que Maciel está en Houston. Entonces decide irse a Zitácuaro con sus padres y esperar la vuelta de Maciel, cosa que transgredía las normas legionarias, pero a la mañana siguiente recibe de México una llamada de Maciel –que en realidad no estaba en Houston sino de incógnito–, quien le dice que venga a verlo.

«Todavía lo trato de "mon père" y le doy el reporte que había hecho del estado financiero y la situación de la Legión en EU. Él finge llorar y me dice:

»–Yo, que hace cinco días pensaba llamarte y nombrarte mi asistente general.

»–No, no más.

»–Y ¿a dónde te vas?

»–Eso a usted no le interesa.

»Le hice un recuento de los primeros años de abuso sexual, del uso del dinero, las drogas y los incidentes con esas señoritas. Me quedé un mes más para enseñar a mi sustituto. A los tres meses le conté al obispo lo que me había sucedido, éste se quedó muy sorprendido y me dijo que había que escribirle al nuncio. Y yo le digo que no, porque los hombres de Maciel lo iban a bloquear. Le pedí que me permitiera ir a Roma porque yo sabía los conductos. Busca a Félix y le pide confirmar la información. Félix lo hace.

»En el ínter, recibo una carta de Maciel amenazándome, que por qué lo había calumniado con una familia. Me decía: "le reco-

---

[12] El término eclesiástico es el de «incardinarse».
[13] Otro término canónico.

miendo que sea muy prudente porque de lo contrario usted sabe que puede terminar muy mal." Era una carta a mano que desgraciadamente destruí, de rabia.

»Yo, en efecto, había hablado con esa familia a la que había invitado al Regnum Christi. Ellos habían tomado al día siguiente el avión para Roma, y claro que Maciel no les dio la cara. El padre Dueñas les dijo que yo era un mentiroso y que así quería justificar mi salida de la Legión.

»El obispo manda nuestro punto de vista a Roma –Alarcón, Vaca– pero nunca le contestan.»[14]

Más allá de los recuerdos de Vaca existen dos cartas que él le envía a Maciel en 1976. En la primera del 18 de marzo, el «mi querido padre» no es obstáculo para plantearle sus dudas y críticas, y demandarle su salida de la Legión.

«Muy bien conocidos son por usted los periodos de confusión, de doloroso desengaño y de penosa ansiedad que, desde principios de 1950, causaron en mi alma, primero, su "enfermedad" y, segundo, diversos aspectos de la vida de usted.

»Posteriormente, a partir de 1963, comencé a preguntarme los porqués de algunos puntos de la espiritualidad y vida legionarias, concretamente

»a) Algunos extremos del 1er. voto privado.

»b) La excesiva reserva y ambiente de secreto [...]

»d) La dependencia total y absoluta.

»e) El apostolado específico, tan orientado a las elites selectas de la sociedad, etcétera.»[15]

Pero lo que quisiera especialmente recalcar de esta carta es la alusión a una especie de profecía hecha por Maciel a Vaca, que el

[14] Entrevista de FMG a Juan José Vaca, *cit.*
[15] Juan José Vaca, carta a Marcial Maciel del 18/III/76, con membrete que a la letra dice: Legionaries of Christ, 393, Derby Avenue Orange Conn. 06477 EU. Juan Vaca me escribe: «Como ves, la carta está redactada muy respetuosa y comedidamente puesto que aún yo estaba bajo el "aura" de Maciel. Ésa es la carta que personalmente le entregué en sus propias manos, cuando me le presenté en su residencia de la Quinta Pacelli en Tlalpan para decirle adiós. Al leerla, él me dijo: por favor considere por más tiempo lo que va usted a hacer, yo pensaba llamarlo la próxima semana para nombrarlo secretario general de la Legión.» Carta del 16/V/04 de Juan José Vaca a FMG.

primero emitió en diferentes fechas –1954, 1957 y 1962–: «hoy me quieres mucho, pero un día me odiarás». Vaca le asegura:

«Puede estar absolutamente seguro de que hasta mi hora de comparecer ante la misericordia de Dios, llevaré en lo más secreto de mi conciencia los hechos que a usted le hicieron pronunciar aquella frase. Estando fuera de la Legión, espero poderlos ir olvidando más fácilmente».

En todo caso, esta carta tenía una estrategia específica: obtener la dispensa, pero no quedarse completamente callado, aunque estaba escrita bajo la promesa de que la información no saldría. Sin embargo, como ya adelanté, en cuanto se sintió libre la soltó ante el obispo que lo recibió para que la enviara a Roma con las autoridades pertinentes. Durante mucho tiempo la actitud de Vaca, como la de otros ex legionarios, sería tratar de que la información no traspasase los muros eclesiásticos. Explicable: estaban marcados a hierro por la lógica de la fidelidad a su Iglesia y por la del derecho canónico como instancia jurídica paralela.

En la segunda carta del 20 de octubre de 1976 el tono cambia, pues el contexto se ha transformado sustancialmente en la medida en que ha recibido su «indulto de secularización». Esta vez se va a permitir sintetizar todo lo que en sus anteriores intentos quedó más o menos trunco.

Lamenta que haya llegado el momento de escribirle ese texto –de doce páginas– que sin embargo considera necesario. Comienza recordándole su carta sustraída de 1962 en la cual le pedía, para tranquilidad de su conciencia y la de otros, la serie de explicaciones más arriba apuntadas, y cómo la respuesta de Maciel fue la de retrasarle indefinidamente la ordenación. Después, alude a la carta amenazante de Maciel [la que Vaca rompió] que finalmente fue la que lo decidió a escribirle la presente. Señala que lo hace con un objetivo y esperanza muy precisos:

«De que, al fin y para siempre, usted, padre, corrija las contradicciones aberrantes de su vida y no exponga por más tiempo su propia persona, la institución de Dios que es la Legión, la reputación de nuestro sacerdocio católico y de la Iglesia entera, al escándalo gravísimo que se seguiría, si salen a la luz y al conocimiento de las autoridades competentes los abusos sexuales (considerados, degeneraciones y crímenes, por la ley, y anomalías patológicas por la medicina) que usted cometió contra tantos de nosotros por largos años. Y esto sólo, para no mencionar [...] su doloroso pasado de adicción que le causó tantas penas, manipulaciones y gastos enormes para arreglar aquel escándalo.

»Para mí, padre, la desgracia y tortura moral de mi vida comenzó en aquella noche de diciembre de 1949. Con la excusa de sus dolores, usted me ordena quedarme en su cama [...]. Yo aún no cumplía trece años. [...] En aquella noche, en medio de mi terrible confusión y angustia, desgarró por vez primera mi virginidad varonil [...]».[16]

Más adelante Vaca da los nombres de veinte de sus compañeros con los que a él le consta que Maciel cometió abuso sexual y «de cuyos nombres pongo a Dios por testigo». De esos veinte sólo tres, junto con Vaca, aparecerán firmando veinte años más tarde la carta abierta al Papa cuestionando a Maciel,[17] firmada por ocho ex legionarios. Y añade al respecto:

«Naturalmente, padre, que usted sabe que éstos solamente son los nombres que a mí me constan, bajo testimonio personal, y que son muchos más a los que usted ha gravemente dañado. Pues, algunos tuvieron que separarse de la Legión, mientras que otros, por diversas razones –algunas quizá inconfesables–, aún continúan dentro del instituto y como sacerdotes. Algunos de éstos, dando continuidad a la cadena de actividades homosexuales y de escándalos [...].

»Cuántas veces no celebró [misa] al salir de la enfermería, después de abusar de nosotros [...] ¡Cuántas veces no interrumpía la misa, retirándose a la sacristía, para inyectarse y, así en tal estado, continuar el sacrificio eucarístico! [...] Sólo en señaladas ocasiones celebra usted el sacrificio de la misa y, esto, naturalmente con impresionante devoción.»

Luego Vaca relata cómo Maciel, haciendo uso de la confesión, pasa a vigilarlo por medio de agentes privados, como antes lo hizo con el ya citado Pedro Martín, con la finalidad de tener datos concretos que le permitieran defenderse en caso de que Vaca se atreviese a

[16] Carta de Juan J. Vaca a Marcial Maciel, del 20/X/76. St. Christopher's Rectory. 11 Gale Avenue, Baldwin. New York 11510.
[17] Noviembre de 1997.

hacer pública la información. Agrega que si Maciel lo «quisiera destruir por completo» no «le importaría en absoluto».

«[Incluso] he aceptado la posibilidad de que usted encargue a alguien que me dé un "escarmiento". O de que yo desaparezca en un accidente.

»Esa posibilidad no me altera en absoluto, porque primero, aquello pertenece a un pasado estrictamente privado, de lo cual estoy avergonzado y he pedido mil veces perdón a Dios. [...] Segundo, porque, al separarme de la Legión, mi intención ha sido olvidar ese pasado con usted.

»[Además...] revelando usted esos aspectos intrascendentes e insignificantes de mi pasado, usted mismo se destruiría en persona, causando un daño más incalculablemente grave a la Legión, el escándalo para tantas almas inocentes y una afrenta para la Iglesia. [...] Al tomar usted la iniciativa, yo tendría que explicar y aclarar el inicio y las cosas de esos aspectos de mi pasado. [...] Es decir, padre, que yo me vería obligado a afrontar la única opción que usted me dejaría: revelar, hasta los últimos pormenores, aquellos veintiséis años de la vida de usted, que triste y desgraciadamente presencié.»

Enfrentar al sujeto idealizado con el que además se tuvo una relación como la descrita, conlleva una doble implicación, ya que no sólo se trata de hacer caer al ídolo y preguntarse por las razones que lo colocaron en el pedestal, sino por los actos que, contradiciendo de manera flagrante la idealización, lo mantuvieron sin embargo por tanto tiempo, y los entreveraron en un pacto de silenciamiento mutuo.

Si una de las partes rompía ese pacto arrastraría irremediablemente a la otra, pero su rompimiento no parece traer las mismas consecuencias subjetivas a ambos, ya que el subordinado entra en un claro episodio persecutorio con visos paranoicos, aunque pretenda minimizarlo de manera paradójica, ya que simultáneamente lo sobredimensiona. Es como si dijera, sin proponérselo: «aniquíleme, me lo merezco por todo lo que acepté al someterme a usted, pero no me importa»; y al mismo tiempo:

«Si me acorrala tendré que hablar, y entonces ¡qué debacle! para la Legión, la iglesia y los inocentes que escucharán esto. Permítame decirle todo lo que necesito que salga antes de decirle adiós, pero en algún lugar mantengamos nuestro pacto de silencio. Después de lo que vengo de escribirle, sin duda nuestro pacto adquirió otro sentido, pero una zona de silencio tiene que persistir por el bien de nosotros, de los demás y de la obra común en la que participamos».

Me parece que éste es el nudo que no termina de desenredarse con la confesión y el encaramiento de Juan José Vaca con Marcial Maciel. En la medida en que se sentía muy asediado, y previendo una reacción agresiva de parte de Maciel, termina su carta de octubre de 1976.

«Deseando ser absolutamente sincero con usted, le informo que el original de este escrito y once copias más se encuentran profesionalmente aseguradas dentro de sobres sellados [...] y llevan ya el nombre de sus destinatarios –altas personalidades de la Iglesia, y de la sociedad– quienes eventualmente estarían en la obligación de conocer su contenido [...] en dos circunstancias: primera, en el caso de que yo muera o desaparezca inesperadamente. Segunda, en el caso de que usted decida no hacer caso de las dos primeras peticiones.»[18]

Vaca me dice que cuatro grandes empresarios de México estaban comprendidos en esas cartas: Manuel Zenderos, Santiago Galas, Losada de Monterrey y Manuel Espinosa Iglesias, porque con todos ellos había tenido una relación personal. Por otra parte, a pesar de la ruptura con Marcial Maciel, cuando ocurrió la devaluación económica de 1981 en México, tres hermanos de Marcial Maciel, Javier, Olivia y Tere, hablaron con Juan Vaca para que les depositara dinero, aprovechando sus contactos en Wall Street.[19]

20.1 Juan José Vaca, su hermana Teresa y el Regnum Christi

Juan José Vaca estaba –y está– ligado a Maciel por otro lazo afectivo demasiado cercano: su hermana Teresa. Ésta había entrado, por instancias suyas, al Regnum Christi, organización laica coordinada en buena medida por los sacerdotes de la Legión.

En el texto del quincuagésimo aniversario de la legión, se consigna que en noviembre de 1969 se abre en Dublín el primer centro de

[18] Liberar a su hermana Teresa, que había entrado al Regnum Christi, y dejarlo vivir tranquilo.
[19] Entrevista de FMG a Juan José Vaca, *cit.*

formación de señoritas del Regnum Christi.[20] Maciel en su hagiografía[21] afirma que en la medida en que escuchó la cósmica inspiración que se manifestó en 1936, de ir por el ancho mundo a predicar el «evangelio del amor», ya intuía la participación de los laicos, y que es por eso que cuando el Concilio Vaticano les «recuerda» a los no sacerdotes su vocación a la santificación, la Legión más que ninguna otra ya estaba preparada para asumir este reto.

«Nosotros ya estábamos con los primeros seglares del movimiento en esa misma línea del espíritu del Concilio, que vino a confirmar nuestra espiritualidad. El carisma de la Legión y el RC es el mismo, siendo éste el medio por el cual los legionarios ejercen su apostolado.»[22]

He aquí una manera de dotarse de un *vanguardismo* retro, para usar un oxímoron, a partir de simplemente continuar la línea marcada por Pío XI acerca de la Acción Católica, es decir, que los laicos «colaboren» en el apostolado de los sacerdotes y se santifiquen a partir de los lugares donde ejercen su actividad cotidiana.[23] Pero no hay que descuidar que a Maciel ya se le había adelantado Josemaría de Escrivá con su propuesta para los laicos. Es decir, que entre los diversos apostolados desplegados por el Regnum Christi, un grupo minoritario de laicos se comprometerán de tiempo completo a promover el «carisma».[24] Para ello vivirán como si fueran religiosos consagrados en casas especiales, lo que trae aparejada la cuestión de las identidades. Pero no solamente el fundador del Opus Dei ya había pensado en eso, además de Pío XI en sus directivas de Acción Católica, sino que

[20] *Legionarios de Cristo. Cincuenta...*, *op. cit.*, pág. 39.
[21] Jesús Colina, *op. cit.*, págs. 153 y ss.
[22] *Ibidem*, pág. 154.
[23] Pero la AC encuadraba a los laicos en organizaciones específicas bajo el control de asesores eclesiásticos que dependen del obispo. En la Legión se trata de configurar sus propias organizaciones y no dependen del obispo del lugar. Para un análisis muy pormenorizado y riguroso, véase María Luisa Aspe Armella, *Un caso de integralismo interruptus 1929-1958: la supuesta homogeneidad de la Acción Católica y su contradicción interna en relación a la política*, tesis de doctorado, Departamento de Historia, UIA, junio de 2004.
[24] «Los miembros dedicados de tiempo completo al apostolado en el Regnum Christi viven en equipo en centros de formación o de apostolado. Su disponibilidad total a la construcción del reino de Cristo hace posible la relación de muchos apostolados que de lo contrario dejarían de llevarse a cabo.» Jesús Colina, *op. cit.*, pág. 184.

si atendemos a un libro del sacerdote franciscano Beda Hernegger titulado Solidaridad Católica[25] nos encontramos con lo siguiente:

«La Asociación de trabajo Regnum Christi fue fundada en el año de 1934 con la aprobación de su santidad el papa Pío XI, por el prelado Katan de Laibach. Como objetivo se propuso la unión y colaboración de todos los católicos. [...] Una hojita de información en varios idiomas, denominada Regnum Christi, constituía el vínculo de la unión entre los cooperadores.

»[...] Formas más concretas adquirió la institución por la especial dedicación del difunto padre Bela Bangha, de Luxemburgo; del doctor Marx Metzger, asesinado por la Gestapo, y de varios otros de distintas nacionalidades.

»[...] Regnum Christi no es una organización propiamente dicha, sino un consorcio de trabajo que congrega a sacerdotes y también civiles de ambos sexos. [Y una...] congregación de los que se interesan en este pensamiento, en "comunidades domiciliarias cristianas"».[26]

Llama la atención que Maciel no haga ninguna mención al Regnum Christi –que tenía su domicilio romano en Vía Añicia núm. 12–[27] con las mismas siglas y parecidos objetivos.

En la descripción de su Regnum Christi Maciel es muy consciente de que al proponerlo introduce un problema: la posible clericalización de los laicos y la laicización de los sacerdotes,

«escollos que no siempre se han sabido sortear. Existe una cierta tendencia actual a diluir la distinción entre laicos y sacerdotes o diáconos, al grado que no se entiende por qué los laicos no ejercen funciones ministeriales. Estas tendencias llegan a abusos que no hacen la necesaria y debida distinción entre clero y laicos. [...] Se pude llegar a un fecundo equilibrio que marque una fecunda colaboración entre sacerdotes y laicos. [...] Existe una maravillosa complementariedad en la que cada quien se respeta mutuamente y sigue la vocación específica para la cual Dios lo ha llamado.

»[...] El sacerdote conserva su función propia de la celebración de la Eucaristía y de los demás sacramentos, dejando a los laicos

---

[25] Editorial Poblet, Buenos Aires, 1950.
[26] Beda Hernegger, *Solidaridad Católica*, Buenos Aires, Poblet, 1950, págs. 291, 293 y 295.
[27] *Op. cit*, pág. 295, direción de la Comunidad Labor del RC.

toda una amplia gama de actividades en las que pueden ser incluso mucho más eficaces, puesto que están en el mundo, a modo de fermento dentro de la masa».[28]

Ante todo, se trata de mantener intocadas las identidades preconciliares, sobre todo la clerical, a la cual se le sigue concediendo el monopolio de la administración de los sacramentos: la estrategia a no ser abandonada, menos aun cuando en otras congregaciones se debatirá a campo abierto la transformación de identidades entre laicos y sacerdotes.[29]

Hay que recordar que en el primer pico posconciliar de abandonos del sacerdocio y la vida consagrada, una de las causas aducidas es

[28] Jesús Colina, *op. cit.*, págs. 156-157.

[29] Un texto de Ivan Illich, escrito en julio de 1967, abre una vía sustancialmente diferente a la defendida por Marcial Maciel. «La Iglesia Romana es el organismo burocrático no gubernamental más grande del mundo [...]. Yo quisiera sugerir que recibamos con un espíritu de profunda alegría la desaparición de la burocracia institucional. [...] Tanto los cambios realizados en la periferia institucional como los realizados en Roma son igualmente fieles a la primera ley de Parkinson, es decir: el trabajo aumenta con el aumento de personal disponible. Desde la clausura del Concilio, los intentos de descentralización colegial se han traducido en un crecimiento incontrolable. [...] La ordenación de los laicos que puedan mantenerse económicamente por sí mismos para las funciones sacramentales destruiría la burocracia y al mismo tiempo terminaría con la escasez de clérigos que tanto preocupa a los obispos [...]. Al desarrollo del seglar ordenado tienen que oponerse los que viven del sistema o se apoyan en él. Los que recogen limosna o los que la gastan. [...] No menos que el proveedor de muebles y ornamentos sagrados y los cabecillas beatos. [...] Un creciente número de sacerdotes no está satisfecho con su trabajo [y...] han comenzado a plantearse: quizá necesito prepararme para vivir en el mundo seglar, mantenerme a mí mismo como cualquier otro hombre dentro de la sociedad si quiero actuar como un adulto en el mundo. [...] Ahora, un sacerdote sociólogo pone en tela de juicio el derecho de su obispo para utilizarlo como capellán o censurarlo si él busca su testimonio del evangelio en la guerrilla. Estas tendencias producen un doble efecto dentro del clero. Por un lado, el hombre comprometido se ve llevado a renunciar a sus privilegios clericales y por lo tanto a desafiar la censura, por otro lado, el hombre mediocre se ve obligado a exigir mayores beneficios y menos responsabilidades del adulto, y por consiguiente, identifica a la Iglesia con la sobrevivencia del estado clerical. [...] Un laico adulto ordenado al diaconado presidirá la comunidad cristiana "normal" del futuro. El ministerio será un ejercicio dentro de su tiempo libre más bien que un trabajo. La diaconía será la unidad institucional primaria de la Iglesia suplantando a la parroquia. Su base será la casa más bien que el templo. El encuentro periódico de amigos reemplazará a la asamblea dominical de extraños. El diácono será un hombre maduro en sabiduría cristiana adquirida a lo largo de su vida [...] y no el "profesional" graduado en el seminario y formado con fórmulas teológicas. [...] El Concilio en 1964 dio un paso sugestivo hacia el cambio futuro al aprobar el diaconado de hombres casados. El diácono puede ejercer casi todas las funciones pastorales,

precisamente que algunos no sólo lo vivieron como máxima permeabilización o recorrimiento de los límites, sino como la pura y simple disolución de los referentes.

Al mismo tiempo, y es la otra cara de la estrategia planteada por Maciel, se trata de ofrecerles a los laicos no consagrados de tiempo completo el más amplio campo para su colaboración, siempre y cuando no tengan pretensiones de amenazar la exclusividad sacerdotal. «Nosotros no tenemos ningún límite en los apostolados que podemos realizar.»[30]

Maciel refuerza la tradicional división entre sacerdotes y laicos con el supuesto de que serían sólo los laicos los que estarían inmersos en el «mundo». El mantener este tipo de razonamiento dicotómico a estas alturas habla de una notable ingenuidad sociológica.[31]

---

salvo la de oficiar misa y dar la absolución. [...] El decreto es ambiguo porque puede conducir a la proliferación de empleados de segunda categoría sin marcar ningún cambio significativo en las actuales estructuras. Pero también puede llevar a la ordenación de hombres adultos capaces de mantenerse por sí mismos. [...] El sacerdote normal del futuro, ganándose su vida, presidirá en su casa la reunión semanal de unos doce diáconos [...]. El ministerio sacramental de los laicos ordenados, abrirá los ojos a una nueva comprensión de la "oposición" aparente y tradicional entre clérigo y laico en la Iglesia [...]. El concilio, resumiendo el desarrollo histórico de los últimos cien años, trató de definir al sacerdote-clérigo y al laico no ordenado en dos documentos diferentes. Pero el futuro logrará hacer de esta aparente antítesis una nueva síntesis que trascienda las categorías actuales.» Ivan Illich, «Sobre el celibato y el casamiento de los sacerdotes» (título original del manuscrito «El clero, esa especie que desaparece», Siempre, México, 12/VII/67). Este texto está sin duda datado, pero me parece que trasciende con creces su fecha de producción, y treinta y siete años después de emitido puede servir para realizar un balance de lo emprendido hasta ahora en esta línea. Por ejemplo, lo experimentado en los altos de Chiapas por el obispo Samuel Ruiz y los jesuitas y dominicos. Y también de los límites infranqueables a lo hasta ahora propuesto. De más está decir que dicho escrito –entre otros– le costó a Illich ser llamado por el «Santo Oficio», lo cual desembocó en su renuncia al ejercicio del sacerdocio el 14 de enero de 1969.

[30] *Ibidem*, pág. 157.

[31] El sacerdote (Misionero del Espíritu Santo) y sociólogo Fernando Falcó Pliego analiza esta cuestión con gran perspicacia: «El espacio de la casa religiosa se constituye a través de una separación fundamental entre sociedad y espacio religioso organizado por la creencia vocacional. La utopía de la formación [...] estriba sutilmente en una serie de mecanismos que pretenden, de algún modo, proteger al formando, separarlo para "convertirlo" –podría decirse– para purificarlo de un mundo social plural, heterogéneo, donde lo religioso no es ya dominante, sino que está cruzado por lógicas de secularidad, pluralidad y de hibridación. No obstante, no es únicamente el mundo social a la intemperie el que se encuentra así configurado; también el mundo sacralizado está habitado por lo otro de lo que pretende diferenciarse [...]. Este espacio sacral y su pretensión está permeabilizado [...] y configurado socialmente de manera notable». Fernando Falcó, *Malestares de*

El sociólogo y sacerdote Fernando Falcó, en su tesis de maestría afirma que la identidad social cristiana está cruzada por una aporía fundamental: aquella de pretender «estar en el mundo sin ser del mundo» (Juan, XVII, 11-14). Para mostrar esto, cita un bello texto del siglo III de un apologista de origen griego, que se conoce como *Carta a Diogeneto*:

«Los cristianos, en efecto, no se distinguen de los demás hombres ni por su tierra, ni por su habla, ni por sus costumbres. Porque ni habitan ciudades exclusivas, ni hablan una lengua extraña, ni llevan un género de vida aparte de los demás; sino que habitando ciudades griegas o bárbaras según la suerte que a cada uno le cupo, y adaptándose en vestido, comida y demás género de vida a los usos y costumbres de cada país, dan muestras de un tenor de peculiar conducta admirable, y por confesión de todos, sorprendente. Habitan sus propias patrias, pero como forasteros, toman parte en todo como ciudadanos y todo lo soportan como extranjeros, toda tierra extraña es para ellos patria, y toda patria tierra extraña. [...] Están en la carne pero no viven según la carne. Pasan tiempo en la tierra, pero tienen su ciudadanía en el cielo. Obedecen a las leyes establecidas; pero con su vida sobrepasan las leyes [...] se les desconoce y se les condena. Se los mata y en ello se les da la vida.

»[...] Para decirlo brevemente, lo que es el alma en el cuerpo, eso son los cristianos en el mundo [...]. Habita el alma en el cuerpo, pero no procede del cuerpo: Así los cristianos habitan en el mundo pero no son del mundo».[32]

Tal apología estetizante reclama a un nuevo Diógenes que encuentre a semejantes individuos con tales conductas «admirables» y

afiliación. Procesos de construcción de identidad en la vida religiosa y sacerdotal en México hoy, tesis de maestría en Ciencias Sociales de la Facultad Latinoamericana de Ciencias Sociales, México, agosto de 2004, pág. 198. Habría que hacer una sociología que intentara dar cuenta de las diferentes maneras como el mundo sacralizado está habitado por las diferentes lógicas seculares. Además, en el caso específico de la Legión de Cristo, en la medida que sus candidatos no permanecen eternamente «protegidos» y «purificados» en las casas de formación y terminan interactuando abiertamente con los otros «mundos» de donde vienen, entonces hay que repensar de cabo a rabo esta interacción dialéctica que Marcial Maciel se da todavía el lujo de pensarla como una dicotomía.

[32] Quasten Johannes, *Patrología I*, Madrid, BAC, 1961, págs. 239-240, *cit.* por Fernando Falcó, *op. cit.*, pág. 7.

«sorprendentes» en el desierto que componen la mayoría de los no virtuosos.

Ahora bien, volviendo a Maciel, qué mejor que mostrarles a estos laicos mundanizados la carnada denominada «maravillosa complementariedad» que se engendra por la pertenencia a la gran familia legionaria en que, a la manera del «cuerpo paulino», cada parte cumple su función y colabora para el funcionamiento del conjunto: la cabeza piensa, el corazón se entrega y el intestino desecha, sin jamás pretender salirse del lugar asignado. Qué mejor que aceptar –como afirma Guillermo Sheridan– que todos somos iguales en lo esencial «en la medida en que sabemos lo irrelevante que puede ser todo lo esencial»[33] en ese cielo impoluto que cubre a una Iglesia tan higiénica y ordenada.

«Nosotros concebimos el Regnum Christi como una gran familia en donde laicos y sacerdotes pueden vivir, cada uno de ellos según su vocación y misión específica, su compromiso espiritual y apostólico. [...] Junto con los colegios, [...] uno de nuestros primeros apostolados en México está dedicado a la familia: Fame (Familia Mexicana). En otros países han surgido iniciativas similares.»[34]

El Regnum Christi queda consagrado a *instaurar* el reino de Dios en la Tierra haciendo de relevo de los católicos integralistas.[35] que buscaban *restaurarlo*, después de haber constatado la «catástrofe» de la secularización.

No quisiera privarme de citar la descripción que Maciel hace de la organización dependiente del Regnum Christi denominada «Juventud Misionera», en la cual su entrevistador afirma que participan «miles y miles de chicos y chicas», afirmación que, aunque parezca exagerada, en este caso, por la información con la que cuento, no lo es tanto.

Maciel afirma que esta propuesta le surgió de modo «espontáneo»,[36] cuando fue una vez a su natal Cotija y advirtió que una

---

[33] Guillermo Sheridan, «Tercer acto», *Letras Libres*, año VI, núm. 67, julio de 2004.

[34] *Ibidem*, pág. 167.

[35] Cuyo lema era precisamente «Restaurar todo en Cristo» después de haberse quebrantado el orden cristiano con el proceso de secularización y laicización.

[36] ¿Cuál es la lógica que rige las «inspiraciones» de Maciel? ¿Cuáles provienen del *habitus* y cuáles de los llamados directos de Dios? No termino de dilucidarlo. Como, por lo pronto, todo parece provenir de su «fuero interno», no existen mínimos criterios que permitan guiarse con una relativa seguridad.

secta[37] iba a organizar una misión en ese lugar, visitando casa por casa. Entonces, siguiendo la ya antigua lucha contra el protestantismo, decidió fundar una «misión preventiva»,[38] que no secta, porque éstas sólo corresponden –para los católicos como Maciel– a aquellos grupos que compiten desde otras perspectivas por «los bienes de salvación» (Weber) y que, además, reciben «fuertes» cantidades de dinero procedentes del extranjero. Aquí surge una cuestión: ¿de qué manera, entonces, nombrar a una «misión» legionaria amparada por dinero procedente del extranjero?

En la tierra de Marcial Maciel era punto menos que inconcebible que alguien se le adelantara, y menos una «secta». En este caso, no había más opción que ser profeta en su tierra. Según esto, la misión tuvo excelentes resultados y sirvió para «afianzar la fe de las personas y renovarles el gozo de ser católicos».[39]

En una obra que propone la «maravillosa complementariedad» de la familia católica, obviamente no caben los conflictos de clase –pero sí con los competidores sectarios–, sólo la colaboración interclasista en la que cada parte se mantenga dócilmente en su lugar santificándose y procurando no dejar infiltrar su fe por aquellos que no son de la casa.

Volvamos ahora a Juan José Vaca y a su dilema de tener una hermana precisamente en la gran familia del Regnum Christi. En la comentada carta de octubre de 1976, lanza una crítica sin contemplaciones en los siguientes términos:

> «Bien sabe usted que la forma de vida en que está obligando a vivir a estas señoritas es, primero, a espaldas de la Santa Sede, sin estado canónico alguno y sin ninguna aprobación eclesiástica. Segundo, el Movimiento Regnum Christi en sí, con sus procedimientos de secretismo, absolutismo y sistemas de mentalización, más sigue los métodos de las sociedades secretas, que las formas abiertas y sencillamente evangélicas de nuestra madre la Iglesia [...] inoculando en la mente de sus miembros una concientización sutilmente soberbia y engreída, de seres predilectos y elegidos, obrando al margen de los obispos que se les oponen.

[37] «Como usted sabe, México es un país especialmente codiciado por las sectas, apoyadas por fuertes cantidades económicas procedentes en su mayoría del extranjero», le dice Maciel a su entrevistador. Jesús Colina, *op. cit.*, pág. 179.
[38] Como se podrá apreciar, no sólo hay guerras preventivas, sino misiones guerreras para ahuyentar sectas.
[39] Jesús Colina, *op. cit.*, pág. 180.

»[...] La forma de vida a que se ven sometidas estas señoritas, [...] les suprime su libertad de discernimiento. [...] Muy hábilmente les inculca la idea –como nos la inculcó a nosotros– de que la proximidad y trato normal con los familiares es un obstáculo para el servicio de Dios. [...] Claro está, que si usted no impone una separación rígida. [...] Usted no los podría controlar y manipular como hasta el presente.

»[...] ¿Cómo puedo vivir tranquilo, padre, sabiendo que mi hermana tiene su libertad y conciencia subyugadas por una persona que nos ha hecho el gravísimo daño moral, como el que usted nos hizo a tantos jóvenes y religiosos? [...] Usted comprende[rá] que yo no estaré en paz, hasta que no vea a mi hermana liberada de esas presiones morales y sanamente feliz junto a nuestra familia».[40]

Por lo pronto, la institución fundada para «integrar» a la familia servía en este caso –según Vaca– para dividirla al máximo. También hay que remarcar la consigna paradójica de que para atender a la familia hay que mantenerse alejado lo más posible de la propia. Por cierto, éste es uno de los elementos que contribuyen a la conformación de un comportamiento tipo secta.

Vaca le ponía a Maciel un plazo para «liberar» a su hermana, hasta «el fin del presente año», hecho que –me adelanto a decir–, para dolor de Juan José Vaca, no se cumplió, porque cuando lo entrevisté en diciembre de 2003, la hermana seguía en el Regnum Christi como encargada, nada menos, que de la casa de Cotija, y supongo que manteniendo a raya a las «sectas».[41]

Por cierto, dos horas antes de entrevistarlo, en diciembre de 2003, había logrado comunicarse por teléfono con la hermana, por medio de un subterfugio; ya que, según afirma, no la dejan contestar directamente a sus llamadas; utilizó el nombre de su hermano y sólo así recibió contestación de Teresa.

Me relata que en 1971 Marcial Maciel les había pedido a los que tenían hermanas que las invitaran a pertenecer al movimiento. Comenzaba por entonces la rama femenina del Regnum Christi. Según Vaca, Alfredo Torres la pone a funcionar informalmente alrededor de 1964-1965. Vaca viene a México alrededor de 1971 a decir su primera misa en su pueblo michoacano y la invita a pertenecer al «reino».

[40] Carta de Juan José Vaca a Marcial Maciel, 20/X/76.
[41] Como en su momento el Nuncio Girolamo Prigione lo hacía con las «moscas», denominación que usó para nombrar a las citadas.

Le ofrece algunos de los productos legionarios: «Te vas a Irlanda, vas a viajar por Europa», etcétera. Recuérdese que en los inicios de la institución, Maciel prometía albercas y canchas de futbol imaginarias, pero ya para la década citada se habían vuelto realidad.

La hermana dejó todo cuanto tenía, empezando por el novio, y se convirtió en una de las fundadoras femeninas del Regnum Christi. Al tiempo fue directora de un colegio privado para gente rica en Barcelona, luego en Madrid, Monterrey y Guadalajara, Jalisco, hasta terminar en Cotija, santuario de peregrinación de la Legión.

«Cuando salí de la Legión [dice Juan José Vaca], volé de incógnito[42] a Barcelona para decirle que abandonaba la Congregación, pero que Maciel me había prestado a la diócesis de NY ya que se necesitaban sacerdotes que trabajaran con la población hispana. Pero en 1978 decidí visitar a Tere con mis padres y decirle la verdad. Le escribí a MM para que le diera permiso de viajar con nosotros, éste se lo da y la recogemos en Barcelona. Pero ella tiene la orden de reportarse cada noche. Dormía con mi hermana Virginia, pero en cada reporte nocturno, le pedía a ésta que se ausentara del cuarto porque tenía que hacer un reporte confidencial con sus superiores.

»Yo comencé a decirle a Tere lo del abuso, pero no me creyó. Ya estaba preparada. A partir de ahí los legionarios trataron de que yo no la viera más. Una vez en Roma, yo ya estaba casado y la vi en el aeropuerto y me dijo:

»"Por favor, no toques ese tema porque si lo haces, tengo que informar y no me van a dejar verte otra vez."

»Hace como año y medio, cuando ya habíamos salido a la luz pública, me escribió una carta en la que me decía: "Juan, te pido por la memoria de nuestros padres que abandones esta actitud contra nosotros".

»Yo le contesté, sabiendo que iba a ser censurado.

»–No es una actitud, simplemente que no puedo continuar tapando la verdad. No ayuda ser cómplice de las mentiras y dar la espalda a la verdad.

»Llamé varias veces por teléfono y no me la pasaban. Hoy que le hablé le dije:

»"Quiero que sepas que todo lo que he declarado es verdad. Que yo durante años seguí los canales oficiales. Sé que para ti MM es un santo."

[42] Lo aprendido con su ex maestro Maciel, para algo había de servirle.

»"Sí Juan, pero tú sabes que todo lo que tú hagas es como si fueras un enemigo. No puedo aceptar lo que tu estás haciendo."

»"No lo estoy haciendo en contra de la Iglesia ni en contra del padre Maciel. Estoy tratando de que no ocurran más estas cosas. Y si el padre Maciel es un santo para ti, no lo es para mí, porque yo he tenido otra experiencia con él."

»"Juan, te comprendo, y siento que no nos podamos ver".»[43]

La «maravillosa complementariedad» y «la unión de la familia» muestran en este caso su carácter menos idealizable, paradójicamente a causa del promotor de semejantes fórmulas. Creo que no hay mucho más que comentar acerca del control ejercido sobre la hermana de Juan José Vaca; control que a estas alturas busca más bien tapar el sol con un dedo y que resulta francamente patético en la era en que los derechos humanos llegaron con la seria intención de quedarse.

Lo que hay que preguntarse, sin embargo, es por qué queriendo a su hermano y sabiendo lo que le ocurrió permanece en el Regnum Christi. Probablemente porque está convencida a su manera de la bondad de la institución, y muy seguramente ha tenido acceso a otro tipo de experiencias menos devastadoras que las que le ocurrieron a su hermano, con un Maciel ejerciendo sólo algunas de su facetas contextuales menos violentas, como aquéllas de la «mirada que promete el éxtasis» y cuando «emana santidad».

Sin embargo, como se verá en el apartado siguiente, lo sucedido en la «primera obra apostólica de la Legión», el Instituto Cumbres de México, abre la puerta a que muchas cosas sean repensadas.

Vaca no sólo tuvo que enfrentarse a su relación de fascinación y ominoso atrapamiento con Maciel, que puede creer ver ahora, como en un espejo, en su hermana; también hubo de ajustar sus cuentas con el lazo que lo ligaba a sus padres respecto a su elección sacerdotal. Por ejemplo, nunca pudo decirle a su padre lo que le había ocurrido con Maciel, y si en parte persistió en el sacerdocio hasta la muerte de éste fue, según sus palabras, porque su padre

«siempre pensó en tener un hijo sacerdote. Una vez que murió sentí mucha paz. Y entonces le pude decir: "ahora tú ya sabes por qué voy a dejar el sacerdocio, yo he funcionado en buena medida para ocultar verdades". Ya no me importó que mi madre me comprendiera o no. [Se verá que no fue tal cual.] Y le dije que me sa-

[43] Entrevista de FMG con Juan José Vaca, cit.

lía de sacerdote sin darle las razones. Para mi madre yo era un *renegado*. Entonces, un día me llama mi hermana Virginia y me dice que mi madre se está muriendo por culpa mía. Que está dormida en el suelo y está haciendo penitencia para que yo regrese. Que no quiere ser madre de un condenado.

»Entonces vine a México y la vi muy mal y va pa'trás. Seguí de sacerdote por otros ocho años. Mi obispo me mandó a Albuquerque a un centro de rehabilitación para sacerdotes en crisis. Había ahí pederastas y otros que habían tenido relaciones con mujeres. Estaba muy bien montado con psiquiatras y psicólogos. Permanezco de sacerdote de 1979 a 1986. Me decido por fin a salirme sin decir en mi casa.

»Conozco a mi mujer y me enamoro perdidamente de ella. Y tengo cinco días de vivir con ella cuando recibo una llamada de Virginia que me avisa que mi madre acaba de morir. Me alegro porque yo pensaba tres días después ir a decirle que ya me había salido. Dios me ahorró ese dolor.[44]

De nueva cuenta, Juan José Vaca no la tenía nada fácil. Frente al padre había que sostenerse como la «prótesis narcisista» que le cumplía «su» deseo, y frente a la madre, como aquel que resiste casi hasta el final, a riesgo de ser mirado por ella como un «renegado» o «condenado».

La construcción social vocacional de Juan José Vaca está cargada de un conjunto de representaciones colectivas altamente afectivizadas que atrapan sea por el ideal, la culpa o el vituperio. Marcial manejaba, según múltiples testimonios de esa generación, que el que se salía se condenaba. En ese sentido, los padres de Juan José Vaca, y él mismo, sólo siguen los signos acríticamente vividos por la tribu.

Cuando se le debe «todo» a la institución y se está colocado de esa manera ante las figuras parentales, y –por si faltara– investido por la creencia de la sacralidad de la profesión, se comprenderá lo difícil que resulta afrontar un abandono de ese papel.

La madre se pone en peligro de muerte para tratar de mantener al hijo dentro y librarlo, a su manera, de la condenación eterna. De ese universo mental procede Marcial Maciel. Lo notable es que éste todavía piense –o busque convencer a otros– que promueve una religiosidad pasada por los fuegos de la crítica moderna, tanto la de la teología como la de las ciencias sociales.

[44] *Idem.*

Es a este tipo de trabajo no realizado acerca de la «vocación» en un buen número de los que abrazan la vida consagrada, que Gregorio Lemercier quiso hacer frente en su momento, al introducir como parte de la formación, la herramienta psicoanalítica.[45]

Finalmente, la imagen de Marcial Maciel que dibuja Juan José Vaca es la de alguien que carece de culpa porque no parece sentir responsabilidad por lo ocurrido, dado que ni siquiera se «dio cuenta» de lo que hacía. Tampoco parece plantearse ningún enigma sobre lo que los otros le cuestionan que hizo con ellos. Resulta más bien el caso de aquel que, al ser cuestionado por alguien, responde: «gracias por hacerlo, porque eso me permite reflexionar sobre tus problemas».

En cambio, lo dicho por Vaca muestra la parte amenazante del fundador combinada con aquella que intenta quebrar a los rebeldes con ofertas tentadoras. Pero esta imagen estaba reforzada desde el ámbito familiar. Ya no sólo se trataba de salirse de la Legión, sino de un universo representacional y afectivo que, abarcando a la familia, remite a una consistente configuración cultural.

Vaca, al aceptar recorrerse del lugar de admirado por su padre y de admirador de Marcial Maciel –que por rebote lo engrandece–,[46] se arriesgaba a quedar desnudo de las investiduras identitarias que lo habían conformado la mayor parte de su vida. Y esto se comprenderá, no es una tarea que se emprenda gustosamente.

[45] Herramienta que hasta donde tengo información se utilizó, por parte de los psicoanalistas implicados, de una manera muy poco crítica de sus límites y sin tomar en cuenta la complejidad de un convento como el de Santa María, y menos aún la manera de estar transversalizados por otras instancias. Y sin una reflexión mínimamente seria acerca de las diferentes maneras de creer, se utilizó una noción de interpretación que más bien parecía la traducción simultánea del supuesto «inconsciente» de los monjes grupalizados y desingularizados.

[46] Tratando de ponerle palabras a ese circuito cerrado del narcisismo vocacional, lo podría describir así: «Si Maciel es para mí un santo y él me elige aunque sea para abusar de mí, es que yo soy a mi vez muy valioso».

21

El caso del Instituto Cumbres. 1983

Lo que primero salió a la luz pública en México no fueron las acciones sexuales y adictivas del fundador de los legionarios, sino las de algunos sacerdotes de su congregación. La periodista Elisa Robledo señala que, en 1983, Eduardo Ruiz Healy reveló en la revista *Impacto*[1] el caso de un laico, prefecto de disciplina, que violaba a niños del Instituto Cumbres, la denominada «primera obra apostólica» de los legionarios de Cristo.

«Los atacados fueron más de treinta, y el violador sólo fue despedido del colegio cuando familiares de las víctimas amenazaron al padre Eduardo Lucatero Álvarez, director del plantel, con recurrir a los medios de comunicación. El legionario, sin embargo, omitió denunciar al subordinado:

»–Vi las cosas –señala– desde otro punto de vista [...]. Preferí tranquilizar a los padres de los alumnos [...]. También ordené una investigación para que no surgieran otros casos de niños afectados [...]. Habría sido el mayor daño hecho al colegio [...]. Mejor aconsejé al subprefecto que saliera del DF, incluso del país [...], [dijo] el sacerdote. Las autoridades no procedieron penalmente contra el padre Lucatero.»[2]

Fiel al modelo implantado por Marcial Maciel, y como en el caso que relata Juan José Vaca ocurrido en Ontaneda con su compañero Jesús Martínez Penilla, lo mejor es que los implicados procuren «abandonar lo más pronto el país». Una de las dos madres de familia que se atrevió a denunciar el hecho ante las autoridades civiles y ante el director del plantel relata que el resultado fue contraproducente, ya que

---

[1] La autora no da la fecha y no me fue posible conseguirla.
[2] Alicia Robledo, «Quiénes son Los Legionarios de Cristo», *Contenido*, junio de 1997, pág. 70.

«mi vida cambió totalmente, perdí el trabajo por culpa de los legionarios, perdí mis amistades de toda la vida, mi dinero, mi condominio y, de la noche a la mañana, haga de cuenta que se me abrió un hoyo. Son gente muy poderosa. Me amenazaron, me trataron de sacar del Periférico varias veces con un auto Mustang, para que esto no fuera a juicio. Yo cometí un error. Cuando me enteré que estaba pasando esto, voy y hablo al colegio en vez de haber ido a levantar la demanda inmediatamente, porque tuvieron la oportunidad de sacar a varios sacerdotes involucrados. Este laico, prefecto de disciplina, por cierto, había también sido abusado sexualmente».[3]

En la averiguación penal número 163/83, del 7 de junio de 1985, se describen, con lujo de detalles, las violaciones sufridas por dos de los niños,[4] gracias a que sus madres interpusieron una demanda penal. Al parecer se trató, como ya mencioné, de alrededor de treinta niños. Según la señora Elsa NN, cuando ella y su amiga X hablaron con los padres de los niños, éstos rechazaron la posibilidad y se negaron a demandar a los violadores. El único inculpado, Eduardo Enrique Villafuerte Casas Alatriste, confiesa que el director del plantel, el padre Eduardo Lucatero

«Tuvo conocimiento de los hechos, y se concretó únicamente a despedirlo de su empleo, y a avisarle a su familia, aconsejándole que abandonara el país porque iba a tener problemas. Agregando en su declaración que, en diferentes ocasiones, se dio cuenta de que un individuo, de nombre Guillermo Romo, también acariciaba a los niños [...] en el interior de uno de los salones o en sus oficinas [...]. Que también sabe que Francisco Rivas, quien era su compañero de trabajo, también estaba muy allegado a los niños, y que desconoce si también les acariciaba sus partes nobles. Que otro sujeto, de nombre Alfonso NJ, también, en ocasiones, se llevaba a los niños en su coche y los besaba. Que también sabe y vio en ocasiones al subdirector[5] confesando a los menores, y que dicho [sujeto] se llamaba Eduardo Lucatero [LC], el cual también se lle-

---

[3] Entrevista de FMG a Elsa NN, 16/XI/01.
[4] Además se añade el examen médico de las víctimas, que constata las violaciones.
[5] En el acta que cito dice subdirector, pero, por todos los indicios, considero que se trata de un error, ya que fungía como director.

vaba a las niñas, hermanas de los menores, y les acariciaba sus partes nobles obscenamente».[6]

Villafuerte describe una red de violadores dentro del Instituto Cumbres en la que participaban laicos y sacerdotes en abierta complicidad, reforzada, a su vez, por los padres de familia que decidieron no mostrar que estaban enterados, por razones que desconozco. Incluso algunos de ellos –según la señora Elsa– fueron coptados con la promesa de becar a sus hijos hasta la universidad.[7] En la medida en que la mayoría de éstos eran al parecer de condición económica acomodada, las razones de la abstención no parecen haberse debido básicamente a ese factor.

Doña Elsa dice también que fue claramente amenazada para que no llevara el caso a juicio penal. Este patrón se repetiría después. La sentencia fue de dieciocho años de cárcel al violador, y se le impuso una leve multa por encubrimiento al sacerdote Eduardo Lucatero.

En resumen, el día que por primera vez salió a la luz pública algo relacionado con la pederastia y la Legión de Cristo, dos madres decidieron no pasar por los circuitos eclesiásticos e interpusieron su denuncia en el tribunal civil. No les fue necesariamente mejor que a los ex legionarios que años más tarde interpusieron su denuncia por los canales eclesiásticos.

21.1 Cuando los actos de pederastia avanzan y se diseminan

En 1992 o 1993, al licenciado y ex legionario José Antonio Pérez Olvera lo buscó una señora de parte de la periodista Alicia Robledo, para pedirle consejo acerca del hijo de un amigo que estaba en una de las escuelas de los legionarios: el Centro de Educación y Cultura (Ceyca), de Tlalpan. El licenciado Pérez se adelanta a lo que ella va a exponerle y le dice:

»–Ya sé lo que me va a decir, que un padrecito manoseó al hijo de su amigo.

[6] En la hoja 2, Acta 1ra./PJ/29/983. El sacerdote legionario implicado, ¿acaso era uno de los que anteriormente fueron seducidos por el fundador?
[7] A ella también le hicieron ese ofrecimiento. Entrevista a Elsa NN, *cit.*

»–No –responde la mujer– un padre lo violó. Qué me aconseja que haga.

»–Que busque un periodista, pero americano, porque aquí en México no se puede hacer nada.»[8]

Mientras tanto, el licenciado Pérez habló con un ex compañero legionario, director del Ceyca –ubicado en la salida a Cuernavaca–, y le comentó el caso; este personaje tiene un hermano legionario. Al poco tiempo, el citado sacerdote –de nombre Fernando Martínez– se comunicó con Pérez Olvera y, según relata el legionario, le dijo:

«–José Antonio, sé que te fue a ver una señora, ¿qué quiere?, si quiere dinero se lo damos. ¿Quién es esa señora? [Y añadió:] Oye, pero tú sigues siendo simpatizante de los legionarios, tu tía Pachita[9] [...].

»–Lo que tú quieras, Fernando [...], pero lo que quiere la señora es que Los Legionarios de Cristo ya no sigan violando niños inocentes.

»O sea –añade Pérez Olvera– que ellos estaban hablando de entrada con sentido de culpabilidad, reconociendo la posibilidad o teniendo casi la seguridad de que sí ocurrió ese caso de violación. Obviamente, no le di el nombre».[10]

La señora dejó de tener contacto con José Antonio Pérez Olvera por cerca de dos años, pero un buen día le habló para contarle que ya había conseguido al periodista, se trataba de Jason Berry,[11] quien junto con Gerald Renner escribirían el domingo 23 de febrero de

---

[8] Entrevista de FMG a José A. Pérez Olvera, México DF, 8/XI/01.

[9] Quien en los tiempos iniciales de la congregación ayudó económicamente a Maciel.

[10] «Había un Alfredo Martínez, quien era uno de los protegidos del padre Maciel, uno de los amantes. Enrique, su hermano, un día me dijo burlándose un poco de mí: "a ti el padre Maciel te masturbó, yo masturbé al padre Maciel", o sea, jactándose. Y el sacerdote Fernando Martínez sabemos que era de los amantes de Maciel porque Juan José Vaca, ex sacerdote legionario, lo cita como formando parte del grupo que junto con él participaba de orgías en la enfermería [sic].» Entrevista a José A. Pérez Olvera, cit. En efecto, Juan José Vaca en su carta del 20/X/76 señala a Fernando Martínez entre las veinte personas con las cuales «me constó que usted cometió los mismos abusos sexuales y, de cuyos nombres pongo a Dios por testigo».

[11] Libro escrito en colaboración con Gerald Renner, *Votos de silencio: el abuso de poder durante el papado de Juan Pablo II,* Plaza y Janés, 2004.

1997 en *The Hartford Courant* de Connecticut las denuncias de casi una decena de ex legionarios, que implicarían el inicio de la publicitación del caso Maciel, que hasta ese momento había sido preservado en las sombras. Sólo algunos de los efectos de sus actos, como el del Cumbres, lo habían precedido.

22
El retorno del padre Polidoro van Vlierberghe cuarenta años después

Alrededor de cuarenta años después, en noviembre de 1996, un grupo de ex legionarios decidió presentar su testimonio –que en enero siguiente fue notariado– ante dos periodistas estadounidenses, Jason Berry y Gerald Renner, del diario *The Hartford Courant* (Hartford, Connecticut). Hacia finales de diciembre de 1996 o principios de enero de 1997, dos cartas fueron entregadas a los abogados del citado diario por el representante de la firma de abogados Kirkland & Ellis, por el vocero de la Legión de Cristo en Estados Unidos, el sacerdote irlandés Owen Kearns. Las cartas son atribuidas al padre Polidoro (nombre civil: Cyril) Van Vlierberghe, el sacerdote franciscano que años después de haber sido visitador de la Legión fue nombrado obispo, y que actualmente vive retirado en Santiago de Chile.

El contexto en el que aparecen es muy preciso: se da cuando el pequeño grupo de ex legionarios se ha entrevistado con los periodistas y está a punto de salir a la luz un artículo conteniendo sus testimonios sobre los supuestos abusos sexuales de Maciel.

Las cartas entregadas por Kirkland & Ellis, como se verá a continuación, apuntan con precisión a tratar de neutralizar lo expresado por estos ex legionarios, y a exonerar de una vez por todas a Maciel de las acusaciones de las que fue objeto, para lo cual tienen que referirse a lo ocurrido entre 1956 y 1959.

Las dos cartas se entrecruzan y refuerzan mutuamente, al grado que resultan reiterativas en ciertos puntos. Es evidente que están hechas para ejercer este tipo de remisión circular, pero la segunda está dotada de una notable clarividencia, en el sentido de que muestra saber lo que ya está ocurriendo en Connecticut, e incluso se adelanta y predice lo que va a suceder casi dos meses después, exactamente el 23 de febrero de 1997, cuando los dos periodistas publicarán su artículo en el citado diario –como si alguien muy cercano a Maciel hubiera «iluminado» con informaciones de primera mano al citado obispo.[1]

---

[1] HA me dijo en la entrevista que él le había escrito a una hermana de Maciel para informarle de lo que iba a ocurrir.

En todo caso, fue el propio periódico en el que se preparaba el reportaje el que buscó a los legionarios activos para informarles lo que estaba ocurriendo.[2] Gerald Renner viajó a Roma –según José Barba no antes del 6 de diciembre de 1996– a tratar de hablar con MM y exponerle lo que pensaba publicar dos meses después, para saber su opinión acerca de las acusaciones que le hacían los ex legionarios.

«Fue el padre Thomas Williams, rector del Colegio Máximo de Roma, el que lo acogió, y el que recibió el informe de Renner ya que según le dijo al periodista, MM estaba de viaje. Por lo tanto, fue el propio Gerald Renner el que debió comunicarles a los legionarios los nombres y el tipo de acusación que habíamos hecho. Con eso fue suficiente para que los legionarios armaran la segunda carta falsa que le atribuyeron al padre Polidoro.»[3]

Barba subraya que la segunda carta de monseñor Polidoro tiene fecha del 12 de diciembre de 1996, y que para haberla podido escribir y firmar se habrían requerido varias condiciones que el citado no estaba en condiciones de cumplir.

«Es evidente que los legionarios tendrían que haberse movilizado de inmediato y contarle al obispo lo que decíamos de Maciel y los nombres de quienes lo acusábamos. Pero hay que tomar en cuenta que el citado sacerdote estaba en el hospital de la Universidad Católica en estado grave desde el día 2 de diciembre de 1996. Consta en la *Agenda del Pastor,* volante mensual que publica la arquidiócesis de Santiago, que el padre Polidoro fue visitado los días 2 y 16 de diciembre por el cardenal de Santiago. Quiere decir que el día 12 estaba internado. Además, está el testimonio de Sergio

---

[2] «Como respuesta, el bufete de abogados de la Legión aportó cartas de cuatro laicos mexicanos –dos que trabajaron para la orden en México y uno que trabajó para el hermano de Maciel–, quienes sostienen que los acusadores intentaron hacerlos participar en una conspiración para desacreditar a Maciel con acusaciones falsas. [...] Unas horas antes de la publicación, después de que el *Courant* comunicó a los abogados de Maciel que publicaría el artículo el día de hoy, dicho despacho le informó que un décimo hombre que acusó a Maciel de abuso se había retractado de sus declaraciones anteriores, externadas en una entrevista realizada en noviembre de 1996, y en una detallada declaración jurada firmada en enero del año en curso.» Gerald Rennner y Jason Berry, *The Hartford Courant,* 23/II/97. Versión en español extraída del apéndice I del libro de Alejandro Espinosa, *El legionario,* México, Grijalbo, 2003, pág. 284.

[3] Entrevista de FMG a José Barba, del 31/X/05.

Novoa, su abogado y de Juan Rus (o Ruz), que nos dieron a Arturo y a mí, en el cual nos corroboraron que había estado casi todo el mes «debatiéndose [palabras de ellos] entre la vida y la muerte» por una enfermedad pulmonar.»[4]

Los legionarios, movilizados, comenzaron un proceso contencioso para intentar neutralizar la publicación del artículo. El caso más llamativo de esta operación fue el del ya citado Miguel Díaz Rivera, que después de una entrevista con esos periodistas, y luego de la carta notariada del 14 de enero de 1997, citada más arriba, se desdijo afirmando que fue «alentado por ex legionarios para formular las acusaciones».[5]

Llama la atención que Miguel Díaz, mínimo con sesenta años cumplidos y con su firma todavía fresca, afirme lo que vengo de citar, como si para él no hubiera más horizonte que el de ser el triste objeto de las manipulaciones entre las partes en pugna, no importando tiempos, contextos ni edad.

En cuanto a los otros cuatro defensores de Maciel que afirman haber sido invitados por los ex legionarios a complotar contra él, José Barba es contundente: «jamás se invitó a ninguno de ellos. Yo sí hablé en 1994 con Juan Manuel Correa acerca de lo que me había sucedido con Maciel y le pregunté si a él le había pasado algo equivalente, y me respondió que no.»[6]

El arrepentimiento de Miguel Díaz resulta en parte explicable, por la manera como quedó colocado en relación con Maciel, esto es, en deuda con respecto a su dimisión como sacerdote sin recurrir a la dispensa romana; en deuda por lo bien que Maciel se portó con su madre; en deuda por la formación que recibió; en deuda y con pacto de complicidad por los abusos sexuales sufridos y por la ayuda que dio al señor de Cotija para obtener la Dolantina.

La primera de las misivas citadas, como bien lo analiza José Barba en un documento inédito, no «ostenta ni membrete, ni fecha alguna, ni sello de ninguna especie, ni número de protocolo alguno»,[7] cosa por demás llamativa en ese tipo de protocolos entre sacerdotes.

Dicho escrito está dirigido a monseñor Luigi Raimondi, quien sustituyó a monseñor G. Piani como delegado apostólico en México durante los años cincuenta y parte de la siguiente década.

---

[4] *Ibid.*
[5] Alejandro Espinosa, *op. cit.*, pág. 285.
[6] Entrevista de FMG con José Barba, DF, 31/X/05.
[7] Documento inédito, sin fecha, de José Barba.

La segunda carta tiene la fecha del 12 de diciembre de 1996. Se trata de una presentación del ahora obispo retirado Van Vlierberghe, pero no se sabe a quién va dirigida explícitamente, aunque sí contra quién. Si se comparan las firmas de ambas cartas se perciben a simple vista algunos cambios, pero siendo ésta una labor de grafólogo, la dejo por lo pronto de lado, para concentrarme en lo que sí puedo analizar. Ambas misivas tienen una extensión de dos páginas.

22.1 Primera carta

En la primera, el franciscano visitador afirma que, habiendo realizado su «visita apostólica»[8] a los institutos de los legionarios de España y México –lo cual implica que es de finales de los cincuenta, quizá no más allá de finales de 1957–, o no más allá de 1958, si nos atenemos al informe que el citado visitador le escribió desde Ontaneda al cardenal Valerio Valeri el 12 de diciembre de 1957 pudo comprobar que

«además de una completa desorbitación de hechos, las acusaciones contra el padre Maciel y su obra estaban basadas en calumnias y en ambiciones personales del vicario general del Instituto y apoyadas por razones inconfesables por dos miembros del episcopado mexicano y la Compañía de Jesús.

»[En la segunda página, añade:] La discrepancia y hasta la hostilidad –tanto más sospechosa de injusticia cuanto más virulenta e inconfesables los motivos que la inspiran– de dos miembros que pertenecieron al instituto, no lo considero más que como una triste excepción que viene a confirmar la regla de lo anteriormente expuesto.

»Lo que sin embargo más me ha extrañado y me ha parecido más íntimamente trágico y doloroso es que dos elementos cualificados de la jerarquía mexicana se hayan lanzado tan superficial y despiadadamente apoyando a esos dos religiosos contra el reverendísimo padre Maciel».

[8] En la segunda afirma que fue en julio de 1957 cuando fue nombrado «como visitador apostólico, para investigar una serie de acusaciones contra el padre Marcial Maciel».

Lo interesante, además del tono de indignación y del decidido apoyo que muestra el padre Polidoro a favor de Maciel, es la alusión que describe –sin dar nombres– los contornos de los principales críticos de la Legión, al menos hacia 1956, y que dio lugar a la suspensión temporal de Maciel.

Por fin tenemos ciertos indicios de quienes supuestamente complotan en las sombras, y que permiten ir un poco más allá de las elusivas alusiones de Maciel y sus hagiógrafos en lo referente a sus acusadores tanto en las cuestiones de la pederastia como en aquéllas de la droga.

Primero se cita a los miembros de la propia Legión que rompieron con el coro de la unanimidad y, por lo tanto, son acusados de tener «inconfesables motivos». Se trata de Federico Domínguez y Luis Ferreira. Éstos son rápidamente calificados como «una triste excepción».

Después toca el turno a dos miembros «cualificados» de la jerarquía, los cuales, si apoyaron a los poseídos por «ambiciones personales» e «inconfesables motivos», no pueden dejar de tener a su vez, «razones inconfesables». Sabemos que en todo caso se trata del VII obispo de Cuernavaca, Sergio Méndez Arceo, y del arzobispo primado de México, Miguel Darío Miranda.

El tercer grupo de enemigos son los jesuitas, en conjunto. En el periodo que aproximadamente comprende de 1920 a 1980, los grupos más conservadores y amalgamados por los juramentos secretos dentro de la Iglesia mexicana denunciaban el famoso complot judeomasónico o protestante en su diversas combinaciones. La Legión y su líder deciden acotarlo al complot jesuita.[9] Imagino que éstos, de igual forma, estarán poseídos por las mismas inconfesables pasiones de los otros enemigos, pero paradójicamente manifiestas de forma suficiente para que el visitador las pueda juzgar con tal precisión.

Como se podrá observar, la argumentación se basa en los adjetivos y en la capacidad de penetrar, sin aparentes obstáculos, las supuestas motivaciones que guían a los críticos de Maciel y el complot contra éste. Todas, según esto, respondiendo a las mismas razones. Hasta ahora sólo se le suponía a Maciel esa capacidad de saber lo que pasaba en sus discípulos con sólo mirarlos.

Esta carta, en todo caso, confirma los peores augurios que se podían deducir del voto privado: aquel que disienta será juzgado y

---

[9] Como lo afirma en la segunda carta: «también advertí claramente en ese momento que las acusaciones formaban parte de un complot, de una campaña metódicamente organizada para desacreditar al padre Maciel y a Los Legionarios de Cristo».

descalificado de manera implacable, empezando por considerarlo «una triste excepción». Pero lo que parece más grave es esto: si en su momento fueron llamados para ofrecer su testimonio en privado, no era con el fin de descalificarlos, y menos de utilizar sus palabras años después para exponerlos públicamente, sino para ponderar lo expuesto y ver la solidez de la serie de acusaciones que habían comenzado a hacer su camino por lo menos desde ocho años antes.

Otra sección de esta primera carta parece digna de análisis, en la medida en que se presta para otro tipo de proceso contencioso que tiene que ver, esta vez, con su autenticidad. A la letra dice el padre Polidoro:

> «Mis apreciaciones personales en el curso de la visita apostólica y el juicio definitivo que formulé al término de la misma, concuerdan con los de monseñor Alfredo Bontempi, visitador del colegio de Roma, sin que previamente nos pusiéramos de acuerdo ni nos cruzásemos una sola carta. Pero no obstante el parecer favorable de los dos visitadores, de varios eminentísimos cardenales de la curia romana; del nuncio de su santidad en España y de numerosísimos arzobispos y obispos, la SC de Religiosos, por razones inexplicables, no concluye con este problema».[10]

Que el visitador de España y México coincidiera con el sustituto del padre Anastasio, en general, concuerda con lo que analizamos en los capítulos 15 y 16.

Ahora bien, ¿en qué ayuda a la ponderación de los argumentos el acumular como supuesta prueba de la inocencia de Maciel a un conjunto «numerosísimo» de cardenales, arzobispos y obispos, más un nuncio? En todo caso, constituye más un argumento de autoridad y de capacidad de convocación, que la presentación de elementos dignos de consideración que la delicada materia que se estaba analizando exigía.

¿Acaso a todos ellos el padre Polidoro los hizo partícipes de lo que oyó en las entrevistas, y es por esa razón que los convoca? Si ése hubiera sido el caso, habría roto con todas las convenciones romanas ante ese tipo de visitas apostólicas, en las cuales se exige la máxima discreción, como la que muestra Camilo Macisse todavía en 2002 ante

---

[10] Por lo tanto, si tomamos la carta como «auténtica», la fecha de expedición no puede ir más allá de 1958.

la demanda de José Barba, ya que solamente alude a quienes se encargaron de las visitas por parte de los padres carmelitas.

Pero ¿por qué tanto interés del padre Polidoro en recurrir a tantas autoridades, incluyendo al delegado apostólico de México, para presionar a quien lo había contratado, el cardenal Valerio Valeri? Podemos suponer un notable interés por la justicia, como afirma en una parte de su carta. Imposible contradecirlo. Pero, a diferencia de él, me resultan opacas sus razones –las cuales renuncio a calificar de confesables o inconfesables– y me obligan a realizar un trabajo de análisis para procurar hacerme una idea de cómo se coloca en la situación.

El texto del padre Polidoro, además, manifiesta algunos olvidos significativos. Entre otros, el hecho de que no incluye ni lo que sostuvieron el padre Anastasio Ballestero, el padre Giuseppe Rousseau e incluso el sintetizador padre Mozzicarelli. También resulta más bien insólito en el protocolo romano que un «empleado» de Valerio Valeri, un sacerdote sin cargos importantes, empiece a tratar de presionar al citado cardenal por medio de otros de sus «pares», nuncios y delegados apostólicos. Y hablo de presionar a Valerio Valeri porque el final de la carta remata «suplicándole» al delegado apostólico que lo apoye frente al citado cardenal «para que termine con esta infamia contra el reverendo padre Maciel».

22.2 Segunda carta

Es necesario retomar las acusaciones que el padre Polidoro, transformado ahora en obispo emérito, dirige contra la red de «complotistas». Se trata, como ya señalé, de un escrito realizado casi cuarenta años después, para reforzar el anterior, pero que a su vez aprovecha para hablar de situaciones de actualidad. Por ejemplo:

Hubo muchas acusaciones contra el padre Maciel durante los años 1950 pero nunca hubo acusaciones de impropiedad sexual.[11] Encontré que todas las acusaciones hechas contra el padre Maciel en aquel tiempo no tuvieron mérito.

[11] Cuando menos sí se dio la sostenida por el padre Ferreira, aunque fuera una excepción.

Lo interesante es que todavía no salía a la luz el escrito de los citados periodistas, en el que efectivamente se iba a tocar ese tema específico, y ya el obispo emérito, con noventa y dos años en el cuerpo, desde su retiro de Santiago de Chile se adelantaba a lo que vendría. ¿Quién le informó tan expeditamente?

Si nos atenemos a las palabras del propio Marcial Maciel, salió de él o de su grupo de próximos la información hacia Chile. Y me baso en los agradecimientos que éste le dedica cuando alude en su hagiografía a su restitución como superior general de la Legión en febrero de 1959.

«Estoy especialmente agradecido [siguen cinco cardenales, entre ellos el futuro papa Paulo VI]. También con los dos visitadores, monseñor Alfredo Bontempi y monseñor Polidoro van Vlierberghe, franciscano belga, que todavía vive. Actualmente es obispo emérito de Illapel en Chile. Como visitador apostólico designado por la Santa Sede, buscó sin prejuicios y con total sinceridad la verdad sobre la Legión y su carisma, y a partir de aquella época ha sido siempre un amigo leal y un gran defensor de la congregación.»[12]

Como se ve, Maciel está muy enterado de la vida y los destinos del franciscano belga. Y deja en la inexistencia, como era de esperar, al padre Anastasio y al padre Rousseau. En esto coincide con el contenido de la carta atribuida al padre Polidoro, y también obvia el texto de la Sagrada Congregación de Religiosos de la primavera de 1962.[13]

Por su parte, José Barba afirma, en su escrito inédito comentando ambas cartas, que el citado visitador virtual, Bontempi, efectivamente estuvo en el colegio de Roma por esos tiempos, pero en el papel de «supervisor», conjuntamente con el rector del establecimiento, el padre Antonio Lagoa Fernández, ex alumno de Comillas, lo cual le otorgaba un papel muy diferente al que le dan tanto el obispo como Maciel. Ya proporcioné datos que prueban que sí fue nombrado visitador de Roma el mismo día que el padre Polidoro, es decir, el 10 de julio de 1957.

---

[12] Jesús Colina, *op. cit.*, págs. 79-80.
[13] Claro que Maciel podría argüir que nunca la tuvo en sus manos. Y no tengo manera de probar lo contrario, pero sí puedo adelantar la hipótesis de que muy probablemnte supo de la carta del farmacéutico a la Sagrada Congregación de Religiosos y de la reapertura fugaz de su expediente, hasta que seguramente su amigo Amleto Giovanni Cicognani detuvo la averiguación. De nueva cuenta, no tengo pruebas fehacientes porque la nota se cuida de decir el nombre de quien desde la Secretaría de Estado ordenó supender la investigación.

A su vez, lo que había quedado implícito en la primera carta, el nombre de la otra persona que desde dentro la Legión había cuestionado, aparece a plenos fuegos en el tercer párrafo de la carta: se trata de Federico Domínguez. Es descrito como uno de los que acusaron al padre Maciel de adicción a las drogas. Y un poco más adelante, monseñor Polidoro vuelve a la carga:

«A lo largo de las entrevistas advertí animadversión en algunos de los individuos, especialmente en el sacerdote que ocupaba el puesto de vicario general, padre Luis Ferreira y en su secretario Federico Domínguez. También advertí en ese momento que las acusaciones formaban parte de un complot [...] parecían insinceras y siempre daban la impresión de estar calculadas para crear el impacto más grande en las audiencias a las cuales fueron presentadas».

El caso es que Federico Domínguez fue entrevistado en Roma por uno de los dos carmelitas aludidos, y nunca por el padre Polidoro.[14] ¿Por qué, entonces, tiene el sacerdote belga tal claridad respecto a lo que dijo y a sus intenciones?

Yo he citado antes la actuación sexual del ex vicario general con algunos de los ex legionarios. Ciertamente, dicha actuación se presta a serias interrogantes, pero ya puestos a descalificarse, el argumento corre parejo para ambas partes implicadas: tanto Maciel como Ferreira.

Pero una de las cosas que más llaman la atención de esta segunda carta es la manera en que termina. Continuando el argumento de que las acusaciones daban la impresión de estar perfectamente calculadas para producir el máximo impacto,

«No me extraña que a más de cuarenta años algunos de los mismos individuos que no dudaban en acusarle en los años 1950s de tantas otras faltas y de graves crímenes que fueron probados falsos, ahora le acusan de abuso sexual. Los visitadores apostólicos les dimos todas las oportunidades para hacer todas las acusaciones que quisieran, pero en ninguna ocasión se mencionó este tipo de ofensa.

»Para mí es increíble que otros, como José Antonio Pérez Olvera, Félix Alarcón, J. Barba, Arturo Jurado, Alejandro Espinosa

---

[14] En una nueva entrevista que le hice por teléfono a Federico Domínguez el 6/V/04 para plantearle algunas precisiones, me señaló lo siguiente: «Llegamos juntos Ferreira y yo a Roma. No me entrevistó el señor Polidoro, pero sí un fraile que hablaba bien el español».

Alcalá, Saúl Barrales y Miguel Díaz ahora pretendan presentar dichos cargos contra el padre Maciel».

¿Quiénes eran esos «mismos individuos» que no dudaban en acusarlo ya desde los años cincuenta? Como dato duro, de los diez finalmente presentaron su denuncia en 1997,[15] ninguno habló contra Maciel en los años cincuenta. Sí hay datos de que intramuros Saúl Barrales, y más tarde Félix Alarcón y Juan José Vaca, lo confrontaron, pero, por ejemplo, el muy crítico Federico Domínguez no fue de los nueve que firmaron la denucia de 1997. Tampoco el padre Ferreira, que para esas fechas aún vivía. Son ellos dos, en todo caso, los que en su momento sí pueden entrar en la categorización del padre Polidoro de acusadores de «graves crímenes que fueron probados falsos»; consecuentemente, el padre Polidoro los acusa de complot. Y a los que no lo acusaron cuando «debían», por proteger al mismo que él ahora protege, los descalifica en su testimonio posterior. De nueva cuenta, no hay ninguna posibilidad para los disidentes.

A su vez, resulta muy extraño que monseñor Polidoro, desde su retiro, supiera quiénes estaban a punto de hacer pública su denuncia, y más aun que los cuestionara, si partimos del hecho de que con ninguno se había careado en el tiempo en que fue visitador. En la carta se excluye a Juan Manuel Fernández Amenábar, Juan José Vaca y Fernando Pérez Olvera. ¿Por qué razones?

Juan Manuel Fernández, ex sacerdote, ya había fallecido, pero había dejado su testimonio notariado; Juan José Vaca, ex sacerdote, era a esas alturas uno de los más críticos, y Fernando Pérez había salido al menos seis años antes de que el padre Polidoro tomara contacto con la Legión. La lógica de exclusión no puede ser estrictamente el hecho de que hubieran sido sacerdotes, porque Félix Alarcón, que lo sigue siendo, sí es citado, y a su vez Fernando Pérez nunca lo fue. En todo caso, es significativo que este último quede fuera de la lista, porque hubiera sido demasiado flagrante su inclusión para criticar a los que, según Polidoro, presentaban «falsos testimonios». Pero el citado obispo emérito no podía por sus propios medios saber que Fernando nunca había estado en los interrogatorios, si no fuera por los legionarios que sí tenían acceso a esa información precisa.

Por otra parte, ¿realmente les dieron «todas» las oportunidades de hablar? En este delicado punto hay que distinguir algunas cuestiones. Creo que, si bien no es posible negar que se les dio derecho a la pa-

---

[15] Autoeliminándose Miguel Díaz *in extremis*.

labra, es menos seguro que esto se hiciera evaluando el contexto institucional en el que iba a ser emitida –y se emitió–, y sus calculados silencios.

Entre tanta aparente lucidez del sacerdote belga para penetrar las intenciones más recónditas de los críticos, me parece que curiosamente no fue capaz de captar los más elementales constreñimientos institucionales a los que estuvieron sometidos dentro del dispositivo de palabra conformado para esas entrevistas: entre otros, los que tenían que ver con su pertenencia a una institución total de «juramentados» con el voto privado, el espesor de la culpa, los equívocos placeres de la idealización, y tratando de cerrar filas contra los externos que venían a intentar «acabar» a la Legión y a su idealizado fundador.

Y aunado a esto, aunque algunos –en concreto dos– lograron emitir algo más que su admirado temor por Maciel, se les aplicó la otra cara del candado, y fueron neutralizados desde la violenta lógica de la «triste excepción».

Afirmar entonces, cuarenta años después, que «se les dieron todas las oportunidades» es sostener dos cosas que entran en franca contradicción: «si no hablaste en la sola oportunidad que te dimos, perdiste tu única oportunidad de hacerlo», y «si lo hiciste, es porque estabas poseído por "razones inconfesables"». Mantener ambas, como parece ser el caso, es rendirle, por decir lo menos, un homenaje a un discurso paradójico que raya en una suerte de esquizofrenia argumentativa. Es, además, confundir y querer hacer coincidir los tiempos judiciales, donde se instauran límites a los efectos penales de los testimonios, con los tiempos psíquicos. Y precisamente esta no coincidencia entre ambos tiempos y lógicas permite que las cosas salgan aparentemente a destiempo.

Y entonces, ¿el visitador de España y México estaba realmente capacitado para cumplir su función? Me parece que no. Porque inclinarse por el puro discurso realmente emitido sin calibrar las condiciones de la enunciación, cruzada su escucha por la disyuntiva paradójica descrita, y bajo el supuesto de que sólo habría una oportunidad para este tipo de casos –hable ahora o calle para siempre– es desconocer las características y los efectos que generan este tipo de traumatismos, y los tiempos que necesitan para ser apalabrados. Y terminar por reducirlos a un complot cuando por fin se manifiestan es seguir a pie juntillas la línea sostenida sin descanso por Marcial Maciel.

Se puede entender –sin justificar– su falta de oficio en esos menesteres hace cuarenta años, pero que la mantenga en la actualidad raya en lo «increíble», para usar una palabra cara a monseñor Polidoro.

En su expedita carta, el obispo emérito no tuvo posibilidad de corregir en el camino el hecho de que alguien considerado un traidor a la causa legionaria, Miguel Díaz Rivera, volvería a ser aliado de nueva cuenta, incluso antes de que saliera el artículo de los periodistas estadounidenses. El hacer evidentes sus prisas y explicitar el nombre muestra que tanto él como los legionarios lo daban por perdido.

Tanto los padres Luis Ferreira como Federico Domínguez pagarían cara su osadía. El segundo afirma que, después de presentar su testimonio, «en Roma nadie quería hablar conmigo. Y le dije a Ferreira que mejor me iba a otro lado, y me mandó a Dublín con un filósofo llamado José María, que actuaba como espía. Por cierto, yo no hice ese voto reservado».[16]

22.1. Dos de los ex legionarios denunciantes confrontan al padre Polidoro

José Barba junto con Arturo Jurado –como mandatarios legales del grupo de ex legionarios que presentaron las denuncias– viajaron a Santiago de Chile para entrevistarse con monseñor Polidoro. Éste es su relato.

«La entrevista concedida a los mandatarios legales del grupo de ex legionarios tenida en la mañana del sábado trece de enero de 2001, en el Convento de Nuestra Señora de Luján, calle Tegualda #1971, Sección de Ñuñoa, [en] Santiago de Chile, [con] el testimonio directo del obispo Polidoro van Vlierberghe, en cuanto a la falsedad de las cartas, convencieron totalmente al grupo de los ex legionarios acusadores acerca de la falsa autoría de [éstas].

»[De ellas] se omiten completamente los nombres de los que fueron los verdaderos «investigadores apostólicos» del Vaticano.»[17]

En una entrevista a José Barba para que me precisara elementos del escrito recién citado, añade:

---

[16] Entrevista de FMG a Federico Domínguez, 6/V/04.
[17] Texto inédito sin fecha que me fue proporcionado por su redactor, el doctor José Barba, el 28/I/04. El texto resaltado al final respeta el documento original.

«Fue después de habernos ganado su benevolencia y de decirle que yo lo había conocido en la Quinta Pacelli, en 1959, que le dije:

»–No vinimos, excelencia, sólo de paso y sólo a saludarlo, vinimos expresamente el doctor Jurado desde California y yo, desde México, para presentarle estas cartas. En estas cartas, usted desdice lo que nosotros estamos afirmando. De alguna manera usted nos llama difamadores o acusadores. [Usted] no lo dice con esas palabras, pero eso viene a equivaler. Aquí presentan los legionarios estas cartas que nosotros sospechamos que no son de usted.

»Él las vio con su único ojo bueno (aunque parece que ve con los dos), pasó las páginas, no las leyó (esto es muy significativo) línea por línea, pero sí con cierto detenimiento, y dijo:

»–Son falsas –tal cual. Fue como si se le hubiera caído algo. Esa es la impresión que yo tuve.

»Estaba Irene una ¿ayudante?, y fue cuando ella dijo:

»–Sí, son falsas –y abrió del lado derecho mío una consolita, sacó una carta como de tamaño esquela con tinta, me parece azul oscura del membrete del obispo, y dijo:

»–Éstas son las que él ha usado siempre.

»[En cambio] las cartas que considero falsas no tenían membrete. Estaban simplemente escritas a máquina. Una en máquina, la primera que se supone escrita en 1959 [o 1958], y la segunda, y esto es muy importante, estaba escrita en máquina eléctrica. Y le repetí que esto es muy importante, porque la traducción de esta carta al inglés estaba en el mismo tipo de letra pero más espaciado, de computadora. Y por eso esta mujer se dio cuenta rápidamente. Pero en cambio, cuando el obispo le dijo: «Déjenos, esto es muy grave», ella dijo: «No me salgo», y no se salió, y el obispo no le insistió.

»Porque yo le dije a monseñor Polidoro: "Si es así, ¿entonces por qué no nos firma?" Y fue cuando ella me arrebató los papeles. Dijo: "No firma nada si no está Juan aquí". Fue la primera expresión.

»FMG: ¿Quién es Juan?

»JB: Juan R. Letelier, el asistente de él (ése sí, asistente que vimos al día siguiente). Y creo que también dijo: "Si no está presente Juan y el abogado (Sergio Novoa) [...]".

»Ella nos pidió que nos fuéramos. Y ahí Arturo le preguntó: "¿Entonces, podemos volver?" Y ella, que ya se había quedado con los papeles, dijo "Quién sabe". Eran los papeles copia de Xerox que Federico Arreola le había dado a Ciro Gómez Leyva y que este último a su vez me dio a mí en agosto de 1998.

»Sergio Novoa nos dijo al día siguiente refiriéndose a Irene: "Hizo bien, porque esas órdenes le tengo dadas". Yo le ofrecí al abogado otras copias. Y me dijo que no las necesitaba. Que ya sabía que eran falsas. Pero se negó a darnos una atestación notarial.

»Y fueron ellos los que nos dijeron por qué la segunda carta específicamente era falsa. Porque era la fecha en que el obispo se estaba muriendo de una enfermedad de los pulmones en el hospital. Nos contó el mismo Juan que al obispo le habían regalado una máquina eléctrica que nunca quiso usar; que siempre usó una mecánica muy vieja. Juan fue bautizado por el obispo.

»Por cierto, a la izquierda del obispo estaba una fotografía de tamaño página del padre Maciel. Estoy hablando del sábado 13 de enero de 2001. Una foto en donde el Papa lo está abrazando. Es decir, que Maciel seguía significando para él.

»El padre Salgado, el domingo cuando esperábamos que el obispo nos volviera a recibir, dijo que no podía porque estaba en misa».[18]

Como dato suplementario, el sacerdote abogado Antonio Roqueñí, José A. Pérez Olvera, José Barba y quien esto escribe visitamos el 20 de noviembre de 1999 al padre Ferreira en la población de Celaya, Guanajuato, con la finalidad de mostrarle las citadas cartas; éste atestiguó y nos reiteró que a su parecer eran falsas, pero no dijo por qué.

En síntesis, las cartas, según el testimonio de Barba y Jurado, son falsas. Y me queda aún más claro de la segunda. Sin embargo, quisiera darle un giro a esta afirmación. El hecho de que el obispo emérito no quisiera reiterar con acta notariada su afirmación, el tener a esas alturas una foto de Maciel, así como el hecho de no contradecir lo que Maciel habla de él en su hagiografía de 2003 agradeciéndole su apoyo incondicional, me inclinan a sostener que, a pesar de todo, el obispo seguía muy probablemente pensando en los términos que sostuvo a finales de 1957; y en la medida en que hizo suya sin cortapisas la versión defendida entonces por Marcial Maciel, se volvió intercambiable con éste.[19] Es por esa razón que resulta menos importante si se trata o no de una nueva chicana de Marcial Maciel.

[18] Entrevista de FMG a José Barba, 10/VI/04.
[19] Existen dos cartas contenidas en el archivo de FBG escritas presumiblemente por el padre Polidoro a doña Flora: en la primera, fechada el 22 de octubre de 1963 con sello de la Prelatura Nullius de Illapel, de la que fue obispo (Chile), escribe lo siguiente: «Por nuestro santo padre Maciel recibo periódicamente noticias sobre usted y los suyos. Parece que la obra de los legionarios después de tantas

No obstante, desde la perspectiva de los ex legionarios, el testimonio del franciscano corroborando notarialmente la falsedad de las cartas les habría ofrecido un invaluable argumento a favor de la veracidad de sus decires y les habría hecho simplemente justicia. El padre Polidoro, invirtiendo el papel desempeñado hace casi cincuenta años, decidió ahora que era su turno callar.

---

pruebas y contratiempos anda con toda felicidad; en la segunda, fechada el 20 de octubre de 1964 –sin sellos, pero escrita en cursivas *Illapel* y firmada– reitera que «nuestro santo padre Maciel en todas sus cartas se deshace en alabanzas por supuesto muy merecidas para usted. [Y añade una consideración sobre su posición política:] Por suerte que las elecciones presidenciales del 4 de septiembre tuvieron buen éxito, dando el triunfo al candidato católico con mayoría abrumadora. Quedando derrotado el candidato comunista». Se refiere al triunfo de Eduardo Frei Montalva. Así podemos constatar que monseñor Polidoro seguía en contacto por esas fechas con el que denomina como el «santo padre Maciel», y además muy consolado en su ánima porque el candidato comunista había sido derrotado ampliamente. Se podría especular acerca de lo que pensó el ex visitador belga cuando en 1973 el presidente «comunista» Salvador Allende fue barrido a sangre y fuego por el que se instituyó como el autocandidato de una parte de los «católicos chilenos», el general Augusto Pinochet. Pero de ese septimbre de 1973 no queda carta del padre Polidoro a doña Flora Barragán. Por otra parte, Juan José Vaca, en entrevista teléfonica desde Nueva York el 30 de octubre de 2005, me señaló que él casi no tuvo contacto con el padre Polidoro antes de 1970 en que fue nombrado superior de la Legión para Estados Unidos. Señala que por ese tiempo MM le telefoneó para que atendiera al padre Polidoro, quien quería que Vaca le consiguiera un banquero confiable para depositar el dinero de su diócesis chilena de Illapel. «Se lo busqué y lo llevé personalmente a su casa para que hablara con él. El padre Polidoro me comisionó para que fuera el representante de su dinero en EU, yo le pedí permiso a Maciel, el cual me lo otorgó. Él era muy adicto a Maciel. Este último, cuando el padre Polidoro fue vistador, le presentó a gente pudiente de México. Después de abril de 1976 en que me salí, perdí todo contacto con él.»

Epílogo

Al cesar la luz, caduca el simulacro de los espejos.

Jorge Luis Borges

En la leyenda hagiográfica de Marcial Maciel hay una especie de palabra espectral, que «retorna» de manera alusiva y elusiva bajo la denominación de *incomprensiones*, palabra que tiene como primera función proporcionar las pruebas que servirían para la definitiva sacralización del fundador de los legionarios, y como segunda, sumar elementos que con el tiempo ayudarían a consolidar y sostener una interpretación «paranoica» de un complot sostenido en su contra.

Dicho complot podría venir, primero, de un jovencito legionario, de un pariente de Maciel, de superiores de seminarios jesuitas; posteriormente, de denunciantes laicos y dos religiosos legionarios que hacen llegar sus críticas a Roma; más adelante, de algunos obispos mexicanos, un jefe de la policía, un farmacéutico y, finalmente, de algunos ex legionarios.

En la construcción de esa crónica de acontecimientos persecutorios no sólo algo «visita sin revelar», sino que también, lisa y llanamente, se silencian episodios que pudieron haber sido enmarcados, en pleno derecho, como algo más que «incomprensiones» pues habrían mostrado hechos factibles de convertirse en pruebas de un inicio tortuoso, y habría sido más complicado transfigurarlos en un simple complot. También se alude a las «enfermedades» que, «con frecuencia», aquejaban al padre Maciel, y se dice que eran «favorecidas por el agotamiento»,[1] pero no se mencionan las «enfermedades de las vías seminales», que –afirman las víctimas de abuso– eran de las que le gustaba hablar cuando los llamaba para pedirles que le ayudaran a «aliviarlas», cuando ya había perfeccionado su método de seducción y prefería no fingirse dormido, sino recibirlos en la penumbra de la enfermería.

En la novela hagiográfica conformada por Marcial Maciel –que refuerza a las oficiales– el recurso discrecional a la mano invisible de la providencia que vela sobre su persona le permite construir un

---

[1] *Los legionarios de Cristo. Cincuenta...*, *op. cit.*, pág. 27.

411

relato en el que todo está ya asegurado hacia el futuro, y permite leer cualquier suceso del pasado en esa misma clave providencialista. Entonces, cada elemento de la trama, por más insignificante que parezca, adquiere un sentido preciso, como en el delirio paranoico, donde todo signo se vuelve significativo y vía segura para la gloria frígida a la que aspira.

Se trata de una narración autorreferida sin ninguna fisura, en la que el segundo piso celeste se introduce en el primero a demanda del interesado. Evidentemente, no hay nada creativo en esta propuesta narrativa hagiográfica: se le encuentra abundantemente en esa región del catolicismo que hace del culto a la personalidad uno de sus baluartes. Lo sorprendente en ella es que Maciel busque hacerla aparecer como algo singular, lo que les sucede a tantos que participan de ese tipo de creencia, y que termine por producir el simulacro de ser un individuo excepcional. Ahora bien, este tipo de simulacro sólo tiene efecto en aquellos que están configurados para creer que un fundador religioso no puede ser sino alguien muy especial. ¿Cuántos podemos contabilizar en la larga historia del cristianismo, que habrán dicho que su vida es Cristo, y que el señor los hizo signo de su predilección especialísima?

Podría decirse que la novela hagiográfica legionaria está constituida a partir de lo que Eric Santner denomina una «memoria fetichista» es decir, la que al trastocarse en relato tiende a expulsar y a expurgar «las trazas del trauma y la pérdida que han sido las suyas, trauma y pérdida que están en el origen del relato».[2]

Sería exactamente lo contrario de lo que Freud llamaba el «trabajo de duelo», que trasladado a la operación histórica implica en un primer momento volver a traer lo que se suprimió, desarticuló, trastocó o distorsionó en el material maquillado de la novela institucional oficial. Ello presupone un trabajo previo de elaboración y distanciamiento frente a la situación existencial, con todo lo que implica intentar no obturar los diversos aspectos de lo vivido.

Pero para desgracia de la hagiografía institucional legionaria, una segunda narración que la desestabiliza, sin suprimirla, se hizo presente: como en esas construcciones que existen en Roma, por ejemplo en la Torre de la Milicia o en el Teatro Marcelo, que muestran en su contigüidad o superposición las diferentes épocas de las que están

    [2] Eric L. Santner, «History beyond the Pleasure Principale: Some Thoughts on the Representation of Trauma», en Saul Friedländer (ed.), *Probing the Limits of Representation*, Cambridge, Harvard University Press, 1992, pág. 144.

compuestas, con la diferencia de que en el relato constituido a partir de algunos textos colectivos escritos por una minoría, así como por un conjunto de testimonios individuales ante notario, luego frente a los medios de comunicación y en entrevistas a periodistas o ante quien esto escribe, no se habla de diferentes periodos, sino del mismo.

La guerra de las memorias y de las interpretaciones está, pues, en el corazón de la novela fundacional legionaria.

La versión no oficial es un relato constituido trabajosamente, que marca su diferencia frente a la construcción hagiográfica en la cual sólo parece existir el candidato a santo encarnado simbióticamente en la institución que reclama –y que lo reclama– como su criatura. Por lo tanto, no es posible acercarse a uno sin tocar a la otra.

Sin duda que esta segunda versión –la de los críticos– conserva algunos elementos casi «hagiográficos», por ejemplo, aquél en el cual los denunciantes en ocasiones aparecen como víctimas pasivas frente al seductor profesional denominado Marcial Maciel y, en otros momentos, concediéndole un enorme poder incluso sobre sus vidas actuales.[3] En algunos de ellos parece persistir una especie de posesión, pero otros elementos la atenúan: la mayoría de los testimoniantes son capaces de reconocer que mintieron, y que después se resistieron a reconocer lo sucedido frente a otros compañeros que comenzaron a compartir sus experiencias traumáticas luego de abandonar la institución.

Incluso años después, algunos de ellos, seguían teniendo tratos con la Legión y estimación por Marcial Maciel, sumado –algunas veces– a un temor reverencial por la posible respuesta negativa del fundador ante sus testimonios y críticas. Exhiben su fragilidad y sus contradicciones sostenidas en los restos del idealizado, a pesar de todo. Incluso en las entrevistas, algunos muestran ambivalencias y ambigüedades en los temas tratados.

Los críticos de Maciel, una vez desarmadas las condiciones de su «vocación» basada en la admiración al citado fundador y como soporte de los deseos parentales, y habiendo cumplido en buena medida con el trabajo de duelo que desnuda la transferencia que le otorgaba una supuesta santidad, no encuentran, en ninguna misteriosa mano de la providencia, asidero para afianzarse. Más aún, se preguntan de la providencia, cuando les ocurrió lo que los violentó.

En el abismo de la desidealización, sólo atinan a pensar que la única supuesta predilección de la que creyeron gozar, la de Maciel, en realidad la compartieron con muchos más. Por lo tanto, para ellos,

---

[3] No todos de igual manera.

en su narración no hay una segunda posibilidad a la cual recurrir, aunque en la mayoría de los casos sigan siendo creyentes católicos.

Después de su auto y heterocrítica, están imposibilitados para articular una historia divina en algo tan humano que los mantiene desconcertados y sorprendidos por haber creído en la representación «sacralizada» que les ofrecieron. Buscan explicarse cómo fue posible no haberle puesto un límite en su momento, y tratan de entender por qué mintieron.

Actualmente, desde el polvo y las ruinas que ha dejado a sus pies la figura antes idealizada, se dan cuenta de que hay algo que no puede ser apalabrado cuando ya se está situado en el otro lado, donde no hay nada que se preste a ser admirado. Por esa razón hay un resto de perplejidad irrecuperable que permanece. También saben, o intuyen, que en ese caso la supuesta plenitud y transparencia que supone el acto de denuncia no los libra de la opacidad que constituye a las relaciones de complicidad que por años se dieron para salvaguardar tanto al aspirante a santo, como a la institución legionaria.

El día en que se atrevieron a romper con su seductor les ocurrió lo que a todos los que han vivido un contrato perverso:

«la ruptura eventual de tales contratos tiene otro sentido [...] que el fracaso amoroso entre sujetos normales o neuróticos. El hecho que ellos sean secretos, que sus términos así como su práctica no sean conocidos sino por los interesados, no significa que el tercero esté ausente. Al contrario: es la [...] puesta aparte [de éste] lo que constituye la pieza mayor de este extraño contrato. Este tercero que está necesariamente presente para firmar o para confirmar la autenticidad de un lazo amoroso normal, deberá aquí ser excluido, o más exactamente estar presente en una posición en donde sea necesariamente un ciego, un cómplice o un impotente.

»Es por eso que una ruptura [...] de una relación perversa es muy diferente a la ruptura de una relación amorosa [...]. Para el perverso, en la medida en donde el "secreto" frente a los terceros constituye el fundamento mismo del contrato [...] la denuncia del secreto será la manera de poner al corriente a [los excluidos], es el escándalo el que constituirá la ruptura».[4]

La ruptura, en el caso que nos ocupó, fue estentórea. Después de tantos años de guardar el secreto, había que ventilarlo a los cuatro

[4] Jean Clavreul, «La couple perverse», en Le désir et... op. cit., pág. 98.

vientos, por escrito, de viva voz y con imágenes, para que el resguardo ya no fuera posible.

Los testimoniantes forman parte sustancial de un momento crucial de la institución legionaria. Ya no es posible borrar su relato, a lo más se podrá intentar devaluarlo o convertirlo a la manera paranoica en un «aparato de influencia» (Victor Tausk) que, comandado por los enemigos de la Legión, pretendieran destruirla. Pero ese relato en paralelo será una sombra desestabilizadora e intratable para los recursos habituales puestos en juego en la hagiografía, ya que esta denuncia crítica hace algo más que amenazar la leyenda oficial legionaria: le arrebata el control y el monopolio de decir la sola y última palabra autorizada.

A esta versión sólo le resta colocarse, por lo pronto, al lado de la oficial, sin superficie de contacto ni de diálogo posible; esto sitúa casi automáticamente en una disyuntiva a aquellos que permanecen fuera de esa pugna entre versiones, conminándolos de alguna manera a elegir a quién creerle.

No hay medias tintas, no hay zona gris entre ambas. De un lado se afirma: «Se trata de unos resentidos, mentirosos y complotistas». Del otro: «La Legión ofrece un simulacro siniestro en una parte de su historia, ya que existe algo podrido y no explicitado en su reino».

Esta discordancia entre las dos versiones de alguna manera mimetiza la contradicción que vivieron en la cotidianidad los ex legionarios que ahora cuestionan su historia. Me refiero a la dificultad de articular lo ocurrido en el reino penumbroso de la enfermería y en el de ciertos dormitorios y hoteles, por un lado, y el impoluto mundo de la «espléndida corteza» de la capilla, los estudios y la rutina reglamentada de todos los días, por otro, como dos mundos paralelos a los que nada pareciera unir. Modelo para armar en una película con la estructura de *Matrix*.

Precisamente esta narración crítica, que se sostiene en el compromiso de mantener las partes unidas en su contradictoria manifestación, es la que da una nueva vuelta de tuerca al ponerse al lado de la narración hagiográfica, porque ésta sólo puede sostenerse al precio de mantener la división aludida, intentando cubrirla con el discurso de la pureza, del ideal y la sacralización permanentes.

En contrapunto, a estas dos narraciones se les intersecta mi propia narración, construida a fuerza de entretejer tres archivos con los testimonios dados desde el presente, que cambia el ángulo de incidencia de lo vivido y lo recordado. Al menos así lo espero.

Pero, reitero, se trata de una institución herida, que rehúye asumir hasta ahora el difícil trabajo de duelo de su propia historia, duelo que implica, entre otras cosas: 1) atreverse a desacralizar a su santo en vida, así como a explicar los efectos que causaron –y causan– sus acciones sexuales, adictivas y autoritarias, en las siguientes generaciones; 2) desarticular la buena conciencia que ofrece el recurrir a la protección de una providencia que vela sin descanso por su «obra» considerada, por lo tanto, «divina» ya que de ahí cualquier crítica tenga tendencia a ser decodificada como obra del demonio o producto de un complot; 3) el duelo también debe abarcar un tipo de narración defensiva con visos paranoicos, que es la contraparte de la elección sacralizada, al igual que una estrategia antihistórica que pretendió difuminar lo ocurrido en rumores fantasmales y en pura maledicencia.

Este trabajo de duelo es rechazado, y no sin motivos, por los legionarios. El hecho de que sobre esta institución planee la idea lapidaria de que en el principio no sólo fue el verbo –que condensa la «elección divina»–, sino la pederastia y sus violentos efectos, indica que la hagiografía institucional, como la cabeza de Jano, es a estas alturas bifronte. Podrá seguir manteniendo su estatuto sacralizante sobre cualquiera de los actos realizados por ella a voluntad, pero sabiéndose irremediablemente minada desde las entrañas. Todo será cuestión de tiempo.

Se pueden encontrar ciertas analogías, a pesar de las grandes diferencias que los separan, en los casos del ex dictador Augusto Pinochet y el ex superior general Marcial Maciel. Ambos han vivido lo suficiente para ver cómo su imagen se erosiona y, sobre todo, cómo sus actos violentos han sido exhibidos sin eufemismos, y sus imposturas, desenmascaradas.

Ambos han sido despojados de su aura de intocables, sin contemplaciones. En el caso del dictador, ya no sólo se han probado las desapariciones que se generaron en su brutal régimen, sino que 35 mil chilenos dieron testimonio de cómo fueron torturados, esos «desaparecidos vivientes» que sufrieron un tipo de acto que posee «ese corazón negro [en el cual]: el verdugo asocia a la víctima a su propia abyección. [...] Aquí no se trata de herederos de las víctimas, de deudos reclamando justicia. Se trata de personas que llevan en su propia carne las cicatrices y en su conciencia el trauma».[5]

Si Salvador Allende –según afirma Carlos Franz– tuvo que haber intuido en sus postreros momentos antes de volarse la cabeza,

«el monstruo que el sueño de su razón utópica acababa de ayudar a parir [...] tiene que haber concluido que, desde ese momento,

[5] Carlos Franz, «La memoria de la tortura», *El País*, 21/XI/04.

[sería] responsable también de las consecuencias que su fracaso traería para su pueblo. "El pueblo no debe dejarse acribillar", dice en su despedida, y podemos oír en sus palabras la premonición de todas las muertes y torturas, de toda la violencia a mansalva que desde esa misma hora comenzaba».[6]

Por eso, aunque resultó menos heroico para sus seguidores el haberse suicidado[7] en lugar de morir frente a las balas en esa desigual batalla, eso habla de que, cuando menos, se responsabilizó de su último acto. A diferencia de Pinochet, que

«en su última actuación, antes de salir del escenario de la Historia, hace todo lo contrario: intenta borrar las pistas, consagrar la ambivalencia, negando su responsabilidad. El dictador estadista se despide como el demente escapista [...] se "hizo el loco"».[8]

Esa actuación fue la «penúltima» porque en la que podría ser la última se descubrió que además fue ladrón. Y esta triste actividad ya no la pudieron soportar algunos de sus seguidores más fervientes que hasta ese momento lo habían sostenido. Asesino todavía era soportable, y más si en lugar de verlo así se le concebía como un purificador emérito del virus comunista que infectaba a la patria, pero ¡ladrón!

¿Y Maciel qué lugar ocupa en todo esto? Por lo pronto, igual que Pinochet, «se hace el loco» –a su manera: la sacerdotal–, y por eso reparte perdones a sus detractores, como si nada hubiera ocurrido. Y utiliza la estrategia del caradura que dice: «acepto con humildad la crítica porque me obliga a reflexionar sobre los errores ajenos».[9]

Maciel también fue exhibido en sus «cuentas secretas», precisamente por aquellos que habían sido antes «asociados como víctimas de su propia abyección». Y con eso, se ve obligado a asistir a la destrucción de la representación de sí mismo por la que tanto batalló: la de ser considerado *santo en vida*. Ahora ya lo sabe: ni en vida ni en muerte. El simulacro de su «profunda espiritualidad» quedó al desnudo. Finalmente, no era lo que parecía. O más bien, no era únicamente eso que buscaba parecer. El hombre de la mirada que «prometía el cielo» sólo podía prosperar al precio de mantener perfectamente disociadas de su

---

[6] Carlos Franz, «Allende y Pinochet, el escombro de las estatuas», *Letras Libres*, año V, núm. 58, octubre de 2003, pág. 117.
[7] De ahí probablemente el haber negado durante buen tiempo dicho acto.
[8] Carlos Franz, *op. cit.*
[9] Frase sarcástica aplicada por Carlos Monsiváis en otro asunto.

«espiritualidad» sus otras maneras de actuar; pero en el momento en que algunos deciden conjuntarlas, el resultado es una figura paradójica e insostenible.

A los que asisten al desenmascaramiento se les plantea la disyuntiva que emitió Groucho Marx pillado en una mentira durante una película: «¿Tú a quién le crees, a tus ojos o a mis palabras?» La tendencia a homegeneizar en un solo aspecto a las personas, inclinaría a los que no «vieron» a tomar en cuenta sólo las palabras que niegan lo que otros vieron y vivieron. Otros más, sin embargo, tomarán más en cuenta las palabras de los que dicen que vieron.

Lo que sí queda claro es que esa manera de aparecer para algunos como «profundamente espiritual» no puede ser reducida a una pura máscara, porque al ser para unos parte del personaje en cuestión, no es desprendible a voluntad. Depende de quién y cómo lo mire y lo que esté dispuesto a sostener viéndolo de esa manera.

La historia de la pederastia en la Legión de Cristo no se agota, pues, en un grupo de muchachos violentados hace cincuenta años, sino que se reproduce en sus núcleos pederastas sostenidos en densas complicidades que van más allá de las autoridades de esa institución.

La interrogación queda abierta. ¿Cuánto pasado será capaz de soportar el futuro de esta congregación? Y cuánto presente, también, si se toma en cuenta que la historia que acabo de relatar no termina con la de dos superiores pederastas, sino que estos actos continúan dentro de la legión, según los testimonios que circulan actualmente.

Parafraseando a los historiadores rusos cuando tuvieron acceso a los archivos de la KGB, «a partir de ahora (1997) el pasado de la Legión se vuelve incierto».

Posdata

Mayo 19 de 2006: una sentencia transformada en invitación

«Es mejor que ocho hombres inocentes sufran injusticia y no que miles de fieles católicos pierdan la fe.» Con estas palabras, Martha Wegan, la abogada defensora de los ocho ex legionarios que presentaron su denuncia en el Vaticano el 17 de octubre de 1998, dio cuenta del bloqueo que hizo el entonces cardenal Joseph Ratzinger de la averiguación contra Marcial Maciel.[1] Sobran los comentarios.

En un artículo aparecido en julio de 2005, titulado *La prima sentenza del prefetto Levada fa tremare la Legión*,[2] el vaticanólogo Sandro Magister anunciaba que a partir de un decreto emitido por la Congregación para la Doctrina de la Fe –del 27 de mayo de 2005– contra el padre Gino Burresi, fundador de los Siervos del Corazón Inmaculado de María, éste debía dejar el ministerio sacerdotal y retirarse a la vida privada, en razón de las acusaciones que apuntaban a «abusos en la confesión y en la dirección espiritual». Añade Magister que sus fuentes vaticanas le habían confirmado que a estos motivos se «añade la acusación de abuso sexual por algunos que fueron sus secuaces y seminaristas en los años setenta y ochenta».

El decreto vaticano no fue hecho público, pero Magister afirma que el semanario estadounidense *National Catholic Reporter,* por medio de su corresponsal en Roma John L. Allen, ha dado cuenta de ello en su diario *The Word from Rome,* del 22 de julio de 2005.

Sería por esa razón que el fundador de los Misioneros del Sagrado Corazón y la Virgen de los Dolores (conocida como la Legión de Cristo) estaría «temblando», según Magister, porque podría suponer

---

[1] Testimonio de José Barba, 13/VI/06.
[2] Aparecido en *La Stampa,* 28/VII/05.

que la segunda sentencia del nuevo inquisidor le tocaría a él, en el «corazón» que le correspondería.

La sentencia fue publicada en la prensa el 19 de mayo de 2006, revestida con las formas eufemísticas utilizadas por la retórica vaticana,[3] es decir, plena de alusiones, elusiones y francos silencios. En ella se afirma que

«A partir de 1998, la Congregación para la Doctrina de la Fe recibió acusaciones que en parte se hicieron públicas contra el Revdo. Marcial Maciel Degollado, fundador de la Congregación de Los Legionarios de Cristo por delitos reservados a la exclusiva competencia del dicasterio. En el 2002, el Revdo. Maciel publicó una declaración para negar las acusaciones y para expresar su descontento por la ofensa que le infligían algunos ex legionarios de Cristo. En 2005, por motivos de edad avanzada, el padre Maciel abandonó el cargo de superior general de la Congregación de Los Legionarios de Cristo».

Lo primero que salta a la vista es que no se menciona el tipo específico de delitos por los que se le acusa. Conviene hacer algunas precisiones al respecto. Quien haya seguido la lectura de este texto podrá constatar que a lo largo de sesenta años se fueron dando una serie de denuncias contra el padre Maciel ante diferentes instancias y por diferentes personas. Las recuerdo sintéticamente.

En 1944, ante el Vobispo de Cuernavaca, por abuso sexual a un joven de su incipiente institución; luego, entre 1948 y 1950, ante la SCR por mentiras y usos indebidos tanto de la dirección espiritual como de la confesión; en 1954, ante el arzobispo primado de México, por uso indebido de las cuentas de conciencia y por adicción a la morfina; posteriormente, en agosto de 1956, ante la SCR, por abuso sexual y adicción a la morfina, lo que trajo por consecuencia su primera suspensión. En abril de 1962, ante la misma congregación, por uso de la droga denominada Dolantina.

Entonces habría que enmarcar las denuncias de 1998 en esta prolongada cadena de acusaciones porque, de otra manera, parecería que todo comenzó por esas fechas y que consecuentemente el Vaticano procedió –dado su habitual manejo de los tiempos– incluso con cierta celeridad.

Además habría que añadir las actuaciones de monseñor Ratzinger, primero como cardenal encargado de la Sagrada Congregación para la Doctrina de la Fe, después ya como Papa. En su calidad de cardenal,

---

[3] Esta publicitación marcaría una diferencia con el caso del padre Burresi.

primero bloqueó el juicio en 1999, y hacia el final del pontificado de Juan Pablo II lo desbloqueó –el 2 de diciembre de 2004.

A la luz de lo anterior podrá entenderse mejor la frase que dice que el padre Maciel «abandonó el cargo de superior general por motivos de edad avanzada» en enero de 2005. Más que por edad avanzada, se podría pensar que fue por los constreñimientos que imponía el inicio de la investigación a la que iba a ser sometido, la cual se inició oficialmente el día 2 del mes de abril de ese mismo año.

Esta transfiguración de las razones del abandono del cargo se puede detectar con suma claridad en la entrevista que *Zenit* sostuvo con el nuevo superior general, el padre Álvaro Corcuera, hacia finales de enero de 2005. En ella el sacerdote afirma lo siguiente:

«Como usted sabe, quien resultó elegido [de nueva cuenta] en un primer momento fue el padre Maciel, porque todos vemos en él a un verdadero padre espiritual [...], difícilmente podríamos imaginarnos otro director general estando él en vida [...]. Solamente cuando él nos comunicó su decisión de declinar su reelección por motivo de su edad y su deseo de acompañar en vida a su sucesor, fui elegido para sorpresa mía.

»[...] Piense que [el padre Maciel] tiene ya 84 años y que tendría 96 al término de un nuevo mandato. Me parece que hay una inmensa humildad, prudencia y sabiduría en esta decisión del padre Maciel».[4]

Al control férreo del poder por más de sesenta años –con la interrupción relativa de 1956-1958–, a la amalgama entre fundador y superior general –dos lugares que la Legión fue incapaz de discriminar hasta que se vio compelida a ello desde el exterior–, a la unanimidad del voto en una institución no preparada para la divergencia más elemental, se los transforma y resume en un acto de «humildad, prudencia y sabiduría» de Maciel, quien aparentemente declinó al cargo por motivos de edad.[5] A todo esto, la «sentencia» añadirá lo de «su frágil salud»:

«Todos estos elementos fueron objeto de un examen maduro por parte de la Congregación para la Doctrina de la Fe y bajo la norma del "motu proprio" *Sacramentorum sanctitatis tutela*, el entonces

[4] *Zenit*, 28/I/05.
[5] ¿Acaso en la Legión de Cristo el puesto de superior general no es un puesto vitalicio? Cuando menos, en los primeros años de la Legión, así estaba inscrito en sus constituciones, según me lo afirmó José Barba, 15/VI/06.

prefecto de la Congregación para la Doctrina de la Fe [...] autorizó la investigación. En ese tiempo ocurrió el fallecimiento de Juan Pablo II y la elección del cardenal Ratzinger como nuevo pontífice.

»Tras haber sometido los resultados de la investigación a un examen atento, la Congregación para la Doctrina de la Fe [...] decidió, teniendo en cuenta la edad avanzada del padre Maciel y su frágil salud, renunciar a un proceso canónico e invitar al padre a una vida reservada de oración y penitencia, renunciando a todo ministerio público. El santo padre ha aprobado estas decisiones».

Primero hay que saber que el citado «motu proprio» se refiere a una instrucción publicada en 2001 por Juan Pablo II para hacer frente a los delitos sexuales dentro de la Iglesia católica. En el texto jamás se especifica el tipo de acusaciones, pero el hecho de que cite el «motu» constituye una pista de hacia dónde apuntan las alusiones de la sentencia. Por otra parte, hay que considerar que los acusadores lograron introducir como causa central del juicio el delito denominado «absolución del cómplice», única causa que no había prescrito en los periodos que otorga el derecho canónico para presentar este tipo de denuncia. Teniendo esta información se entenderá mejor lo que estaba en juego en la investigación.

Ahora bien, lo sorprendente es que en lugar de someter a proceso canónico al padre Maciel, se esté renunciando a él y, de manera análoga a lo dictaminado para monseñor Burresi –citado más arriba–, se le *invite* a una vida de oración y penitencia y se le retire del ministerio sacerdotal. Pero al propio tiempo parecen darse por válidas *hasta un cierto punto* las acusaciones de sus detractores, porque de otro modo no se entendería esta «invitación» a dejar el ministerio sacerdotal y retirarse a una vida de penitencia.

Si nos atenemos a lo que el visitador apostólico le adelantó al ex sacerdote Alberto Athié en abril de 2004, cuando aquél viajó a México a recoger los testimonios contra el padre Maciel, se puede decir que se avanzó un paso, pero sin terminar de ir al fondo de la cuestión. Me refiero a que en la entrevista que Athié sostuvo con el visitador, éste afirma que monseñor Scicluna le dijo: «¿Qué más castigo se puede dar a un hombre de 85 años, una vez que ha dejado de ser superior general?». Alberto Athié habría respondido: «Antes que castigo, habría que pensar en una sentencia».[6]

---

[6] Entrevista de FMG con A. Athié, 30/X/05. Cabe recordar de nueva cuenta las palabras que Joseph Ratzinger le dijo al obispo Carlos Talavera, en respuesta a

En este primer escenario contemplado por las autoridades vaticanas y transmitido oficiosamente por el sacerdote encuestador, se consideraba como «castigo» el haberlo removido de un puesto que había ocupado por cerca de sesenta años. Pero fue un segundo escenario el que terminó por imponerse,[7] consecuencia, al parecer, del cúmulo de nuevos y contundentes testimonios que se sumaron a los emitidos por el núcleo original de los primeros denunciantes. En este escenario, que entraña una especie de «sentencia» sin juicio, cuando menos se alude a que algo grave pasó, y además se hace público, aunque sea de esa manera tan alusiva y elusiva. Por esta razón señalo que se avanzó un paso pero rehuyendo ir al fondo de la cuestión, porque de haberlo hecho no le habrían dado al padre Maciel la posibilidad de afirmar una vez más su inocencia y su cruz por interpósito comunicado de la Legión aparecido el mismo día 19 de mayo.

«[El padre Maciel] 1. *Ha recibido a lo largo de su vida un sinnúmero de acusaciones,*[8] algunas de las cuales han sido presentadas en los últimos años a la Santa Sede para que fuese abierto un juicio canónico.
2. De frente a las acusaciones presentadas en su contra, él ha declarado su inocencia y, siguiendo el ejemplo de Jesucristo, optó siempre por no defenderse de ninguna manera.»

Enarbolar como prueba de imitación de Cristo el silencio ante las acusaciones es escoger el camino más problemático; además se sabe de antemano que no habrá proceso canónico, y así es más fácil autoproclamarse virtuoso. En cuanto a la afirmación de que no se ha defendido jamás, el comunicado de la Legión falta a la verdad, basta recordar las 73 páginas del documento presentado por el padre Owen Kearns, legionario, entonces vocero oficial de la Legión de Cristo en los Estados Unidos a la firma de abogados Kirkland & Ellis entre diciembre de 1996 y enero de 1997, incluidas las dos cartas del padre Polidoro[9] y cuatro declaraciones de ex legionarios, dos de los cuales

---

la denuncia de José Manuel Fernández Amenábar (ya fallecido para ese entonces) que Alberto Athié había hecho llegar por intermedio del citado obispo, al titular de la Sagrada Congregación de la Fe, y que fueron las siguientes: «dígale al padre Athié que lamentablemente nosotros no podemos abrir el caso. El padre Maciel es una persona muy querida del santo padre y, además, ha hecho mucho bien a la Iglesia».
[7] Una vez eliminada la posibilidad de un proceso y su consiguiente sentencia.
[8] Cursivas mías.
[9] Cartas falsas según el testimonio de los denunciantes. *Confer.* XXII y XXII.2.

Armando Arias Sánchez y Jorge Luis González Limón, trabajaban por esas fechas para la Legión de Cristo. Un tercero, Valente Velázquez Camarena, había trabajado muchos años para Javier Maciel (hermano de MM). El cuarto fue Juan Manuel Correa. Los tres primeros acusaban a los ex legionarios Carlos de la Isla, su hermano Francisco, José Barba, Alejandro Espinosa, Arturo Jurado y José Antonio Pérez, de organizar una conspiración contra el padre Maciel. Es justo señalar que cuando menos uno de los supuestos conspiradores, Francisco de la Isla, había fallecido para esas fechas.

Por otra parte, la renuncia de las autoridades vaticanas para llevar a cabo el proceso canónico le permite al padre Maciel y a su institución desplegar nuevamente la triple estrategia que han implementado a lo largo del tiempo, a saber:

A. Transformar la acusación en una prueba más de Dios para que el padre fundador imite a Cristo: a esto le podríamos denominar «trascendentalización de la acusación». La carta del padre Álvaro Corcuera a los miembros del Regnum Christi lo expone sin tapujos:

«Pedí por nuestro padre fundador para que siga encontrando el consuelo materno de María y la adhesión y creencia filial de todos nosotros. Somos para siempre hijos suyos en Cristo y en la Iglesia.

»[...] Las tribulaciones son muestras del amor infinito que Dios nos tiene. Él no permite algo que no sea para nuestro bien. [...] Qué magnífica oportunidad para imitar a Cristo, sabemos que el amor pasa por la Cruz».[10]

En el texto de la Legión de Cristo que acompañaba la sentencia, se reconoce el «sinnúmero de acusaciones que a lo largo de su vida» ha recibido el fundador por parte de diferentes actores, y sin embargo no existe el mínimo cuestionamiento sobre las posibles razones de haber sido emitidas. Esto se explica si nos remitimos a la lógica paranoica que hasta ahora ha permitido salvaguardar a la institución de toda crítica.

B. Esto nos lleva directamente a la segunda estrategia, la que reduce cualquier denuncia a un simple complot. Por eso, afirmar que Maciel no se defenderá es intentar borrar lo evidente: se defiende también, precisamente con esta supuesta no defensa, al considerar las nuevas denuncias como una espina más para su corona y como un ataque,

---

[10] Carta del 25/V/06.

carente de fundamento, a su persona; y por lo tanto ni siquiera vale la pena contestar. Como no habrá proceso, las acusaciones no podrán ser probadas y dejarán un margen para suponer la malevolencia de sus acusadores.[11]

Por cierto, en ningún lugar del comunicado de la Santa Sede se menciona a las víctimas del abuso sexual. El jesuita Enrique Maza escribe al respecto: «Ahí no se habla de los crímenes ni de la justicia que se debe a las víctimas. Sólo se habla de su avanzada edad y del retiro al que se le invita».[12]

C. Ambas estrategias rematarán en un tercera, a saber, la proclamación de la sumisión incondicional al pontífice en turno. Con ello,

---

[11] Este punto de fuga en el comunicado de la Santa Sede fue aprovechado inmediatamente por el arzobispo primado de México, cardenal Norberto Rivera Carrera, cuando afirmó: «Todo lo que dicen de que fue condenado, de que fue impedido, etcétera, es puro cuento, porque el documento sólo dice que lo invita a retirarse a la vida privada [...]. No tengo elementos para condenarlo, ni para absolverlo, yo no viví esos acontecimientos, por lo tanto no puedo dar ningún testimonio al respecto». *Milenio*, 22/V/06, pág. 38. En estricta lógica, tampoco podría dar testimonio de los evangelios ni de dos mil años de su Iglesia si se atuviera a su argumento. Sin embargo, no hay que olvidar que en abril de 1997, a pesar de no haber vivido ese acontecimiento con respecto a Maciel, le reviró al periodista que le preguntaba del programa televisivo que estaba a punto de realizar del caso Maciel: «¿Cuánto te pagaron por preguntarme eso?» El cardenal Juan Sandoval Íñiguez fue más cauto, y comentó que los legionarios «deben acatar la disposición de la Santa Sede, como todo buen cristiano [...]. Creo que la Santa Sede ya dio una resolución, que en vista de su edad avanzada no se aparezca en público y que no celebre en público, esta es la recomendación que le da la Santa Sede.» *Público*, 20/V/06, pág. 12. A su vez, la señora Viviana Corcuera, madrina del nuevo superior general de la Legión, opinó: «La influencia que tenían Los Legionarios de Cristo con Juan Pablo II era muy importante debido al poder económico tan grande en los legionarios. Todas las voces que denunciaban al padre Maciel no eran atendidas por el papa Juan Pablo II por la influencia tan grande de la congregación de los legionarios con el Papa. [...] Ha sido muy duro. Pero, como una persona católica, creo que la obligación del padre Maciel debería ser pedir perdón personalmente a quienes lastimó. Estoy de luto por la congregación. Adoro a mi sobrino, mi ahijado Álvaro Corcuera es un hombre de bien. [...] No crean que la sanción fue tan suave como dicen». Entrevista de Ciro Gómez Leyva con Viviana Corcuera, *Milenio*, 24/V/06, pág. 4. Esta pequeña muestra ofrece una idea de la polisemia interpretativa que permite el comunicado aludido.

[12] Enrique Maza, «Atenco y Maciel», *Proceso*, núm. 1544, 4/VI/06, pág. 76. Javier Sicilia señala: «La sentencia de Benedicto XVI, fuera de que olvidó algo fundamental en la vida de la Iglesia, las víctimas [...], revela un Papa dispuesto a reconocer las vestiduras de la Iglesia, a un Papa –si logra hacer lo que todos los cristianos esperamos en este caso: el acogimiento a las víctimas de Maciel– de la justicia y de la caridad». Y añade algo en lo que no es posible seguirlo: «Pero si Roma ha sido veraz, justa y parcialmente caritativa no puede decirse lo mismo de Maciel y de su congregación». «El Impostor», *Proceso*, *cit.*, pág. 77.

lo que apuntaba como un cuestionamiento serio tiende a transformarse en una prueba más de la predilección divina.[13]

Pero hay más: al optar la Santa Sede por separar limpiamente a Maciel de la Legión («independientemente de la persona del fundador, se reconoce con gratitud el benemérito apostolado de Los Legionarios de Cristo y de la Asociación Regnum Christi»), se está produciendo una dicotomía artificial, puesto que los actos de los que se acusa a Marcial Maciel se ejercieron necesariamente con la complicidad de una parte de los miembros de su institución, algunos de los cuales continúan en ella. Por lo tanto, querer salvar a la institución de esa manera, sin tomar en cuenta las específicas complicidades ejercidas dentro de ella con el fin de proteger a su fundador, es tratar de ocultar lo evidente con mecanismos muy endebles.

Como remate, se anuncia que fueron las acusaciones llegadas a partir de 1998 las que terminaron por provocar esta sentencia sin proceso, y con ello la Santa Sede busca librarse, de un plumazo, de tener que dar cuenta de sus respuestas a las diferentes denuncias que al menos desde 1948 están depositadas en las diferentes instancias vaticanas, entre otras la Sagrada Congregación para la Doctrina de la Fe, la Sagrada Congregación de Religiosos y la Secretaría de Estado.

Doble operación de «desimplicación» hacia dentro de la Legión y en relación con las instancias vaticanas. Por esa razón se puede hablar de un «maquiavelismo», no especialmente refinado pero suficientemente efectivo como para tratar de neutralizar a los denunciantes y que no puedan decir que no se tomaron medidas.

La «invitación» al padre Maciel para que deje de ejercer el ministerio sacerdotal termina por oponer, en cierta medida, a los dos últimos Papas. No es gratuito que al darse la noticia del apartamiento del padre Maciel algunos diarios no se privaran de insertar la foto de Juan Pablo II con su mano en la frente de Maciel durante la celebración con bombo y platillo de los sesenta años de la ordenación sacerdotal del fundador de la Legión. Fue una manera de introducir una interrogación aludiendo al apoyo incondicional de Juan Pablo II al padre Maciel. El citado Papa desempeñó o bien el papel de cómplice irresponsable o el de ingenuo burlado por su protegido; y en el caso de que hubiera sido lo segundo, ¿acaso el entonces cardenal Ratzinger no le advirtió que iba a abrir la investigación sobre las actividades de Marcial

---

[13] La carta del padre Álvaro Corcuera dirigida a los Legionarios y a los miembros del Movimiento Regnum Christi, 16/VI/06, después de haber sido recibido por Benedicto XVI, es una muestra de ello.

Maciel? Sería poco creíble que un asunto de esa importancia, con tanta cobertura en la prensa, hubiera sido ajeno a Juan Pablo II. Lo que sigue siendo un enigma es cómo fue posible que seis días después de que éste rindiera un homenaje a Marcial Maciel, el próximo Papa reabriera el caso.

Y en cuanto al papa Ratzinger, ninguna ingenuidad se le puede atribuir, ya que sabía lo que estaba en juego y mostró en un corto periodo dos posiciones diferentes y divergentes.

Un caso lamentable, ejemplo de la renuncia a la inteligencia, lo ofreció el decano de los teólogos conservadores, Richard John Neuhaus, cuando en un intento desesperado por defender al padre Maciel afirmó lo siguiente:

> «No el único, pero sí uno de los muchos factores que consolidaron mi certeza moral respecto a la inocencia del padre Maciel fue mi gran respeto por el papa Juan Pablo II y sus repetidas declaraciones de apoyo al padre Maciel. Con el mismo respeto por la investidura y la persona de Benedicto, yo no objeto esta disposición que implica que el padre Maciel es culpable de cometer algún ilícito. Es obvio que la Congregación [para la Doctrina de la Fe] y el santo padre tienen más información de la que yo pueda tener con relación a las pruebas que soportan la culpabilidad o la inocencia del padre Maciel».[14]

El padre Neuhaus obtuvo su «certeza moral» en el apoyo que Juan Pablo II le brindó a Maciel. Como afirma el periodista Sullivan, este apoyo le bastó para permitirse desechar

> «las pruebas y los testimonios. [...] Ahí tienen ustedes el tema central del conservadurismo teológico: la abdicación del juicio de la propia razón en aras de la autoridad eclesiástica. Ésa es la actitud mental que ha sido el origen, en primer lugar, de la crisis de abuso sexual, y luego, del encubrimiento que se ejerció durante décadas».[15]

Pero con esa abdicación, el teólogo terminó por acercarse a una peligrosa esquizofrenia argumentativa y afectiva, ya que si sostiene su «certeza moral» en el apoyo de un Papa al padre Maciel, ¿cómo logrará integrar el no apoyo del otro Papa al mismo personaje, ya que

[14] Citado por Andrew Sullivan en la revista *Time*, 20/V/06.
[15] *Idem*.

afirma sentir «el mismo respeto por la investidura y la persona de Benedicto»? ¿Cuál de los dos estaría errado en su juicio y a su juicio? A eso se arriesga el que renuncia a pensar y se guía por el amor a las investiduras.

Por lo pronto, así quedaron las cosas. Una vez realizado el pronunciamiento romano, ¿es prudente considerar que la causa ha terminado? No lo creo. Solamente adquirirá otro ritmo, el de los efectos directos y colaterales hacia el seno de la Legión y de las instancias romanas, y hacia afuera en el heterogéneo público. Cuestión de armarse de paciencia para atender a la decantación del acontecimiento, que ya está ocurriendo.

Se puede considerar la carta –del 16/VI/06– entregada por el superior general de la Legión al papa Benedicto XVI, carta que explora un camino prometedor que le dejaba señalada la sentencia sin juicio de la Santa Sede: retirar al padre Maciel de toda relación con la Legión. En dicha carta, al mismo tiempo que se reitera «el amor ardiente y personal» al sucesor de Pedro, toda mención al que antes constituía su centro moral y simbólico, Maciel parece desaparecer. Esta vez, la centralidad hacia el romano pontífice cubre todo el campo de «la adhesión incondicional».

¿Una consecuencia de la invitación de la Santa Sede a Maciel sería entonces que su institución le aplique la censura rusa a su persona tornándola invisible? Es posible, pero eso implica una seria dificultad para la Legion de Cristo: ¿cómo reconfigurar una institución basada en la idealización y sacralización de su fundador al que todavía en enero de 2005 le otorgaron el «voto de mayoría absoluta» y no más tarde de mayo de 2006, le concedieron el título de «imitador de Cristo»?, ¿cómo eliminar, sin dejar huellas, el agujero negro que dejará su ausencia marcada por la violencia de su pederastia ejercida contra sus propios miembros y por su arte de mentir que se institucionalizó en su organización?

¿Cómo ofrecerles una versión mínimamente creíble a las personas capaces de usar su inteligencia, acerca del apoyo «ardiente, personal e incondicional» que hasta hace muy poco le manifestaban generosamente como ahora al Papa?, ¿de qué manera sobrevivir a una nueva mentira que supondría la negación de toda complicidad de la Legión con su fundador en el silenciamiento de sus acciones por más de cincuenta años?, ¿cómo seguir sosteniendo al padre Cristóforo Fernández como procurador general de la Legión cuando una serie de testimonios apuntan a su pertenencia al grupo de los efebos sin falla de Marcial Maciel?

¿Es posible que una institución como la legionaria pueda persistir, de nuevo marcada por una memoria encriptada y sin realizar el examen más elemental de sus complicidades con su fundador? No lo creo. Y si lo hace, el precio moral e histórico que habrán de pagar sus adeptos de buena fe será muy caro. Porque nuevamente les ofrecerá la impostura como camino y el maquillaje como su sello de fábrica. A esto conducen sentencias tibias transfiguradas en invitaciones a una vida de penitencia y oración.

Hasta aquí, pues, una historia dolorosa –por momentos sórdida– que ha producido profundas heridas y tristeza en incontables personas. Se trata de una larga cadena de complicidades, cobardías y silencios que se apoyan en diferentes razones. Pero también encontramos en ella tomas de conciencia desgarradoras, denuncias autocríticas y sentencias fríamente calculadas.[16]

---

[16] Cuando los dos mandatarios legales del grupo de denunciantes se presentaron en Roma, en abril de 2006, no fueron recibidos por el sacerdote encargado de la averiguación, Charles J. Scicluna. Pero antes le habían hecho llegar una carta, el 4/IV/06, demándándole información acerca de la averiguación iniciada un año antes. El citado sacerdote les respondió, el 10/IV/06, diciéndoles que la Sagrada Congregación para la Doctrina de la Fe: 1) gratias vobis agit por diligenti cooperatione («Os da las gracias por vuestra diligente cooperación»); 2) testimonium vestrum accurato examini subjectum est («El testimonio vuestro está bajo minucioso examen»); 3) non est praxis congregationis notitias dare de casibus sive disciplinaribus sive doctrinalibus («No es costumbre de la congregación dar ninguna información ni de casos de ortodoxia ni de conducta»). En efecto, los denunciantes se enteraron después de lo que la citada congregación pensaba sólo a través de la prensa. Ésta es la delicada manera de tratar a los que exigen cuentas en este tipo de instancias vaticanas.

A. R. T.
Escuela Apostólica del Sagrado Corazón
QUINTA PACELLI CALLE RIO No. 1   00--549
TLALPAM 22, D. F.

Tlalpam D.F. 1 de octubre de 1952.

Sra.Flora Barragán de Garza
Padre Mier 1525.
Monterrey.

Muy querida y recordada madrina,P. Xti.:

Supongo que ya recibiría mi última carta en que le agradecía las muchas atenciones y delicadezas que había tenido con este su hijo legionario.Yo siempre la recordaré en mis oraciones para que el Señor la santifique más y más cada día y le dé fortaleza para superar las muchas dificultades que El permite le salgan al paso en estos días de su vida.

Llevo ya una semana entre estos mis queridos hermanos de la Escuela Apostólica de Tlalpam y he podido comprobar con alegría y satisfacción profunda el entusiasmo de todos los Hnos. por trabajar en su formación de Legionario perfecto; yo estoy seguro que Nuestro querido Padre Marcial, y Vd.,Sra.Barragán, han de sentir satisfacción al ver trabajar con desinterés por la creación de una Legión unida, solidamente cristiana y apostólica para bien del la Iglesia y extensión del reinado de Jesucristo. Yo disfruto en mi interior, se lo digo de todo corazón, al contemplar en plena actividad las casas de Roma, España y Tlalpam; son diez u once años de existencia y cuánto ha conseguido el celo generoso del P.Maciel.Yo nunca me cansaré de dar gracias a Dios por haber encauzado mi vida Sacerdotal por las sendas marcadas por la Legión y su Fundador.

Poco a poco, Sra.Barragán, me voy poniendo al tanto de las cosas de nuestro Colegio de México;brevemente le voy a hacer relación del estado actual de las tramitaciones;
Como ya sabe Vd., el Departamento del Distrito Fed. había planificado dos calles dentro del área de nuestro terreno que venía a reducir considerablemente el terreno para la edificación.Por las gestiones hechas por D.Guillermo arhel Ingeniero del Dep.Cent. se nos ha autorizado a presentar un nuevo proyecto de calle.El arquitecto Villagrán y su ayudante Setién presentarán en estos días el nuevo trazado que beneficiará considerablemente la orientación y el acceso al Colegio. Como le indiqué en la Conferencia telefónica es necesario tener aprobado esta planificación y el nuevo alineamiento para poder relizar los planos constructivos.El Sr. Villagrá, me ha indicado que para fines de mes o principios de nov. estarán ultimados ; en esta fecha le enviaré copia de estos presupuestos.
Según me indicó Nuestro Padre Maciel ,Vd.tieme conocimiento

Correspondencia de Faustino Pardo con Flora Barragán. Planeación de la construcción del Instituto Cumbres, 1 de octubre de 1952. Archivo Flora Barragán.

del cálculo aproximado del valor de la construcción conforme a los
presupuestos provisionales que manifestó el Sr.Villagrán. Estos son
los datos que en este sentido podría darle en la actualidad; procu-
raré urgir a los Arquitectos. Aprobados los planos constructivos se
sacarán a concurso conforme a lo acordado con el P.Maciel.

El levantamiento del plano-contraproyecto, el nuevo alineamiento,... suponen algunos fondos con que en la actualidad no cuento;
entendí al P.Maciel en la última conversación que tuve con él en España que el defécit que aparece en el estado de cuentas sería enviado por Vd. y sería suficiente para estos gastos arriba indicados,fir-
ma de Escrituras y pago del velador del Rocedal. Al hacerme cargo
en estos días de los asuntos del Colegio del Rocedal, podría haber
alguna equivocación o inesactitud en las consideraciones hechas, que
ruego tenga a bien disculparme.

El Sr. Villagrán me hablaba de la conveniencia de comprar
cuanto antes las cantidades necesarias de láminas de hierro para
puertas, ventanas,..y la "Vitrolita" de colores necesaria para las
paredes de las clases; a juicio del Sr.Arquitecto supondría una gran
economía dados los descuentos que en la actualidad le ofrece la la-
drillera de Monterrey. Es de esperar que para el próximo año suban
el precio de todos estos materiales que vendrían a encarecer la
costrucción.

Quiero tener a Vd. al tanto de todas estas indicaciones
que me hacen los Arquitectos y por eso le hablo com claridad; por
otra parte Vds. están muy enterados por sus negocios de to dos estos
asuntos y podrán calcular las conveniencias y las inconveniencias
de estas proposiciones.

La Letra correspondiente al mes de Agosto obra en mi poder, como ya le indiqué ;le agradecería me dijérara si se la envío
por correo o espero a que Vd. venga.D.Guillermo Barroso abonó esta
cantidad; Las letras vienen presentadas por los Bancos Comercio y
Londres.
                    Le adjunto la copia del estado de cuentas conforme a la
revisión y corrección que Vd.hizo.

                        Afmo. hijo en la Legión que nunca le olvida
servus in Coede Iesu

                            [firma]

P.D. He querido tratar de nuevo algunos puntos de los que ya
     hablamos por teléfono para mayor claridad;no sé si hubiera
     dado margen a alguna duda por la poda práctica que tengo de
     tratar de estos asuntos por teléfono.
                    Un recuerdo especial para su mamá y para Florita.

A. R. T.

Escuela Apostólica del Sagrado Corazón

QUINTA PACELLI CALLE RIO No. 2 TEL. 08-546

TLALPAM 22. D. F.

Tlalpam 25 de noviembre de 1952.

Sra.Dña.Flora Barragán de Garza.
Padre Mier 1525.
Monterrey.N.L.

Muy querida y recordada madrina:

        Dicen que los hijos no tienen por qué manifestar
el agradecimiento a su madre porque siempre va implícito en el afec
to sincero y filial hacia ella; eso mismo pienso yo en relación a
Vd.,Sra.Barragán, pero no puedo menos de darle a entender en estas
líneas el agradeci miento por tantas atenciones y delicadezas pa-
con este su hijo legionario durante esos inolvidables días pasados
entre Vds.
        Para mi han sido días imborrables por que he lle-
gado a conocer de cerca el afecto sincero y maternal que Vd. tiene
a Nuestro Padre Maciel y a todos sus legionarios; Dios le recompensará con creces sus desvelos maternales.

        Le ruego de nuevo, Sra.Barragán, me dispense que
no le haya puesto unas líneas de felicitación en el día de su santo:
hice propósito de hacerlo a llegar de Monterrey pero en estos días
he tenido tantas preocupaciones para solucionar algunas dificultades
en relación con las Obras de Tlalpam que no me han dejado tiempo pa
ra nada. Mi primera visita al llegar a México fué para el Arquitec
Villagrán para agradacerle el envío de los planos e insistirle y
na vez más en la urgencia de realizar cuanto antes los planos cons
tructivos; a última hora se ha dado cuenta de algunas dificultades
que presenta el terreno en orden a la prientación del edificio. Pa
rece ser que en esa zona de la s Lomas los vientos soplan en direc
ción distinta a la que en un principio creía.En estos días ulti-
mará este punto para ponerse a trabajar definitivamente en el pro-
jecto. Como ve, Sra.Barragán, no nos salen las cosas como todos des-
ríamos pero yo espero que el Sr. Arquitecto tomo con interés este
asunto. D.Guillermo Barroso me aconseja que no le insista demasiado porque podría ser contraproducente. Me parece muy bien que
Vd. le hable por teléfono para que vea el interés que Vd. tiene
y no crea que es cosa nuestra.
        Las señas son:
            Domicilio: Sr.Arq. José Villagrán.Dublín 7.tel.
            Oficinas: Palma 30.Despachp 208. Tel.352529.
    La hora más oportuna para hablar con el Arquitecto es de
a 4, y de 8 de la noche en adelante(en su domicilio).Es muy difícil localizarle en su despacho.

        Le decía arriba que en estos días he estado muy preo-
cupado con las dificultades económicas de la obra de la Escuela A-
pestólica. Tanto D.Santiago Galas como D.Gastón Azmárraga me han

metido ayudar eficazmente a primeros de año. Durante estos días he vi
sitado a otros señores para ver de conseguir el dinero suficiente a
fin de no interrumpir las obras durante este mes de diciembre; todos
me dicen que estos últimos días del año son muy mañosos para hacer o-
bras benéficas. En fin, hasta el mes de enero no cuento con una cantidad fuerte.

En vista de esta difícil situación quiero proponerle a
con la confianza que siempre me ha brindado, una solución para sali:
adelante en este mes de diciembre. Con 12 ó 15.000.00 pesos tendrí:
suficiente para las rayas semanales y compra de cemento, ya que
todo el fierro necesario está comprado. Esta cantidad sería tomada
en préstamo de lo destinado al Colegio con la obligación por parte
de esta obra de Tlalpam de reponerlo en el mes de enero.

Con la confianza que yo le he expuesto esta necesidad, Sr.
Barragán, le ruego me responda afirmativa o negativamente según lo
juzgue Vd. más oportuno. Le agradecería me diera la contestación est:
misma semana.

Un saludo muy especial para su mamá (la abuelita, como
la llaman los hermanos Apostólicos) y para Florita; sigo pidiendo
por ella para que el Señor le conceda pasar sin descarríos y desorientaciones estos difíciles años de su juventud.

Un recuerdo cariñoso para su hermana Carmen que tantas
atenciones tuvo también conmigo. No me olvido del "güero" y de "chimi" y ojalá que Dios les dé la vocación para la Legión.

Su hijo que no le olvida en sus oraciones y le recuerda siempre con cariño servus in Corde Iesu

434

A. R. C.

Escuela Apostólica del Sagrado Corazón
Quinta Pacelli, Calle Pío No. 2. Tel. 08-545
Tlalpam 22. D. F.

24 de Agosto de 1954.

Excmo. y Rvdmo. Sr. Dr. D. Francisco Orozco Lomelí.
Vicario General de la Arquidiócesis de México.
Ciudad.

Excelentísimo Señor:

        Obedeciendo al citatorio y al mandato en concien-
cia que ha recibido de V.E. de exponer bajo juramento de decir
verdad, toda la verdad y sólo la verdad los hechos que conozca relacionados con la vida y actuación del M.R.P. Marcial Maciel,
Superior General y Fundador del Instituto de Misioneros del Sagrado Corazón, el que abajo suscribe, Federico Domínguez Moreno,
de 28 años de edad, clérigo, bachiller en Sagrada Teología, y Pro-
feso de votos perpetuos de dicho Instituto de Misioneros del Sagrado Corazón, actualmente con cargo de Prefecto de Estudios y Gerent·
de Religiosos en la Escuela Apostólica del Sagrado Corazón, en Tal
pam, D.F., México, ante V.E. con profunda tristeza y pena y hacien
do constar que no es su pensamiento introducirse lo más mínimo en
el terreno de las intenciones y responsabilidades morales de dicho
P. Marcial Maciel, declara los siguientes hechos:

1.- Al menos desde hace diez años, el P. Maciel no reza el Breviario. Se escuda en imposibilidad física (por sus enfermedades)
y en falta de tiempo. Pero sí tiene tiempo para leer ampliamen
te la prensa diaria y Revistas de tipo superficial como Life
y Selecciones. A nadie le consta que haya obtenido una dispensa indefinida para eximirse del rezo del Breviario.

2.- Desde la entrada del que esto escribe en la Congregación, hace
ocho años, no ha visto más que en muy contadas ocasiones que
el P. Maciel hiciera la meditación de la mañana por espacio de
una hora, según señalan las reglas. El P. Maciel dice que hace
su oración en los tiempos de insomnio durante la noche, pero
esto a nadie le consta ni puede constarle.

3.- Visitas detenidas al Santísimo Sacramento o ratos especiales
de oración ante el Santísimo o en la Capilla, nunca se le ven.
Dice que es suficiente mantener el alma unida a Dios enmedio
de las ocupaciones, pero siempre se ha estimado que estos contactos específicos con Dios son necesarios para un alma que
esta en continuo desgaste espiritual.

4.- La regularidad de los religiosos que le acompañan en sus via}
negocios o enfermedades, no parece preocuparle lo más mínimo.
Ni hora fija de levantarse, ni tiempo para la meditación, los

---

Primera denuncia de un legionario en contra de Marcial Maciel ante la arquidiócesis
de México. Federico Domínguez al padre Orozco Lomelí, 24 de agosto de 1954.
Archivos Lumen Código Maciel / Federico Domínguez.

435

A. R. C.

Escuela Apostólica del Sagrado Corazón
Quinta Pacelli, Calle Río No. 2. Tel. 33-545
Tlálpam 22, D. F.

2.-

exámenes y la lectura espiritual (con raras excepciones). Menos
el ejemplo de él mismo para hacerlo.

5.- La delicadeza en mantener reservado lo que sabe en conciencia o
bajo cualquier otro tipo de secreto, es muy escasa en el P. Maciel. Escritos delicadísimos de conciencia (concretamente una c
fesión general de toda su vida, incluyendo tentaciones, que hice
en los ejercicios espirituales de mes) del que esto escribe fueron leídos conjuntamente por el P. Maciel y un hermano carnal
del interesado, actualmente religioso en Roma, según una ficha
que el suscrito encontro dentro del cuaderno en que estaba contenida dicha confesión y que, más o menos rezaba así: "Nuestro
Padre, le devuelvo este cuaderno después de la ingrata lectura q
conjuntamente hicimos de varios pasajes. Firmado: José Domíngue.
El que esto escribe, por delicadeza para con el P. Maciel y por
que en ese entonces - hace de esto arpoximadamente un año - tra
taba de salvar la responsabilidad del P. Maciel en todos estos
hechos que le einquietaban, rompió esa ficha. Pero la autentici
dad del caso es fácil de comprobar acudiendo al hermano del sus
crito.

6.-
Asimismo el P. Maciel ha relatado bajo secreto al que esto escr
be una serie de hechos relacionados con otros religiosos, hecho
que el suscrito no puede comprender como pueden revelarse sin f
tar al secreto de conciencia. En cierta ocasión (hace algo más
de un año) le mandó escribir cartas a todos los religiosos esco
lares de Roma y le iba diciendo lo que tenía que aconsejar a ca
da uno nominalmente en relación con las dificultades generales
que tenían en el terreno de la castidad y de la vocación. Estas
cartas fueron desde luego firmadas por el P. Maciel y fueron er
número aproximado de treinta.

7.- Las mentiras, tergiversaciones, exageraciones y deformaciones
de los hechos, son cosa "habitual" en el P. Maciel. El que esto
escribe fué durante cuatro años (desde su entrada en el Institu
en 1948 hasta 1952 en que vino a México) Secretario Particular
del P. Maciel y, en una ocasión en que quiso hacerle caer en la
cuenta de esto, recibió la siguiente respuesta: que era demasia
do ingenuo y que no sabía cómo tenían que proceder los Superior
Al suscrito constan (puesto que debió redactar gran parte de l
documentos que por parte de miembros del Instituto fueron prese
tados a la Sagrada Congregación de Religiosos) las argucias y
turbios procedimientos de que se valió el P. Maciel para contestar una por una las acusaciones presentadas en Roma por el
R.P. Lucio Rodrigo S.J., a nombre del P. Sergio Ramírez, y la
forma también violentada y contrahecha en que presentó su info:
me sobre ciertos hechos el Sr. Rafael Cuena, entonces Teólogo
en la Universidad de Comillas. En realidad da la impresión de
que el P. Maciel, con tal de conseguir un apoyo moral, una cola
boración económica o librarse de una acusación, sigue en la pra
tica el principio de que "el fin justifica los medios".

A. R. C.

Escuela Apostólica del Sagrado Corazón

Quinta Pacelli, Calle Río No. 2 Tel. 03-545
Tlalpam 22, D. F.

3.-

8.- El que esto escribe recibió autorización del P. Maciel para recoger datos relativos a la historia de su vida. Y, al hacrlo,
ha podido darse cuenta de las exageraciones y deformaciónes
de hechos, incluso al parecer sobrenaturales, que el P. Maciel
le había relatado y en los que el mismo se hacía aparecer como
protagonista y heroe. Entre los datos que con dica autorizació:
pudo recoger el suscrito, quiere resaltar lo que el Dr. Ramón
Suárez, de Morelia, Mich., le dijo sobre la misteriosa enfermedad del P. Maciel (misteriosa porque el P. Maciel rehuía
que le viesen los médicos y trataba de hacer creer que se trat:
ba de una afección del hígado): que era la enfermedad más humi:
llante que podía sufrir un sacerdote. Información que fue hace
poco completada al que suscribe por el P. Maciel en estos térm:
nos: " el urólogo de New York (que es judío) me dijo que los
católicos eran unos brutos uy unos crueles (sic) al no permitir moralmente lo que sería sencillísimo remedio de su enfermedad. Bastaría, siguió diciendo el P. Maciel, con un acto contra la ley de Dios para poder curarme. Por todo ello el que su:
cribe esta en la creencia de que se trata de una afección en l:
glandulas sexuales.

9.- El espíritu de pobreza más elemental en un religioso no se observa en el P. Maciel. Viaja siempre en primera clase de avión
y toma cama en el mismo avión con frecuencia. Rarísima vez tom:
los alimentos preparados para la Comunidad y los que se prepar:
para él han de ser exquisitos (al menos según un criterio de
pobreza religiosa) y perfectamente condimentados. De lo contrario facilmente los rechaza.

10.- El P. Maciel dice que la pobreza del "legionario de Cristo"
(este título es con el que presenta desde hace cinco años la
Congregación, aunque no nos consta que haya obtenido autorización de la Sagrada Congregación de Religiosos para ello)
debe ser"digna" y esta dignidad la interpreta él en el sentido
de alojarse en los Hoteles de mayor confort y lujo y acudir a
los Restaurantes más caros habitualmente. Waldorf de New York,
Plaza de Madrid etcc...

11.- Cuando está en México, rara vez vive en el Instituto Cumbres
o en la Escuela Apostólica, que son nuestras casas religiosas.
Más bien se hospedaba antes en casa de la Sra. Consuelo Sanche:
Vda. de Fernández y actualmente en el departamento de la Sra.
Flora Barragán, Viuda de Garza (aunque esta persona habitualme:
te reside en Monterrey). Sus horas de acostarse y levantarse
son por completo irregulares y es suficiente que haya tenido
una indisposición por la noche para que no celebre la Santa Misa ni reciba la Sagrada Comunión al dia siguiente, aunque luego pase todo el tiempo trabajando y visitando personas.

A. R. C.

Escuela Apostólica del Sagrado Corazón
Quinta Pacelli, Calle Pío No. 2, Tel. 06-145
Tlalpan 22, D. F.

4.-

12.- Aunque el P. Maciel dice en repetidas ocasiones que la murmuración es una de las mayores pestes de la vida religiosa, al que
esto escribe en repetidas ocasiones le ha comunicado bajo secreto hechos o criterios que incluyen grave detracción, especialmente en relación con la Compañía de Jesús.

13.- Los planes del P. Maciel para el apostolado son siempre deslum-
bradores, propios para sugestionar las imaginaciones juveniles
Radio, prensa, televisión, formación de dirigentes, organizaci-
nes internacionales de obreros y universitarios. Considera uno
de sus mayores triunfos el haber logrado que quede en las cons
tituciones un canon en el que practicamente queda a juicio del
Superior General del Instituto adoptar cualquier forma de apos
tolado. Frecuentemente cambia sus planes concretos en este pun
to y más frecuentemente sus planes concretos respecto de los
diversos religiosos, de forma que estos rara vez saben a qué
atenerse respecto de su apostolado futuro, aunque el P. Maciel
asegura que quiere respetar la "segunda vocación" de cada uno.
Y lo peor es que con frecuencia meros proyectos, casi siempre
fugaces, son presentados a los bienhechores como realidades
existentes.

14.- Parece notarse en el P. Maciel un grave desconocimiento de cie
tas obligaciones canónicas. Hace poco, por ejemplo, celebró Mi
e hizo que otro religioso la celebrara y oyó confesiones de
adultos e hizo que el otro religioso las oyera sin tener ningú
de los dos licencias para hacerlo en aquella Diócesis y consta
do además al P. Maciel que no se podía celebrar la Misa en
aquel poblado sin permiso del Párroco (era un día ordinario),
porque así se lo hizo saber el Sacristán. De todo esto el susc
to es testigo presencial. Consta además al suscrito que en la
Parroquia a que pertenece ese poblado, en la Arquidiócesis de
Guadalajara, (Agua Blanca el poblado; Quitupan la Parroquia)
se tomó a mal la manera de proceder del P. Maciel.

15.- A sabiendas (porque puedo asegurar que varios Doctores le ha
advertido de ello) de las graves consecuencias psicológicas y
gánicas que el hecho entraña, el P. Maciel en sus enfermedades
se aplica (y muy frecuentemente a lo que se puede conjeturar
inyecciones que contienen estupefacientes, inyecciones que se
consiguen donde sea, al precio que sea y por los medios que
sea. El suscrito, que no conocía entonces la naturaleza exacta
de esas inyecciones, pudo darse cuenta de que en diversas cri
de su enfermedad, estas drogas se le aplicaban cada cinco hor
Ha sido y es muy celoso el P. Maciel de que este hecho no lle
a conocimiento de los religiosos, pero ya son varios los que
saben. Cuando no tiene quien lo haga él mismo se aplica las i
ciones. Bajo el efecto de esas drogas, hace planes grandiosos

A. M. C.

Escuela Apostólica del Sagrado Corazón
Quinta Pacelli, Calle Bi. No. 2. Tel. 06-548
Tlálpam 22. D. F.

5.-

de apostolado y dice a los circunstantes lo que piensa de el
y de sus defecto. internos públicamente. Esto es conceptua-
do por religiosos que no conocen el fondo de la cuestión,
como una prueba de la "clarividencia espiritual" del P. Maci

16.- El P. Maciel dijo en cierta ocasión al que suscribe que no
sabía cómo determinada persona (un Mons. de la Curia Romana
podía decirle ciertas cosas y proporcionarle determinadas
informaciones... (el suscrito entendió en esta reticencia
y sobre todo al conocer esos determinados hechos e informaciones que estaba de por medio el delicadísimo secreto del
Santo Oficio). La realidad es que por medio de algunas personas, colocadas en algunas Sagradas Congregaciones y a quie
nes el P. Maciel cultiva con íntima amistad y con frecuentes
regalos, se mantiene enterado de las acusaciones que llegan
a la Santa Sede contra la Obra, se enteró en 1948 cuál era
la principal dificultad en la Congregación del Santo Oficio
para consentir en el "nihil obstat" y recibe confidencias
acerca de otros asuntos delicados, como lo fué últimamente
de todo el mecanismo relacionado con el nombramiento del
Arzobispo de México, asunto que le hizo venir dos veces desde Roma a México en el término de un mes y de cuya gestación
y evolución interna, así como de la intervención que él se
atribuía en dicha evolución, el P. Maciel hizo una relación
secreta al suscrito. Al suscrito le consta también (porque
fué encargado del archivo secreto de la Congregación durante
dos años) que en él se encuentran fotocopias de las acusaciones enviadas por el P. Lucio Rodrigo S.J. desde Comillas
a la Sagrada Congregación de Religiosos.

Procediendo de estas raíces, puede suponerse que haya multitud de pequeños detalles, que sería prolijo enumerar, en que
se echa de menos la ejemplaridad religiosa que un Superior
General y sobre todo un Fundador se entiende que debe tener
para con sus propios hijos en Religión.

Podrá preguntarse V.Excia y el Excmo. Sr. Darío Miranda, Arzobispo de México, que ha delegado a V.E. para tratar este
asunto, como ante este cúmulo de palpables desviaciones, el
que esto escribe ha podido perseverar tanto tiempo dentro
de la Obra del P. Maciel y cómo perseveran los restantes religiosos. En esta cuestión me parece que han influido en el
suscrito e influyen en los demas diversos factores. En primer lugar el P. Maciel no fué siempre así: la curva de su
decadencia espiritual ha venido pronunciándose más sensible-
mente en los últimos años. En segundo lugar, el P. Maciel,
al menos desde que el suscrito lo conoció hace ocho años ha
sido un hombre cada vez más enfermo. Y esta enfermedad, cuya

naturaleza sólo contados religiosos conocen o se imaginan, nos hacía ser extremadamente benévolos con él. Además de que la aureola
de santidad y la espesa nube de adulación de que siempre ha estado
rodeado el P. Maciel entre nosotros (ambiente psicológico en que
tanta influencia tenían las supuestas apariciones del demonio y otr
hechos aparentemente preternaturales que el P. Maciel nos relataba
a cada uno en secreto), nos impedían aun la pretensión de ver las
cosas con realismo y objetividad. Siempre procurábamos interpretar
todo lo que sucedía, aunque fuera para nosotros causa de inquietud,
en una forma sobrenatural y en su aspecto más benigno, como limita-
ciones de un enfermo. Sin embargo (aunque quizás no en la medida
del que esto escribe por haber tenido el que vivir en contacto más
directo con el P. Maciel y haber sido durante cuatro años su Secretario particular) el suscrito puede asegurar que una parte de los
religiosos de mayor madurez espiritual y preparación intelectual
dentro de la Congregación son conscientes de algunos de estos hechc
aunque difieren en su interpretación (a algunos no les es posible
llegar a la "evidencia" de una deformación de criterio en el Padre)
y sobre todo no es fácil que estén de acuerdo en la manera de pens
respecto de la solución práctica del problema. Incluso el que esto
escribe declara que sup pensamiento es únicamente separarse de la
Congregación del P. Maciel, sin informar de sus razones a los Superiores Eclesiásticos y que sí, con la mayor repugnancia espiri-
rual y haciéndose a sí mismo la mayor violencia, ha redactado este
informe es por habérsele ordenado en conciencia por un Superior
competente. Sin embargo el suscrito no deja de ver que en la acer-
tada resolución de este problema están en juego intereses elevadí-
simos de la Iglesia y de las almas y que, de seguir así las cosas,
no se puede esperar más que la deformación y ruina espiritual de m
chas almas, deformación y ruina que, con una medida adecuada de la
Santa Sede espera el suscrito que se podrán atajar, ya que esta en
la firme creencia de que la inmensa mayoría de los Religiosos y
futuros religiosos que militan en la Obra del P. Maciel tienen bue
espíritu y sincero deseo de servir a Dios en espíritu y en verdad.

Al haberme visto, pues, obligado en conciencia a redact
este informe para V.E., siento el mayor honor en testimoniarle
mi respetuoso y humilde saludo y quedo de V.E. adcmo. s. s. en
Jesucristo que suplica su bendición pastoral,

Federico Domínguez

FEDERICO DOMÍNGUEZ L.C.

*Esta es la carta que yo escribí personalmente
y, a pesar del peso del tiempo, bien recuerdo
que aquí dije la verdad, toda la verdad y sólo la
verdad. En cuanto a la carta del P. Ferreira
que fue causa inmediata de retirar el P. Maciel
de Superior General, yo la escribí también bajo
la dirección del P. Ferreira porque muchos de los →*

(texto manuscrito en el margen izquierdo, vertical:)
*hechos que en la carta se incluyen eran completamente desconocidos
por mí. Firmado en la ciudad de México ante el Dr. Fernando González
el día 10 de abril de 2005. Federico Domínguez Jz.*

A. R. C.

Escuela Apostólica del Sagrado Corazón
Quinta Pacelli, Calle Pío No. 2. Col. 98-948
Teléfono 22. P. X.

*Exemplar provisorium
acceptum donec
aliud exhibeatur*

"# 23 de Agosto 1956.

Excmo. Sr. Dr. D. Francisco Orozco Lomelí.
Vicario General.
Arquidiócesis de México.
Ciudad de México.

Excelentísimo Señor:

Conforme al citatorio que V.E. se ha dignado enviarme
y obedeciendo al mandato de V.Excia. de que manifieste en un informe
detallado todos los hechos relacionados con determinados hechos
que tocan a la manera de proceder y ser del M.R.P. Marcial Maciel,
Fundador y Superior General de este Instituto Religioso, yo, Luis Ferreira Correa, religioso de votos perpetuos, de 41 años de edad, actualmente Rector de esta Escuela Apostólica del Sagrado Corazón de
Tlalpam, D.F., y Vicario General de dicho Instituto de Misioneros
del Sagrado Corazón y de la Virgen Dolorosa, bajo juramento de decir
verdad, toda la verdad y sólo la verdad, ante V.E. humildemente estoy obligado a manifestar los siguientes hechos:

Ya en los primeros años de mi colaboración en la Obra
del P. Maciel se me presentó un Hermano Apostólico con inquietudes
de conciencia, por ciertas maneras de tratarlo del P. Maciel cuando
dicho P. se encontraba enfermo. Concretamente el muchacho se refería
a tactos impúdicos. Aquel muchacho es hoy religioso de votos perpetuos
en el Instituto y, habiéndole yo preguntado si en caso de que se necesitase podría hacer uso de su información, me respondió que con toda confianza. Dicho Hno. se llama xxxxxxxxxxxxxxxxx. Lo mismo que este hermano me refirió le ocurrió a un hermano carnal de él, de nombre xxxxxxxxxxxxxxxx, hecho que movió al entonces alumno de la Escuela Apostólica a separarse del Plantel. Estos hechos estuvieron a punto de causar serios trastornos a la Obra del P. Maciel, pues llegaron
a conocimiento del Excmo. Sr. González Arias, Obispo entonces de Cuernavaca que patrocinaba la Obra, y que estuvo casi decidido a extinguir
la Obra naciente.

En estos últimos años pasó algo semejante con otro hermano carnal de los anteriores, xxxxxxxxxxxxxxxxx, hoy también religioso
de votos perpetuos. En este caso no tengo autorización del interesado para manifestarlo, pero como no me fue comunicado ni en dirección
espiritual ni en cuenta de conciencia, creo que no va contra ningún
principio moral el hacerlo.

Tengo también entendido, aunque no me consta tan ciertamente como los anteriores casos, que esto volvió a repetirse con el
Hno. xxxxxxxxxxxxxxxxxxx, pues en cierta ocasión dicho hermano me
manifestó que el P. Maciel le había engañado, induciéndole a hacerle
tocamientos, porque decía el P. Maciel que ese contacto con el cuerpo
humano le proporcionaba la relación que necesitaba para poder descan-

Luis Ferreira, vicario de Los Legionarios de Cristo, denuncia a Marcial Maciel
ante la arquidiócesis de México, 23 de agosto de 1956.
Archivos Lumen Código Maciel / Luis Ferreira Correa.

A.R.C.

Escuela Apostólica del Sagrado Corazón
Quinta Pacelli, Calle Río No. 2, Tel. 06-845
Tlalpan 22, D. F.

2.-

sar y así se le mitigaban sus dolencias.

Puedo estar seguro de que esto mismo ha acontecido a otros hermanos de los que él ha tenido tan de cerca y que a muchos de ellos ha tratado de retenerles dentro de la Congregación a toda costa, a pesar de la oposición personal de ellos a seguir la vocación sacerdotal, por temor de que mas tarde le fueran a descubrir y por esto trata de halagarles cuando salen del Instituto con regalos y mil promesas de ayudarles.

Otro detalle que motivó mi primera insistencia en querer salir del Instituto, fue cuando uno de los chicos pertenecientes a la Escuela Apostólica de la que ya desde entonces era yo Rector, vino a decirme en el año de 1950 lo que le había obligado a que le hiciera el P. Maciel - que le procurara la polución - y entonces yo le hablé al P. Maciel duramente, diciéndole que me separaba porque no estaba dispuesto a seguir colaborando en esa forma. El P. Maciel tuvo que suspender un viaje urgente que proyectaba hacer, simulando que con aquella determinación mía, se había puesto grave y me suplicó que no me fuera: que él no se daba cuenta de lo que hacía cuando estaba enefrmo, pues eran muy fuertes sus dolores, y que sin duda lo que había hecho con ese niño había sido en estado de inconsciencia. En vista de la aparente sinceridad con que me lo decía, yo me decidí a seguir colaborando. Este niño a quien me refiero se llamaba xxxxxxxxxxxxx xxxxxxxxxxxxx xxxxxxxxxxxxx xxx xxxxxxxxxxxxxx xxxxxxxxxxxxx xxxxxxxxxxxxx xxxxxxxxxxxxx xxxxxxxx xxx xxxxxxxxxx xxxxx.

Por todos los efectos que he estado observando en el trascurso de estos últimos seis años, me parece que ya desde entonces el P. Maciel se aplicaba inyecciones estupefacientes de Dolantina, Sedol y Demerol. Yo entonces ciertamente me quedaba inquieto, pero no quise investigar a fondo porque solamente se conseguían esas inyecciones con receta muy difícil de obtener, hasta que finalmente hace unos dos años pregunté al Dr. Ramón Suárez, de Morelia, Mich., cual era el efecto de ellas, respondiéndome el Dr. que esas drogas perjudicaban enormemente al organismo del P. Maciel y que, si es que ya no se lo habían formado, le iban a formar un hábito vergonzoso muy difícil de quitar. El mismo Doctor Suárez habló enérgicamente al P. Maciel sobre este punto y, desde que así lo hizo, hace unos dos años, el P. Maciel no ha querido volverle a consultar en sus enfermedades, cosa que hacía antes con mucha frecuencia. El P. Maciel, tratando de engañarme, me dijo por el contrario, que tanto el Dr. Suárez, como los Doctores de Italia y New York le recomendaban esas inyecciones, porque eran el único medio de mitigar sus dolencias. A partir de estos dos últimos años, yo he estado tratando de evitar que se le consiguiesen y administrasen esas inyecciones, pero él se encargaba de mandar a religiosos con pretexto de ir a otro sitio y con el mandato severo de que no me diesen cuenta de a dónde habían salido y para qué.

A. M. C.

Escuela Apostólica del Sagrado Corazón
Quinta Junín, Coli. Río No. 2, Col. 66-546
Chihuahua 22, D. F.

3.-

A tal grado llegó este uso de las inyecciones estupefacientes
que el 3 de Enero del presente año de 1956, recibí una llamada telefónica del P. Rafael Arumí, Maestro de Novicios de nuestra Casa de
Roma, urgiéndome que saliera a la mayor brevedad para Roma: que era
orden superior y que no podía comunicarme nada de lo que se trataba
hasta que estuviera allí. Me dí la mayor prisa a obedecer, saliendo por avión el día 4 para llegar a Roma el 6 por la noche. Allí
me esperaba el P. Arumí para darme la noticia de que su llamada o-
bedecía al estado a que se había reducido en los últimos días el
P. Maciel, habiéndolo hasta obligado a hacer un documento en que
manifestaba su renuncia como Superior General y proponía a la Santa Sede para que eligiera entre el P. Arumí y yo para sucederle.
Me dijo también el P. Arumí que el P. Maciel se había retirado de
la casa de Roma hacía 8 días, entregándole el citado documento en
un sobre cerrado y sin decirle a dónde se iba, llevándose solamente
como acompañante a uno de los religiosos jóvenes de su mayor confianza, el Hno. Félix Alarcón Hoyos, a quien tenía y tiene completamente
de su parte para conseguirle las inyecciones, porque tanto a dicho
hermano, como a los demás religiosos que le atienden en sus enfermedades les ha hecho creer que su enfermedad es una cosa extraordinaria y que, por lo tanto, necesita remedios extraordinarios para
mitigar sus dolencias.

El día que yo llegué, según me refirió el P. Arumí, que el
P. Maciel se había presentado en la casa como a las siete de la
tarde, más o menos normal, asistiendo a la repartición de regalos
que es tradición hacer en nuestras casas el día 6 de Enero. Al estar allí le comunicó el P. Arumí que había recibido un cable anun-
ciándole mi llegada para las 12 de la noche de ese mismo día. Esto
violentó sobremanera al P. Maciel que reprendió con dureza al P.
Arumí por haber tomado esa medida que él tachó de imprudente. El
P. Arumí respondió quel le perdonara, pero que al recibir el documento de su renuncia le había parecido que lo lógico era avisar al Padre Vicario General para ver qué medidas se tomaban. El P. Maciel
se retiró a su habitación antes de que yo llegara y mandó que se me
avisara que por su estado de salud no le era posible recibirme hasta el día siguiente.

Ese día, 7 de Enero, se levantó como a las 10 u 11 de la mañana, totalmente bajo el influjo de la droga y comenzó su propaganda
entre los Padres y Hermanos de que la Santa Sede me había llamado
- cosa completamente falsa - para que tomara las riendas del Instituto. En uno de los Padres - el P. Antonio Lagoa - causó esto gran ner-
viosismo, puesto que muchos de los religiosos y entre ellos él están por completo encandilados con la aparente personalidad del P.
Maciel, siendo esto motivo de que dicho Padre se manifestara retraí-
do y hasta hostil para conmigo. Al ver yo que el P. Maciel seguía
divulgando las mismas falsedades, le hablé con energía, diciéndole

A R C

Escuela Apostólica del Sagrado Corazón
Quinta Florell, Calle Pio No. 2. Tel. 08-548
Tlálpan 22. D. F.

4.-

que procurara ser más prudente y pensar mejor sus palabras y viera
el mal que estaba haciendo a los religiosos con sus noticias infundadas. Que mi venida no obedecía sino a obligarle a tomar un tratamiento y una medida radical en su curación No quiso seguir es-
cuchándome, pues mandó llamar a los Novicios a quienes en la cama
dió una conferencia, apta para ser también conceptuada como "sobrenatural", cuando en realidad toda la lucidez y fervor con que hablaba eran debidas a la droga.

El P. Maciel siguió pretendiendo que yo desistiera de mi
propósito de traerlo a curar a Estados Unidos o a Cuba, y para ello
me propuso que hiciera un amplio viaje por tierra Santa y otros
países o que me quedara algúntiempo en Roma visitando los momumen-
tos. Yo le insistí en cual había sido el motivo de mi viaje, pero
en vista de sus insistencias acepte irme por carretera hasta España,
visitando rápidamente algunos lugares. Pero no sin antes lograr
que me ppometiera formalmente que nos veríamos en Cuba, para que
se pusiera en tratamiento.

Durante mis dias de estancia en Roma, acudieron a hablar
conmigo muchos religiosos, entre los cuales citaré los más importantes, ya que incluso algunos pertenecen al Consejo General:
Hno. Alfredo Torres, Hno. Carlos Mora, Hno. Jorge Bernal, el mismo
P. Rafael Arumí, Superior del Noviciado, el Hno. José Luis Parriga,
el Hno. Saúl Barrales, suplicándome encarecidamente que no me viniera de Europa sin traerme al P. Maciel, porque su estancia en la Casa de Roma era un positivo escándalo, pues a tal grado habían llegado las cosas que habían tenido que quitar las llantas a los
coches y esconder las llaves de encendido, porque el P. Maciel
mandaba a determinados religiosos por santa obediencia a que fueran a conseguirle las inyecciones y cuando se negaban él mismo en
persona iba. Tanto es así que en una ocasión quiso saltárseles
casi en pijama para ir a conseguir la droga. Me consta que el P.
Maciel incluso llegó en una ocasión a enviar al Hno. Félix Alarcón
de toda su confianza, desde Roma a España por avión con el objeto
de que le llevara algunas cajas de inyecciones y en otras ocasiones
él mismo hizo ese viaje pretextando asuntos económicos urgentes, pero en realidad para conseguir la tan necesaria droga. El Hno.
Saúl Barrales que en aquellos días atendió en ocasiones al P.
Maciel me dijo que hubo fechas en que calcula que se le adminis-
traron hasta cuarenta inyecciones en un mismo día.

Yo salí para España y para el P. Maciel salió también para
allá por avión, aunque me había ofrecido salir directamente para
la Habana para que le hicieran lo que él llama "bloqueos" para
evitar la inflamación del "verum montanum" de forma que pueda haber
la secreción normal del semen, cuando tuviera las dolencias.
Los Hnos. de Roma se pusieron muy contentos, porque ya en dos ocasiones habían tratado de llevarlo hasta el Aeropuerto y de allí mismo se les regresaba a la casa, pretextando graves cólicos.

A. R. U.

Escuela Apostólica del Sagrado Corazón
Veinte Baselli, Calle Rin No. 1 Tel. 06-445
Teléfono 22, B. A.

5.—

El dia 15 de Enero, llegué a nuestra Escuela Apostólica de
Ontaneda, Santander, y a mi llegada me informaron que el P. Maciel
estaba enfermo en un Hotel de Madrid. Llegaron también los dos
Hnos. que habían estado acompañándolo - el Hno. xxxxxxxxxxxxxxxxxxx
y el Hno. Neftalí Sánchez - y me dijeron que el P. estaba muy
mal y el P. xxxxxxxxxxxxxxxxxxx, que sin tener noticia del efecto
de las inyecciones, se las había estado consiguiendo, me insistió
en que era imprescindible traerlo hasta Cuba o Norteamérica para
someterlo a un tratamiento enérgico y radical.

El dia 16 salimos de Ontaneda para Madrid, encontrando al
P. Maciel en el estado que se puede suponer, puesto que había
logrado inyectarse tres o cuatro cajas de inyecciones que le habían traído de Salamanca. Estaba en verdad casi embrutecido en
un departamento del Hotel Plaza, uno de los más lujosos de Madrid.
Su misma hermana Blanca María Maciel que se encontraba en Madrid
y que se había dado del cuanta del lamentable estado en que se
encontraba, me suplicó encarecidamente que pusiera todo lo que estuviera de mi parte para curar al Padre, porque ese vicio de la
droga era una verguenza y la peor desgracia no solamente para el
Instituto, sino también para su misma familia. Optamos por internar-
le en un Sanatorio, pero como se negaron a proporcionarle las inyecciones que pedía, se escapó de él y se fué a otro que le convenía.

Uno de aquellos dias que no había logrado conseguir inyecciones, pidió un directorio telefónico y estuvo llamando a diversos
médicos para decirles que el P. "Luis Ferreira" estaba sumamente
grave de un cólico y que necesitaba esas inyecciones. Uno de
los Doctores accedió a proporcionárselas y entonces el P. Maciel
le dijo que le iba a mandar un muchacho para que le diera la receta. Pero yo pude darme cuenta a tiempo y obligué al muchacho
a entregarme la receta que todavía conservo en mi poder. En vista
de esta manera de proceder, me presenté ante él y le dije que,
al comprobar de manera tan palpable que mis esfuerzos por regene-
rarlo eran inútiles, yo me separaba del Instituto y regresaba a mi
Diócesis de Morelia. El P. Maciel lloró e hizo toda clase de pantomimas, para ver si le era posible retenerme, pero yo no cedí y
salí aquella misma noche por avión hacia México.

Al llegar a México, para evitar un escándalo entre los religiosos, manifesté que estaba muy cansado y que iba a salir inmediatamente para Michoacán, pero en realidad mi objetivo era dar la
impresión al P. Maciel de que de hecho yo iba a ver a mi Arzobispo
a exponerle el problema y quedarme definitivamente en la Diócesis.

Efectivamente, el dia 23 de Enero, que yo había salido para
Michoacán recibió el P. Faustino Pardo, Rector del Instituto Cumbres, una llamada del P. Maciel preguntando por mí. El P. Pardo
le comunicó que ya había salido para Morelia y que no había dicho

A.M.E.

Escuela Apostólica del Sagrado Corazón
Quinta Morelli. Calle Río No. 2. Tel. 86-348
Tlalpam 22. D. F.

6.-

el objeto de mi viaje. El P. Maciel le ordenó se comunicara lo antes posible conmigo y me dijera que, conforme a mis órdenes ese mismo día salía para la Habana y efectivamente así lo hizo.

Ya en la Habana me habló por teléfono, suplicándome que por ningún motivo fuera a hacer la "tontería" de hablar con el Sr. Arzobispo; que él me juraba y me prometía que se pondría en tratamiento todo el tiempo necesario para curarse. Entonces decidí yo regresar a Tlálpam, pero imponiendo al P. Maciel la obligación de que debería acompañarle un religioso que yo quisiera. Pero desgraciadamente a mi llegada a México ya había salido para la Habana el Hno. xxxxxx xxxxxx xxx, Hermano que se deja influenciar totalmente y hace lo que le manda el P. Maciel. A tal grado llegaron en esos días en búsqueda de la droga que tuvieron que salir de Cuba casi perseguidos por la policía.

Ambos llegaron a México de incógnito y estuvieron dos días sin anunciar su llegada. Pero al término de ese tiempo el P. Maciel desapareció del lado del Hno. xxxxxx y entonces éste acudió a mí preguntándome qué debía hacer. Hice una cita con él y allí me relató la Historia de todos aquellos días en Cuba. Le ordené que fuera al Instituto Cumbres y que sin duda alguna allí le llamaría el P. Maciel cuando le conviniera volver a aparecer. Así sucedió en efecto: el P. Maciel le llamó como a las ocho de la noche diciéndole que estaba muy grave en un Hotel y que fuera a atenderle, pero sin avisar a nadie. El Hno. xxxxx, sin embargo, me avisó donde se encontraba el Padre y allí me fui encontrando al Padre completamente bajo el efecto de la droga. Nuevamente volví a decirle que mi orden como Vicario General era que saliera a Estados Unidos para internarse. No necesito aclarar que en todo este tiempo me vi obligado (después de consultar el caso bajo el punto de vista canónico) a tratar al P. Maciel como a un enfermo inconsciente de sus actos y no como a mi Superior.

Para esa fecha había llegado a México el Hno. xxxxxxxx xx xx xxxxx y nos pusimos de acuerdo para que él fuera quien acompañara al P. Maciel a Estados Unidos, puesto que es uno de los Religiosos a quienes el P. Maciel más teme, ya que en diferentes ocasiones le ha planteado claramente el problema e incluso ha llegado a anunciar su separacion de la Obra y que iba a hablar a las autoridades eclesiásticas. También decidí que le acompañara el P. Rafael Cuena, otro religioso que en ese entonces estaba sumamente preocupado por conseguir la curación del P. Maciel ya que él había sido también complice para conseguirle las inyecciones en muchas ocasiones.

Una vez que compramos los boletos de avión para New York, regresamos al Hotel pero ya el P. Maciel había salido de allí. Se había hecho acompañar por el Hno. Federico Domínguez, con el que recorrió no menos de seis farmacias en busca sin duda alguna de la droga - aunque al hermano le decía que iba a conseguir unas pastillas y, que por ningún motivo fuera a decir nada al P. Ferreira - y había comprado unos boletos de avión para salir para Cotija, donde vive su familia. Cuando por fin logramos encontrarlo a media tarde

A. R. T.

Escuela-Apostólica del Sagrado Corazón
Tepic Jalisco, Calle Rio No. 2. Tel. 98-546
Tlálpam 22, D. F.

7.-

no hubo forma de convencerle que aceptara salir para E. Unidos y
lo único que logré fue imponerle que le acompañara a Guadalajara
el Hno. xxxxxxxxxxxxxxxxxxx y di instrucciones severas a este Hno.
para que desde Guadalajara lo devolviera a México y que tratara
de que no se aplicase ninguna inyección.

En Guadalajara, según me comunico el Hno. xxxxxxxxxxxxxxx
xxxx, comenzó a hacer sus acostumbradas pantomimas de dolores
insoportables para que el Hno. le administrase la droga, pero el
Hno. ateniéndose a las instrucciones recibidas se mantuvo firme.
Entonces el P. Maciel llamó en conferencia telefónica a su hermana
-- a Maciel que vive en Sahuayo, Mich., que fué a Guadalajara
consiguió las inyecciones. Entonces el P. Maciel trató en
sumamente humillante al H. xxxxxx , pero este hermano supo
con verdadero heroismo y logró por fin traerlo hasta Méxi-

Una vez en México se hospedó en el Hotel Rioja - en vez
a alguna de nuestras casas religiosas - y allí estuvo dos
dministrándose nuevamente las inyecciones hasta que logramos
e y llevarlo al aeropuerto para que emprendiera su viaje a
rk. En el mismo aeropuerto no fué posible evitar que pretex-
graves dolores y flujos ventrales se retirara al Gabinete
plicarse las inyecciones. Calculo que fueron seis las que se
mientras esperabamos la salida del avión.

Al fin, acompañado por el P. Cuena y el Hno. xxxxxxxxxxxxxxx
logramos que saliera para New York, demostrando en el trayec-
gún informe de dichos hermanos la locuacidad y brillantez
propias del estado subsiguiente a la aplicación de la droga.

En New York esperaba el Dr. Ramón Suárez que se encontraba
ciendo estudios y que había arreglado ya un sanatorio para
r al P. Maciel. Pero en dicho Sanatorio no quisieron admi-
su llegada por no tener enfermos de ese tipo. Entonces
a de conseguir otro sanatorio, pero antes de conseguir in-
el P. Maciel se escapó un día completo, encontrandolo por
ía del Dr. Suárez en los barrios bajos de New York, donde
íco de estupefacientes.

Lograron por fin internarlo en un Sanatorio para enfermos
de su clase, cosa que enfureció sobremanera al Padre, porque decía a sus acompañantes que le estaban tratando como a un "perdido".
En el Sanatorio dijeron los médicos que necesitaría un tratamiento
enérgico que no debía durar menos de unos tres a seis meses. Pero
con la buena alimentación y la medicación adecuada, el P. Maciel
mejoró aparentemente en ocho días y, a pesar de la rotunda negativa
de los Doctores, logró convencer al P. Cuena y al H. Carlos para
que lo sacaran de aquel "lugar infame" y le llevaran a Cuba para
que nuevamente volvieran a hacerle los "bloqueos".

A. R. C.

Escuela Apostólica del Sagrado Corazón:
Quinta Pacelli, Calle Río No. 2, Col. 26-345
Tlilpan 22, D. F.

8.-

El Hno. xxxxxxxxxxxxxxxxxx puedo informarse en New York de
un gran Dr. Urólogo (por cierto judio) que examinó al P. Maciel
el cual le dijo en ingles (idioma que no conoce el P. Maciel) que
la ano mayor parte de los cólicos del Padre eran simulados y que
los extremos de dolor que hacía era con el objeto de mover a qué
se le administrase la droga. El Hno. Carlos así me lo comunicó
a su llegada.

Después de esta estancia en New York, volvió a las andadas.
Ocho dias bastaron para que quebrantase sus porpósitos, si es que
no lo había hecho antes. En vista de ello, el mismo P. Cuena sugirió que se llamase al hermano mayor del P. Maciel, Francisco Maciel,
bien para lograr nuestro plan de internarlo o al menos para que le
obligase a obedecer. El Sr. Maciel fué a hablar con su hermano a
Cuernavaca, donde entonces se encontraba, y le trató con mucha dureza. A tal grado que le dijo que todo lo que le estaba ocurriendo
era un castigo de Dios por su soberbia, puesto que todo lo hacía
consistir en exterioridades y en demasiado subir a los ojos de los
hombres, pero que había muy poca vida interior. Esto fué una gran
humillación para el P. Maciel que desde aquel momento no quería
que se le presentasen ni el P. Cuena ni el Hno. xxxxxx, a quienes
atribuía la actitud de su hermano xxxxxxxxx.

Al menos lograron conseguir que se fuera unos dias a descansar a Cotija - el dijo que iba a estar los meses que fuera necesario, pero como en ocasiones anteriores no era sincero - . Exactamente estuvo allí cuatro dias y durante ellos se negó a comer y
se la pasó, segun testimonio de sus familiares, llorando y recluido
en una habitación escribiendo cartas. En una de esas cartas dirigida a mí, me decía que tomara inmediatamente las riendas como
Superior General y a los dos dias me llegó otra diciéndome que creía
más conveniente, para evitar el descobcierto entre los religiosos,
ir el personalmente a Roma para preparar el terreno. Mandó también
un propio con unas cartas para los Religiosos del Instituto Cumbres
y una bastante voluminosa para el Superior de Roma, P. Antonio Lagoa,
suplicándole la leyera a cada una de las Comunidades. En esa carta
hacía una relación amplia de toda la actuación de el durante estos
quince años, tratando de demostrar que todo lo que estaba haciendo
y había hecho no era más que para la Gloria de Dios y bien del Instituto y exponiendo las cosas de tal manera que daba la impresión
por todo el contexto de que se separaba de la Obra. Sin embargo,
terminaba la carta con una frase ambigua que decía más o menos:
"les suplico a todos que me perdonen si les he causado algún mal ejemplo".
Esta carta dí orden al P. Pardo, rector del Instituto Cumbres que
no la dejara pasar, porque ciertamente hubiera inquietado y desorientado a algunos de los religiosos más jóvenes, aunque tengo entendido que el P. Maciel mandó por otro conducto ésta misma carta escrita a máquina.

Para evitar que realizara su propósito de salir para Roma,
ordené que le escondieran el pasaporte. Pero esto no le preocupó
lo más mínimo: salió para México a donde llegó de incógnito y en
pocas horas consiguió un nuevo pasaporte y la visa italiana. Al darme yo cuenta de que se encontraba en México, le mandé decir que

A. M. D.
Escuela Apostólica del Sagrado Corazón
Quinta Pacelli. Calle Pío No. 2. Col. 08-548.
Tlalpan 22, D. F.

9.-

era urgente que se presentara en la Escuela Apostólica, porque
yo salía inmediatamente para reintegrarme a mi Diócesis. Incluso
empaqueté algunos de mis libros para hacerle ver que en realidad así lo iba a hacer. Esto le obligó a venir en la noche: aproveche la ocasión para hacerle ver una vez más que estaba deshacien-
do con la mano izquierda lo que hacía con la derecha y que llevaba un camino completamente torcido, que sería la ruina de la Obra.
El respondió que veía claro lo que yo le advertía y que iba a Roma
para convocar el Consejo General y que se sometería a lo que este
dispusiera.

Nueva falsedad, porque llegado a Roma siguieron las cosas
en el mismo estado, según me informó el P. Rafael Arumí. Ni tomó
ninguna providencia para reunir el Consejo, ni se vio que tomara
lo más mínimo en cuenta todo lo que había prometido.

En virtud de que no se veía ninguna solución al problema fundamental, le escribí a Roma, diciéndole que ordenase quién
tenía que venir a hacerse cargo de la Escuela Apostólica, porque
yo definitivamente me separaba de la Obra. Sin embargo, el Excmo.
Sr. Arzobispo de Morelia, a quien consulté por esas fechas me recomendaba que por ningún motivo saliera, puesto que ello significaría la desviación total de la Obra sin que hubiera quien
opusiera un dique salvador. De esa misma opinión era el Excmo.
Sr. Arzobispo de Yucatán, Fernando Ruiz Solórzano, a quien acudí
en demanda de consejo. Incluso este segundo Prelado que siempre
ha demostrado un gran cariño por la Obra me dijo que él personalmente iba a tratar de convencer al P. Maciel de que se curara,
pero el P. Maciel rehuyó siempre ponerse en contacto con él, aunque
por algún tiempo coincidieron en la ciudad de México.

El P. Maciel, presionado por las noticias mías, vino por
fin nuevamente a México. Todos los Padres representativos en las
casas Religiosas de aquí estábamos de acuerdo en que era necesario que el P. Maciel se recluyera en un Sanatorio hasta su total
curación e incluso en que renunciara al Generalato si esto era
necesario. Sin embargo, el P. Maciel a su llegada no quiso que se
le tratara ningún asunto y se fué a Cuernavaca a tomarse unos
días de descanso. No sin que antes brevemente yo le dijera que
solamente había estado esperando su llegada para despedirme de el,
pues no podía seguir colaborando a la deformación de tantos religiosos y engañándolos con criterios tan torcidos. Además de que
era para mí algo repugnante seguir obedeciendo a un Superior en
ese estado. El recibió esto con aparente humildad, suplicándome
que no le abandonara en el momento más difícil de su vida. Sin
embargo, no cedí y únicamente le pedí el dinero necesario para ir a
consultar al Excmo. Sr. Arzobispo de Yucatán, cosa que con gusto
me concedió. El Sr. Ruiz Solórzano me dijo que seguía pensando
que era necesario que yo siguiera en la Obra no solamente para
evitar en lo posible la deformación de los religiosos, sino también
para conjurar el escándalo que supondría para los bienhechores
mi separación de la Obra. Además el P. Maciel era muy conocido en
determinados círculos sociales de México y había que pensar muy

449

bien lo que convenía hacer antes de dar un paso.

A mi regreso de Yucatán, ya el P. Maciel había salido
con dos religiosos a Cuernavaca y dejó oredenado a otro de los
Religiosos de la Escuela Apostólica que me llevara a hablar con
él a primera hora del día siguiente. Yo no acepté presentarme
ante él, mandándole decir que ya nuestro asunto estaba suficientemente tratado y resuelto. Con todo esto estaba yo tratando, como
me lo aconsejaban los Prelados, de conseguir convencer ante la
inminencia de mi separación que el P. Maciel se decidiera por fin
a internarse en un Sanatorio. Por el contrario, el P. Maciel comenzó a llamar a Cuernavaca a los religiosos mas destacados y trató
de convencerles de que yo estaba atacado de un súbito histerismo
y que estaba actuando contra las mas elementales reglas de la prudencia. Por otra parte trató de convencer a los religiosos de que
se había realizado en él un "milagro" y que ya en adelante no sen-
tiría mas la necesidad de las inyecciones. Alentado por los buenos
resultados que estaba obteniendo por estos medios y por los ya
habituales en él del halago y la adulación, proyectó estar dos
días mas en Cuernavaca y salir inmediatamente para Venezuela.
Sin embargo, el P. Faustino Pardo, que conocía por mí el verdadero
estado de la cuestión, logró convencerle de que viniera a hablar
conmigo si es que no quería que se desencadenase el escandalo de
mi salida. Así se vió obligado a hacerlo el Domingo día 17 de Junio,
suplicándome una vez mas con lágrimas que no le dejara solo en el
momento mas difícil. En realidad yo había estado demostrándole mi
deseo de salvarle hasta el último momento, pero el quería seguir
su camino y todas sus promesas y juramentos no eran mas que nuevas falsedades para seguirme teniendo asu lado y sobre todo para
que yo, en un momento determinado, no fuera a hablar...

Después de la tormentosa sesión de la noche del 17 de Junio,
salí en la mañana con ánimo de pedir mi dispensa de votos. Sin embargo el Ilmo. Mons. Gregorio Araiza, Protonotario Apostólico, y
gran amigo del P. Maciel a quien acudí para que me redactara la
solicitud de dispensa de votos, no quiso de ninguna manera hacérme-
la y me dijo que mi salida sería el fracaso de la Obra del P. Maciel.
Que cuando menos el sugería una solución media: que puesto que el
P. Maciel prometía someterse al tratamiento y poner remedio a todos los otros puntos del problema y dedicarse a una mayor vida interior, yo me retirase durante tres meses a Michoacán sin pedir
la dispensa de votos y que, si en efecto el P. Maciel cumplía finalmente sus promesas, yo regresaría sin mas trámites a la Congregación. En principio acepté este plan, pero madurándolo dentro de
mi ví que a mi regreso a la Escuela Apostólica, después de tres meses de ausencia, probablemente el P. Maciel - de cuya astucia y
falsedad ya tenía triste evidencia - habría logrado apoderarse
de las conciencias de los nuevos Superiores, siendo entonces el
mal mucho mas difícil de remediar. Opté, pues, por esperar los tres
meses dentro de la Escuela Apostólica, para ver la evolución de los
acontecimientos. El P. Maciel se mostró encantado de mi determina-

A. R. C.

Escuela Apostólica del Sagrado Corazón
Quinta Pacelli, Calle Río No. 2. Col. 03-345
Tlálpam 22. D. F.

11.-

ción, aunque yo le hice ver claramente que mi permanencia en la O-
bra estaba totalmente condicionada a que cumpliera su promesa de
curarse y de remediar todos los malos ejemplos que estaba dando
a los religiosos. Así me lo volvió a prometer solemnemente. Sin
embargo, ya aquel mismo día pude comprobar que no debía hacerme i-
lusiones; al salir de la conversación que tuvo conmigo comunico
al P. Pardo y a una bienhechora de nombre Trinidad Gómez, que
el P. Ferreira por fin se había humillado y había reconocido su
error. Al día siguiente dijo al Hno. Federico Domínguez que el
no pensaba variar una sola tilde de su manera de proceder y que
si alguien se había hecho alguna ilusión en este sentido lo mejor
que podría hacer es abandonar la Obra. Noté además que había prohibido a los religiosos de las casas de México que se comunicaran lo
mas mínimo conmigo para tratar el asunto de su enfermedad. Incluso en un caso - el del Hno. Francisco Orozco Ypez -llegó a prohibirle por Santa Obediencia que se comunicara conmigo. Todo esto
en los días siguientes a haberme prometido y jurado que a todo
se pondría remedio. De todo lo cual deduje que todo era una farsa
y que, en el fondo, el P. Maciel no estaba dispuesto a abstenerse
de sus torcidas maneras de proceder.

En vista de ello, yo he persistido en la idea de abandonar el Instituto, aunque era sumamente difícil para mí informar a
las autoridades eclesiásticas de las graves razones que a ello
me movían. Pero al haber recibido el citatorio de V.Excia. relacionado con algunas acusaciones de personas extrínsecas al Instituto y al haber sido obligado en conciencia a exponer a V.E. todo
el desarrollo de esta triste historia, con profunda pena por una
parte, pero con el sentimiento de cumplir un deber demasiado tiempo aplazado, he procurado dar una idea general, quizás no suficientemente bien hilada, pero siempre veraz de los hechos mas salientes
de este problema. Hechos por los que V.E. podrá ver que de mi parte he procurado poner todos los medios necesarios para tratar
de resolver estos graves problemas en el seno mismo de la Congregación para evitar el escándalo de los religiosos y de tantas
otras personas que conocen y estiman la Obra.

A pesar de que este informe ha resultado excesivamente
largo y fatigoso, no quiero dejar de incluir en el aunque sea
someramente, algunos aspectos generales en que desgraciadamente
se puede ver también la deformación de consciencia de que está
siendo víctima el tantas veces aludido P. Maciel.

Espíritu de mendacidad: he podido comprobar que para
conseguir la ayuda de los bienhechores, da por realidades lo que
no existe más que en su imaginación. Según le conviene abulta
o deforma los hechos con la mayor naturalidad. En cierta ocasión
pude darme cuenta como fue a tratarle un problema a un Excmo.
Sr. Obispo con doblez y falsía. Le hice ver que ese no era el
camino que Dios quería... desde entonces ha sido muy cauto en
la veracidad de las informaciones que hasta mí traía.

A. M. D.

Escuela Apostólica del Sagrado Corazón

Quinta Pacelli, Calle Río No. 2. Tel. 08-545
Tlálpam 22, D. F.

12.-
En cuanto a su vida interior, ya desde el principio de mi
entrada en la Congregación, aunque fervorosa, no me parecía nada
extraordinaria, sobre todo teniendo en cuenta lo que debe ser la
vida de un Fundador. Pero pronto pude ir dándome cuenta de profundas
fallas que no ha tratado nunca de corregir. Desde hace diez años
se exime del rezo del breviario, porque según dice, el Excmo. Sr.
González Arias, Obispo de Cuernavaca, le dijo que cuando se encontra-
ra fatigado o con mucho trabajo podría conmutar el breviario por
el rezo de tres rosarios. Habiéndole yo hecho caer en la cuenta d e
que, aun suponiendo que hubiera sido válida esa conmutación por tiempo indefinido, era evidente que cesaba con la muerte del otorgante,
no por eso cambió de opinión y ha seguido sin rezarlo, a pesar de
que el Sr. González Arias murió hace unos nueve años. En cuanto
haya tenido una indisposición durante la noche, ya no celebra la
Santa Misa, aunque después salga a trabajar intensamente. Sin embargo siempre hace creer a los religiosos que celebra, simulando hacerlo muy temprano o ir a casa de algún bienhechor a hacerlo. Tampoco
me consta que nunca haya hecho los ejercicios espirituales, al menos
bajo la dirección de algún sacerdote. A veces me decía que iba a
hacer Ejercicios, pero luego me enteraba de que estaba realizando
otras actividades que considero incompatibles con ellos. Al llamarle
yo alguna vez la atención de que no se le veía hacer su oración, me
dijo que lo más importante era la caridad y que como él procuraba
hacer todas las cosas impregnadas de ese espíritu en realidad toda su vida era oración.

En cuanto a la pobreza, es notorio que busca siempre lo más
confortable y cómodo. Las comidas más exquisitas. Incluso indicó
al Hno. Jesús Villanueva, religioso de esta Escuela Apostólica que
no venía con mayor frecuencia aquí, porque no se le tenían preparadas los alimentos que él debía tomar, a pesar de que nos esforzá-
bamos en satisfacerle todos sus gustos. Ya desde la mañanita movili-
zaba a uno o dos hermanos para que le prepararan agua caliente para
bañarse y para afeitarse. Es también notorio su espíritu de dispen-
dio. Con toda facilidad pone conferencias telefónicas intercontinen-
tales para asuntos no suficientemente urgentes y viaja siempre en
primera clase de avión, aun cuando su acompañante vaya en turista .
Los Hoteles donde se hospeda y los Restaurantes donde toma sus alimentos son los considerados como mejores en las poblaciones por donde pasa.

Y creo que a grandes rasgos está expuesta aquí la silueta
espiritual del P. Maciel. Quiera Dios Nuestro Señor abrir sus ojos
para que vea el abismo a donde con su ejemplo va a precipitar a
tantos excelentes y selectos muchachos y jóvenes que han venido
a la Congregación con el deseo de servir al Señor y luchar por el
Reinado de Jesucristo en la tierra.

A. R. C.

Escuela Apostólica del Sagrado Corazón
Quinta Pacelli, Calle Río No. 2. Tel. 05-546
Tlálpam 22, D. F.

Reiterando mi juramento de haber dicho la verdad, toda la verdad y sólo la verdad en todo lo que antecede, y reafirmando que la mayor parte de los Religiosos no están todavía imbuidos de ese espíritu torcido que anima al P. Maciel, suplicando a las autoridades eclesiásticas a cuyas manos vaya a llegar este informe que salven de la ruina y la deformación a esta Obra que tan profundamente he amado y en la que he gastado con tanto gusto mis pobres energías sacerdotales, quedo de V.Excia. adcmo. s. s. en Jesucristo que con todo respeto besa su anillo pastoral,

LUIS FERREIRA CORREA L.C.

MADRID, 20 de Marzo de 1957

R.P. Luis Ferreira
Apostólica del S.Corazón
MEXICO, D. F.

— — — — — — — — — — —

Carísimo en Xto.P. Ferreira:

Deseo referirme a su última carta. Para mayor claridad me ha parecido conveniente transcribir primero algunos párrafos de la misma....
        " Entienda V.R. ó por lo menos yo así lo he entendido, que el campo de la economía queda en sus manos para sacar a la Legión de estos tremendos aprietos en que se encuentra, pués juzgo que de no dar una solución rápida y eficaz no tardará en enterarse la S.Sede de estas fuertes drogas y creo que procederá con suma dureza como la experiencia lo enseña en otras ocasiones".

        " A esto obedecía mi llamada telefónica, porque veo que solamente V.R. podrá dar esta solución y es quien debe tener bien ordenado todo para dar fiel cumplimiento a los compromisos; por eso en esta ocasión, una vez más, le comunico que dado que el Visitador ha comisionado y yo este asunto económico, procure de la manera más satisfactoria resolverlo; nadie mejor que V.R. conoce que para mí es absolutamente imposible, por eso ponga V.R. en movimiento todo lo que sea necesario.."

        " De mi parte puede decir al Visitador que por escrito le he permitido y que no tengo ninguna dificultad de que incluso marche a Roma si él lo juzga también prudente para arreglar esos asuntos ".

De lo expuesto por V.R. en los párrafos anteriormente citados yo saco dos ideas:
                Ia.— Que hay una crisis económica grave y tal cantidad de deudas, que si la Santa Sede se entera vendrá el caos. No creo que se ajuste a la realidad este juicio porque el problema planteado en la obra de la Iglesia de Guadalupe es el siguiente: Cuando tenía facultades para ello concreté un acuerdo con la empresa Castelli por el cual ella iría trabajando en la construcción de la Iglesia a un ritmo tal que el valor de la obra realizada hasta el 3I de enero no pasase de treinta millones de liras; la Empresa por su parte, sin previa consulta ni aviso, aceleró el ritmo y elevó el costo de la construcción sobre lo acordado, hasta veintitrés millones de liras más.

Naturalmente esto nos tomó de sorpresa a todos; no se pudie-

Marcial Maciel manifiesta sus discrepancias a Luis Ferreira. Madrid, 20 de marzo de 1957.
Archivo Luis Ferreira Correa.

- ron pagar las facturas presentadas a cobro por la cifra excedente y la Empresa, de manera poco correcta, amenazó con la acción judicial.

A mi juicio este problema no amerita el pensar que hay "un caos económico" y que la Santa Sede va a proceder,..Etc. ; pués considero que presentado el problema al R.P. Visitador sin desorbitarlo, se podrá ver como una incidencia muy natural cuanto ha ocurrido.

Por otra parte ya sabe V.R. que el conseguir cuarenta mil Dlls. en América para resolver ese pequeño bache, ya fuesen regalados o con alguna combinación, no sería problema que llevase mucho tiempo .

Por lo que ve al estado general de la situación económica del Instituto hasta el momento de la suspensión de las facultades mi cargo, yo presenté a la Santa Sede un estado de cuentas procurando ajustarme en cuanto me fue posible a los términos más exactos.

Así pués, los Superiores conocen el haber del Instituto y su deber en relación con Ontaneda y Salamanca, y el Cumbres. Y estoy seguro de que lógicamente no podrá preocuparles su estado.

Aunque, dada la juventud del Instituto, otra cosa es ya la economía de los gastos ordinarios para las Casas de formación. Para no caer en situaciones graves a mi juicio, esa economía exige no solo una acción administrativa, sino un esfuerzo continuo, ágil y abnegado de parte de quien tenga la responsabilidad del gobierno general.

2a. - La segunda idea que he encontrado y me queda clara es : que yo tengo el encargo de trabajar en la economía.- Y no dude V.R. que desde el primer mómento he aceptado sin discusión, con interés y cariño este mandato de mis Superiores légitimos.

Desearía haber evitado el "deficit" que está teniendo Tlalpan y Ontaneda cada mes; desearía haber podido terminar la obra de Salamanca para el próximo agosto, pero V.R. sabe mejor que nadie por qué estoy en estas condiciones que

Y ahora, con toda la estima y el respeto que V.R. me merece como cristiano y Sacerdote, me permito expresarle lo siguiente. Ya V.R. conoce clara y profundamente cuanto se ha provocado en contra de mi persona; conoce la trama de difamación llevada contra mí ante seglares y eclesiásticos, ante propios y extraños.

Todo ello me ha causado una pena mortal; pero mi Señor Jesucristo me ha ayudado dandome fuerza para aceptar, llevar la nueva cruz sin lamentaciones ni comedias. Sé que si El no lo ha querido, por lo menos lo ha permitido. Y por asemejarme más a El en todas las vejaciones sufridas, lo alabo desde el fondo de mi alma y beso con amor la mano de cuantos me han herido y me hieren.

Pero ahora, R.P. Ferreira, hay algo que viene a colmar el cáliz. Tengo noticias de que V.R. ha comenzado a lamentarse con Eclesiásticos y con "alguna persona seglar" del mal espíritu de nuestros Religiosos. Ellos son para mí la fibra más delicada de mi alma. Algo que soy todo yo, y que no soy yo mismo, porque en honor de la verdad ellos son dignos, nobles y santos... "Ubi charitas et amor Deus ibi est".

No puedo hacer más que suplicarle de rodillas que no mate ni merme su fama y buen nombre. Concédamelo P. Ferreira; en cambio yo me ofrezco sin reserva para que siga cortando o poniendo cuanto quiera. Dios sabe que mi ofrecimiento por ellos es plenamente sincero.

Quizá la madurez espiritual de algunos no responda lo bien que sería de desear en estas circunstancias; pero no son todos, Padre, y quizá sus flaquezas obedezcan más que a malicia o falta de espíritu, a un momento pasajero de excitación psicológica. ¿No nos ocurre a todos el impacientarnos en algunas ocasiones aún sin quererlo y repugnándonos?

Sobre esto nada más por ahora, R.P. Ferreira; si en algo le molestan o mortifican estas lineas le ruego me perdone y vea en ellas mi único e invariable propósito de que estos Religiosos tengan toda su buena fama para que puedan rendir más a la Gloria de Dios y al Reino de Cristo.

no me permiten actuar en la medida de las necesidades y mis
deseos, y tener la eficacia que todos deseamos y las circunstancias parecen exigir.

Sin embargo, como indiqué en al
guna de mis cartas a V.R. ,si se quiere proceder a un sanea-
miento rápido,tanto de lo que se debe como del deficit que es
tá surgiendo para el sostenimiento de las casas de formación,
bastaría con vender Salamanca u Ontaneda.

Siguiendo el orden de su carta
transcribo ahora el párrafo relacionado con el espíritu de los
Religiosos:

" No deje de encomendar a los Religiosos que están desgraciadamente revelando una nulidad en su espíritu religioso; creo que en este campo puede V. R. influir eficazmen
te para que ,por caridad, con su conducta no destruyan la O--
bra; ya que por el camino que han seguido el fracaso se impone, y por Dios y por V.R. debieran tener otra conducta".

A esto contesto: 1º Que la-
mento con V.R. esa desintegración tan rápida del buen espíritu
religioso que con tanto sacrificio se había logrado y mantenido a lo largo de 16 años; desintegración que espero no sea general y no responda a un estado objetivo y permanente, sino a
impresiones circunstanciales y pasajeras.

2º Que mis oraciones todas y
mis sacrificios, aunque pobres, los uno a los de Cristo y los
ofrezco a Dios N.S. para que los Religiosos que están en el
buen camino perseveren en él, y los desorientados comprendan
que donde no hay una sincera humildad y una verdadera caridad
no puede encontrarse la paz, sino la desazón, la suspicacia y
la constante amargura.

3º Que yo no veo otra manera
de ayudar a nuestros Religiosos para la conservación de su es
píritu que con oraciones; ya que como V.R. sabe tengo prohibi
do comunicarme con ellos.

457

Ya voy a terminar ,R.P. Ferreira; solo quiero antes transcribir y contestar el último párrafo de su carta ;

" Espero tener noticias de V.R., pues me ha preguntado el Visitador de su paradero y no sé informar".

Desde finales de Enero que salí de México escribí a V.R., primero de la Habana, después de Africa, luego de Málaga y Madrid, y le fuí comunicando las novedades que en mi concepto podían tener algún interés.

También al R.P. Visitador le escribí de la Habana y posteriormente le he escrito de aquí en dos ocasiones más. - Por esta causa no comprendo cuál sea el significado exacto de su idea, y le suplicaría me lo comunicase, en la seguridad de que conocido he de seguirlo.

Hoy recibí el cable donde me notifica la muerte de Don Guillermo Barroso; la Legión ha perdido a uno de sus más eficaces defensores y amigos. Estoy seguro de que Jesús le habrá recibido ya para siempre en la morada de su Dulcísimo Corazón.

Con saludos para V.R. y demás Religiosos me repito afcmo. e ínfimo S.S. en Xto.,

Marcial Maciel
L.C.

Ontaneda 24 de Abril de 1957.

R.P.
Luis Ferreira L.C.
México.

Carísimo en Jesucristo:

¡Quizá después de algún tiempo no
me sea posible poder escribirle! Por esta causa le envio estas letras.
Ellas no tienen carácter oficial. Son de un Sacerdote para otro Sacer
dote. De la auténtica verdad de su contenido solamente Dios, Ud. y yo,
podemos estar seguros.

a) El Padre Maciel no ha sido y no es un morfinómano. Lo que Ud. ha propagado es una calumnia.

b) El P. Maciel no es ese monstruo que Ud. ha dibu
jado; las últimas acusaciones que Ud. ha hecho en materia tan delicada son también una calumnia.

c) A mí no me toca juzgar las intenciones verdade-
ras que le han guiado por este camino. Es Dios quien todo lo conoce a
quien le corresponde este derecho, Ud. y yo estamos en sus manos.

d) Las consecuencias de su actuación no podrán ser
más dolorosas para la Iglesia, para el Sacerdocio Católico y para las
almas. Quizá aún Ud. no vea hasta dónde es posible llegar; pero no pasará mucho tiempo sin que lo pueda palpar.

Correspondencia de Marcial Maciel a Luis Ferreira. Ontaneda, 24 de abril de 1957.
Archivo Luis Ferreira Correa.

f) Ud. no debe temer que yo descubra sus inmensas miserias sacerdotales y humanas. No puedo hacerlo porque soy cristiano. Porque tengo que "amar a mis enemigos y hacer bien a los que me persiguen y hacen mal".

g) La Legión es una Obra de Dios. Todas estas pruebas la reducirán al fracaso aparente, pero Ella no puede morir. Un día saldrá de sus catacumbas para proclamar la verdad y continuar su lucha por el Reino de Cristo, en la paz, en la justicia y en el amor.-

Para terminar, le ruego conserve estas líneas, para que pueda leerlas, cuando todo haya ocurrido y la marea de las pasiones haya descendido.

De V.R. afmo. hermano en Xto.

Marcial Maciel L.C.
Sup. Gen.

M.R.P.
Marcial Maciel
Madrid,España.

Recordado P.Maciel:
                Enterado de la determinacion de V.R.me pre-
mito contestarley decirleque proceda de la manera que su conciensia le dicte pues yo tengo ya todo arreglado; solo me permito---
decirle que tenga en cuenta su historial que es largo y desgraciadmente no el de un Santo Fundador,pues en lugar de dar el buen ejem
plo a sus subditos con la dosilidad y sumision a las ordenes de lo
Superiores les ha comunicado con todo reveldia y falta de espirito
religioso.
                Podia haberse probado con sensilles todo lo q
V.R.en conciensia crea falso y reconoser lo que en realidad sean-
hechos claros y conocidos por todos y esto habria sido el argument
mas poderoso en su favor,pero desgraciadamente se ha preferido ser
pimero martir que confesor y boque es peor se ha escogido el medio
mas torpe para defenderse el espionaje y lo que es peor emplear a
los mismos religiosos para poderse haser del documento de que habl
en su carta,
                Creo que de husar ese medio seré el que menos
salga perdiendo porque tenhhechos concretos que sitarle al Santo--
Oficio y si en mi es una falta tan in perdonable creo que en un Fu
dador no tiene calificativo y por lo menos se nos tendran que apli
car los mismos cánones.
                Respecto a la renuncia de los votos ciertamen
te que no he esperado tan autorizado cocejo pues hase algun tiempo
que he pedado y buelto a suplicar y con el favor de Dios espero no
tarde mucho en tenerlo en mis manos,pues he acudido a quien tego
que hacerlo pues nunca he creido que el Sulerior tenga que enterar

Marcial Maciel y Luis Ferreira, camino a la ruptura, 1 de septiembre de 1957.
Archivo Luis Ferreira Correa.

461

de lo que hbe a los subditos y mucho menos balerse de ellos para cosas tan delicadas.   Sin duda que todo esto habrá molestado mucho a V.R. porque nos hemos puesto enem- el peor de los planos y creo desgraciadmente que es ela que nos ba a llebar a la peor de las soluciones y a la ruina de nuestro sacerdocio y al fracaso de tantes vocaciones.

Por todo lo que esta pasando y lo que pasará una y - mil veses me arrepiento de haberme metido a colavorar y a ser por tanto-tiempotambien tapadera de tantas cosas y que recordara V.R. que repetid veses me quise separar presisamente por eso y V.R. me prometia poner el remedio y desgraciadamente nunca se puso,hasta que las cosas llegaron al colmo y recordará que los mismos religiosos que hora selavan las manos - fueron los que me llamaron a Roma para poner el remedioen todos aquellos- escandalos que eyoSy V.R.recuerda se repitieron en Madrid en Megićoy en E.U.de A.   Todo esto es poco y puedo sitarle casos de chicos que se aßartaron del Instituto por escandalisados en todos sentidos y lo que mas me desconcierta es que los que en conciencia me exigianque se pusher remedio como Cuena ,el P.Pardo ,los Isla, ets.son ahora los que como le decia antes ahora se labam las manos y han culpado de esto al que menos- culpa he tenido como puede declararlo el Sr.Arzobispo de Yucatan.

Solo le digo que si seguimos en este plan le prometo que les hablare claro a todos los saserdotes de la Legion para que se den cuenta de loque en realidad defiende la Santa Sede y que ya no sigan cri ticando engañados por un falso pietismo y sensacionalismo que facilmente arastra la imaginacion de los jovenes sin esperiencia.

Ya termino y le suplico una oracion para que N.S.apla que estas paciones que son las que en estos momentos nos estan haciendo- hablar y decir las cosas con toda la crudeza y desgraciadamente esto no-- dara la solucion mas satisfactoria.

Con mucho mas que desir me despido pero ya estoy cansa y confio en que sea la última ves que tenga que hablar de este tema y en este tono tan desagradable

«R.P. Luis Ferreira, L.C.

»Bajo juramento delante de Dios N.S. por el buen nombre del sacerdocio que representa, por el bien de las almas y de la Iglesia, le prometo nunca hacer uso del conocimiento del problema que V.R. y yo conocemos.

»Morelia, 5 de noviembre de 1957.

»Marcial Maciel, L.C.»

Transcripción de la nota que envía Marcial Maciel a Luis Ferreira, respecto de la llegada a México del padre visitador Polidoro van Vlierberghe, 5 de noviembre de 1957. Archivo Luis Ferreira Correa.

«Contesto que es cierto.

»No puedo decir que el acto haya sido sodomítico en sentido extricto. Pero sí le amonesté de esos tocamientos torpes y traté de separarme y me prometió que pondría remedio a todo porque no se daba cuenta por estar tan enfermo.

»Creo que sí son algunos, pero no puedo afirmar que el P. Cuena, Alarcón, Andrés G., Neftalí S. hayan sido víctimas de este acto. Solo puedo afirmar que ellos conseguían a como diera lugar las ampolletas. Respecto a Valencia creo que fue J. Luis Ojeda y no Valencia, de Farfán no lo recuerdo bien el hecho es que cuando el decía estar enfermo lo tenía con él.

»Esto es afirmativo.

»Muy cierto.

»Luis Ferreira C.»

Borrador de la respuesta de Luis Ferreira al padre visitador Polidoro van Vlierberghe, que nunca fue enviado. Archivo Luis Ferreira Correa.

St. Christopher's Rectory
11 GALE AVENUE
BALDWIN, NEW YORK 11510

Octubre 20, 1976.

R. P. Marcial Maciel, L.C.,
Superior General de los
Legionarios de Cristo,
Via Aurelia Nuova, 677,
Roma, Italia.

Muy estimado en Cristo Padre Maciel:

* 1-   Comenzaré esta carta, dándole las más sinceras gracias por haberme mandado fotocopia de mi Indulto de secu
larización y por la carta a ella adjunta. Debo notificar
le, unicamente, que esto no lo recibí sino hasta la sema
2-   na pasada, exactamente el 12 de Octubre. Veo que su carta fue depositada en el correo vaticano el 26 de Agosto,
pero ésta fue franqueada con tarifa ordinaria, por lo --
cual, vino por barco, llegándome muy deteriorada (semi--
rasgada y con señales de haberse mojado). Es por este re
traso, por lo cual no había acusado recibo.

3-   He demorado estos ocho días más en contestarle, de
bido a que he querido darme tiempo para orar y meditar,
por un tiempo prudencial, sobre la forma y contenido de
ésta, a fin de escribirla con el mayor comedimiento y --
respeto posibles.

4-   De ninguna manera hubíera querido yo que llegara
el momento de tener que enviarle este escrito. (Cuando -
en Diciembre de 1962 le escribí aquellas páginas, en las
que con datos concretos le pedía, en nombre de Dios y -
por la tranquilidad de las consciencias de tántos de nosotros, una explicación a las contradicciones morales de
la vida de usted, su respuesta fue al mandarme a Ontaneda, a sólo mes y días de la fecha en que íba a recibir
5-   mi ordenación sacerdotal/-yo mismo le redacté el documen
to pertinente para la Congr. de Religiosos, y conservo
copia del mismo-/ y su respuesta fue, además, el retraso
indefinido de mi ordenación por espacio de seis dolorosos
años.

6-   Aunque ahora, poco o ningun daño pueda ya causarme,
después del increible y gravísimo mal que usted nos causó
a tántos, no son mis deseos, Padre, sino usted mismo con
su carta, quien me ha obligado a redactarle la presente.
7-   Lo hago delante de Dios y poniendo la esperanza en El, de
que, al fin y para siempre, usted, Padre, corrija las

Juan José Vaca pide a Marcial Maciel las dimisorias (salida) de la congregación
de Los Legionarios de Cristo. Expone los abusos y adicciones del fundador,
20 de octubre de 1976. Archivo Juan José Vaca.

P. Marcial Maciel, L.C.   Octubre 20, 1976. (Pg.2)

8-
9-
10-

contradicciones aberrantes de su vida y no exponga por más tiempo su propia persona, la Institución de Dios que es la Legión, la reputación de nuestro sacerdocio católico y de la Iglesia entera, al escándalo gravísimo que se seguiría, si salen a la luz y al conocimiento de las Autoridades competentes los abusos sexuales (conciderados,degeneraciones y crímenes,por la ley, y anomalía patológicas, por la medicina), que usted cometió contra tántos de nosotros por largos años. Y esto sólo, para no mencionar ya más, ni los diversos aspectos de una vida aseglarada, tan en contradicción de unos votos religiosos, ni su doloroso pasado de adicción, que le causó tántas penas, manipulaciones y gastos enormes para arreglar aquel escándalo.

11-

Para mí, Padre, la desgracia y tortura moral de mi vida comenzó en aquella noche de Diciembre de 1949. Con la excusa de sus dolores, usted me ordena quedarme en su cama. Yo aún no cumplía los trece años; usted sabe que Dios me había conservado hasta entónces intacto, puro, - sin haber manchada jamás gravemente la inocencia de mi infancia, cuando usted, en aquella noche, en medio de mi terrible confusión y angustia, desgarró por vez primera

12-

mi virginidad varonil. Yo que había llegado a la Legión en mi niñez, sin haber experimentado acto sexual alguno, sin tan siquiera tener idea de que existían actos como la masturbación y demás degeneraciones contra naturam, usted inicia esa noche los abusos aberrantes y,sacrílegos por parte de usted, que se prolongarían dolorosamente por trece años. Trece años de angustias y confusiones terribles para mí.

13-
14-

Cuántas inumerables veces me despertó usted a altas horas de la noche y me tenía con usted, abusando de mi - inocencia. Noches de positivo miedo; tantísimas noches de sueño perdido, que más de una vez pusieron en peligro mi misma salud psíquica. ¿Lo recuerda, Padre?

15-
16-
17-

En octubre de 1950, me lleva usted a Roma -el único adolescente entre el pequeño grupo de filosofos y teologos, con las segundas intenciones de continuar abusando sexualmente de mí. Tres meses más tarde, en vez de regresarme a Cóbreces, usted intenta convencerme a que me quede en Roma, ofreciéndome inscribírme en el mejor Liceo y, llegado el tiempo, ingresar ahí mismo en Roma al Noviciado. Bendito sea Dios, que me libró de tal proposición suya. No obstante, cada vez que usted regresaba a Cóbreces y, posterioremente, a Ontaneda, yo tenía que sufrir los mismos

St. Christopher's Rectory
11 GALE AVENUE
BALDWIN, NEW YORK 11510

P. Marcial Maciel, L.C.   Octubre 20, 1976.   (Pg.3)

abusos por parte de usted. En aquel entónces, me dí cuenta de que no era yo solo; otros muchos de mis compañeros
eran también víctimas de su lujuria. Qué horrendo.

18-   Y así, agravándose más y más sus abusos contra nosotros, pasé mis dos años de noviciado, mis dos años de juniorado, mis tres años de filosofía, los tres primeros de
mi teología.

19-   Llega el mes de Septiembre de (1956) y sale a la luz
el escándalo de su adicción. Usted teme que se descubran
también sus actividades homosexuales y manipula hábilmente, nombrándonos asistentes de las comunidades del colegio
de Roma a los que más lo queríamos y mayor fidelidad le
habíamos guardado (Usted era conciderado por nosotros un
padre, santo y extraordinario, por quien lo habíamos dado
todo; nos tenía completamente subyugados; podía hacer de
nuestras voluntades, de nuestras mentes, de nuestras consciencias, lo que usted quisiera. Deja a Jorge Bernal como
asistente de teologos, a Alfonso Samaniego, de filosofos,
a Cristóforo Fdez. y a mí, asistentes de novicios; nos
20-   instruye,para que no revelemos absolutamente nada negativo de la vida íntima de usted a los Visitadores Apostólicos.

21-   En Mayo del (57) me llama a Madrid. Con usted me tiene casi un mes. Como en Madrid estaba resultando difícil
conseguirle el Dolantín, me lleva, primero, a Melilla,
luego a Tetuán y, finalmente, a Céuta. Qué angustia pasé
aquella tarde en Céuta, en la que, después de dos horas
que usted llevaba en la bañera y tras no responder a mis
llamadas, tuve yo que entrar y sacarlo totalmente inconsciente por las inyecciones...

22-   En Febrero del (58) usted es reavilitado por la Santa Sede. No obstante, continúa nuestra angustia,por sus
renovados abusos sexuales contra nosotros. El número de
jóvenes religiosos dañados por usted va siendo mayor.
Cuántos días enteros y noches tras noches, encerrados en
aquella enfermería del colegio de Roma... en su habitación enfrente del coro de la capilla (¡), con la puerta
atrancada con la cama, con los ojos de las cerraduras y
con las endiduras de las persianas cuidadosamente cega-
23-   das...-Cuántas veces nos obligó, no solo ya a uno, sino
a dos religiosos, intercambiar mutuamente las aberracio-
24-   nes que usted nos hacía... -Aquellos viajes Roma-España y
viceversa, en los que usted nos llevaba en su coche y pa-
raba, inesperadamente, ora en un hotel, ora en una posada,

467

P. Marcial Maciel, L.C.   Octubre 20, 1976.   (Pg.4)

25- con la excusa de dormir y acompañado de uno de nosotros...
(Solares, Niza, Génova...) -Aquellos ocho días en Bruselas
...-Qué vergonzoso aquella vez en el hotel de Montmartre,
París, tras terminarse usted una botella de cognac...

26-   Posteriormente, en México -Julio a Diciembre 1961-,
cuando nos manda a buscar becas a Javier Orozco, Fdo. Mar
tínez y a mí, con prohibición absoluta de que veamos a
nuestros padres y familiares -después de llevar doce años
sin verlos¡, por miedo, quizá, a que comenzáramos a hablar...

27- Aquellos días en Acapulco... -El viaje a Dalas, llevándome
para que lo acompañe al hospital de Temple, Texas...-En fin,

28- aquellas largas semanas de angustia en Salvator Mundi (tur
nándome con Ramiro Fdez.), hasta que inesperadamente lo
sorprende el Cardenal Valeri, aquella mañana, en el bochor
noso estado en que él lo encontró a usted... -Cuántos lugares y cuántas fechas de penosísimos y terribles recuer-
dos¡

29-   Cuando comenzaban mis confusiones y tremendas angus
tias de conciencia, usted me tranquilizaba, en un principio, asegurándome que no se daba cuenta de lo que en esas
circunstancias usted hacía; que usted no se acordaba abso
lutamente de nada y, a continuación, me dió en más de una

30- ocasión la obsolución usted mismo (abusando del sacramento, absolutio complicis¡). Y, cuando mi consciencia no que
daba en paz, usted me llevaba a algun confesor de incógnito,

31- instruyéndome sobre la forma de exponer el asunto al confe
sor, para no delatarle a usted.

32-   Bien sabe usted, Padre, el daño gravísimo que me
causó, incluso al borde de transtornárme psicológica y
mentalmente. Primero, un niño, después, un adolescente,
posteriormente, ya jóven y adulto, sometido a una discipli
na religiosa tan rígida, yo, que había guardado un amor
tan sincero y tenía una veneración tan altísima por una
persona que, además de sacerdote, fundador y superior General, era considerado por mí un verdadero padre y un hom
bre extraordinario, y que este hombre extraordinario vivie
ra en unas contradicciones tan aberrantes, llevando un ge
nero de vida tan en oposición de lo que a nosotros se nos
exigía¡ ¿Cómo era posible todo esto?

33-   En datos resumidos y concretos, estos fueron, con -
pequeñas variantes, las mismas experiencias que sufrieron
igualmente tántos jóvenes y adolescentes, que Dios le puso

P. Marcial Maciel, L.C.   Octubre 20, 1976.   (Pg.5)

a usted en sus manos, con un fin: para que los guiara por
una vida de ejemplar santidad, pero, a los cuales, usted,
en cambio, causó un daño incalculablemente grave y, en al
gunos casos, irreparable. Todos ellos, jóvenes tan buenos
y bien dotados, como los siguientes, con los cuales a mí
personalmente me constó que usted cometió los mismos abu-
34-   sos sexuales y, de cuyos nombres pongo a Dios por Testigo:

1) Cristóforo Fernández,   (sacerdote legionario, superior
                              en Dublín)
2) Jesús Mtnez. Penilla,   (sacer. leg., Chetumal, México)
3) Tarcisio Samaniego,   (sacer. leg., Madrid)
4) Javier Orozco,   (sacer. leg., Cozumel, México)
5) Angel de la Torre,   (sacer. leg., Chetumal, Méx.)
6) José A. Alonso,   (sacer. leg., Dublin, director de
                              organización femenina)
7) Juan M. Fdez. Amenabar, (sacer. leg., México)
8) Ramiro Fernández, (sacer. leg., U. Anahuac, México)
9) Fernando Martínez, (sacer. leg., México)
10) Alfonso Samaniego, (sacr. leg., Vicario Gral, México)
11) Andrés García Vega, (seglar español en México), Relig. exleg.
12) Félix Alarcón, (sacer. ex-leg. diocesano, Rckv. Ctre.NY.)
13) Alfredo Martínez, (seglar mexicano, ex-leg.)
14) Neftalí Sánchez, (sacer. ex-leg., México)
15) Arturo Jurado, (Seglar mexicano, relig. ex-leg.)
16) Angel Sáiz, (seglar español, relig. ex-leg. en México)
17) Francisco Parga, (sacer. ex-leg., en ?)
18) Armando Arias, (seglar mexicano, relig. ex-leg., México)
19) Jorge L. González, (seglar mexicano, ex-relig. leg., Méx.)
20) Saúl Barrales, (seglar mexicano, ex-relig. leg., México)

35-   Naturalmente, Padre, que usted sabe que éstos solamen
         te son los nombres que a mí me constan, bajo testimonio
         personal, y que son muchos más a los que usted ha gravísi-
         mamente dañado. Pués, algunos tuvieron que separarse de la
         Legión, mientras que otros, por diversas razones -algunas
         quizá inconfesables-, aún continúan dentro del Instituto,
         y como sacerdotes. Algunos de éstos, dando continuidad a
         la cadena de actividades homosexuales y de escándalos, como
36-   el Padre Penilla, durante los años que estuvo de Rector en
         Ontaneda (¡). Ó como el Padre Arumí (¿Le informaron a usted,
         alguna vez, de las libertades licenciosas que el P. Arumí
         se permitió con algunos de nosotros, ya desde los años del
         '57 -tocamientos, miradas a través de las puertas de la du
         chas?...) -Cómo le iba yo a informar de esto, experimentan
         do las actividades que usted mismo tenía?

37-   Habiendo sufrido todos estos precedentes, usted me man
         da a Ontaneda, como respuesta a aquella carta angustiosa que
         le escribí en Diciembre 1962 y que usted, por intermediario,
         me incautó de mi habitación en Roma.

P. Marcial Maciel , L.C.   Octubre 20, 1976.   (Pg.6)

38-   Después de haber destruido mi inocencia, después de
haber abusado sexualmente de mí y de haber atentado contra
mi integridad moral, psicológica y mental por tántos años,
aún quiere dañarme mucho más, porque, con la preocupación
y amor de un hijo angustiado, le pedía explicaciones a su
conducta y le rogaba que, por Dios y por el bien de usted
y de todos nosotros, corrijíera para siempre su genero de
vida ¡A Ontaneda¡ y¡por tiempo ilimitado¡ - Al mes y medio,
reciben la ordenación sacerdotal mis compañeros, con los
cuales yo íba a formar el grupo. Mi dolor, mi tremendo
desengaño y frustración fueron como para perder toda fe y
confianza en ser humano alguno. Mi vida a los veintiseis
años, rota brutalmente,y hecha pedazos, en un ambiente como
el de Ontaneda de aquellos años. ¡Las privaciones y sacri
ficios sin límites y de toda clase, físicos y morales,
que no pasamos en aquel centro¡.

39-   En aquella situación personal en que me encontré en
Ontaneda, era muy de esperar que, tarde o temprano, me
sintíera tentado a poner en práctica alguna de las activi
dades impuras que usted me enseñó. Tardé y resistí por al
gun tiempo; pero,la tentación, los malos recuerdos de usted y la situación penosa de·la vida en Ontaneda, me hicie
ron caer; fue como una válvula de escape, para no perder
la razón. Sí, caí, Padre; pero, usted bien sabe, que jamás
abusé de ningún adolescente, en la forma que usted abusó
de nosotros; ni remotamente, con la gravedad y extensión
de usted. Recuerde que todo fue meros tocamientos lijeros,
mientras ellos estaban dormidos; jamás en estado de vigilia y sin causarles nunca ningun daño mayor. Esto sólo du
ró unos meses y, desde aquel entónces, nunca jamás volví
a poner en práctica lo que usted me había enseñado. Me
causó tal repugnancia desde entónces, que ni siquiera me
he detenido jamás con el pensamiento de la más lijera ac
tividad homosexual.

40-   Pasados los años, me manda a Orange. Vivo continuamente sin poder alejar de mi mente los recuerdos de aquellos abusos que usted cometió en mí. Continúo dándome cuen
41-   ta del genero de vida aseglarada que usted lleva: viajando permanentemente de un país a otro, compulsivamente,
siempre de incógnito, gastando cantidades enormes de dine
ro (siempre en vuelos de primera clase; hospedándose en
los hoteles más caros; frecuentando los mejores restauran
tes); frecuente e inesperadamente, se toma descansos en
Acapulco, Tequisquíapan, Huoston, Miami, Madrid... Y siempre
con la consigna, de que "nadie debe saber dónde está".
Qué forma tan lamentable de vivir un voto de Pobreza y

470

P. Marcial Maciel, L.C.   Octubre 20, 1976.   (Pg.7)

unas normas de vida religiosa¡ No creo que exista una sola personalidad eclesiastica -no digo ya un religioso- que
viva con tal derroche de dinero.

42- Sólo en señaladas ocasiones celebra usted el sacrifi
cio de la Misa y, esto, naturalmente, con impresionante
devoción, para admiración y edificación de cuantos lo observan. Cuántas veces no celebró estas Misas, tras salir
de la enfermería, después de abusar de nosotros¡ Solo Dios
sabe en qué estados de conciencia usted se encontraba.
43- Cuántas veces no interrumpía la Misa, retirándose a la sa
cristia, para inyectarse y, así en tal estado, continuar
el Sacrificio Eucarístico¡

Sin Misa diaria, sin rezo del Oficio Divino (pués,
según nos decía, el Papa le había dado un indulto perpetuo),
sin la oración necesaria y con tales ejemplos de deshonestidad personal, de mentira sistemática, violentando las
consciencias en tales.formas, ¿cómo era posible que usted
no nos causara daños gravísimos y que nosotros nos mantu-
viéramos indefectibles? -Unos no soportaron más tales pe-
44- sadillas y fueron saliendo de la Legión; a quienes hablaron, usted los tachó de "traidores", "ingratos", "hijos
abortivos", "los instrumentos de la cruz que Jto. le re-
galaba, para más asemejarse a El"(Qué distorciones de len
guaje y de conciencia, Padre¡). Por otra parte, los que
no hablaron, por querer vivir en paz, o por no atreverse,
han tenido que llevar en sus almas el recuerdo terrible
de unas experiencias, que jamás hubieramos deseado a ser
humano alguno.

45- Efectivamente, Padre, a los dos años de estar en
Orange, caí en la tentación de entretenerme con literatura pornográfica. (De nuevo, aquí me pregunto, ¿qué clase
de revistas mundanas no lleva usted siempre consigo y lee
por largas horas antes de dormirse?). Sí, caí en la tentación de frecuentar ocasionalmente peliculas y entreteni-
mientos prohibidos. De todo esto, con usted mismo me sin-
ceré, dentro de la confesión sacramental, aquella tarde
46- en su habitación del hotel Hilton de N.Y. A partir de
aquel momento, usted, haciendo uso de mi confesión sacra
mental y abusando de mi sinceridad de conciencia, decide
vigilarme, posteriormente, por medio de agentes privados.
47- Ya lo había hecho usted con el Padre Pedro Martín -y sólo
Dios sabe con cuántos más-, incluso tomándole fotografías
y gravándole conversaciones; quizá, también a mí me iba
a sorprender envuelto en las mismas situaciones. No impor
taba que se fueran a gastar sumas considerables de dinero,

P. Marcial Maciel, L.C.   Octubre 20, 1976.   (Pg.8)

para pagar estas vigilancias secretas e investigadores privados, no importaba que se violara un sigilo sacramental, no importaba que se violara la integridad y el derecho privado de un ser humano más. Bien valía la pena hacer cualquier gasto, pasar por alto cualquier violación más, con tal de tener en sus manos datos concretos, con los cuales "poder destruirme completamente" -según las intimidaciones que me hizo por teléfono y en su carta-, en el caso de que algún día yo me atreviese a hablar y revelar los escándalos y aberraciones increibles de su vida, desgraciadamente presenciada y sufrida por mí, durante veintiseis años largos y terribles.

48-   Yo no sé, Padre, hasta qué extremos de deshonestidad, o de enfermedad, Dios permita que llegue usted. Después de leer este escrito, no sé cuál será su reacción. Quizá, va a ser la de siempre: tacharme de hijo traidor, ingrato, "instrumento de su calvario", "emponsoñado de mentiras y de calumnias", "falto de imaginación, pués no hago más que repetir lo que desde 1946 vienen diciendo contra usted"...No sé.

49-   Por la Misericordia de Dios, ojalá que su reacción sea la honesta y única correcta: La de reconocer los gravísimos daños que ha causado usted; renunciar, quizá, a su puesto de gobierno y dignidad, e iniciar, de una vez para siempre, una vida en verdad correcta a los ojos de Dios.

50-   Si así no fuera y usted decide proceder todavía más contra mí, hasta "destruirme por completo", sepa que a mí, personalmente,no me importa en absoluto lo más mínimo el que usted presente a mi Obispo, o a la luz pública, mi pasado y, que éste lo pueda usted probar con fotografías, que le haya tomado el agente privado, pagado por usted, (como en el caso del Padre Pedro Martín). Puede hacerlo libremente, cuando usted lo desee. Ya me he hecho a la idea, Padre, de que usted es capáz de hacerlo en cualquier momento.¿Qué no ha hecho ya?(-Incluso he aceptado la posibilidad,de que usted encargue a alguien que me"dé un escarmiento", o de que yo desaparezca en un accidente o de cualquier otra forma).

51-   Esa posibilidad no me altera en absoluto, porque, primero, aquello pertenece a un pasado estrictamente privado, de lo cual estoy avergonzado y he pedido mil veces perdón a Dios. Caídas pasadas, que, con la gracia de Dios,

52-   jamás permitiré que se repitan en mi vida. Segundo, porque, al separarme de la Legión, mi intención ha sido, olvidar

P. Marcial Maciel, L.C.   Octubre 20, 1976.   (Pg.9)

en primer lugar, ese pasado con usted, en segundo lugar,
rehacer mi vida, viviendo en paz delante de Dios y, en
tercer lugar, ofrecer mi sacercocio con sencillez y pleni
tud a cuantas almas Dios y mi Madre la Iglesia quieran
53-   poner en mi camino. - Y esa posibilidad suya no me altera,
tercero, porque, revelando usted esos aspectos intrascen-
tes e insignificantes de mi pasado, usted mismo se destrui
ría en persona, causando un daño más incalculablemente gra
ve a la Legión, el escándalo para tántas almas inocentes
y una afrenta más para la Iglesia y el sacerdocio católico. Pués, al tomar usted la iniciativa, yo tendría que
explicar y aclarar el INICIO Y LAS CAUSAS de esos aspectos de mi pasado, con los que usted pretende intimidarme.
Es decir, Padre, que yo me vería obligado a afrontar la
única opción que usted me dejaría: revelar, hasta los últimos pormenores, aquellos veintiseis años de la vida de
usted, que triste y desgraciadamente presencié.

54-   No obstante lo expuesto hasta aquí, esté absolutamen
te seguro, Padre, de que yo jamás tomaré tal iniciativa de
revelar su pasado. Dios es testigo de que esas no son mis
intenciones, pués me hago cargo de las gravísimas conse--
cuencias que se seguirían para la Iglesia, para la Legión,
para usted mismo, si yo revelase su vida. Usted me conoce
y sabe que no soy capáz de dañar conscientemente a persona
alguna; por no ser capáz de dañar, es por lo que sufrí y
soporté en silencio aquellos veintiseis años. Pero, si es
55-   usted quien toma esta iniciativa, yo tendré que defender
mi sacerdocio -puesto que es de Dios y de la Iglesia- y
por él daré, con la ayuda de Dios, hasta el último instante de mi vida. Además de mi testimonio delante de Dios,
cuento con las pruebas necesarias e irrefutables.

56-   Por último, Padre, debo de exponerle el asunto que
más profundamente me duele y preocupa. No puede ser otro,
que la actual situación en que usted tiene a mi hermana
Tere.

Bien sabe usted que la forma de vida en que usted
57-   está obligando a vivir a estas señoritas es, primero, a
espaldas de la Santa Sede, sin estado canónico alguno y
sin ninguna aprobación eclesíastica. Segundo, el Movimien
58-   to RC en sí, con sus procedimientos de secretismo, absolu
tismo y sistemas de mentalización, más sigue los métodos
de las sociedades secretas, que las formas abiertas y sen
cillamente evangélicas de nuestra Madre la Iglesia, crean
do con estos métodos suyos divisionismos dentro de la mis
ma Iglesia, e inoculando en las mentes de sus miembros

P. Marcial Maciel, L.C.   Octubre 20, 1976.   (Pg.10)

una conscientización, sutilmente soberbia y engreida, de
seres predilectos y de elejidos por Dios, obrando al már
gen de los Obispos que se les oponen y despreciando a los
sacerdotes diocesanos, entregados en verdad a las almas y
que tratan de servirlas con un apostolado evangélico, en
contacto con toda clase de personas -no sólo con los ricos
e influyentes-, y en conformidad abierta con la vida de la
Iglesia.

59-   Tercero. La forma de vida a que se ven sometidas es
tas señoritas, es un flagrante abuso de su libertad y cons
ciencia personales, cuando usted las influye de tal manera con toda clase de argumentos, sagazmente expuestos para
que aparezcan evangélicos, de tal forma, que les suprime su
libertad de discernimiento y les rapta el poder de su voluntad personal. En tal estado, ellas son incapáces de ha
cer una opción integramente libre, pués están condicionadas
por lo que usted les ha infiltrado en sus mentes. Qué sagazmente les presenta usted, "en nombre de Dios, la obli-"
"gación moral que ellas tienen de obedecer el llamado que"
"Dios mismo les hace a seguirlo a El con entrega absoluta",
"dejando completamente a un lado a sus padres y familiares"
y mentalizándolas para vivir una disciplina religiosa, que
ni las mismas Religiosas oficialmente consagradas viven¡

Es claro que usted necesita de este típo de señori
tas, para poder contar con colegios femeninos y para con
trolar mejor, a través de ellas, las diversas actividades,
destinadas al sector femenino, que usted se proponga. Muy
hábilmente les inculca la idea -como nos la inculcó a no
sotros- de que la proximidad y trato normal con los fami
liares es un obstáculo para el servicio de Dios. ¿No es
Dios mismo el Creador de la familia? ¿No quiso El mismo
vivir treinta, de sus treinta y tres años de vida, en
el seno e intimidad de su propia familia? ¿No es la fami
lia lo más bello, lo más santo que Dios ha regalado a la
Creación?. Claro está, Padre, que si usted no impone una
separación rígida de las familias, a estas señoritas, como a los demás miembros del Instituto, usted no los podría
controlar y manipular tan rígidamente y con tal totalita
rismo como hasta el presente. -¿Cómo es que nunca compro-
metió a alguna de sus hermanas a este genero de vida, an
tes de que se casaran? Tuvo tiempo y oportunidad para
ello.

60-   Mi sufrimiento y preocupación por mi hermana, no
solo son causados por estas tres conciceraciones preceden
tes. Existen también otros hechos graves de la vida de
usted, que acrecientan mi preocupación por mi hermana.

P. Marcial Maciel, L.C.   Octubre 20, 1976.   (Pg.11)

¿Cómo puedo vivir tranquilo, Padre, sabiendo que mi hermana tiene su libertad y consciencia subyugadas por una persona, que nos ha hecho el gravísimo daño moral, como el que usted nos hizo a tántos jóvenes y religiosos? Por una persona, que se ha permitido las actividades que usted mismo me refirió tuvo con la Srta. Camila Barragán (en aquel viaje que hicieron juntos de Monterrey a Madrid)... Y las comprometedoras visitas de la Srta. Virginia Rivero (Como aquella vez en el colegio de Roma, en la que usted, desde su cama de la enfermería, arregla todos los pormenores para que solamente dos nos demos cuenta de las dos horas que esta señorita se entretuvo encerrada con usted en la enfermería, junto a la puerta de servicio)...

Con tales y tan tristes precedentes, Padre, es absolutamente imposible que yo pueda vivir tranquilo, mientras mi hermana, como las demás señoritas, continúan con usted. Usted comprende que yo no estaré en paz, hasta no ver a mi hermana liberada de esas presiones morales y sanamente feliz junto a nuestra familia. Ante todo está el bien de su alma, correctamente entendida, y su felicidad personal. Lo otro, de ninguna manera lo puede querer Dios y, ciertamente, hay muchas otras formas, en verdad ejemplares y fecundas, de servirle a El en un apostolado de tiempo completo, aprobadas por la Iglesia y la Jerarquía.

Usted sabrá encontrar perfectamente la forma de dejar a mi hermana libre y sin ninguna clase de torturas de consciencia. Esperaremos, como plazo máximo -yo, mis padres y demás familiares-, hasta el fin del presente año 1976.

Terminaré, Padre, asegurándole que en mi corazón no he consentido guardar rencor alguno hacia ninguna persona, mucho menos hacia usted. Yo ya le he perdonado sinceramente el gravísimo daño que por tántos años me ha causado. Día tras día, pido a Dios y la la Stma. Virgen por usted y por todas las almas sencillas y buenas, que aún viven por usted subyugadas.

Por último, le expongo, seguidamente, tres peticiones formales, como conclusión de este escrito:

PRIMERA: La libertad completa de mi hermana Tere y su pronto traslado junto a nuestra familia, sin ninguna clase de presiones de consciencia.

SEGUNDA: Que por amor a Dios y por el bien de nuestro común sacerdocio, me deje usted ya rehacer mi vida en paz de espíritu y me deje vivir tranquilo en el apostolado sencillo, que Dios vaya poniendo en mi camino.

P. Marcial Maciel, L.C.   Octubre 20, 1976.   (Pg.12)

70-   TERCERA: Que por el bien de la Iglesia y de usted -
mismo, tome la decisión, de una vez para siempre, de: reco
nocer los daños gravísimos que a tántas almas nos ha causado; renunciar a su dignidad de gobierno -que es lo correc
to y digno-; vivir una vida en verdad transparente a los
ojos de Dios. -No creo que usted desee terminar como el
Superior Gral. de los Oblatos de María, ni como alguna otra
personalidad de la jerarquía católica...Son muchas las fuen
tes de donde se sabrá, tarde o temprano, la verdad. ¿Con
qué fin causar más dolores a nuestra Madre la Iglesia?.

71-   Deseando ser absolutamente sincero con usted, le informo que el original de este escrito y once copias más,
se encuentran profesionalmente aseguradas, dentro de sobres
sellados, en un deposito absolutamente inaccesible a indis
creciones. (Por seguridad, ninguna copia se encuentra en
mis habitaciones). Estos doce sobres llevan ya el nombre y
direcciones de sus destinatarios -altas personalidades de
la Iglesia y de la sociedad, quienes, eventualmente, esta
rían en la obligación de conocer su contenido- y que inme
diatamente llegarían a sus manos, en dos circunstancias:
Primera, en el caso de que yo muera o desaparezca inesperadamente. Segunda, en el caso de que usted decida no hacer caso de las dos primeras peticiones, que le menciono
en la página precedente (Pg.11), números marginales 68 y 69.
(En esta última circunstancia, los escritos no irían por
correo, sino que se entregarían personalmente).

72-   Si Dios tiene previsto recogerlo a usted, Padre, pri
mero que a mí, le prometo solemnemente delante de El, que
estos sobres y sus contenidos serán destruidos completamen
te de inmediato. Usted, desde el Cielo, comprobará, que yo
jamás revelaré su pasado.

73-   Si algo tiene usted aún que decirme, le suplico que
no lo haga por escrito. Estoy a su completa disposición y
gustoso iré a hablar con usted -a su hotel, o al aereopuer
to- en alguna de las frecuentes ocasiones que usted pasa
por N. York. Mis teléfonos son, (516)223.0723 y 0744. Haré
todo lo posible y necesario para acudir a verlo.

74-.   Agradezco sinceramente sus oraciones y Dios sabe lo
mucho que yo diariamente pido por usted, por todos mis que
ridos compañeros y por su Mamá y hermanos, a quienes me
está costando no volver a ver, en atención a usted.

                    Cordialmente en Jesucristo,

cc: Bishop Mc Gann of R.C.   Juan J. Vaca
-Apostolic Delegation, Wash. D.C.

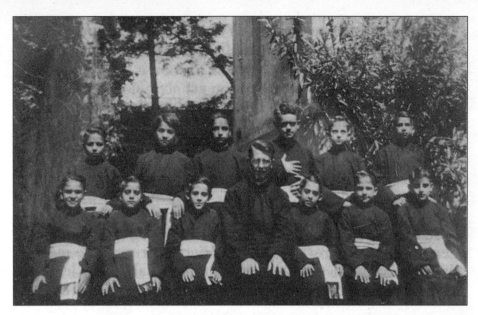

Marcial Maciel y doce alumnos en la casa de Tlalpan, ciudad de México.
© Archivo Flora Barragán.

Legionarios de Cristo. Comillas, España, noviembre de 1949.
© Archivo Flora Barragán.

Marcial Maciel acompañado del arzobispo primado de México Luis María Martínez, rodeados de legionarios en el Colegio de Roma. En la primera fila (arrodillados) de izquierda a derecha se encuentran Saúl Barrales, Javier García González, Amado Barriga y Jorge González Limón. Entre los presentes figuran Antonio Lagoa (a), Jorge Bernal (b), Carlos de la Isla (c), Rafael Arumí (d), Félix Alarcón (e), Neftalí Sánchez (f), Arturo Jurado (g) y José Antonio Pérez Olvera (h). Foto tomada entre 1951 y 1952.
© Archivo Flora Barragán.

Monseñor Piani bendice los inicios de la construcción del Instituto Cumbres.
Lo acompañan Flora Barragán de García, su madre y Marcial Maciel, 1952.
© Archivo Flora Barragán.

Florita (a), hija de Flora Barragán (b), el arzobispo primado de México Luis María Martínez (c), Marcial Maciel (d), Luis Ferreira (e) y Rafael Cuena (f). Inauguración del Instituto Cumbres, febrero de 1954. © Archivo Flora Barragán.

De izquierda a derecha Hermann Josef Schmidt, el delegado apostólico Luigi Raimondi y Santiago Galas. Al fondo
Marcial Maciel. Foto tomada en 1955 en las instalaciones
del Instituto Cumbres. © Archivo Flora Barragán.

Marcial Maciel oficiando misa.
© Archivo Flora Barragán.

Marcial Maciel y autoridades eclesiásticas en el noviciado
de Salamanca. © Archivo Flora Barragán.

Marcial Maciel presenta a las autoridades eclesiásticas
a algunos de los apostólicos de Los Legionarios de Cristo.
© Archivo Flora Barragán.

Marcial Maciel con religiosos y un militar del nacional
catolicismo español. © Archivo Flora Barragán.

Marcial Maciel durante una cena en el noviciado de Salamanca.
© Archivo Flora Barragán.

Autoridades eclesiásticas recorren las instalaciones del noviciado
de Salamanca. © Archivo Flora Barragán.

Flora Barragán, Marcial Maciel y el papa Paulo VI, alrededor de los años sesenta.
© Archivo Flora Barragán.

Marcial Maciel y Flora Barragán en una reunión de Los Legionarios de Cristo.
© Archivo Flora Barragán.